Einführung in die Finanzwissenschaft

Grundfunktionen des Fiskus

Von
Dieter Cansier, Stefan Bayer
Universität Tübingen

R. Oldenbourg Verlag München Wien

Die Deutsche Bibliothek - CIP-Einheitsaufnahme

Cansier, Dieter:
Einführung in die Finanzwissenschaft : Grundfunktionen des Fiskus / von Dieter Cansier ; Stefan Bayer. – München ; Wien : Oldenbourg, 2003
ISBN 3-486-27288-8

© 2003 Oldenbourg Wissenschaftsverlag GmbH
Rosenheimer Straße 145, D-81671 München
Telefon: (089) 45051-0
www.oldenbourg-verlag.de

Das Werk einschließlich aller Abbildungen ist urheberrechtlich geschützt. Jede Verwertung außerhalb der Grenzen des Urheberrechtsgesetzes ist ohne Zustimmung des Verlages unzulässig und strafbar. Das gilt insbesondere für Vervielfältigungen, Übersetzungen, Mikroverfilmungen und die Einspeicherung und Bearbeitung in elektronischen Systemen.

Gedruckt auf säure- und chlorfreiem Papier
Gesamtherstellung: Druckhaus „Thomas Müntzer" GmbH, Bad Langensalza

ISBN 3-486-27288-8

Vorwort

Dieses Lehrbuch befasst sich mit den grundlegenden Staatsaufgaben des Fiskus in der Marktwirtschaft. Warum gibt es den Staat, und warum ist es sinnvoll, dass er in wesentlichen Bereichen die Marktwirtschaft ergänzt und korrigiert? Diese Fragen stehen am Anfang der Finanzwissenschaft. Die zentralen Staatszwecke liberaler Gesellschaften sind Freiheit, Gerechtigkeit und Wohlstand. Die Legitimation des Staates leitet sich aus ihnen ab und findet ihre theoretische Begründung in den Staatsvertragstheorien der Klassik und Moderne. Auf die politischen Philosophien sollte deshalb die Finanzwissenschaft zurückgreifen. Das haben wir getan. Vor diesem Hintergrund beschäftigen wir uns deshalb mit den Grundfragen der effizienten und gerechten Allokation der Ressourcen zum größten Wohl der Bevölkerung. In den empirischen Teilen nehmen wir Bezug auf die Bundesrepublik.

Inhalt und Aufbau des Lehrbuches entsprechen der einleitenden finanzwissenschaftlichen Vorlesung und den begleitenden Übungen, wie wir sie an der Universität Tübingen für die Studierenden im Hauptstudium abhalten. Die Kapitel sind als einzelne Vorlesungen konzipiert. Die Wiederholungsfragen, Aufgaben und Kurzlösungen bieten dem Leser die Möglichkeit, seinen Wissensstand zu überprüfen.

Es ist gute Tradition, allen am Zustandekommen des Buches direkt und indirekt Beteiligten Dank zu sagen. Bei der Formulierung der Wiederholungsfragen und Aufgaben haben wir Anregungen einiger Studierenden aufgegriffen. Unsere Sekretärin Lieselotte Ego-Lauer hat den Großteil der Grafiken erstellt. Die Mitarbeiter am Lehrstuhl, Diplom-Volkswirtin Christine Brachthäuser, Diplom-Volkswirt Michael Grobosch und Diplom-Volkswirt Fabian Scholtes, haben das Manuskript Korrektur gelesen und so manchen Fehler ausgemerzt. Nicht zuletzt gebührt unseren Ehefrauen und Familien – Hedda Cansier sowie Sabine Roth-Bayer, Lennart und Felicia – Dank für die Geduld und den Verzicht auf gemeinsame Freizeit in den letzten vier Monaten. Ihnen wollen wir das Buch widmen.

Professor Dr. Dieter Cansier und
Dr. Stefan Bayer

Inhaltsverzeichnis

Abbildungsverzeichnis	XI
Tabellenverzeichnis	XIII

Kapitel I: Gegenstand der Finanzwissenschaft — 1
- 1. Grundfragen — 1
- 2. Methodologische Anmerkungen — 3
- 3. Der Staat als Fiskus — 9
- 4. Budgetrestriktion und Budgetkonstellationen — 13
- Zusammenfassung und Übungen — 15
- Literatur — 18

Kapitel II: Überblick über die öffentlichen Finanzen in der Bundesrepublik — 19
- 1. Öffentliche Einnahmen — 19
- 1.1 Einnahmenarten — 19
- 1.2 Die aufkommenswichtigsten Steuern — 23
- 2. Öffentliche Ausgaben — 24
- 2.1 Administrative Unterscheidungen — 24
- 2.2 Ökonomische Unterscheidungen — 27
- 2.3 Daten zum Gesamthaushalt — 29
- 3. Messung der Größe des Staatssektors (Staatsquoten) — 30
- Zusammenfassung und Übungen — 32
- Literatur — 35

Kapitel III: Der Staat im Wirtschaftskreislauf — 37
- 1. Kreislaufzusammenhänge — 37
- 2. Sozialproduktsberechnung — 41
- 2.1 Der Staat in der Entstehungsrechnung — 42
- 2.2 Der Staat in der Verwendungsrechnung — 44
- Zusammenfassung und Übungen — 45
- Literatur — 47

Kapitel IV: Haushaltsplan und Haushaltsgesetz — 49
- 1. Der kurzfristige Haushaltsplan — 49
- 1.1 Funktionen — 49
- 1.2 Budgetgrundsätze — 51
- 1.3 Haushaltskreislauf — 58
- 1.4 Mängel des kurzfristigen Haushaltsplanes — 62
- 2. Mittelfristige Finanzplanung — 63
- Zusammenfassung und Übungen — 66
- Literatur — 69

Kapitel V: Staatsverständnis der normativen Finanzwissenschaft 71
1. Die Staatsvertragstheorien – Die Freiheitsfunktion des Staates 71
1.1 Das Kooperationsmodell von Thomas Hobbes 71
1.2 Kooperationselemente im Modell von Kant 75
1.3 Die ökonomische Version des klassischen Staatsmodells von Buchanan und Tullock 76
1.4 Schlussfolgerungen 78
2. Gerechtigkeit aus klassisch-liberaler Sicht – Regelgerechtigkeit 81
3. Utilitaristische Umverteilungspolitik 85
4. Die Effizienzfunktion des Staates in der modernen Wohlfahrtstheorie 90
5. Soziale Gerechtigkeit nach John Rawls – Egalitärer Liberalismus .. 93
Zusammenfassung und Übungen 99
Literatur 107

Kapitel VI: Theorie öffentlicher Güter 109
1. Reine private und reine öffentliche Güter 109
2. Mischgüter 113
3. Freifahrerverhalten 115
4. Private Bereitstellung kleiner öffentlicher Güter 117
5. Effiziente Mengen für private und öffentliche Güter 119
5.1 Reines privates Gut – Partialanalyse 120
5.2 Reines öffentliches Gut – Partialanalyse 122
5.3 Reines öffentliches und reines privates Gut – Zweiprodukt-Analyse 125
Zusammenfassung und Übungen 129
Literatur 134

Kapitel VII: Theorie externer Effekte 135
1. Merkmale technologischer externer Effekte 135
2. Beispiele 138
3. Ineffiziente Faktorallokation und Korrektur 140
3.1 Angewandte Forschung 140
3.2 Umweltverschmutzung 142
4. Verhandlungen über externe Effekte – Das Modell von Ronald Coase 152
Zusammenfassung und Übungen 159
Literatur 165

Kapitel VIII: Natürliches Monopol 167
1. Kostenvorteile der Großproduktion 167
2. Regulierungsformen 171
Zusammenfassung und Übungen 175
Literatur 177

Kapitel IX: Unvollkommene Information und staatliche Eingriffe 179

1. Meritorische Bedürfnisse (Paternalismus) 179
2. Informationsasymmetrien in der Versicherungswirtschaft 181
2.1 Private Versicherungen 182
2.2 Ineffizienzen auf Versicherungsmärkten und
    staatliche Eingriffe 184
Zusammenfassung und Übungen 189
Literatur 192

Kapitel X: Effizienzkriterien und demokratische Entscheidung 193

1. Präferenzoffenlegung durch Wahlsysteme
   in der direkten Demokratie 194
1.1 Allgemeine Regeln 194
1.2 Lösungen bei Mehrheitsabstimmung 195
1.2.1 Eindeutige kollektive Präferenzen 196
1.2.2 Nichteindeutige kollektive Präferenzen 198
1.3 Andere Abstimmungsregeln 200
1.4 Strategisches Verhalten 201
2. Präferenzoffenlegung in der indirekten Demokratie 203
2.1 Politischer Wettbewerb 203
2.2 Eigenmächtiges Verhalten der öffentlichen Verwaltung 205
2.2.1 Das Niskanen-Modell 206
2.2.2 Das Modell von Migué und Bélanger 207
Zusammenfassung und Übungen 211
Literatur 215

Kapitel XI: Nutzen-Kosten-Analyse für öffentliche Investitionen 217

1. Abgrenzungen 217
2. Bewertung der Erträge 218
2.1 Preis- und Nutzenansatz 218
2.2 Output-Messung durch Rückgriff auf Marktdaten 220
2.3 Direkte Erfragung der Zahlungsbereitschaft 229
3. Diskontierung zukünftiger Nutzen und Kosten 230
3.1 Diskontierungsmotive 230
3.2 Richtige Diskontierung 233
3.3 Intergenerationelle Diskontierung 235
Zusammenfassung und Übungen 236
Literatur 240

Kapitel XII: Theorie des Fiskalföderalismus 241

1. Gesamtstaatliche Grundaufgaben 241
2. Dezentralisierbare Aufgaben 244
Zusammenfassung und Übungen 254
Literatur 258

Kapitel XIII: Finanzausgleich in der Bundesrepublik — 259
1. Aufgaben- und Ausgabenverteilung — 259
2. Einnahmenverteilung — 263
2.1 Trenn- und Verbundsystem — 263
2.2 Regelungen in der Bundesrepublik — 264
2.2.1 Vertikale Steuerverteilung — 264
2.2.2 Horizontale Steuerverteilung — 267
3. Finanzausgleich im engeren Sinn — 270
3.1 Länderfinanzausgleich — 270
3.2 Bundesergänzungszuweisungen — 272
4. Konflikt zwischen Verteilung und Effizienz — 275
5. Reformnotwendigkeit des Finanzausgleichs — 276
6. Kommunaler Finanzausgleich — 279
Zusammenfassung und Übungen — 281
Literatur — 286

Kapitel XIV: Verteilungsnormen im System der Sozialen Sicherung der Bundesrepublik — 287
1. Sozialhilfe und andere Transferleistungen — 287
2. Die gesetzliche Sozialversicherung — 294
2.1 Die gesetzliche Rentenversicherung — 297
2.1.1 Ausgestaltung — 297
2.1.2 Verteilungsvorstellungen — 300
2.2 Die gesetzliche Arbeitslosenversicherung — 305
2.3 Die gesetzliche Krankenversicherung — 307
2.3.1 Ausgestaltung — 307
2.3.2 Verteilungsvorstellungen — 310
2.4 Die gesetzliche Pflegeversicherung — 311
2.5 Die gesetzliche Unfallversicherung — 313
Zusammenfassung und Übungen — 315
Literatur — 319

Literaturverzeichnis — 321
Index — 327

Abbildungsverzeichnis

Abb. I.1 Zur ökonomischen Methodologie 5

Abb. III.1 Vierpoliger Wirtschaftskreislauf mit Ausland ohne Staat 38
Abb. III.2 Vierpoliger Wirtschaftskreislauf mit Staat (ohne Ausland) 40

Abb. V.1 Individuelle Nutzen-Einkommens-Funktion 88
Abb. V.2 Gleichverteilungsvorstellung der Utilitaristen 88
Abb. V.3 Edgeworth-Box 91
Abb. V.4 Pareto-effiziente Allokationen 92
Abb. V.5 Effiziente Allokationen nach dem Kaldor-Hicks-Kriterium 93
Abb. V.6 Faire Ungleichverteilung nach Rawls bei positiven Anreizeffekten . 97

Abb. VI.1 Effiziente Menge eines privaten Gutes 121
Abb. VI.2 Konsumenten- und Produzentenrenten 122
Abb. VI.3 Effiziente Menge eines öffentlichen Gutes bei Lindahl-Steuern 123
Abb. VI.4 Effiziente Menge eines öffentlichen Gutes bei einheitlicher Steuer 124
Abb. VI.5 und VI.6 Effiziente Bereitstellung öffentlicher und privater Güter . 129

Abb. VII.1 Fehlender Innovationsanreiz aufgrund externer Erträge 141
Abb. VII.2 Marktallokationen bei externen Kosten 142
Abb. VII.3 Effiziente Vermeidung durch Produktionseinschränkung 144
Abb. VII.4 Lenkungswirkungen durch eine Umweltabgabe 146
Abb. VII.5 Anpassung an eine Emissionssteuer mit einer gegebenen
            Vermeidungstechnik bei gegebener Betriebsgröße 147
Abb. VII.6 Effizienzvorteil einer Emissionssteuer gegenüber einer
            einheitlichen Auflage 148
Abb. VII.7 Versteigerung von Emissionsrechten durch den Staat 150
Abb. VII.8 Wann sich der Verkauf von Zertifikaten für einen Emittenten
            lohnt 151
Abb. VII.9 Wann sich der Zukauf von Zertifikaten für einen Emittenten lohnt 151
Abb. VII.10 Verhandlungslösung für externe Effekte nach Ronald Coase 155

Abb. VIII.1 Stückkostendegression bei Betriebsgrößenerhöhung 168
Abb. VIII.2 Natürliches Monopol 169
Abb. VIII.3 Lokales natürliches Monopol 170

Abb. IX.1 Individuelle Vorsorge bei risikoneutralem Verhalten 183
Abb. IX.2 Optimale Risikovorsorge bei risikoaversem Verhalten mit und
           ohne Versicherung 183

Abb. X.1 Eingipfeliges Präferenzschema 197
Abb. X.2 Zweigipfeliges Präferenzschema 199
Abb. X.3 Gleichgewichtige Budget-Output-Kombination im Niskanen-
         Modell 207
Abb. X.4 Bereitstellungsmengen der öffentlichen Leistung bei
         arbeitsfreudigen und arbeitsscheuen Bürokraten 210

Abb. XI.1 Bewertung nach dem Preis- und Nutzenansatz 219
Abb. XI.2 Zusätzliche Konsumenten- und Produzentenrente als
         Wohlfahrtsmaß 221
Abb. XI.3: Bewertung reduzierter Sterberisiken durch eine öffentliche
         Maßnahme anhand von Einkommensdifferentialen 223
Abb. XI.4 Aggregierte Besuchshäufigkeiten bei alternativen fingierten
         Preisen 225
Abb. XI.5 Hedonische Preisfunktion und implizite Preise für unterschiedliche
         Mengen/Qualitäten der öffentlichen Infrastruktur 227
Abb. XI.6 Implizite Preise und marginale Zahlungsbereitschaften für
         Infrastrukturleistungen 228

Abb. XII.1 Effizienzvorteil einer dezentralen Bereitstellung 247
Abb. XII.2 Kooperation bei interregionaler Externalität 249
Abb. XII.3 Kostendegressionsvorteile im Abwasserbereich 251

Tabellenverzeichnis

Tab. I.1 Mikro- und Makroökonomie 6

Tab. II.1 Anteile ausgewählter Steuern am Gesamtsteueraufkommen in v. H.,
Deutschland 2002, Schätzungen 23
Tab. II.2 Anteile der direkten und indirekten Steuern am Steueraufkommen
in v. H., Deutschland, Schätzungen 24
Tab. II.3 Gesamtsteuereinnahmen, Deutschland, Schätzungen 24
Tab. II.4 Steuern und Gesamteinnahmen von Bund, Ländern und Gemeinden,
Deutschland, 2001 24
Tab. II.5 Einnahmen und Ausgaben des Bundes nach „volkswirtschaftlichen
Arten" (ohne Sozialversicherung) 26
Tab. II.6 Bundeshaushalt 2001 29
Tab. II.7 Ausgaben und Einnahmen von Bund, Ländern und Gemeinden,
2001, Finanzstatistik 30

Tab. III.1 Bruttosozialprodukt nach der Verteilungsrechnung 41
Tab. III.2 Produktionskonto des Staates 43
Tab. III.3 Ermittlung des Staatsverbrauchs 44

Tab. IV.1 Zeitliche Abstimmung von Vorausschätzungen und Planung
öffentlicher Haushalte 59

Tab. V.1 Staatsaufgaben nach Adam Smith 86

Tab. VI.1 Spektrum der Güter 113
Tab. VI.2 Gefangenendilemma-Spiel 116

Tab. VII.1 Klassifizierung von Umweltabgaben 149

Tab. X.1 Effizienz nach dem Kaldor-Hicks-Kriterium 198
Tab. X.2 Stimmenhandel zwischen W_1 und W_2 203

Tab. XI.1 Zahlenbeispiel zur Reisekostenmethode 224
Tab. XI.2 Fingierte Preise und Besuchshäufigkeiten 224
Tab. XI.3 Zahlenbeispiel zur Diskontierung 230

Tab. XII.1 Ruinöser Steuerwettbewerb zwischen den Gemeinden A und B 252

Tab. XIII.1 Steuer- und Aufgabenverteilung in der Bundesrepublik 269
Tab. XIII.2 Wirkungen des gesamten Finanzausgleichssystems auf die
Bundesländer (Pro-Kopf-Beträge) 274

Tab. XIV.1 Einnahmen und Ausgaben der gesetzlichen
Sozialversicherungsträger 288
Tab. XIV.2 Alters- und Rentnerquotienten 304
Tab. XIV.3 Die Riester-Rente – Basisdaten 305

Kapitel I: Gegenstand der Finanzwissenschaft

1. Grundfragen

Der Mensch lebt nicht im Paradies, wo ihm alle Wünsche ohne Anstrengungen, Mühen und gesellschaftliche Konflikte erfüllt werden. Seine Mittel sind knapp, seine Bedürfnisse aber nahezu unbegrenzt. Er muss eine Auswahl zwischen den Handlungsalternativen treffen. Die Verwendungskonkurrenz der Mittel erfordert eine Abwägung der jeweiligen Vor- und Nachteile. Diese Wahlentscheidungen sind wirtschaftliche Entscheidungen. Das Wirtschaftssystem eines Landes muss für eine gesellschaftlich vernünftige Lösung des Knappheitsproblems sorgen.

Hierfür ist zunächst zu klären, welche Güter in welchen Mengen für die Bevölkerung bereitgestellt werden sollen. Nach ökonomischem Verständnis sollte dies so geschehen, dass die Bedürfnisse der Menschen bestmöglich befriedigt werden (**Kriterium der Effizienz**). Solange der Einsatz einer Ressource für das Gut X einen geringeren Nutzen stiftet als für das Gut Y, sollte auf diesen Einsatz verzichtet und das Gut Y bereitgestellt werden. Die Opportunitätskosten für das Gut X übersteigen deren Nutzen.

Weiterhin ist von Bedeutung, welche Betriebe die Güter produzieren soll. Zentrales Entscheidungskriterium ist hierfür ebenfalls die Effizienz. Die Produktionsstruktur sollte so gestaltet sein, dass die volkswirtschaftlichen Gesamtkosten der Bereitstellung einer festgelegten Gütermenge minimiert werden.

Auch ist zu beachten, für wen die Güter produziert werden sollen. Das ist die **Verteilungsfrage**. Sie erfasst die Eingebundenheit des Menschen in die Gesellschaft. Der Mensch ist kein Einsiedler, sondern er ist von anderen Menschen abhängig und legt Wert auf ein friedliches, freiheitliches und faires Zusammenleben. Daraus leitet sich die Forderung nach einer gerechten Verteilung der Einkommen und Güter ab.

Schließlich ist zu bestimmen, wer die ökonomischen Entscheidungen in einer Volkswirtschaft treffen soll. In der zentral geleiteten Volkswirtschaft legt der Staat fest, welche Güter für wen und wo produziert werden. In der Marktwirtschaft bestimmen sich die Strukturen dagegen dezentral durch Koordination der freien Entscheidungen von Unternehmen und Haushalten auf Wettbewerbsmärkten. Es fallen Millionen von Entscheidungen an. Damit diese Situation nicht zum Chaos führt, müssen die Entscheidungen aufeinander abgestimmt werden. Das geschieht auf Märkten über Preise. Marktwirtschaft ist ein System der Selbstregulierung der Wirtschaft bei vorgegebenen Rahmenbedingungen. Modernes Wirtschaften erfolgt in der Marktwirtschaft, wobei aber auch dem Staat wesentliche Aufgaben zufallen, so dass man von einer gemischten Wirtschaftsordnung spricht. Der Staat sorgt für den rechtlichen Rahmen einer freiheitlichen Ordnung und legt damit die Spielregeln fest, an die sich Haushalte, Unternehmen und der Staat selbst in der Ausübung ihrer Freiheit zu halten haben. Er nimmt im Interesse der Gerechtigkeit, Effizienz und gesamtwirtschaftlichen Stabilität Einfluss auf die Einkommensverteilung, die Ressourcenallokation und die Höhe des Sozialproduktes.

Die Finanzpolitik befasst sich vor diesem Hintergrund mit der Rolle des Staates als Fiskus in der Marktwirtschaft. Handlungsinstrumente sind die **öffentlichen Einnahmen** und **Ausgaben**. Über sie ermöglicht und ergänzt der Staat die privaten Marktvorgänge und korrigiert gesellschaftlich problematische Marktergebnisse. Der Fiskus soll zu einer effizienten Allokation der Ressourcen, einer gerechten Verteilung der Einkommen und Chancen und einer Stabilisierung des Wirtschaftsablaufs beitragen. Ihm stellen sich vor allem folgende Fragen :

1. Allokation
- Welche Güter soll der Staat bereitstellen und in welchen Mengen?
- Warum bedarf es des staatlichen Gewaltmonopols bei Kollektivgütern?
- Wann sollte der Fiskus Einfluss auf die Entscheidungen der Anbieter und Nachfrager auf den Märkten nehmen?
- Sollten öffentliche Leistungen eher staatlich zentral oder dezentral angeboten werden?
- Welche Auswirkungen auf die Faktorallokation gehen von Steuern aus, und wie lässt sich das Steuersystem effizient ausgestalten?

2. Verteilung
- Was soll unter gerechter Verteilung der Einkommen und Chancen verstanden werden?
- Wie sind gerechte Steuern auszugestalten?

- Wie beeinflussen Steuern und Maßnahmen der sozialen Sicherung die Einkommensverteilung?
- Wie beeinflusst die öffentliche Verschuldung die Lebensverhältnisse der heutigen und der zukünftigen Generationen, und welche intergenerationelle Verteilung wäre als fair zu bezeichnen?
- Wie können Transfers im Finanzausgleich eines föderalistischen Staates zur Herstellung einheitlicher Lebensverhältnisse eingesetzt werden?

3. Stabilisierung
- Wie kann der Fiskus mit Steuern und Staatsausgaben Arbeitslosigkeit und Inflation in konjunkturellen Boom- und Rezessionsphasen bekämpfen?
- Welche Mittel stehen dem Fiskus zur Förderung des Wirtschaftswachstums zur Verfügung, um langanhaltende Arbeitslosigkeit zu bekämpfen?
- Welche Herausforderungen stellen sich der Fiskalpolitik im Zuge des internationalen Standortwettbewerbs?
- Welche Auswirkungen gehen von Budgetdefiziten auf die gesamtwirtschaftliche Entwicklung aus?
- Wie lassen sich die konjunkturellen Effekte des öffentlichen Haushaltes messen?

In der Wahrnehmung dieser Aufgaben treten nicht selten Zielkonflikte auf. Das gilt insbesondere für das Verhältnis von effizienter Allokation und fairer Einkommensverteilung.

2. Methodologische Anmerkungen

Die Finanzwissenschaft als Wissenschaft untersucht reale ökonomische Phänomene, um sie zu verstehen und durch Erkenntnisgewinn zu einer Verbesserung der wirtschaftlichen Verhältnisse beizutragen. Wissenschaft bedeutet **Theorie**, nicht Deskription. Deskription beschränkt sich auf die Beschreibung ökonomischer Sachverhalte. Das Anliegen der Theorie besteht dagegen darin, die realen Phänomene in ihren Ursachen und Wirkungen zu erkennen. Sie stellt die Frage nach dem Warum. Ohne Beobachtung und Beschreibung von Tatsachen und Vorgängen kommt die Theorie allerdings nicht aus. Wenn der Ökonom die wirtschaftlichen Vorgänge besser verstanden hat, ist er in der Lage, Empfehlungen darüber auszusprechen, wie sich Fehlentwicklungen in der Wirtschaft bekämpfen lassen (Beraterfunktion). Erklärungen und wirtschaftspolitische Problemlösungen zu liefern, bilden die beiden Hauptaufgaben der Theorie.

Theorien bestehen aus einem Satz von Annahmen (oder Hypothesen) und den Schlussfolgerungen daraus. Die gewonnenen Aussagen sind nur wahr unter den gemachten Annahmen. Es handelt sich immer um bedingte Aussagen. Zu Aussagen gelangt man durch logische Folgerungen. Wenn die Annahmen der Realität entsprechen, müssen auch die Aussagen der Theorie zutreffen. Die Annahmen über Wirkungsbeziehungen werden in der reinen Theorie nach Plausibilitätsgründen getroffen. Sie sollen empirisch gehaltvoll sein, sind aber in diesem Stadium selbst noch nicht empirisch überprüft. Der Empirietest erfolgt später in der anwendungsbezogenen Forschung.

Theorien bedienen sich in der Volkswirtschaftslehre typischerweise der **Modellanalyse**. Unter einem Modell versteht man die vereinfachte gedankliche Nachbildung (einen Entwurf) tatsächlicher wirtschaftlicher Phänomene unter Verzicht auf alles für das jeweilige Problem Unwesentliche. Ein Modell soll die essentiellen Merkmale eines bestimmten Phänomens erfassen. Es will nicht das Phänomen in all seinen Einzelheiten abbilden. Die komplexe Realität wird auf überschaubare Sachverhalte reduziert. Häufig wird in diesem Zusammenhang der Vergleich mit einer Landkarte herangezogen. Eine Landkarte im Verhältnis 1:1 wäre zu unübersichtlich, um hilfreiche Informationen zu liefern. Dasselbe gilt für eine Betrachtung, die jeden einzelnen Aspekt der ökonomischen Wirklichkeit zu erfassen versuchte. Modelle können verbal oder mathematisch formuliert sein. Die Theorie arbeitet meist mit mathematischen Modellen. Wegen der klaren Wenn-Dann-Fragestellung der Theorie eignet sich die mathematische Methode für die logische Ableitung besonders. Auf diese Weise können Annahmen, Beziehungen und Effekte präzise ausgedrückt werden.

2. Methodologische Anmerkungen

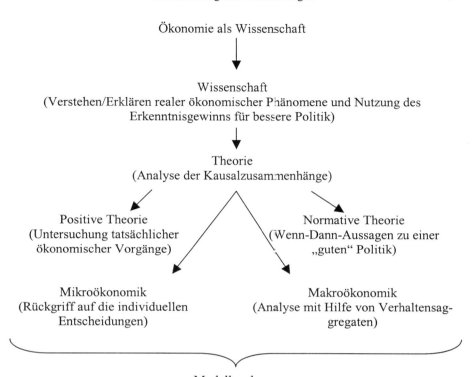

Abb. I.1 Zur ökonomischen Methodologie.

Genauso wie in der allgemeinen Wirtschaftstheorie unterscheidet man auch in der Finanzwissenschaft zwischen mikro- und makroökonomischer Analyse. Die **mikroökonomische Theorie** leitet Aussagen auf der Grundlage von Einzelentscheidungen der Wirtschaftssubjekte (Haushalte, Unternehmen und Staat) ab. In der **makroökonomischen Analyse** fasst man gleichartige Entscheidungseinheiten zu Gruppen zusammen, fingiert für diese ein repräsentatives Verhalten und versucht auf diese Weise ein wirtschaftliches Phänomen zu erklären. Untersuchungsgegenstand kann die Einzelwirtschaft, ein Teilbereich der Gesamtwirtschaft (zum Beispiel ein Markt) oder die Volkswirtschaft sein. Deshalb lässt sich auch zwischen einzel-, partial- und totalwirtschaftlicher Analyse unterscheiden. Die Kombination der beiden Kriterien führt zu den in Tab. I.1 angegebenen möglichen Konstellationen.

	Einzelwirtschaft	Teilbereiche der Wirtschaft	Gesamtwirtschaft
Mikroökonomie	(1) einzelwirtschaftliche Analyse	(2) mikroökonomische Partialanalyse	(3) mikroökonomische Gesamtanalyse
Makroökonomie	---	(4) makroökonomische Partialanalyse	(5) makroökonomische Gesamtanalyse

Tab. I.1 Mikro- und Makroökonomie.

Die Erklärung einzelwirtschaftlicher Erscheinungen erfolgt immer mit Hilfe der Mikroanalyse (Feld (1)). Beispiele aus der Finanzwissenschaft sind die Untersuchung der Auswirkungen einer Steuer auf das Konsum-, Spar- und Investitionsverhalten eines Haushaltes bzw. Unternehmens. Die Analyse von Teilphänomen der Gesamtwirtschaft bezieht sich hauptsächlich auf einzelne Märkte. Dabei kann man Angebot und Nachfrage aus den individuellen Entscheidungen der Marktteilnehmer ableiten (Feld (2)) oder eine vereinfachte aggregierte Betrachtung mit der Unterstellung repräsentativer Verhaltensweisen vornehmen (Feld (4)). In den volkswirtschaftlichen Lehrbüchern wird diese Analyse meist auch der Mikroökonomie zugeordnet. Gesamtwirtschaftliche Phänomene wie Sozialprodukt, Beschäftigungsgrad, Wirtschaftswachstum, Inflation und Zahlungsbilanz mikroökonomisch zu analysieren, wäre zwar denkbar (Feld (3)), ist jedoch unzweckmäßig. Typische Methoden in der Ökonomie sind deshalb die mikroökonomische Analyse einzel- und marktlicher Phänomene sowie die makroökonomische Analyse marktlicher und gesamtwirtschaftlicher Sachverhalte (Felder (1), (2), (4) und (5)).

Die Einordnung der Analyse des Fiskus in dieses methodische Schema bereitet einige Schwierigkeiten. Grundlegende Aussagen über den Fiskus lassen sich teilweise bereits ableiten, wenn man nur die Auswirkungen auf einen Teilbereich der Wirtschaft betrachtet und davon ausgeht, dass nur ein einziges Individuum berührt ist. Dann nimmt man eine mikroökonomische Partialanalyse vor. Auch lassen sich wesentliche Erkenntnisse bereits gewinnen, wenn man sich vorstellt, dass die Gesellschaft nur aus zwei Personen besteht. Dann betreibt man eine mikroökonomische Totalanalyse. Nur selten kann man die staatlichen Einheiten als reine Einzelwirtschaften ansehen, die nur für sich selbst entscheiden. Ein Beispiel liefert die Budgetpla-

2. Methodologische Anmerkungen

nung. Gegen diese Abgrenzungen ist vorzubringen, dass die Gebietskörperschaften meist ökonomisch so bedeutsam sind, dass sie die wirtschaftliche Entwicklung wesentlich beeinflussen. Um die Auswirkungen auf die Vielzahl der Bürger zu untersuchen, liegt es nahe, von einem aggregierten privaten Verhalten auszugehen. Dann handelt es sich um eine Makrobetrachtung. Das gilt nicht nur für die Analyse der Auswirkungen des Bundeshaushaltes auf die Gesamtwirtschaft, sondern auch für die Auswirkungen des Budgets eines Bundeslandes oder einer Gemeinde auf ihr Einzugsgebiet (Partialbetrachtung). Wenn die verschiedenen Gebietskörperschaften – Bund, Länder und Gemeinden – selbst als Aggregat betrachtet werden, ist der Fall eindeutig. Ein Beispiel für diese makroökonomische Totalanalyse liefert die Analyse des Staates im Wirtschaftkreislauf (vgl. Kap. III). Nach vorherrschendem Staatsverständnis in der Finanzwissenschaft bildet der Staat den Zusammenschluss der Menschen zur besseren Wahrnehmung ihrer Bedürfnisse (vgl. Kap. V). Die Staatsträger sollen nach dem Willen der Bürger handeln. Sie stellen dann keine eigenständige Wirtschaftseinheit dar, sondern sind Repräsentanten des Volkes. Deshalb ist es möglich, die fiskalische Staatstätigkeit generell als makroökonomische Gesamtanalyse aufzufassen.

Die ökonomische Theorie wird in **positive und normative Ökonomik** unterschieden. Die positive Ökonomik untersucht die tatsächlichen realen wirtschaftlichen Vorgänge. Sie fragt beispielsweise danach, wovon die Preise auf den Märkten abhängen, wie Steuern auf die Entscheidungen der Haushalte und Unternehmen wirken, welchen Einfluss die öffentliche Verschuldung auf das Zinsniveau und den Wechselkurs eines Landes hat, welche Güter vom Staat bereitgestellt werden müssen oder welche Auswirkungen der Finanzausgleich zwischen den Bundesländern auf deren Anreize ausübt, ihre Wirtschaftskraft zu entwickeln. In diesem Lehrbuch wird in den Kapiteln III, IV, XIV und XV eine positive Analyse vorgenommen.
Die normative Ökonomik beschäftigt sich mit Werten. Sie macht Aussagen über die Wünschbarkeit bestimmter finanzpolitischer Maßnahmen. Sie misst diese Aktivitäten an grundlegenden gesellschaftlichen Wertvorstellungen. Die wissenschaftliche Untersuchung von Werten fällt in das Aufgabengebiet anderer Disziplinen, insbesondere der Ethik. Damit in der Ökonomie der wissenschaftliche Anspruch gewahrt bleibt, müssen die Normen als An-

nahmen in die Analyse eingeführt werden. Als Aussage leitet sich ab: „Wenn Z die Ziele/Werte der Gesellschaft darstellen, dann wäre P die beste Politik". Die in den Modellen angenommenen Wertungen müssen als solche kenntlich gemacht werden. Dazu gibt es zwei Möglichkeiten: das persönliche Bekenntnis und die Formulierung der Norm als Hypothese. Die bekenntnishafte Einführung macht dem Leser die Subjektivität der Meinung deutlich. Sie befreit den Wissenschaftler vom Vorwurf der „Anmaßung von Wissen" (Friedrich August von Hayek).

Wenn ein Wissenschaftler als wirtschaftspolitischer Berater unbegründet Empfehlungen zu bestimmten politischen Maßnahmen abgibt, dann äußert er das, was er selbst für gut oder schlecht hält. Dann handelt es sich um eine nichtwissenschaftliche normative Aussage. Andere Menschen mögen diese Meinung teilen oder ablehnen. Häufig bewegen sich die Urteile wissenschaftlicher Berater am Rande der Wissenschaftlichkeit. Die Übergänge zwischen wissenschaftlichem und nichtwissenschaftlichem Urteil sind fließend. Es lässt sich von vornherein nicht genau festlegen, wie hoch das Anforderungsniveau an die Begründung von Empfehlungen sein sollte. Wissenschaftliche Begründungen können mehr oder weniger vollständig sein. Um die Wirkungen von Maßnahmen auf bestimmte Ziele umfassend darzulegen, müssten alle denkbaren Mittelkombinationen untersucht und die Wertung dem Politiker überlassen bleiben. Tatsächlich wird man aber eine Eingrenzung der Problemstellung vornehmen. Darin liegt eine persönliche Wertung des Wissenschaftlers. Die Wirkungszusammenhänge sind auch häufig nicht so einfach, dass eine Wirkung auf eine bestimmte Ursache zurückgeht. Ein Ziel kann auch Mittel für ein anderes Ziel sein und gleichzeitig auf das erste Ziel zurückwirken. In diesem Fall kommt der Wissenschaftler nicht darum herum, Zielabwägungen vorzunehmen.

Man stellt fest, dass in der Politik die höchsten gesellschaftlichen Ziele in der Regel nicht genau definiert sind, so dass der Wissenschaftler keine genaue Bewertungsfunktion für seine Aussagen vorfindet. Es fehlen beispielsweise klare Zieldefinitionen für Freiheit, Gerechtigkeit und Wohlstand. Der Wissenschaftler muss dann selbst eine Interpretation der Ziele nach seinem Verständnis der grundlegenden gesellschaftlichen Wertungen vornehmen. Er macht dann der Politik deutlich, wie die übergeordneten Ziele konkret aussehen könnten und welche Konsequenzen sich mit ihnen verbinden würden, wenn man sie verfolgte. Das Paradebeispiel dafür liefert die ökonomische Wohlfahrtstheorie mit dem Teilgebiet der normativen Finanzwissenschaft.

Die normative Ökonomik greift auf Aussagen der positiven Ökonomik zurück. Um etwa zu beurteilen, ob der Staat Umweltschutzpolitik mit Öko-Steuern oder mit dem Ordnungsrecht betreiben sollte, müssen zunächst einmal die Auswirkungen der Maßnahmen auf Größen wie Umweltqualität, Sozialprodukt und Einkommensverteilung analysiert werden, bevor eine Abgleichung mit dem wirtschaftspolitischen Zielsystem vorgenommen und bestimmte Empfehlungen ausgesprochen werden können. Die normative Theorie stellt die auf Politikverbesserung ausgerichtete Fortsetzung der positiven Theorie dar.

Dieses Lehrbuch beschäftigt sich hauptsächlich mit der normativen Finanzwissenschaft. Es gilt zu klären, welche grundlegenden Aufgaben der Fiskus im demokratischen Staat unter den Bedingungen der Freiheit und Gerechtigkeit wahrnehmen sollte.

3. Der Staat als Fiskus

Die Finanzwissenschaft befasst sich mit dem finanzwirtschaftlichen (fiskalischen) Handeln des Staates. Aus dieser Abgrenzung des Erkenntnisobjektes folgen zwei Fragen: Wer ist Träger des Staates, und was zählt zum finanzwirtschaftlichen Handeln?

Der öffentliche Sektor setzt sich aus den Gebietskörperschaften und den Parafiski zusammen. Originäre Träger der Staatsgewalt sind die **Gebietskörperschaften.** In einem föderativen Staat wie der Bundesrepublik gehören zu den Gebietskörperschaften der Bund und die Bundesländer. Die Gemeinden sind rechtlich den Ländern zugeordnet, besitzen aber Finanzautonomie und werden deshalb in der Finanzwissenschaft als dritte Ebene betrachtet. Bund und Länder üben jeweils innerhalb ihres Territoriums hoheitliche Gewalt aus. Die Verteilung der Aufgaben auf Bund und Länder regelt das Grundgesetz mit den Vorschriften über die Finanzverfassung. Die Finanzwissenschaft befasst sich schwerpunktmäßig mit den Gebietskörperschaften. Sofern ein Staat Mitglied einer Staatengemeinschaft ist (Beispiel Mitgliedschaft der Bundesrepublik Deutschland in der Europäischen Union), beschäftigt sich die Finanzwissenschaft auch mit den Finanzen dieser Institution.

Parafiski (Hilfs- oder Nebenfiski) sind selbständige staatliche oder halbstaatliche Einrichtungen, die öffentliche Funktionen wahrnehmen und sich überwiegend aus eigenen Zwangsabgaben finanzieren (Gebühren und Beiträge). Sie sind wegen des Sondercharakters der Aufgaben aus der allgemeinen Verwaltung und dem öffentlichen Haushalt der Gebietskörperschaften ausgegliedert. Die Gebietskörperschaften sind entweder selbst Träger dieser Einrichtungen (Beispiel gesetzliche Sozialversicherung), oder sie vergeben Konzessionen an rechtlich selbständige Organisationen (etwa Technische Überwachungsvereine) oder die öffentliche Funktionswahrnehmung wird durch Staatsvertrag anerkannt (Beispiel Kirchen). Zu den klassischen Parafiski zählen Kirchen, berufsständische Organisationen (Kammern) und vor allem die gesetzliche Sozialversicherung (Kranken-, Pflege-, Renten- und Arbeitslosenversicherung): Die Aufgaben der Sozialversicherungen werden von besonderen Bundesanstalten – in der Regel selbstverwaltete Körperschaften des öffentlichen Rechts – mit eigenem Haushalt wahrgenommen. Die Kranken- und Pflegeversicherung wird unter der Obhut der jeweiligen gesetzlichen Krankenkassen gemeinsam verwaltet (allgemeine Ortskrankenkassen, Ersatzkassen oder Betriebskrankenkassen). Die gesetzliche Rentenversicherung kennt mehrere Träger, etwa die Bundesversicherungsanstalt für Angestellte in Berlin und die Landesversicherungsanstalten für Arbeitnehmer. Die institutionellen Träger der Arbeitslosenversicherung sind die Bundesanstalt für Arbeit, die Landesarbeitsämter und die Arbeitsämter vor Ort. Die Kirchen zählen insoweit zu den Parafiski, als ihnen durch Staatsvertrag ein öffentlich-rechtlicher Status verliehen worden ist. Mit dem Staatsvertrag wird anerkannt, dass sie öffentliche Funktionen wahrnehmen. Die ungestörte Religionsausübung steht unter dem besonderen Schutz der Verfassung (Art. 4 Abs. 2 GG). Die Kirchen finanzieren sich überwiegend durch die Kirchensteuer, die als Zuschlag zur Einkommensteuer für Kirchenmitglieder erhoben wird. Kammern sind öffentlich-rechtliche Selbstverwaltungseinrichtungen der Wirtschaft (Industrie-, Handels-, Handwerks-, Landwirtschafts-, Ärztekammern etc.). Die Mitgliedschaft beruht auf Zwang. Die Mitglieder haben Zwangsbeiträge zu entrichten. Zu den Aufgaben der Kammern gehört die Organisation der beruflichen Ausbildung und die Abnahme von Prüfungen (Gesellen- und Meisterprüfungen etc.). Die öffentliche Hand beschränkt sich hier auf eine formale Kontrolle, so beispielsweise auf die Einhaltung der Satzungen.

4. Budgetrestriktion und Budgetkonstellation

Zu den sonstigen Parafiski zählen die öffentlichen Unternehmen. Man unterscheidet: (1) Öffentliche Unternehmen ohne eigene Rechtspersönlichkeit (beispielsweise ERP-Sondervermögen und Lastenausgleichsfond). In dieser Organisationsform werden auch die kommunalen Eigenbetriebe (Gas- und Wasserwerke, kleinere Stromversorgungsunternehmen, städtische Verkehrsbetriebe) geführt. Das Vermögen dieser Unternehmen ist aus dem öffentlichen Haushalt ausgegliedert (Sondervermögen). Im Haushalt des Trägers erscheint nur die Gewinnabführung bzw. Verlustabdeckung (Nettobetriebe). Es besteht ein eigenes kaufmännisches Rechnungswesen. Das Management handelt im Rahmen der jeweiligen Unternehmenssatzung eigenverantwortlich. Die Überwachung durch den öffentlichen Träger erfolgt über vom Träger beschickte Aufsichtsgremien (Verwaltungsrat). (2) Rechtlich und wirtschaftlich selbständige öffentliche Unternehmen. Wichtigstes Merkmal ist hier, dass sich das Eigentum ausschließlich oder zu mehr als 50% in den Händen des Staates befindet (reine öffentliche Unternehmen und sogenannte gemischtwirtschaftliche Unternehmen) und die Unternehmen wegen der Erfüllung öffentlicher Funktionen nicht rein erwerbswirtschaftlich geführt werden. Die Unternehmen werden entweder in öffentlich-rechtlicher Form (Rundfunk- und Fernsehanstalten, Bundesbank, Sparkassen), bei Bund und Ländern meistens aber in privatrechtlicher Form (AG oder GmbH) – ebenso die kommunalen Eigengesellschaften – geführt. Bekannte Beispiele sind die Bahn-AG und die Post-AG. Von der wirtschaftlich-organisatorischen und rechtlichen Verselbständigung öffentlicher Unternehmen, insbesondere in privater Rechtsform, verspricht man sich als ökonomische Vorteile:

- größere Flexibilität und Dynamik des Managements wegen der selbständigen Stellung,
- bessere Rentabilitätskontrolle,
- größere Anpassungsfähigkeit an Technik-, Markt-, Konjunktur- und Strukturänderungen sowie
- Zugang zum Kapitalmarkt.

Auch bei diesen Unternehmen handelt es sich um Nettobetriebe.

Die staatlichen Maßnahmen lassen sich allgemein unterscheiden in ordnungsrechtliche, notenbankpolitische und fiskalische Maßnahmen. Durch ordnungsrechtliche Maßnahmen (Ge- und Verbote) wird den Bürgern direkt ein Rahmen für ihr Handeln gesetzt. Beispiele sind das Eigentums-, Vertrags- und Haftungsrecht, das Arbeitsrecht (Tarifvertragsgesetz, Vorschriften über Mindestarbeitsbedingungen, Kündigungsschutz, Arbeitszeiten, Tag-, Nacht-, Feiertags- und Sonntagsarbeit, Kinderschutz), das Sozialversicherungsrecht mit der gesetzlichen Versicherungspflicht für Arbeitnehmer und Regelung der Beiträge zur Sozialversicherung, das Wettbewerbsrecht (Fusionskontrolle und Kartellverbot), das Unternehmensrecht (Vorschriften über Rechtsformen, Mitbestimmung, öffentliche Rechnungslegung, Aufsichtswesen im Kredit- und Versicherungsgewerbe etc.), das Gesundheitsrecht (etwa gesundheitliche Anforderung am Arbeitsplatz, Beschaffenheit von Nahrungs-, Genuss- und Arzneimitteln) sowie das Umweltrecht (Verbot von Stoffen, Emissionsgrenzwerte und Vorschriften über die Beschaffenheit von Produkten).

Zum öffentlichen Sektor gehörte in Deutschland bis 1998 auch die Deutsche Bundesbank mit ihren notenbankpolitischen Maßnahmen. Mit der Schaffung der Währungsunion in der Europäischen Union haben die nationalen Notenbanken der EU-Länder ihre geldpolitischen Kompetenzen verloren. Diese liegen seit dem 1.1.1999 bei der Europäischen Zentralbank (EZB).

Die **finanzwirtschaftlichen Aktivitäten** setzen sich aus den Einnahmen und Ausgaben der Gebietskörperschaften und Parafiski zusammen. Die **Staatseinnahmen** lassen sich unterscheiden in definitive und vorübergehende Einnahmen. Zu den definitiven Einnahmen gehören die Steuern, Gebühren und Beiträge und Zuweisungen zwischen Gebietskörperschaften. Vorübergehenden Charakter haben Staatseinnahmen aus der Kreditaufnahme, denn die Kredite müssen später zurückgezahlt werden. Den heutigen Einnahmen stehen zukünftige Ausgaben (Zinszahlungen und Schuldentilgung) gegenüber. Die Einnahmen werden verwendet, um die unterschiedlichsten **Staatsausgaben** zu finanzieren. Der Fiskus beschafft sich durch Kauf Produktionsfaktoren und Güter, um auf diese Weise selbst öffentliche Leistungen für Haushalte und Unternehmen zu produzieren, und er tätigt Transferzahlungen an Private (Zahlungen wie Arbeitslosengeld, Sozialhilfe, Kindergeld, Sparprämien und Subventionen).

Zwischen den drei Aktivitätsbereichen besteht teilweise Konkurrenz in der Wahrnehmung wirtschaftspolitischer Ziele. Soll der Staat beispielsweise Ökosteuern einführen oder Umweltschutz mit Ge- und Verboten betreiben, oder soll er zur Bekämpfung der Arbeitslosigkeit auf die Geldpolitik oder auf die Finanzpolitik zurückgreifen? Weil es nicht selten auf einen Instrumentenvergleich ankommt, kann sich die Analyse des Finanzwissenschaftlers nicht immer auf die fiskalischen Maßnahmen allein beschränken.

4. Budgetrestriktion und Budgetkonstellationen

Alle Ausgaben und Einnahmen einer Gebietskörperschaft in einer Periode werden im öffentlichen Haushalt zusammengefasst: Das Budget bildet die feste Klammer für die Einnahmen und Ausgaben. Die geplanten/tatsächlichen Ausgaben müssen immer mit den geplanten/tatsächlichen Einnahmen einer Periode übereinstimmen. Dies bringt die **staatliche Budgetrestriktion** zum Ausdruck. Folgendes Beispiel veranschaulicht den Sachverhalt: Der Staat habe

- „ordentliche" Ausgaben A (beispielsweise Ausgaben für Personal und für den Kauf von Gütern) und
- „ordentliche" Einnahmen E (insbesondere Steuern). Er kann außerdem
- Kredite aufnehmen (KE) und
- Kredite tilgen (KT).

Wir stellen alle Ausgaben und Einnahmen einer Periode j einander gegenüber und erhalten dann die Budgetrestriktion:

(I.1) $\quad A_j + KT_j = E_j + KE_j$.

Ordentliche Ausgaben plus Ausgaben für die Tilgung ausstehender Kredite müssen betragsmäßig mit der Summe der ordentlichen Einnahmen und Krediteinnahmen übereinstimmen. Umformuliert gilt auch, dass die Differenz zwischen ordentlichen Ausgaben und ordentlichen Einnahmen gleich der Differenz zwischen Krediteinnahmen und Tilgungsausgaben sein muss (Gleichung (I.1)). Die Differenz zwischen (Brutto-) Krediteinnahmen und Tilgungsausgaben bezeichnet man als Nettokreditaufnahme (bzw. Nettoneuverschuldung NNV).

(I.2) $\quad A_j - E_j = KE_j - KT_j = NNV_j$.

Die Finanzpolitik interessiert sich für die unterschiedlichen Konstellationen von ordentlichen Einnahmen und Ausgaben. Aus dieser Sicht unterscheidet man zwischen ausgeglichenem und nicht ausgeglichenem Haushalt. Bei einem **ausgeglichenen Budget** stimmen ordentliche Ausgaben und ordentliche Einnahmen überein. Die Nettokreditaufnahme ist null. Da wir angenommen haben, dass Tilgungszahlungen aus Altschulden in der betrachteten Periode anfallen, ist außerdem impliziert, dass der Staat in Höhe der Tilgungsausgaben neue Kredite aufgenommen hat. Die Bruttokreditaufnahme entspricht den Tilgungszahlungen. Der Schuldenbestand des Staates (B) hat sich insgesamt nicht erhöht: NNV = ΔB = 0. Bei einem nicht ausgeglichenen Budget handelt es sich entweder um ein Budgetdefizit oder um einen Budgetüberschuss. Bei einem **Budgetdefizit** übersteigen die ordentlichen Ausgaben die ordentlichen Einnahmen. Die Differenz muss durch Nettoneuverschuldung finanziert werden. Der Staat muss über die Tilgungszahlung hinaus Kredite aufnehmen. Der Schuldenstand des Staates erhöht sich: $\Delta B > 0$. Der Staat könnte sich bei der Notenbank oder bei den Privaten verschulden. Im ersten Fall erhöht sich die Geldmenge (ΔM) und im zweiten Fall das zinsbringende private Vermögen (ΔF). Wenn beide Möglichkeiten zulässig sind, gilt auch: NNV = $\Delta M + \Delta F$. Man erkennt hier die Verknüpfung zwischen Fiskal- und Geldpolitik. Die Geldschöpfungsfinanzierung von Defiziten ist für Mitgliedsländer der EU nicht zulässig.

Bei einem **Budgetüberschuss** sind die ordentlichen Ausgaben geringer als die ordentlichen Einnahmen. Die ordentlichen Einnahmen werden nicht in voller Höhe zur Finanzierung der ordentlichen Ausgaben benötigt. Der überschießende Betrag wird zur Finanzierung von Tilgungsausgaben verwendet (oder stillgelegt). Die Tilgungszahlungen sind größer als die Bruttokreditaufnahme. Die Nettoneuverschuldung ist negativ. Der staatliche Schuldenbestand nimmt ab: $\Delta B < 0$. Die Nettotilgungen beziehen sich entweder auf Schulden der Regierung bei der Notenbank – was eine Verminderung der Geldmenge ($-\Delta M$) bedeutet – oder auf Schulden gegenüber den Privaten mit der Konsequenz einer Verringerung der zinsbringenden Forderungen gegenüber dem Staat ($-\Delta F$). Es gilt also auch: $-$ NNV = $- \Delta M - \Delta F$.

Von der Nettoneuverschuldung (Stromgröße) ist der **Schuldenbestand** zu unterscheiden. Es handelt sich um eine Bestandsgröße. Durch Nettoneuverschuldungen (Budgetdefizite) wird ein Schuldenbestand aufgebaut und durch Nettoschuldentilgungen (Budgetüberschüsse) abgebaut. Der Schuldenbestand in einem bestimmten Zeitpunkt entspricht der Summe der vergangenen Budgetdefizite abzüglich der Summe der vergangenen Budgetüberschüsse: $B_{t+1} = B_t + \Delta B$.

Auf die bestehenden Schulden sind Zinsen in dem laufenden Jahr und in den zukünftigen Jahren zu zahlen. Überschüsse können zinsbringend angelegt werden. Deshalb besteht bei unausgeglichenem Budget eine Verknüpfung zwischen dem laufenden und den zukünftigen Haushalten (**intertemporaler Aspekt**).

Den Begriffen ausgeglichenes und unausgeglichenes Budget liegt eine volkswirtschaftliche Gleichgewichtsbetrachtung zugrunde. Von einem ausgeglichenen Budget gehen – vereinfacht gesehen – keine Störungen auf die gesamtwirtschaftliche Nachfrage aus, bei unausgeglichenem Budget ist dies der Fall: 1) Bei einem Budgetdefizit übersteigen die Ausgaben die Steuern, was tendenziell expansiv wirkt (**fiskalischer Impuls**). Außerdem treten expansive **monetäre Impulse** auf. Wenn sich der Staat Kredite bei der Notenbank beschafft, erhöht sich die in der Volkswirtschaft vorhandene Zentralbankgeldmenge. Das wirkt expansiv. Verschuldet er sich bei den Privaten, erhöht sich das verzinsliche Finanzvermögen des privaten Sektors. Von dieser Vermögenssteigerung können ebenfalls expansive Impulse auf die volkswirtschaftliche Gesamtnachfrage ausgehen. 2) Ein Budgetüberschuss wirkt tendenziell kontraktiv, weil die Steuern die Ausgaben übersteigen. Außerdem verringert sich die volkswirtschaftliche Geldmenge, wenn die Mittel bei der Notenbank stillgelegt werden. Bei Verwendung der Überschüsse für Tilgungszahlungen bleibt die volkswirtschaftliche Geldmenge konstant. Wegen der Tilgung haben sich aber die verzinslichen Forderungen der Privaten gegenüber dem Staat verringert. Damit können kontraktive Nachfrageeffekte in den Folgeperioden verbunden sein.

Zusammenfassung und Übungen

1. Ökonomie ist die Wissenschaft vom Management knapper Ressourcen. Die Finanzwissenschaft befasst sich in diesem Rahmen mit dem Verhältnis des öffentlichen zum privaten Wirtschaftssektor und mit den Auswahlentscheidungen innerhalb des öffentlichen Sektors. Der Staat wird als Fiskus angesehen. Seine Handlungsinstrumente sind die öffentlichen Ausgaben und öffentlichen Einnahmen. Er ermöglicht und ergänzt die privaten Marktvorgänge, und er korrigiert gesellschaftlich problematische Marktergebnisse. Zentrale Fragestellungen betreffen die effiziente Nutzung der volkswirt-

schaftlichen Ressourcen, die gerechte Verteilung der Einkommen und die Stabilisierung des Wirtschaftsablaufs.
2. Wirtschaftswissenschaftler benutzen Modelle, um zu untersuchen, wie die Volkswirtschaft funktioniert. Ein Modell kann verbal oder mathematisch formuliert sein. Es soll die wesentlichen Eigenschaften eines bestimmten ökonomischen Phänomens erfassen.
3. Die positive Finanzwissenschaft untersucht die Auswirkungen der öffentlichen Finanzen auf die Volkswirtschaft, während die normative Finanzwissenschaft alternative mögliche Politiken zu bewerten versucht.
4. In der Bundesrepublik tritt der Staat als Gebietskörperschaft (Bund, Länder und Gemeinden) und als Parafiskus in vielfältiger Weise mit seinen Einnahmen und Ausgaben in Beziehung zu den Staatsbürgern.
5. Die Budgetrestriktion stellt die Klammer für alle staatlichen Einnahmen und Ausgaben dar. Sie bringt zum Ausdruck, dass Staatsausgaben immer durch Einnahmen finanziert werden müssen. Bei Budgetdefiziten greift der Fiskus auf die Verschuldung (oder auf Reserven) als Finanzierungsform zurück. Budgetüberschüsse implizieren die Tilgung von Altschulden (oder die Bildung von Reserven).

Wiederholungsfragen

1. Welche Beziehungen bestehen zwischen Knappheit und Effizienz?
2. Was ist gemeint, wenn vom Staat als Fiskus gesprochen wird?
3. Welche Grundfragen stellen sich dem Fiskus?
4. Was zeichnet den Staat aus?
5. Nennen Sie Beispiele für öffentliche Aufgaben, bei denen fiskalische und nichtfiskalische staatliche Maßnahmen miteinander konkurrieren.
6. Warum gibt es Parafiski?
7. Wie kann das Fach „Finanzwissenschaft" gegenüber der „Wirtschaftstheorie" und der „Wirtschaftspolitik" abgegrenzt werden?
8. Nennen Sie Beispiele für wissenschaftliche und unwissenschaftliche normative Aussagen.
9. Warum betreiben Ökonomen Modellanalyse?
10. Welche Aussagen macht die Budgetrestriktion? Wie lautet die Budgetrestriktion, (a) wenn der Staat per Saldo Kredite tilgt und (b) wenn er per Saldo neue Kredite aufnimmt? Was versteht man unter einem ausgeglichenen Budget, einem Budgetdefizit und einem Budgetüberschuss?

Aufgaben

1. Wodurch entstehen Budgetdefizite?

Lösungshinweis:
Budgetdefizite sind entweder geplant oder ungeplant. Ungeplante Budgetdefizite sollten über eine rationale Haushaltsplanung möglichst vermieden werden. Defizite werden eingeplant in Zeiten der konjunkturellen Rezession. Der Konjunkturabschwung würde verschärft werden, wenn der Fiskus im Zuge der rückläufigen Steuereinnahmen auch seine Ausgaben einschränken würde. Zu dem gesamtwirtschaftlichen Nachfragedefizit käme dann noch ein Nachfrageausfall beim Staat hinzu. Eine solche prozyklische Politik ist zu vermeiden. Konjunkturbedingte Budgetdefizite haben nur vorübergehenden Charakter, und die entstandene Staatsschuld lässt sich später in einer konjunkturellen Boomphase durch konjunkturbedingten Steuermehreinnahmen tilgen. Konjunkturelle Defizite sind Reflex der Rezession und tragen zu einer Milderung der Krisenlage bei. Anstöße zu einer Umkehr der Entwicklung vermag die Budgetpolitik nur zu liefern, wenn der Staat die Ausgaben erhöht oder die Steuersätze senkt. Hierbei handelt es sich um aktive Konjunkturpolitik. Auch die dadurch hervorgerufenen Defizite führen nur zu einer vorübergehenden Schuldenzunahme, sofern ein Aufschwung tatsächlich ausgelöst wird und die Steuermehreinnahmen für die Tilgung verwendet werden.

Defizite werden auch unabhängig von der Konjunkturlage eingeplant. Sie weisen dann strukturellen Charakter auf. Der Fiskus beabsichtigt von vornherein, Teile seiner Ausgaben nicht durch Steuern, sondern durch Kredite zu finanzieren. Die ordentlichen Ausgaben des Staates liegen dann dauerhaft über den ordentlichen Einnahmen. Diese Haushaltspolitik ist umstritten. Die aktuelle Finanzpolitik in der Bundesrepublik und in den anderen Ländern der Europäischen Union geht dahin, die strukturellen Budgetdefizite abzubauen.

2. Welche Auswirkungen gehen von einem zusätzlichen Budgetdefizit auf die gesamtwirtschaftliche Nachfrage aus?

Lösungshinweis:
Durch ein (zusätzliches) Budgetdefizit trägt der Staat zur Erhöhung der gesamtwirtschaftlichen Nachfrage bei. In welchem Ausmaß dies geschieht, hängt davon ab, wie es zustande kommt. Wenn die Staatsausgaben für Güter und Dienste erhöht werden, tritt eine vergleichsweise hohe expansive Wirkung auf, denn diese Ausgaben stellen selbst Nachfrage dar und sind deshalb unmittelbar produktionswirksam. Steuersenkungen und zusätzliche Transferzahlungen erhöhen dagegen das verfügbare private Einkommen und wirken nur nach Maßgabe der marginalen Konsumquote der Privaten nachfragesteigernd. Die Konsumquote ist im Durchschnitt kleiner als eins. Deshalb ist der expansive Effekt geringer. Außerdem richtet sich ein Teil dieser Einkommen auf im Ausland produzierte Güter (Importe) und wird damit nicht im Inland produktionswirksam. Steuersenkungen begünstigen aber auch die privaten Investitionen. Das gilt für die Einkommen- und Körperschaftsteuer. Die Investitionsförderung kann sehr kräftig sein und im Endeffekt zu einer genauso expansiven Wirkung wie bei Senkung der Staatsausgaben für Güter und Dienste führen. Allerdings fördern Ausgaben für Infrastruktureinrichtungen ebenfalls die privaten Investitionen. Das endgültige Urteil muss also offen bleiben. Weil Bud-

getdefizite durch Kredit finanziert werden müssen, kann es zu Zinssteigerungen kommen, durch die private Nachfrage verdrängt wird. Die staatliche Kreditnachfrage konkurriert mit der privaten Nachfrage nach Krediten. Durch diesen Crowding-Out-Effekt vermindert sich die expansive Wirkung eines Budgetdefizits. Manche Autoren meinen, dass die Bevölkerung bei Budgetdefiziten antizipiert, dass die so entstandenen Staatsschulden später durch Steuererhöhung finanziert werden müssen (Annahme eines superrationalen Verhaltens). Die Menschen wissen, dass sie später höhere Steuern zahlen müssen. Sie sparen deshalb heute schon zusätzlich, um später mit Hilfe des Vermögens die Steuern aufzubringen. Das zusätzliche heutige Sparen bedeutet einen Nachfrageausfall. Dann bleibt von der expansiven Wirkung des Budgets nichts mehr übrig. Die Wirkung kreditfinanzierter zusätzlicher Staatsausgaben sei die gleiche wie bei der Steuerfinanzierung dieser Ausgaben (Ricardianisches Äquivalenztheorem). Diese Ansicht ist sehr umstritten.

Literatur

Mankiw, N. G. (2001): Grundzüge der Volkswirtschaftslehre, 2., überarbeitete Auflage, Stuttgart: Schäffer-Poeschel.

Rosen, H. S. (2002): Public Finance, 6. Auflage, New York: McGraw-Hill Irwin.

Stiglitz, J. E. (1997): Economics, 2. Auflage, New York und London: W. W. Norton & Company, deutsch: Volkswirtschaftslehre, 2. Auflage (1. deutschsprachige Auflage), München und Wien: Oldenbourg 1999.

Kapitel II: Überblick über die öffentlichen Finanzen in der Bundesrepublik

1. Öffentliche Einnahmen
1.1 Einnahmenarten

Die öffentlichen Einnahmen (ohne Kredite) setzen sich aus Steuern, Gebühren, Beiträgen, Sonderabgaben und Erwerbseinkünfte zusammen. **Steuern** sind Zwangsabgaben ohne spezielle staatliche Gegenleistung und ohne Zweckbindung. Der Staat verwendet die Mittel um allgemeine Staatsausgaben zu finanzieren, aus denen die Gesellschaft als ganze Nutzen zieht (Prinzip der „generellen Entgeltlichkeit"). Das Prinzip der Nicht-Zweckbindung (**Nonaffektation**) rechtfertigt sich damit, dass nur bei freier Verwendbarkeit der Mittel eine effiziente und verteilungsgerechte Bereitstellung öffentlicher Güter gewährleistet ist. Im Falle der Zweckbindung wäre die Intensität der Wahrnehmung einer öffentlichen Aufgabe an die Ergiebigkeit einer bestimmten Abgabenquelle gekoppelt. Bei reichlichem Aufkommen wären auch die betreffenden Ausgaben hoch und umgekehrt. Eine solche willkürliche Mechanik entbehrt der ökonomischen Logik. Ausnahmen von dieser Abgrenzung der Steuern finden sich in der Praxis für die Rennwett- und Lotteriesteuer (Zweckbindung für kulturelle und sportliche Angelegenheiten) und für die Mineralölsteuer (teilweise Zweckbindung für den Straßenbau, für energiepolitische Zwecke und für die Gemeindeverkehrsfinanzierung). Die durch die Anhebung der Mineralölsteuer von 1999 („Öko-Steuer") erzielten Mehreinnahmen, zusammen mit den Einnahmen aus der neu eingeführten Stromsteuer, dienen der Stabilisierung der Beiträge zur Rentenversicherung.

Wichtig ist die Unterscheidung der Steuern in direkte und indirekte Steuern. Bei **direkten Steuern** handelt es sich um Abgaben, die von denjenigen Personen erhoben werden, die sie nach dem Willen des Gesetzgebers auch tragen sollen. Dazu zählen vor allem die Einkommen- und Körperschaftsteuer. Es wird angenommen, dass der Steuerschuldner die Steuer nicht über Preise auf andere abwälzen kann. Diejenige Person, die eine Steuer nach dem Willen des Gesetzgebers tragen soll, wird als Steuerdestinatar bezeichnet. Derjenige, den die Steuer effektiv trifft, ist der Steuerträger. Bei den direkten Steuern wird also von der Fiktion einer Übereinstimmung von Steuerschuldner, Steuerdestinatar und Steuerträger ausgegangen. Absicht des Gesetzgebers und Realität müssen jedoch nicht übereinstimmen. Ob eine Steuer tatsächlich überwälzbar ist, hängt nicht nur von ihrer Ausgestaltung ab – die die Überwälzung erleichtern/erschweren kann –, sondern auch von den ökonomischen Verhältnissen.

Indirekte Steuern sind Steuern, die nach der Absicht des Gesetzgebers überwälzt werden sollen. Sie sind so ausgestaltet, dass die Überwälzung erleichtert wird. Die Steuern werden nicht vom Steuerdestinatar, sondern auf einer vorgelagerten Stufe erhoben. Dies geschieht aus Gründen der erhebungstechnischen Vereinfachung. Steuerschuldner sind die Unternehmen. Belastet werden soll der Verbrauch von Haushalten (und öffentlichen Einrichtungen). Die wichtigsten indirekten Steuern sind die Umsatzsteuer und die speziellen Verbrauchsteuern. Nach der Klassifikation der Statistik werden auch die Grund- und Gewerbesteuern zu den indirekten Steuern gezählt. Dabei wird allerdings auf ein anderes Kriterium abgestellt. Alle Steuern, die für die Unternehmen bei der Ermittlung des zu versteuernden Gewinns im Rahmen der Einkommen- und Körperschaftsteuer abzugsfähig sind (sogenannte Kostensteuern), zählen zu den indirekten Steuern. Auch die Gewerbe-, Grund- und Grunderwerbsteuer gehören dann dazu.

Im allgemeinen haben Steuern eine **Finanzierungsfunktion**. Sie dienen der Finanzierung der Staatsausgaben. Der Umweltbereich liefert jedoch auch ein wichtiges Beispiel für Steuern mit einer **Lenkungsfunktion** (Umweltabgaben). Ähnliches gilt für die „Alkoholsteuern" (Bier-, Branntwein-, Getränke- und Schaumweinsteuer) und für die Tabaksteuer. Sie sollen den Konsum dieser Güter aus gesundheitspolitischen Gründen zurückdrängen. Bei Lenkungssteuern fällt das Steueraufkommen als „Kuppelprodukt" unvermeidbar mit an.

Gebühren sind Abgaben für spezielle vom Staat empfangene Leistungen (Prinzip der „speziellen Entgeltlichkeit"). Anknüpfungspunkt für die Erhebung darf nur eine besondere individuell genau zurechenbare Leistung sein. Man unterscheidet Verwaltungs-, Benutzungs- und Verleihungsgebühren. Verwaltungsgebühren werden für bestimmte Amtshandlungen einer Behörde erhoben (Verwaltungsdienstleistungen – etwa Ausfertigung eines Personalausweises oder Führerscheines). Benutzungsgebühren stellen besondere Abgaben für die Benutzung einer öffentlichen Einrichtung (Wasser-, Strom-

und Gasversorgung, Abfall- und Abwasserbeseitigung, Schwimmbäder, Museen) dar. Bei Verleihungsgebühren handelt es sich um Abgaben für die Überlassung eines staatlichen Nutzungsrechtes an knappen Ressourcen an Private. Wichtiges Beispiel ist die Förderabgabe im Bergbau. Die Bodenschätze gehören dem Staat, der sie aber nicht selbst ausbeutet, sondern Abbaurechte an Private vergibt. Die Bodenschätze verkörpern einen Wert. Da dieses Vermögen der Gesellschaft zusteht, muss mit Hilfe einer Abgabe die Wertübertragung bewerkstelligt werden. Ein anderes Beispiel liefern die Versteigerungserlöse aus Mobilfunknutzungsrechten. Das Aufkommen aus Gebühren ist nicht zweckgebunden. Die Ausnahme bilden Parafiski, die Nettobetriebe sind. Dort dienen die Einnahmen der Abdeckung der eigenen Kosten. Überschüsse werden an den allgemeinen Haushalt abgeführt. Für Benutzungs- und Verwaltungsgebühren soll das Prinzip der Proportionalität gelten: Je mehr öffentliche Leistungen ein Bürger in Anspruch nimmt, um so höher soll auch die Gebührensumme sein. Die Bemessungsgrundlage der Gebühr und die mit ihr abgegoltene Leistung müssen korrespondieren. Für die Gebührenhöhe gilt der Kostendeckungsgrundsatz. Als Kosten gelten nach herrschendem Recht nur die betriebswirtschaftlichen Kosten (einschließlich kalkulatorische Risiken, Abschreibungen und Zinsen), nicht jedoch Schäden, die Dritten durch die Gebührenstelle entstehen, etwa durch Umweltverschmutzung (externe Kosten). Es werden also nicht alle Kosten angelastet. Von einem Marktpreis unterscheidet sich die Gebühr unter anderem dadurch, dass die Inanspruchnahme der Leistungen nicht immer freiwillig, sondern vom Staat aufgezwungen ist. Die Gebühr hat deshalb auch nicht wie Marktpreise eine Lenkungsfunktion. Das staatliche Angebot wird exogen festgesetzt. Die Gebühr wird dann so bemessen, dass sie die Kosten deckt.

Beiträge sind Abgaben für die mögliche individuelle Inanspruchnahme spezieller staatlicher Leistungen. Sie werden vor allem von gesetzlichen Versicherungen und Kammern erhoben. Beiträge sind nicht der Gegenwert für eine tatsächlich in Anspruch genommene Leistung, sondern eröffnen pauschal den Zugang zu Leistungen. Man kann beispielsweise jahrelang in die gesetzliche Krankenversicherung einzahlen, ohne Leistungen zu erhalten, weil man gesund ist. Für die Beiträge gilt ebenfalls das Prinzip der Nonaffektation. Ausgenommen sind wiederum die Parafiski, die sich auf diese Weise finanzieren. Größte Bedeutung haben die Beiträge zu den gesetzlichen Sozialversicherungen. Sie bestimmen sich wie folgt: Bemessungsgrundlage ist die Lohn- und Gehaltssumme. Es sind bis zu bestimmten Höchstbeträgen (sogenannte Beitragsbemessungsgrenzen) feste Prozentsätze (b) an Beiträgen zu leisten. Die Höchstbeträge werden bei den Beitragsbemessungsgrenzen (BBG) erreicht. Jeder über die Beitragsbemessungsgrenze hinaus verdiente Euro ist sozialversicherungsfrei. Die BBG stellen somit absolute Obergrenzen für die Beiträge dar. Der Tarif ist zunächst proportional und von der jeweiligen BBG ab regressiv. Es gelten für die alten (neuen) Bundesländer für das Jahr 2002:

- Rentenversicherung: b = 19,1 % , BBG = 4.500 € (alte Länder) (3.750 € in den neuen Ländern) monatlich (Angaben für Angestellten- und Arbeitnehmerrenten),
- Arbeitslosenversicherung: b = 6,5 %, BBG = 4.500 € (3.750 €) monatlich,
- Krankenversicherung: b = 13,6 %, BBG = 3.375 € (= 75% von 4.500 €) monatlich (hier wird der prognostizierte durchschnittliche Beitragssatz aller gesetzlichen Krankenkassen in der Bundesrepublik zugrunde gelegt),
- Pflegeversicherung: b = 1,7 %, BBG = 3.375 € monatlich.

Als steuerähnliche Abgabe werden in der Bundesrepublik auch **Sonderabgaben** erhoben. Ihre Merkmale sind nicht gesetzlich geregelt. Auf der Grundlage eines Bundesverfassungsgerichtsurteils zur Abgabe nach dem Ausbildungsplatzförderungsgesetz (Größere Betriebe sind verpflichtet, eine gewisse Anzahl von Behinderten einzustellen. Sie können sich aber durch eine Abgabe von dieser Pflicht „freikaufen") werden einer Sonderabgabe allgemein folgende Merkmale beigemessen: Die Abgabe wird für einen bestimmten Zweck erhoben. Von ihr muss eine „homogene Gruppe" von Bürgern betroffen sein. Zwischen dieser Gruppe und dem Zweck der Abgabe muss ein „innerer Zusammenhang" bestehen. Die Gruppe soll dem mit der Sonderabgabe verfolgten Zweck evident näher stehen als jede andere Gruppe oder als die Allgemeinheit und insofern eine bestimmte „Sachnähe" und „Gruppenverantwortung" aufweisen. Zwischen den Belastungen und den Begünstigungen aus der Verwendung von Sonderabgaben muss eine „sachgerechte Verknüpfung" bestehen. Das trifft zu, wenn das Aufkommen „gruppennützig" verwendet wird. Man geht davon aus, dass dies eine Zweckbindung des Aufkommens verlangt. Beispiel für eine Sonderabgabe

ist die Abwasserabgabe. Sie wird von den Einleitern von Abwasser in ein Gewässer (Unternehmen und Kommunen als Träger der Kläranlagen) erhoben. Das Aufkommen ist für die Zwecke des Gewässerschutzes zu verwenden.
Erwerbseinkünfte sind Einkünfte, die der Staat durch den Verkauf von Gütern am freien Markt erzielt. Als Beispiel kann der Holzverkauf durch die staatliche Forstwirtschaft genannt werden. Der Staat verhält sich wie ein privater Anbieter erwerbswirtschaftlich. Er will möglichst hohe Überschüsse erzielen.

1.2 Die aufkommenswichtigsten Steuern

In der Bundesrepublik gibt es zwar eine Vielzahl von Steuern, die meisten weisen aber nur ein geringes Aufkommen auf. Der größte Teil des Steueraufkommens wird von einigen wenigen Steuern aufgebracht (vgl. Tab. I.1). Das Steueraufkommen setzt sich hauptsächlich aus den Steuern auf das Einkommen und die Einkommensverwendung (Konsum) zusammen.

Einkommensteuer [1]	37,6
Körperschaftsteuer	3,1
Umsatzsteuer [2]	31,3
Mineralölsteuer	9,1
Gewerbesteuer	6,2
Tabaksteuer	2,5
Kfz-Steuer	1,8
Versicherungssteuer	1,6

Tab. II.1 Anteile ausgewählter Steuern am Gesamtsteueraufkommen in v. H., Deutschland 2002, Schätzungen. [1] Lohnsteuer, veranlagte Einkommensteuer, nicht veranlagte Steuern vom Ertrag, Zinsabschlagsteuern und Solidaritätszuschlag, [2] Umsatz- und Einfuhrumsatzsteuer. *Quelle*: BMF, Finanzbericht 2002, S. 266.

Das gesamte Steueraufkommen setzt sich zu ca. 51 % aus den direkten und zu ca. 49 % aus den indirekten Steuern (einschl. Grund- und Gewerbesteuern) zusammen (vgl. Tab. II.2).

Jahr	direkte Steuern	indirekte Steuern
1991	55,9	44,1
.		
1998	52,1	47,9
1999	51,9	48,1

24 Kapitel II: Überblick über die öffentlichen Finanzen in der Bundesrepublik

2000	52,2	47,8
2001	48,9	51,1
2002	49,6	50,4

Tab. II.2 Anteile der direkten und indirekten Steuern am Steueraufkommen in v. H., Deutschland, Schätzungen. *Quelle*: BMF, Finanzbericht 2002, S. 138.

Über die Gesamtsteuereinnahmen und die volkswirtschaftliche Steuerquote sowie über das Verhältnis der Gesamteinnahmen der Gebietskörperschaften zu den Steuereinnahmen informieren die Tab. II.3 und II.4. Der Anteil der Gesamteinnahmen am Bruttoinlandsprodukt belief sich in 2001 auf 27 v.H.

Jahr	In Mrd. €	in v. H. des BIP
2001	455,6	21,70
2002	475,0	21,77

Tab. II.3 Gesamtsteuereinnahmen, Deutschland, Schätzungen. [1)] BIP(2001) = 2.099,5 Mrd. €. *Quelle*: BMF, Finanzbericht 2002, S. 266 u. S. 137.

Steuern in Mrd. €	Sonstige Einnahmen in Mrd. € [1)]	Steuern in v. H. der Gesamteinnahmen
455,6	108,0	80,9

Tab. II.4 Steuern und Gesamteinnahmen von Bund, Ländern und Gemeinden, Deutschland, 2001. Ohne „besondere Finanzierungsvorgänge" (Nettokreditaufnahme), Rücklagenveränderungen, Münzeinnahmen des Bundes, aber einschließlich Darlehensrückflüsse, ohne Beiträge zur Sozialversicherung. *Quelle*: BMF, Finanzbericht 2002, S. 131.

2. Öffentliche Ausgaben

2.1 Administrative Unterscheidungen

Die Einteilung der Staatsausgaben nach politisch-administrativen Kriterien findet sich in den Haushalts- und mittelfristigen Finanzplänen von Bund, Ländern und Gemeinden sowie in der Finanzstatistik. Man unterscheidet zwischen der Gliederung nach dem **Ministerialprinzip** (Ressortgliederung) und dem **Funktionalprinzip** (Gliederung nach Aufgabenbereichen).

Die Aufteilung der Gesamtausgaben einer Gebietskörperschaft auf die verschiedenen Ministerien macht deutlich, welcher Minister für welchen Teil des Haushalts verantwortlich ist. Diese Systematik liegt den öffentlichen Haushaltsplänen als Hauptgliederung zugrunde. Für die Ministerien werden Einzelpläne aufgestellt. Man erhält so die „Ausgaben nach Einzelplänen".

Außer für Ministerien gibt es Einzelpläne für das Bundespräsidialamt, den Bundestag, den Bundesrat, das Bundeskanzleramt, das Bundesverfassungsgericht, den Bundesrechnungshof, die Bundesschuldenverwaltung und die Allgemeine Finanzverwaltung.

Gleiche Aufgaben werden teilweise von mehreren Ministerien wahrgenommen, etwa die Forschungsförderung (Bundesministerium für Bildung und Forschung, Bundesministerium für Wirtschaft und Technologie etc.). Aus der Gliederung nach dem Ministerialprinzip lässt sich nicht vollständig erkennen, für welche Zwecke die öffentlichen Mittel verwendet werden. Deshalb findet sich als ergänzende Gliederung in den Haushaltsplänen ein **Funktionenplan**. Er ist gesetzlich vorgeschrieben. Nach §14 Bundeshaushaltsordnung (BHO) ist dem nach Ressorts gegliederten Haushalt eine „Funktionenübersicht" als Anlage beizugeben. Auch die mittelfristigen Finanzpläne enthalten eine Gliederung der Ausgaben nach Aufgabenbereichen. Für den Bund unterscheidet man folgende Aufgabenbereiche: Verteidigung, Öffentliche Sicherheit und Rechtsschutz, Schulen, Hochschulen, übriges Bildungswesen, Wissenschaft, Forschung und Entwicklung außerhalb der Hochschulen, kulturelle Angelegenheiten, Soziale Sicherung, Gesundheit, Erholung und Sport, Wohnungswesen und Raumordnung, Wirtschaftsförderung, Verkehr und Nachrichtenwesen.

Eine Gliederung der **Staatsausgaben nach „volkswirtschaftlichen Ausgabenarten"** ist den Haushaltsplänen vorangestellt und findet sich in der Finanzstatistik (vgl. Tab. II.5). Es wird unterschieden zwischen der „laufenden Rechnung" (Verwaltungshaushalt bei den Gemeinden) und der „Kapitalrechnung" (Vermögenshaushalt bei den Gemeinden). In der laufenden Rechnung erscheinen alle nicht vermögenswirksamen Ausgaben (und Einnahmen), das heißt Personalausgaben, laufende Transfers (bzw. Steuern, Gebühren, Beiträge, Sonderabgaben, Erwerbseinkünfte). Militärische Aufwendungen für Bauten und militärisches Gerät werden als laufender Sachaufwand verbucht. Es liegt die Vorstellung zugrunde, dass diese Kapitalgüter unproduktiv sind. Laufende Übertragungen an den privaten Sektor werden auch als „Einkommensübertragung" bezeichnet. Beispiele sind Rentenzahlungen, Sozialhilfe, Arbeitslosenunterstützung und Kindergeld. Zu den laufenden Übertragungen zählen auch Zahlungen zwischen Gebietskörperschaften im Rahmen des Finanzausgleichs.

Bundeshaushalt 2001	(Sollwerte) in Mio. €
Gesamteinnahmen	221.466
Einnahmen aus laufender Rechnung	
Steuern	196.647
Einnahmen aus wirtschaftlicher Tätigkeit	4.680
Zinseneinnahmen	1.615
Laufende Zuweisungen [1]	3.786
Sonstige laufende Einnahmen	2.940
Einnahmen der Kapitalrechnung	
Veräußerung von Sachvermögen	507
Vermögensübertragungen	2
Darlehensrückflüsse und Veräußerung von Beteiligungen	11.288
Gesamtausgaben	243.886
Ausgaben der laufenden Rechnung	
Personal	27.002
laufender Sachaufwand	16.926
Zinsen	39.369
laufende Zuweisungen [2]	130.949
Ausgaben der Kapitalrechnung	
Sachinvestitionen	7.181
Vermögensübertragungen [3]	18.269
Darlehensgewährung, Erwerb von Beteiligungen, Kapitaleinlagen	4.806

Tab. II.5 Einnahmen und Ausgaben des Bundes nach „volkswirtschaftlichen Arten" (ohne Sozialversicherung). [1] von Ländern, Gemeinden, Zweckverbänden, Sozialversicherungen, Ausland, [2] an Länder, Gemeinden, Sondervermögen, Zweckverbände und andere Bereiche, [3] davon Zuschüsse für Investitionen 17.662 Mio. €. *Quelle*: BMF, Finanzbericht 2002, S. 227 und S. 231.

In der Kapitalrechnung werden alle Ausgaben (Einnahmen) zusammengefasst, die in Verbindung mit einer Vermögensbildung stehen: Investitionen, vermögenswirksame Transfers, Darlehensgewährung, Schuldentilgung (bzw. Krediteinnahmen, Einnahmen aus Vermögensveräußerung). Die Ausgaben bedeuten entweder für den Staat eine Vermögensbildung (Sachinvestitionen und Darlehensgewährung), oder sie dienen der Vermögensbildung des Empfängers (Vermögensübertragung). Beispiele für Vermögensübertragungen sind Investitionszuschüsse und Sparprämien.

Die Gliederung nach volkswirtschaftlichen Ausgabenarten ist aus ökonomischer Sicht sinnvoll, weil sie Informationen liefert über

- die Vermögenswirksamkeit der öffentlichen Ausgaben (staatliche und private Vermögensbildung),
- die Wachstumswirksamkeit des öffentlichen Budgets, die wesentlich vom Anteil der Sachinvestitionen und öffentlichen Darlehen abhängt,
- Verteilungsaspekte (Anteil der laufenden Übertragungen und der Vermögensübertragungen am öffentlichen Haushalt).

2.2 Ökonomische Unterscheidungen

Aus ökonomischer Sicht von zentraler Bedeutung ist die Unterscheidung in Ausgaben für Güter und Dienste und Transferzahlungen. **Ausgaben für Güter und Dienste** stellen das Entgelt für den Kauf von Gütern und Diensten dar. Mit dieser Ausgabenkategorie verbindet sich als erstes Merkmal ein allokativer Aspekt. Der Staat kauft Produktionsfaktoren und transformiert sie in öffentliche Güter. Die Käufe dienen der Beschaffung der Inputs zur Bereitstellung öffentlicher Leistungen. Mit Hilfe der Aufwendungen für Rechtspflege und Verwaltung werden beispielsweise die öffentlichen Leistungen innere Sicherheit und Ordnung bereitgestellt, mit Hilfe der Ausgaben für die Verteidigung das Gut äußere Sicherheit. Das zweite Merkmal dieser Ausgaben betrifft den Nachfrageaspekt. Soweit sich die Ausgaben auf neu produzierte Güter richten, stellen sie unmittelbar einkommenswirksame Nachfrage dar, die in die gesamtwirtschaftliche Nachfragefunktion eingeht:

(II.1) $\quad N = C_{pr} + I_{pr} + A_{G+D} \quad$ mit $\quad A_{G+D} = C_{st} + I_{st}$.

Die Symbole bedeuten: N = Gesamtwirtschaftliche Nachfrage, C_{pr} = Privater Konsum, I_{pr} = Private Investitionen, A_{G-D} = Ausgaben des Staates für Güter und Dienste, C_{st} = Staatsverbrauch, I_{st} = Ausgaben des Staates für die Anschaffung langlebiger Wirtschaftsgüter.

Transferzahlungen (Übertragungen) sind Zahlungen des Staates ohne ökonomische Gegenleistungen der Empfänger. Den Transaktionen liegt kein Kauf zugrunde. Die Adressaten erhalten die Zahlungen, weil sie bestimmte wirtschafts- und sozialpolitische Förderkriterien erfüllen. Es entstehen keine Leistungs-, sondern Transfereinkommen. Diese Zahlungen dienen der Umverteilung der Einkommen. Es erfolgen Übertragungen vom Steuerzahler auf den Transferempfänger.

Transferzahlungen i. e. S. richten sich an die Haushalte (Arbeitslosengeld, Sozialhilfe, Kindergeld, Sparprämien etc.). Besonders zu beachten ist die

Einstufung der Renten- und Zinszahlungen als Transfers. Ihnen liegt zwar eine Gegenleistung des Empfängers zugrunde (Beiträge zur Rentenversicherung und Kreditgewährung), diese wurde jedoch in früheren Perioden erbracht. Auf dieses Periodisierungskriterium wird hier abgestellt. Den Rentenleistungen an die momentanen Rentner stehen also in der laufenden Periode keine Gegenleistungen der Rentner gegenüber. Allerdings gilt das nicht für die ca. 20% der Rentenleistungen, die durch allgemeine Steuern finanziert werden.

Subventionen sind Transferzahlungen an Unternehmen. Wichtige Förderziele sind:

- Bekämpfung einer Rezession (durch vorübergehend gewährte Investitionszulagen) und Förderung des Wirtschaftswachstums (etwa durch Zuschüsse zu Forschungs- und Entwicklungsinvestitionen),
- Förderung der Erhaltung von Wirtschaftszweigen, die sich im Wettbewerb allein nicht halten können (Beispiele Landwirtschaft, Kohlebergbau und Werftindustrie),
- Förderung der schnellen Anpassung eines Wirtschaftszweiges an neue Marktentwicklungen durch vorübergehend gewährte Finanzhilfen,
- Stützung benachteiligter Wirtschaftsräume (Beispiel Förderung des wirtschaftlichen Aufbaus in den neuen Bundesländern),
- Förderung der Anpassungen der Wirtschaft an neue politische Datensetzungen (Beispiel Erleichterung der Anpassung an verschärfte Umweltschutzvorschriften).

Subvention können als Zuschüsse oder zinsgünstige Darlehen gewährt werden. Bei den **zinsgünstigen Darlehen** besteht das Subventionselement in der Differenz zwischen dem günstig eingeräumten Zinssatz und dem Marktzinssatz. Maßgebend sind die Effektivzinssätze. Man kann den Vorteil entweder anhand des Zinsvergleichs vornehmen, oder man ermittelt den Barwert des Kredits, wobei der Marktzins als Diskontierungsrate verwendet wird. Für einen am Markt aufgenommenen Kredit ist der Barwert null. Beim zinsgünstigen Darlehen ergibt sich dagegen ein positiver Barwert. Betrachten wir hierzu ein Beispiel: Ein Kredit wird für zwei Perioden aufgenommen. Die Tilgung erfolgt zu 100 % am Ende des zweiten Jahres. Der Nominalzinssatz des staatlichen Darlehens beträgt 7 %. Der Marktzins liegt bei 10 %. Der Kreditbetrag beträgt 1000 €. Man erhält als Kapitalwert:

$$(\text{II.2}) \quad KW = 1000 - \frac{0{,}07 \cdot 1000}{1{,}1} - \frac{1000(1+0{,}07)}{1{,}1^2} = 52.$$

Bezogen auf den Zeitpunkt der Kreditaufnahme impliziert das staatliche Darlehen also eine Erhöhung des privaten Vermögens um 52 € (Subventionsvorteil). Die Diskontierung ist mit dem Marktzinssatz vorzunehmen, weil die Kapitalbeschaffung auf dem Markt zu diesem Zinssatz die Alternative darstellt.

Einen Überblick über die Anteile der Staatsausgaben für Güter und Dienste und Transferzahlungen beim Bund liefert Tab. II.6.

Bundeshaushalt 2001 (Finanzstatistik)		
	in Mrd. €	in v. H. der Gesamtausgaben
Ausgaben für Güter und Dienste [1]	51,1	20,9
Transferzahlungen [2]	188,6	77,1
Finanzanlagen [3]	4,8	2,0

Tab. II.6 Bundeshaushalt 2001. [1] Personal, laufender Sachaufwand, Sachinvestitionen, [2] Zinsen, laufende Zuweisungen, Vermögensübertragungen, [3] Darlehensgewährung, Erwerb von Beteiligungen, Kapitaleinlagen. *Quelle*: BMF, Finanzbericht 2002, S. 227.

2.3 Daten zum Gesamthaushalt

Daten zum aggregierten Haushalt von Bund, Ländern und Gemeinden (ohne gesetzliche Sozialversicherung) enthält Tabelle II.7. Besonderes Augenmerk wird bei dieser Gegenüberstellung auf den Finanzierungssaldo (in der Regel Defizit) gelegt, der nach der Haushaltsstatistik zwar nicht identisch mit der Nettoneuverschuldung ist, aber damit weitgehend übereinstimmt.

Für den staatlichen Gesamthaushalt sind zusätzlich die Ausgaben (und Einnahmen) der gesetzlichen Sozialversicherung (Renten-, Kranken-, Pflege- und Arbeitslosenversicherung) zu erfassen. Bei diesen Ausgaben handelt es sich um Transferzahlungen. Die Sozialversicherungsausgaben betrugen im Jahr 2000 für die

- Rentenversicherung 214,7 Mrd. €,
- Arbeitslosenversicherung 50,5 Mrd. €,
- Krankenversicherung 133,8 Mrd. €,
- Pflegeversicherung 16,7 Mrd. € und
- Unfallversicherung 1,4 Mrd. €.

30   Kapitel II: Überblick über die öffentlichen Finanzen in der Bundesrepublik

In der Summe von 417,1 Mrd. € ist ein Bundeszuschuss zur Rentenversicherung von 49,9 Mrd. € und zur Arbeitslosenversicherung in Höhe von 0,9 Mrd. € enthalten.

Die gesamten staatlichen Ausgaben betrugen in 2000: Ausgaben der Gebietskörperschaften (601,0 Mrd. €) ./. Bundeszuschuss (50,8 Mrd. €) + Sozialversicherung (417,0 Mrd. €) = 967,2 Mrd. €. Der Anteil der Ausgaben der Sozialversicherung an den staatlichen Gesamtausgaben belief sich in 2000 auf 43,1%. Rechnet man noch die Transferzahlungen von Bund, Ländern und Gemeinden hinzu, so wird deutlich, dass der Schwerpunkt der fiskalischen Staatstätigkeit in der Bundesrepublik bei diesen Ausgaben und nicht bei den Ausgaben für Güter und Diensten liegt.

Die **sechs wichtigsten Aufgabenbereiche** des Fiskus in der Bundesrepublik (Ausgaben in v. H. der Gesamtausgaben) sind:

- Sozialversicherung (ca. 43 v. H.)
- Schul-, Hochschul- und Bildungswesen (ca. 17 v. H.)
- Familien-, Sozial- und Jugendhilfe (ca. 9 v. H.)
- Verteidigung und öffentliche Sicherheit (ca. 8 v. H.)
- Gesundheit, Sport und Erholung (ca. 8 v. H.)
- Politische Führung und Verwaltung (ca. 8 v. H.)

Ausgaben und Einnahmen von Bund, Ländern und Gemeinden, 2001		
Ausgaben[1] in Mrd. €	Einnahmen[1] in Mrd. €	Finanzierungssaldo (Defizit) in Mrd. €
601,0	563,5	- 37,5
in v. H. des BIP [2]		
28,6	26,8	- 1,79

Tab. II.7 Ausgaben und Einnahmen von Bund, Ländern und Gemeinden, 2001, Finanzstatistik. [1] ohne besondere Finanzierungsvorgänge (Schuldenaufnahme, Münzeinnahmen), [2] BIP 2001 = 2099,5 Mrd. €. *Quelle*: BMF, Finanzbericht 2002, S. 130.

3. Messung der Größe des Staatssektors (Staatsquoten)

Zur Messung der Größe des Staatsektors in der Marktwirtschaft werden häufig Staatsquoten herangezogen. Sie setzen die Staatsausgaben in Relation zum Sozialprodukt. Bei der Ermittlung dieser Quoten werden nicht immer die gleichen Zahlen verwendet. Zu beachten ist, dass es in der Bundesrepublik zwei Statistiken für den Staatssektor gibt, die **Volkswirtschaft-**

liche **Gesamtrechnung (VGR)** und die **Finanzstatistik**. Beide verfolgen unterschiedliche Zwecke und grenzen deshalb die Staatstätigkeit unterschiedlich ab. Die VGR misst Größe, Entstehung, Verwendung und Aufteilung des Sozialproduktes. Hier interessiert der Beitrag des Staates zum Sozialprodukt. Die Finanzstatistik misst die kassenmäßigen Einnahmen und Ausgaben des Fiskus. Zwischen beiden Statistiken bestehen i.w. folgende Unterschiede:

- Die VGR erfasst alle Gebietskörperschaften sowie die Sozialversicherung. Öffentliche Unternehmen werden teilweise dem privaten Sektor zugerechnet. Die Finanzstatistik berücksichtigt nur die Ausgaben der Gebietskörperschaften und erfasst öffentliche Unternehmen und Sozialversicherung als „Nettobetriebe" (zum Beispiel Zuschüsse des Bundes an die Sozialversicherung).
- Die Ausgaben sind unterschiedlich abgegrenzt. In der VGR ist der Zeitpunkt der rechtlichen Ausgabenverpflichtung relevant, das heißt der Zeitpunkt des Vertragsabschlusses. Als Ausgaben werden deshalb auch Positionen verbucht, die möglicherweise erst in einem späteren Jahr mit Auszahlungen verbunden sind. Die Finanzstatistik stellt dagegen auf Zahlungsvorgänge ab. Auch öffentliche Darlehen und Beteiligungen finden als Auszahlungsgrößen in der Finanzstatistik Berücksichtigung, nicht dagegen in der VGR.

Alles in allem werden die Staatsausgaben in der VGR deutlich höher ausgewiesen als in der Finanzstatistik.

Es lassen sich verschiedene **Arten von Staatsquoten** unterscheiden. Als Bezugsgröße für die Staatsausgaben wird meist das Bruttoinlandsprodukt zu Marktpreisen (BIP_M) verwendet. Bei der allgemeinen Staatsquote werden die Gesamtausgaben der Gebietskörperschaften und Sozialversicherung auf das Sozialprodukt bezogen (VGR-Statistik):

$$(II.3) \quad \frac{Gesamtausgaben\ des\ Staates}{BIP_M} = \frac{A_{G+D} + Tr}{BIP_M}.$$

Diese Quote liegt bei etwa 45%. Addiert man die gesamten Staatsausgaben zu den gesamten privaten Ausgaben hinzu, so erhält man einen Wert größer als das BIP_M. Dazu kommt es, weil die Transferzahlungen nicht in das BIP_M eingehen. Im Nenner und Zähler tauchen ungleichartige Größen auf. Die

32   Kapitel II: Überblick über die öffentlichen Finanzen in der Bundesrepublik

Quote darf deshalb nicht so interpretiert werden, dass in dieser Höhe das Sozialprodukt vom Staat in Anspruch genommen wird. Man spricht von einer **unechten Staatsquote**. Es gilt:

$$(\text{II.4}) \quad \frac{C_{pr} + I_{pr} + Ex - Im + A_{G+D} + Tr}{BIP_M} > 1.$$

Die aus theoretischer Sicht richtige Staatsquote setzt die Staatsausgaben für Güter und Dienste in Relation zum BIP_M. Die Quote beträgt etwa 25% und misst, wie stark der Staat das Sozialprodukt durch eigene Nachfrage in Anspruch nimmt (**echte Staatsquote**).

Die Staatsquoten werden regelmäßig auf der Basis nomineller Werte errechnet, also zu laufenden Preisen. In Inflationszeiten divergieren nominelle und reale Quoten. Das Sozialprodukt wird preisbereinigt durch Deflationierung mit dem allgemeinen Preisindex. Für die Ermittlung der realen Staatsnachfrage müssten aber spezielle Preisindizes verwendet werden, und zwar Preise für vom Staat gekaufte Investitionsgüter, Roh-, Hilfs- und Betriebsstoffe, Dienstleistungen sowie für Löhne und Mieten und Pachten. Solche Preisindizes werden nicht regelmäßig ermittelt.

Zusammenfassung und Übungen

1. Dem Fiskus stehen zur Bewältigung seiner Aufgaben unterschiedliche Einnahmenarten zur Verfügung, von denen die Steuern die wichtigste Quelle darstellen. Das Steueraufkommen konzentriert sich auf die Steuern vom Einkommen und Umsatz.

2. Steuern sollten grundsätzlich von den Personen erhoben werden, die der Gesetzgeber belasten will (direkte Steuern). Wenn davon abgewichen wird und Steuern auf der Vorstufe erhoben werden (indirekte Steuern), dann geschieht dies allein zur Vereinfachung der Steuererhebung.

3. Von zentraler Bedeutung ist die Unterscheidung in Ausgaben für Güter und Dienste und Transferzahlungen. Durch Ausgaben für Güter und Dienste entstehen Leistungseinkommen, durch Transferzahlungen Sozialeinkommen.

4. Das Schwergewicht der Aufgabenwahrnehmung des Fiskus liegt in der Bundesrepublik bei der sozialen Sicherung.

5. Staatsquoten können prinzipiell zur Messung der Staatsgröße herangezogen werden. Der Staat als Nachfrager von Gütern absorbiert in der Bundesrepublik ca. 25% des Bruttoinlandsproduktes. Die „unechte Staatsquote" liegt mit ca. 45 % wesentlich höher. Sie nimmt zwar in Politik und öffentlicher Diskussion eine dominierende Rolle ein, lässt sich aber nicht vernünftig interpretieren.

Wiederholungsfragen

1. Warum gibt es indirekte Steuern?
2. Wie ermittelt man den „Finanzierungssaldo"?
3. Wodurch unterscheiden sich Gebühren von Marktpreisen?
4. Was sind die besonderen Merkmale von Staatsausgaben für Güter und Dienste und Transferzahlungen?
5. Stellen die Ausgaben der Sozialversicherung und die Zinszahlungen des Staates Transferzahlungen dar!
6. Welche ökonomischen Informationen liefern die laufende Rechnung und die Kapitalrechnung?
7. Erklären Sie die gesamtwirtschaftliche Nachfragegleichung.
8. Was unterscheidet die echte von der unechten Staatsquote?
9. Errechnen Sie an einem selbstgewählten Beispiel den Subventionsvorteil zinsbegünstigter staatlicher Darlehen.
10. Sollte eine Umweltsteuer, die einen Lenkungszweck verfolgt, als Sonderabgabe oder als Steuer erhoben werden?

Aufgaben

1. Zeichnen Sie den Tarif für die gesetzliche Rentenversicherung und erläutern Sie Ihre Ausführungen!
Lösungshinweis:
In der Abbildung finden sich die zusammengefassten Überlegungen. Dabei wollen wir aus Vereinfachungsgründen die Geringverdienstgrenze außer Acht lassen und unterstellen die Rentenversicherungspflicht ab dem ersten verdienten Euro.
Im oberen Teil der Abbildung wird die Gesamtbeitragsfunktion abgebildet, die einen proportionalen Anstieg bis zur Beitragsbemessungsgrenze aufweist. Für alle Einkommen über der BBG gilt, dass diese rentenversicherungsfrei sind. Im unteren Teil ist die Grenz- und Durchschnittsbeitragsbelastung abgebildet. Bis zur BBG verläuft der Grenzbeitrag konstant bei 19,1% (2002). Nach Überschreiten dieser Schwelle sind alle zusätzlichen Einkommen rentenversicherungsfrei. Der Grenzbeitragssatz sinkt auf 0%. Beim Durchschnittsbeitragssatz gilt bis zur BBG gleiches, danach sinkt der Durchschnittsbeitragssatz ab: Er nähert sich asymptotisch der Abszisse an. Der fallende Durchschnittsbeitragssatz ab der BBG macht den regressiven Tarif deutlich.

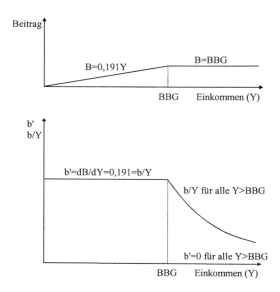

2. Warum sollten die Einnahmen aus einer Steuer nicht zweckgebunden sein?
Lösungshinweis:
Wir wollen (allgemeine) Steuern von (speziellen) Sonderabgaben unterscheiden: Wenn etwa das Aufkommen einer allgemeinen Steuer (etwa der Einkommensteuer) ausschließlich zur (zweckgebundenen) Finanzierung der inneren und äußeren Sicherheit verwendet werden würde, wäre die Versorgung mit sicherheitsspezifischen Leistungen in Boom- und Rezessionszeiten sehr unstetig. In manchen Haushaltsjahren stünden bei zweckgebundenen Steuern für einzelne Aufgaben möglicherweise zu viele Mittel zur Verfügung, in anderen Bereichen herrscht dagegen ein Mangel. Die zweckfreie Verwendung führt dazu, dass der Staat nach Maßgabe seiner Prioritätenliste Ausgaben tätigen kann, ohne auf die Ergiebigkeit ganz spezieller Steuerarten angewiesen zu sein. Er kann flexibel die Mittel dort einsetzen, wo sie für die Bevölkerung den größten Nutzen stiften. Zweckbindung führt zur Ineffizienz. Sie führt außerdem zu Ungerechtigkeiten. Wenn etwa die progressive Einkommensteuer zur Finanzierung der inneren Sicherheit herangezogen werden sollte, dann tragen die Bürger deutlich unterschiedliche Finanzierungsbeiträge, obwohl allen die Sicherheit zugute kommt. Es ist unwahrscheinlich, dass die Belastungswirkung der Einkommensteuer die Nutzeranteile an dem öffentlichen Gut nur annähernd widerspiegelt. Beispielsweise kommen auch Personen und Einrichtungen, die keine Einkommensteuer zahlen, in den Genuss der Leistung. Die Zweckbindung führt faktisch eine Äquivalenzabgabe ein, wobei eine fiskalische Äquivalenz (Identität von Nutzern und Zahlern, vgl. Kap. XII) eher zufällig resultiert. Manche Staatsbürger müssen für Leistungen Zwangsabgaben bezahlen, die sie nicht präferieren.
Die Zweckbindung würde außerdem die Planung auf den Kopf stellen und große Unsicherheiten hervorrufen: Die Wahrnehmung von Aufgaben würde sich nach der

Ergiebigkeit bestimmter Steuerquellen richten, deren Fluss für eine zukünftige Periode unsicher ist. Es wäre unmöglich, zu Beginn einer Haushaltsperiode definitive Ausgabenansätze festzulegen.
Anders verhält es sich mit den Sonderabgaben. Die Abgaben gelten einem bestimmten Zweck, und die Zahler stehen in einer direkten Verbindung zu diesem Zweck. Sie sind die Verursacher dieser Staatsaufgabe (beispielsweise die Behindertenabgabe, die Unternehmen zahlen müssen, die nicht bereit sind, die gesetzlich vorgeschriebene Anzahl von Behinderten einzustellen). Es wird als gerecht angesehen, dass die Verursacher hierfür die Finanzmittel aufbringen. Da der Nutzerkreis genau abgegrenzt werden kann, wäre es ungerecht, die Ausgaben über allgemeine Steuern zu finanzieren.

3. Wie wirkt sich eine Erhöhung der Sozialhilfe finanziert durch Anhebung der Einkommen- oder Umsatzsteuer auf die Aggregate der volkswirtschaftlichen Gesamtnachfrage ($N = C_{pr} + I_{pr} + A_{G+D}$) aus?
Lösungshinweis:
Die Anhebung der Einkommensteuer oder der Umsatzsteuer reduziert das verfügbare Einkommen der Privaten, die Erhöhung der Sozialhilfe erhöht es. Dabei sind verschiedene Einkommensklassen unterschiedlich betroffen: Die Erhöhung der Sozialhilfe führt bei den Empfängern zu einer Ausweitung der Konsumausgaben nahezu um den gleichen Betrag (marginale und durchschnittliche Konsumquote nahezu eins). Die Sozialhilfe soll ja die existenznotwendigen Ausgaben finanzierbar machen (vgl. Kap. XIV). Bei den Einkommensteuerzahlern reduziert sich der Konsum weniger als der Betrag der Steuererhöhung, da die marginale Konsumquote in der Regel kleiner als eins ist. Das heißt aber auch, dass Sparen zurückgedrängt wird und ein Zinsanstieg mit der Folge eines crowding-out privater Investitionen denkbar ist. In einer offenen Volkswirtschaft kann jedoch die Absenkung der Einkommensteuersätze zu einer Zunahme des Kapitalangebots aus dem Ausland führen, weil sich die inländische Rendite erhöht.
Bei einer Erhöhung der Umsatzsteuer ist davon auszugehen, dass die Steuer weitgehend auf den Endverbraucher überwälzt wird. Dann aber bedeutet dies, dass der private Realkonsum nicht oder kaum eingeschränkt wird. Die breite Bevölkerung verwendet einen größeren Teil ihres nominellen Einkommens für Konsumausgaben. Die Steuererhöhung geht deshalb hauptsächlich zu Lasten des Sparens und führt durch Verringerung des langfristigen Kapitalangebots tendenziell zu Zinssteigerungen, welche die privaten Investitionen treffen. Die Finanzierung einer Erhöhung der Sozialhilfe durch Anhebung der Umsatzsteuer birgt deshalb das besondere Risiko einer Beeinträchtigung des Wirtschaftswachstums in sich.

Literatur

Bundesministerium der Finanzen (BMF) (Hrsg.) (2001): Finanzbericht 2002. Die volkswirtschaftlichen Grundlagen und die wichtigsten finanzwirtschaftlichen Probleme des Bundeshaushaltsplanes für das Haushaltsjahr 2002, Berlin: Bundesanzeiger (erscheint jährlich).

Bundesministerium der Finanzen (o. J.): Monatsbericht des BMF (erscheint monatlich, Download: http://www.bundesfinanzministerium.de/Aktuelles/Monatsbericht-des-BMF-.686.htm).

Homburg, S. (2000): Allgemeine Steuerlehre, 2., überarbeitete und erweiterte Auflage, München: Vahlen.

Zimmermann, H. und Henke, K.-D. (2001), Finanzwissenschaft. Eine Einführung in die Lehre von der öffentlichen Finanzwirtschaft, 8., völlig überarbeitete Auflage, München: Vahlen.

Kapitel III: Der Staat im Wirtschaftskreislauf

1. Kreislaufzusammenhänge

Wir betrachten zunächst die makroökonomischen Zusammenhänge ohne den Fiskus (vgl. Abb. III.1). Dargestellt werden die Beziehungen für eine abgelaufene Periode (**Ex-Post-Analyse**). Die Unternehmen produzieren und verkaufen Konsum- und Investitionsgüter. Dadurch entstehen Leistungseinkommen (Löhne und Gehälter, Mieten und Pachten, Zinsen und Gewinne). Diese Einkommen Y sind die Entgelte, welche die Unternehmen für die von ihnen in Anspruch genommenen Leistungen (Arbeit, Boden und Gebäude, Nominalkapital, unternehmerische Leistung und Risikoträgerschaft) zahlen müssen. Die Einkommen fließen den Haushalten zu, die diese für Konsum und Sparen verwenden: $Y = C + S$.

Ein Teil der inländischen Produktion wird von Ausländern nachgefragt (Ex). Dem Unternehmenssektor fließen deshalb Einnahmen aus dem Ausland zu. Andererseits richtet sich ein Teil der Nachfrage der Haushalte und Unternehmer auf Güter, die im Ausland erzeugt worden sind ($Im = C_{im} + I_{im}$). Das bedeutet für die Unternehmen einen Nachfrageausfall. Von beiden Polen verlaufen Ausgabenströme zum Pol Ausland. Wenn die Exporte größer als die Importe sind, besteht ein **Leistungsbilanzüberschuss**. Es entstehen zusätzliche Nettoforderungen $+\Delta NF$ gegenüber dem Ausland (Devisenzufluss und Zunahme der Lieferantenforderungen). Überwiegen die Importe, besteht ein **Leistungsbilanzdefizit**. Devisen fließen an das Ausland ab und Lieferantenverbindlichkeiten entstehen (verminderte Nettoforderungen: $-\Delta NF$).

Die Unternehmen tätigen **Investitionen**, und zwar sowohl in Form von Sachanlagen und Bauten als auch durch Erhöhung (Verminderung) der Lagerbestände (Desinvestition). Die Investitionen können geplant und ungeplant sein. Wenn die Unternehmen weniger Güter absetzen als produziert wurden, erhöhen sich die Lagerbestände. In der VGR wird angenommen, dass die Unternehmen die Fehlmengen zum Marktpreis selbst nachfragen. Gebucht wird dies als positive Investition. Übersteigt die Fremdnachfrage die Produktion, werden Lagerbestände abgebaut. Es kommt zu einer negativen Investition. Diese Art der Verbuchung führt zur betraglichen Gleichheit von Leistungseinkommen und Ausgaben für Güter und Dienste (1): $Y = C +$

I + Ex − Im. Das Sozialprodukt ist gleich den Konsum- und Investitionsausgaben der Inländer plus den Ausgaben der Ausländer (Export) abzüglich der Importe. Weil für die Haushalte die Bedingung (2) Y = C + S gilt, folgt aus beiden Identitäten durch Gleichsetzung:

(III.1) $I - S = Im - Ex$.

Die Bedingung drückt aus, dass der Teil der Produktion, der nicht von Inländern nachgefragt worden ist (S > I), von den Ausländern erworben worden sein muss (Ex > Im). Wenn die Inländer mehr Güter nachgefragt haben, als im Inland produziert worden sind, muss die Differenz importiert worden sein.

Auf dem Vermögensänderungskonto werden Sparen und Nettoauslandsverbindlichkeiten als Einnahmen und Investitionen und Nettoauslandsforderungen als Ausgaben verbucht.

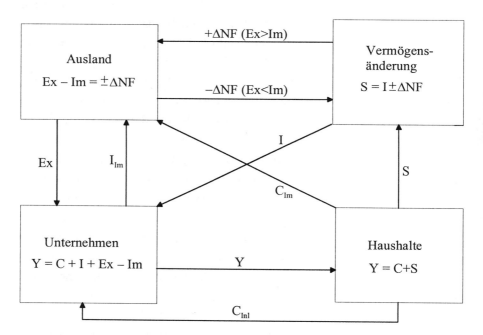

Abb. III.1 **Vierpoliger Wirtschaftskreislauf mit Ausland ohne Staat.**

Nun berücksichtigen wir die **Einnahmen und Ausgaben des Staates**, blenden dafür aber das Ausland aus Vereinfachungsgründen aus. Der Staat kauft

Güter von den Unternehmen. Die Unternehmen erhalten in dieser Höhe eine Einnahme. Von den Haushalten werden direkte Steuern T_{dir} einbehalten. Das vermindert Sparen und Konsum. Beim Pol Staat registrieren wir eine Einnahme. Genauso sind Gebühren und Beiträge zu behandeln, welche die Haushalte zahlen. Andererseits erhalten die Haushalte Transferzahlungen Tr. Indirekte Steuern T_{ind} werden von den Unternehmen abgeführt. Registriert wird dort das Sozialprodukt zu Marktpreisen. Der Staat zahlt außerdem Subventionen Z an die Unternehmen.

An den einzelnen Polen gilt jetzt folgendes: Die Unternehmen weisen Einnahmen in Höhe von $C + I + A_{G+D} + Z$ und Ausgaben in Höhe von $Y + T_{ind}$ auf. Daraus folgt die bekannte Bedingung für das Sozialprodukt zu Marktpreisen $Y_M = Y + T_{ind} - Z = C + I + A_{G+D}$. Die Haushaltseinkommen werden aufgeteilt auf Konsum, Sparen und Steuerzahlungen: $Y = C + S + Tr - T_{dir}$. Beim Staat können die Ausgaben von den Steuereinnahmen abweichen oder mit ihnen übereinstimmen. Nehmen wir an, es bestand ein Budgetdefizit, dann müssen Schulden ($+\Delta D$) aufgenommen worden sein. Sie sind als „Einnahme" zu registrieren. Es gilt: $A_{G+D} + Tr + Z = T + \Delta D$. Die zusätzliche Staatsschuld stellt aus der Sicht der Privaten eine Zunahme der Nettoforderungen gegenüber dem Staat dar. Sie bildet eine bestimmte Anlageform der Ersparnisse. Dies berücksichtigen wir als Ausgabe beim Vermögensänderungspol. Budgetüberschüsse implizieren dagegen bei Schuldentilgung eine Abnahme der verzinslichen privaten Forderungen gegenüber dem Staat und bei Geldstillegung eine Verminderung der Geldforderungen der Privaten an den Staat.

Fassen wir die Produzenten- und Haushaltsseite mit

(III.2) $\qquad C + I + A_{G+D} - T_{ind} + Z = C + S + T_{dir} - Tr,$

zusammen, so erhalten wir die Identität: $I + A_{G+D} = S + T - Tr - Z$. Ziehen wir die Transferzahlungen von den Steuereinnahmen ab, verkürzt sich die Bedingung zu:

(III.3) $\qquad I + A_{G+D} = S + T^*$ (T^* = saldierte Steuereinnahmen).

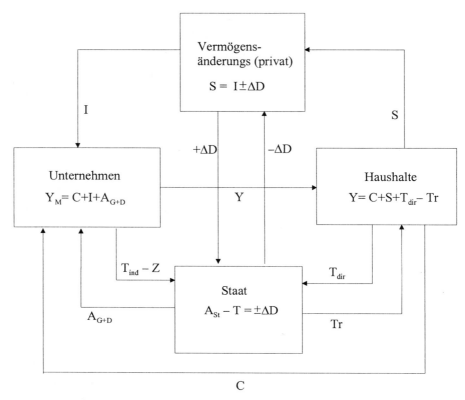

Abb. III.2 Vierpoliger Wirtschaftskreislauf mit Staat (ohne Ausland).

Die Bedingung besagt, dass der Teil der Produktion, der von den Haushalten wegen des Sparens und der Steuerzahlungen nicht nachgefragt worden ist, von den Unternehmen und vom Staat nachgefragt worden sein muss.

Berücksichtigen wir nun in Gleichung (III.3) noch die Außenwirtschaft, dann erhalten wir insgesamt:

(III.5) $\qquad I - S + Ex - Im = T^* - A_{G+D}.$

Man erkennt, dass zwischen den Salden bestimmte Beziehungen bestehen können:

- Wenn Sparen und Investieren der Privaten übereinstimmen und die Leistungsbilanz ausgeglichen ist, muss auch das Budget ausgeglichen sein.

- Wenn das Budget ein Defizit aufweist und die Leistungsbilanz ausgeglichen ist, muss das Sparen der Privaten nicht nur die eigenen Investitionen, sondern auch das staatliche Defizit „finanzieren".
- Bei Übereinstimmung von Investition und Sparen muss ein Budgetdefizit mit einem gleich hohen Leistungsbilanzdefizit einhergehen.

Diese Zusammenhänge gelten analog für die makroökonomische Gleichgewichtsanalyse und sind deshalb für die Wirkungsanalyse der Fiskalpolitik wichtig.

2. Sozialproduktsberechnung

Das Bruttosozialprodukt BSP umfasst den Wert aller Endprodukte und Dienstleistungen, die innerhalb einer Periode von den Inländern erstellt werden. Das Sozialprodukt kann von der Entstehung, der Verwendung und der Verteilung her ermittelt werden.

Die **Entstehungsrechnung** erscheint im VGR-Kontensystem auf den Produktionskonten. Zentrale Größe ist die Bruttowertschöpfung der Wirtschaftsbereiche. Sie wird aus dem Produktionswert abzüglich der Vorleistungen ermittelt. Das Sozialprodukt ergibt sich dann durch Aggregation der Werte aller Wirtschaftsbereiche.

Bei der **Verwendungsrechnung** ist Ausgangspunkt für die Ermittlung des BSP die gesamte letzte Verwendung von Gütern, das heißt der private Verbrauch, der Staatsverbrauch, die Bruttoinvestition und der Leistungsbilanzsaldo.

Die **Verteilungsrechnung** knüpft bei den an die Haushalte verteilten Einkommen an. Die einzelnen Einkommen sind zu addieren. Das BSP ergibt sich folgendermaßen:

	Bruttoeinkommen aus unselbständiger Arbeit
+	Bruttoeinkommen aus Unternehmen und Vermögen
=	Volkseinkommen (Nettosozialprodukt zu Faktorkosten)
+	indirekte Steuern
-	Subventionen
=	Nettosozialprodukt zu Marktpreisen
+	Abschreibungen
=	Bruttosozialprodukt zu Marktpreisen

Tab. III.1 Bruttosozialprodukt nach der Verteilungsrechnung.

2.1 Der Staat in der Entstehungsrechnung

Das **Produktionskonto eines Unternehmens** (vgl. Tab. III.2) enthält als Produktionswert Verkäufe, Bestandsänderungen und selbsterstellte Anlagen. Zieht man davon die Käufe von Vorleistungen ab, erhält man die Bruttowertschöpfung. Unter Vorleistungen versteht man gekaufte Roh-, Hilfs- und Betriebsstoffe, die in der betrachteten Periode eingesetzt worden sind und die sich dabei verbraucht haben. Sie gehen in den Produktionswert ein. Die Bruttowertschöpfung stellt den Wert dar, den die Unternehmung selbst geschaffen hat. Sie enthält die betriebswirtschaftlichen Kostenfaktoren Abschreibungen und indirekte Steuern (abzüglich Subventionen). Zieht man diese Position ab, erhält man die Nettowertschöpfung (oder Wertschöpfung im engeren Sinne). Bei der Aggregation der Produktionskonten der einzelnen Unternehmen dürfen nicht die Produktionswerte, sondern nur die Bruttowertschöpfungen erfasst werden, denn die Vorleistungen sind bereits in den Werten der Endprodukte enthalten.

Die Abschreibungen messen die Wertminderung des Anlagevermögens infolge von Verschleiß und wirtschaftlichem Veralten. Sie werden zur Berechnung des Volkseinkommens und des Nettoanlagevermögens benötigt. Die Abschreibungsdauer ist eine zu schätzende Größe, weil das Ausscheiden der Anlagen aus dem Produktionsprozess unbestimmt ist. In der VGR wird grundsätzlich die lineare Abschreibung angewandt. Die Abschreibungen sollen außerdem die Gütermengen ausweisen, die zur Substanzerhaltung des realen Produktionsvermögens erforderlich sind. Sie werden deshalb zu Wiederbeschaffungspreisen der Güter bewertet. Zum Anlagevermögen zählen in der Bundesrepublik Ausrüstungen und Bauten. Wohngebäude gehören auch dann zum Anlagevermögen, wenn sie sich im Eigentum der privaten Haushalte befinden, da Wohnungsvermietung und Nutzung von Eigenheimen und Eigentumswohnungen dem Unternehmenssektor zugerechnet werden.

Das **Produktionskonto für den Staat** leitet sich folgendermaßen ab: Der Staat produziert für die Allgemeinheit Dienstleistungen. Zu deren Bereitstellung setzt er Produktionsfaktoren ein (vgl. Tab. III.2). Die Summe der Werte dieser Faktoreinsätze stellt seinen Beitrag zum Bruttosozialprodukt dar. Typischerweise gibt es für die Leistungen keine Marktpreise (beispielsweise äußere und innere Sicherheit, Straßennetz, Schulwesen,). Man kann aber für die Bewertung die laufenden Kosten heranziehen. Auf dem Produktionskon-

to erscheinen auf der Input-Seite die Vorleistungen, Abschreibungen, gezahlte Produktionssteuern und die Nettowertschöpfung. Es werden auf öffentliche Tiefbauten wie Straßen, Brücken, Wasserwege, Kanalisation u.ä. keine Abschreibungen vorgenommen. Internationalen Richtlinien folgend wird die Annahme gemacht, dass der Nutzwert öffentlicher Tiefbauten durch die Aufwendungen für die laufende Instandhaltung erhalten bleibt.
Auf der Output-Seite werden die entgeltlich abgegebenen Leistungen, die selbsterstellten Anlagen und die unentgeltlich abgegebenen Leistungen (Staatsverbrauch) erfasst.

1. Vorleistungen	5. Entgeltlich abgegebene Leistungen
2. Abschreibungen	6. Selbsterstellte Anlagen
3. Indirekte Steuern	7. Unentgeltlich abgegebene Leistungen
4. Wertschöpfung	(Staatsverbrauch)

Tab. III.2 Produktionskonto des Staates.

Der Staatsverbrauch wird zu Kosten bewertet, weil es für die meisten staatlichen Leistungen keine Marktpreise gibt (vgl. Kap. VI). Dies bildet zwar in der VGR einen Systembruch, ist aber unvermeidlich. Man muss sich darüber im Klaren sein, dass die Staatsleistungen nicht nach den echten Dringlichkeiten, wie sie der Bürger empfindet, bewertet werden. Denkbar ist, dass aufgrund von staatlicher Verschwendung die tatsächliche Wertschätzung geringer ist, als es den Kosten entspricht. Dann liegen volkswirtschaftliche Verluste vor. Produktionswert und Wertschöpfungsbeitrag sind geringer als ausgewiesen. Wenn sich der Staat dagegen effizient verhält, übersteigen die Nutzen die Kosten. Der gesellschaftliche Gewinn taucht auf dem Produktionskonto nicht auf. Der Wertschöpfungsbeitrag des Staates wird zu gering ausgewiesen. Wenn man von der Annahme ausgeht, dass sich der Staat rational verhält und er öffentliche Leistungen nur dann bereitstellt, wenn sie zur Steigerung der gesellschaftlichen Wohlfahrt beitragen, dann ist die Bewertung der öffentlichen Leistung zu Kosten grundsätzlich falsch. Es erfolgt eine Unterbewertung. Das bedeutet zugleich: Das wahre Sozialprodukt ist höher als das gemessene.

Der **Staatsverbrauch** wird in der Verwendungsrechnung komplett als letzte Verwendung von Gütern (Endnachfrage) verbucht. Tatsächlich richten sich diese Leistungen aber nicht nur an Haushalte, sondern häufig auch an Unternehmen (beispielsweise Straßennetz). Dabei handelt es sich um Vorleistungen der privaten Produktion. Sie erhöhen dort den Produktionswert und die Wertschöpfung. Wenn im Zuge der Aggregation von Unternehmens- und Staatssektor alle Wertschöpfungen addiert werden, kommt es zu Doppelzählungen. Das Sozialprodukt wird zu hoch ausgewiesen. Im Prinzip müssten die produktiv genutzten Staatsleistungen aus dem Staatsverbrauch herausgerechnet werden.

Käufe für die laufende Produktion
+ Abschreibung
+ gezahlte Produktionssteuern
+ geleistete Einkommen aus unselbständiger Arbeit
= Produktionswert
- Verkäufe von Waren und Dienstleistungen (hpts. Benutzungsgebühren)
- selbsterstellte Anlagen
= Staatsverbrauch

Tab. III.3 Ermittlung des Staatsverbrauchs.

2.2 Der Staat in der Verwendungsrechnung

Die Verwendungsrechnung ($Y = C + I + A_{G+D} + Ex - Im$) gibt an, wie das in einem Jahr geschaffene Sozialprodukt verwendet wurde, das heißt wie sich die volkswirtschaftliche Gesamtnachfrage zusammengesetzt hat. Diese Rechnung gibt Auskunft über die makroökonomisch bedeutsamen Größen wie Konsum oder Investitionen. In die Verwendungsrechnung geht der Staat mit dem Staatsverbrauch (Käufe von Vorleistungsgütern, Abschreibungen und Personalausgaben) und den Bruttoinvestitionen ein. Die Investitionsausgaben dokumentieren in voller Höhe staatliche Nachfrage nach Gütern. Durch die staatlichen Investitionsausgaben werden Leistungseinkommen geschaffen. Produziert worden sind die betreffenden Güter vom privaten Sektor (Ausnahme selbsterstellte Anlagen). Deshalb steigern sie dort die Wertschöpfung und nicht beim Staat. Über die Personalausgaben u.ä. schafft der Staat also durch seine eigene Produktion **direkt** Einkommen, und durch seine Ausgaben für Investitions- und Vorleistungsgüter trägt er **indirekt** über die private Produktion zum Volkseinkommen bei. Der Wert der entgeltlich abgegebenen Leistungen stellt Nachfrage der privaten Haushalte dar.

Zusammenfassung und Übungen

1. Der Staat beeinflusst Volkseinkommen und gesamtwirtschaftliche Nachfrage durch seine Wertschöpfung und durch den Staatsverbrauch und die staatliche Investitionsgüternachfrage.
2. Zwischen den Budget-, Leistungsbilanz- und privaten Spar-Investitions-Salden bestehen als Ganzes feste Beziehungen. Das gilt sowohl für die Ex-Post-Rechnung als auch für die makroökonomische Gleichgewichtsanalyse.
3. Der Staatsverbrauch fingiert die Nachfrage der Bürger nach öffentlichen Gütern, stellt tatsächlich aber die Nachfrage der staatlichen Einrichtungen nach Ressourcen zur Erstellung von Leistungen dar. Darin besteht ein Unterschied zur Behandlung der privaten Nachfrage nach Konsum- und Investitionsgütern.
4. Bei der Sozialproduktsberechnung bestehen hinsichtlich der Bewertung der vom Staat bereitgestellten Güter erhebliche Probleme, weil für sie keine Marktpreise vorliegen und schwer auszumachen ist, welche Mengen der Leistungen Endnachfrage oder Vorleistungen für die private Produktion darstellen.
5. Der Staatsverbrauch als Indikator der privaten Nachfrage nach öffentlichen Leistungen wird einerseits zu niedrig ausgewiesen, weil die Bewertung zu Kosten und nicht zu nutzenbezogenen Preisen erfolgt, andererseits zu hoch, weil er auch Vorleistungen an die Unternehmen enthält, die dort die Wertschöpfung erhöhen, so dass es zu Doppelzählungen kommt.

Wiederholungsfragen

1. Wie kommt es zum Einnahmen-Ausgaben-Ausgleich im Unternehmenssektor?
2. Warum kann man Budgetdefizite als Ausgaben des Vermögensänderungskontos auffassen?
3. Erklären Sie die Gleichung (III.5).
4. Warum gibt es für die meisten Staatsleistungen keine Marktpreise?
5. Was versteht man unter Staatsverbrauch und inwiefern ist dieser Begriff problematisch?
6. Welche Staatsleistungen verbergen sich hinter dem Begriff Staatsverbrauch?
7. Nennen Sie Beispiele für staatliche Investitionen.
8. Wenn ein Budgetdefizit bestimmter Größe besteht, welche Werte können dann der Leistungsbilanz- und der private Spar-Investitions-Saldo aufweisen?
9. Erfasst das Bruttosozialprodukt zu Marktpreisen die in einer Periode erzeugten Güter und Dienstleistungen vollständig?

10. Der Staat wird in vereinfachter Form in die Kreislaufanalyse eingebracht. Welche Aspekte werden nicht berücksichtigt? Welche Verbesserungsvorschläge fallen Ihnen ein?

Aufgaben

1. Stellen Sie das Nationale Produktionskonto aus den angegebenen Daten der Volkswirtschaftlichen Gesamtrechnung auf. Berechnen Sie das Bruttoinlandsprodukt und geben Sie die Höhe des Gewinneinkommens der Unternehmer an. Stellen Sie zudem fest, ob die vorliegende Volkswirtschaft wächst (mit Begründung).

privater Verbrauch	800 Mrd. €
Güterexporte	630 Mrd. €
Abschreibungen	320 Mrd. €
Güterimporte	600 Mrd. €.
Direkte Steuern	400 Mrd. €
Staatsverbrauch	400 Mrd. €
Indirekte Steuern (abzüglich Subventionen)	360 Mrd. €
Einkommen aus unselbständiger Arbeit	720 Mrd. €
Bruttoinvestitionen	230 Mrd. €.

Lösung:
Produktionskonto, rechte Seite: Privater Konsum = 800; Staatlicher Konsum = 400; Bruttoinvestitionen = 230; Exporte abzüglich Importe = 30 ergibt als Summe 1.460. Linke Seite: Abschreibungen = 320; Indirekte Steuern = 360, Löhne = 720 ergibt als Summe 1.400. Rechte Seite ist vollständig gegeben, aus buchungstechnischen Gründen müssen die Gewinne in der Volkswirtschaft in Höhe von 60 gegeben sein, was ein Bruttoinlandsprodukt von 1.460 zur Folge hat. Direkte Steuern spielen keine Rolle. Die vorliegende Volkswirtschaft schrumpft, da die Bruttoinvestitionen nicht ausreichen, um den Kapitalverschleiß auszugleichen.

2. Welche Arten von Vorleistungen des Staates an die private Produktion kennen Sie, und welchen Effekt haben sie auf die private Wertschöpfung bzw. auf das private Produktionskonto?
Lösungshinweis:
Vorleistungsarten sind Roh-, Hilfs- und Betriebsstoffe, Post- und Telekommunikationsgebühren, gewerbliche Mieten, gewerblich nutzbare Infrastrukturmaßnahmen etc. Staatliche Vorleistungen senken die Produktions- und Transaktionskosten privater Unternehmen, so dass deren Gewinne – gemessen als Nettowertschöpfung – steigen. Zwischen den staatlichen Vorleistungen und der Gewinnhöhe besteht – bei realistischen Verhältnissen – eine positive Korrelation, das heißt, je mehr staatliche Vorleistungen vorhanden sind, desto höher fällt die Nettowertschöpfung der privaten Unternehmen aus. Damit gehen staatliche Vorleistungen in zweifacher Hinsicht bei der Ermittlung des Gesamtproduktionswertes in die VGR ein: Zum einen werden sie explizit bei den staatlichen Vorleistungen verbucht, zum anderen ergibt sich ein mittelbarer Effekt bei der Nettowertschöpfung der Unternehmer. Das Sozialprodukt wird zu hoch ausgewiesen. Richtig erfasst würde die Wertschöpfung einer Volkswirtschaft entweder, indem die staatlichen Vorleistungen unberücksichtigt blieben (dann würden sie über die Gewinnsteigerungen der privaten Unternehmen

erfasst werden) oder wenn mit Hilfe von Arbeitshypothesen und statistischen und ökonometrischen Verfahren der Gewinneffekt herausgerechnet würde.

3. Am Bruttosozialprodukt wird des öfteren bemängelt, es könne nicht zur Messung der Wohlfahrt einer Volkswirtschaft herangezogen werden. Können Sie diese These stützen oder widerlegen?

Lösungshinweis:
Das Sozialprodukt als Aggregatsgröße berücksichtigt keinerlei Verteilungsaussagen: Ob ein Individuum das gesamte Sozialprodukt erstellt oder alle gleich viel erwirtschaften, wird in der Aggregatsbetrachtung nicht berücksichtigt. Gleiches gilt für „soziale" Indikatoren (Kinderarmut, Bildungssituation etc.). Außerdem sagen auch relative Größen – wie etwa das Wachstum des Bruttosozialproduktes – nur wenig über die Wohlfahrtssituation einer Volkswirtschaft aus: Eine niedrige Wachstumsrate bei hohem Sozialproduktsniveau kann aus Wohlfahrtssicht besser sein als ein hohes Wachstum auf einem sehr niedrigen Niveau. Auch auf die Bevölkerungsentwicklung muss abgestellt werden: Nimmt die Bevölkerung schneller zu als das Sozialprodukt, so sinkt das Pro-Kopf-Sozialprodukt. Zudem sollte das reale Sozialprodukt ins Auge gefasst werden: Erhöht sich die Preissteigerungsrate schneller als das Sozialprodukt (nominal), so reduziert sich das reale Sozialprodukt.

In einigen Fällen unterzeichnet das Sozialprodukt die individuelle Wohlfahrt. Zum einen werden – in der Regel – keine Abschreibungen auf den natürlichen Kapitalstock vorgenommen. Der Verschleiß an erneuerbaren und erschöpfbaren Ressourcen geht ebenso wenig ins Sozialprodukt ein wie die Inanspruchnahme der natürlichen Umwelt als Schadstoffaufnahmemedium. Außerdem findet die Bewertung öffentlicher Güter nur zu Herstellungskosten statt. Die Präferenzen der Nachfrager und die spezifischen Konsumentenrenten werden vernachlässigt. Zum anderen werden nur Leistungen im Sozialprodukt verbucht, die am Markt erbracht werden. Legale, nicht am Markt erstellte Güter und Dienstleistungen (etwa Hausfrauenarbeit, Tauschringe etc.), würden das Sozialprodukt ebenfalls erhöhen. Die Einbeziehung illegaler Leistungen (Drogen- und Waffenhandel etc.) steht dagegen nirgends ernsthaft zur Debatte.

Dagegen weist das Sozialprodukt bei sogenannten Defensivkosten eine zu hohe Wohlfahrtslage der Volkswirtschaft aus: Defensivkosten sichern ausschließlich ein einmal erreichtes Wohlfahrtsniveau, ohne dass sich tatsächlich die gesellschaftliche Wohlfahrt verbessert. So steigern etwa Unfälle das Sozialprodukt dadurch, dass die Autos repariert werden und möglicherweise auch Menschen in Krankenhäusern behandelt werden müssen. Der Einbau von Lärmschutzfenstern sichert nur die Ruhe vor übermäßigem Verkehrslärm, ohne für den Betroffenen selbst im Vergleich zur Situation ohne Verkehrslärm wohlfahrtssteigernd zu sein.

Literatur

Brümmerhoff, D. (2001): Finanzwissenschaft, 8., völlig überarbeitete und stark erweiterte Auflage, München und Wien: Oldenbourg.

Kapitel IV: Haushaltsplan und Haushaltsgesetz

Die Regierung muss zur rationalen Wahrnehmung ihrer finanzpolitischen Ziele und zur Regelung der Selbstorganisation der Aufgabenwahrnehmung eine Planung der Einnahmen und Ausgaben vornehmen. Die Ansätze müssen im demokratischen Staat durch den Gesetzgeber als Stellvertreter der Bürger legitimiert werden. Außerdem soll die Regierung in ihrer Finanzgebarung durch die Öffentlichkeit kontrolliert werden können. Um diese Planungs- und Kontrollfunktionen zu erfüllen, stellen Bund, Länder und Gemeinden Finanzpläne auf, die teilweise als Gesetz von den legislativen Institutionen (Parlamente und Gemeinderäte) verabschiedet werden. Als öffentliche Finanzpläne lassen sich der kurzfristige Haushaltsplan (Jahres- oder Zweijahresbudget), die mittelfristige Finanzplanung und langfristige Pläne für öffentliche Infrastrukturvorhaben (Verkehr, Bildung) unterscheiden. Die Langfristpläne basieren auf Nutzen-Kosten-Analysen.

1. Der kurzfristige Haushaltsplan

Der kurzfristige Haushaltsplan, der als Haushaltsgesetz von der Legislative verabschiedet wird, ist vollzugverbindliche Grundlage für das finanzwirtschaftliche Handeln der Gebietskörperschaft in einer Periode. Er ist für jedes Jahr – in einigen Bundesländern alle zwei Jahre – aufzustellen. Er enthält alle Einnahmen und Ausgaben, umfasst also die finanzwirtschaftliche Gesamtaktivität einer Gebietskörperschaft in einer Planungsperiode, einschließlich der sogenannten Verpflichtungsermächtigungen (Ermächtigungen der Verwaltungen, Zahlungsverpflichtungen für künftige Jahre einzugehen).

1.1 Funktionen

Der Haushaltsplan erfüllt wirtschaftliche Planungs- und demokratische Kontrollfunktionen. Planung setzt Festlegung von Zielen und Aufgaben, kostengünstige Verwirklichung der Aufgaben und Zuordnung der Aufgaben zu den einzelnen Regierungs- und Verwaltungsinstanzen voraus. Die Planungsfunktion soll sicherstellen, dass diesen Anforderungen Genüge getan wird. Durch die Pflicht zur Aufstellung eines Haushaltsplanes werden Regierung und Verwaltung dem Zwang zur rationalen Planung unterworfen. Als Unterfunktionen lassen sich unterscheiden:

- **die politische Programmfunktion**: Der Haushaltsplan soll das quantitative Handlungsprogramm der Regierung ausdrücken. Damit soll zugleich aber auch dem Gesetzgeber und der Öffentlichkeit die Möglichkeit zur Information über das geplante finanzwirtschaftliche Handeln der Exekutive geboten werden, damit diese ihre Kontrollfunktion ausüben können.
- **die Wirtschaftlichkeitsfunktion**: Bei der Wahrnehmung der Aufgaben soll nach Gesichtspunkten der Kosteneffizienz vorgegangen und Verschwendung vermieden werden.
- **die Organisationsfunktion**: Die Aufgabenwahrnehmung soll in sinnvoller Weise den verschiedenen Regierungs- und Verwaltungsinstanzen zugeordnet werden. Die Haushaltsansätze liefern die finanzielle Basis für die Aufgabenwahrnehmung durch die Verwaltung.
- **die Bedarfsdeckungsfunktion**: Der Haushaltsplan soll sicherstellen, dass den Ausgaben ausreichend hohe Einnahmen gegenüberstehen. Es soll vermieden werden, dass ex post ungeplante Budgetdefizite oder Budgetüberschüsse auftreten.
- **die gesamtwirtschaftliche Funktion**: Der Haushaltsplan soll ein staatliches Finanzgebaren sichern, das sich an der gesamtwirtschaftlichen Entwicklung orientiert.

Die gesetzliche Verabschiedung des Haushaltsplanes sichert die Ex-ante-Kontrolle durch die Legislative und bietet der Öffentlichkeit die Möglichkeit, sich über die Finanzgebarung der Regierung/Verwaltung zu informieren. Das Budgetbewilligungsrecht des Parlamentes gehört zu den klassischen Grundsäulen der Demokratie. Mit der gesetzlichen Feststellung des Haushaltsplans werden die Ansätze für die Verwaltung vollzugsverbindlich. Die Mittel werden für die verschiedenen Regierungs- und Verwaltungsstellen verbindlich festgelegt. Ex post liefert das Haushaltsgesetz die Grundlage dafür, dass Rechnungshöfe und Legislative die Einhaltung der bewilligten Ansätze durch die einzelnen Ressorts überprüfen können. Um die Erfüllung der verschiedenen Funktionen zu erreichen, enthält das Haushaltsrecht spezielle Vorschriften, die sogenannten Budgetgrundsätze.

1.2 Budgetgrundsätze

Grundsatz der Vorherigkeit: Der Haushalt ist vor Beginn der Haushaltsperiode gesetzlich festzustellen, für die er gelten soll (§ 1 BHO, Art. 110 Abs. 2 S. 1 GG). Die Vorherigkeit ist Erfordernis eines zielorientierten Verhaltens. Der Grundsatz wird nicht selten verletzt. Dann greifen „Notregelungen" (Art. 111 GG): Bei nicht rechtzeitiger Feststellung ist die Regierung ermächtigt, bis zur parlamentarischen Verabschiedung des Haushaltsgesetzes alle nötigen Ausgaben zur Aufrechterhaltung der Staatsverwaltung und zur Erfüllung bestehender Verpflichtungen zu leisten (sogenannte vorläufige Haushaltsführung). Neue Aufgaben dürfen nicht in Angriff genommen werden. Die Regierung kann keine echte Finanzpolitik betreiben. Sie ist weitgehend blockiert.

Grundsatz der Einheit: Alle veranschlagten Einnahmen und Ausgaben einer Gebietskörperschaft sollen in einem einzigen Haushaltsplan erfasst werden (Verbot von Nebenhaushalten bzw. der „Töpfchenwirtschaft"). Es soll auf diese Weise Transparenz über die Finanzen gewährleistet werden. Das ist sowohl Vorbedingung für rationales finanzielles Verhalten generell als auch wesentliche Bedingung dafür, dass Dritte eine wirksame Kontrolle über die Verwaltung ausüben können. Ausnahmen sind zugelassen für Sondervermögen und Regiebetriebe, für die Sonderhaushalte gebildet werden können, die mit dem „Stammhaushalt" nur insoweit verbunden sind, als „Zuführungen" oder „Ablieferungen" in Betracht kommen (Art. 110 Abs. 1 GG).

Grundsatz der Vollständigkeit: Im Haushalt sind alle voraussichtlich zu erwartenden Einnahmen und alle voraussichtlich zu leistenden Ausgaben zu veranschlagen (Art. 110 Abs. 1 GG). Es dürfen keine Einnahmen und Ausgaben bewusst außerhalb des Haushaltsansatzes bleiben. Deshalb dürfen auch keine Einnahmen und Ausgaben außerhalb der Haushaltspläne vollzogen werden (Verbot schwarzer Kassen). Ferner ist nach Beendigung des Haushaltsjahres über alle eingegangenen Einnahmen und geleisteten Ausgaben Rechnung zu legen (Art. 114 GG). In diesem Sinne soll das Vollständigkeitsprinzip eine umfassende Planung und Kontrolle sichern. Der Grundsatz der Vollständigkeit korrespondiert mit dem Grundsatz der Einheit.

Bruttoprinzip: Alle Einnahmen und Ausgaben sind „getrennt voneinander in voller Höhe" auszuweisen und abzurechnen (§ 12 Abs. 1 S. 1 HGrG). Es sollen keine Saldierungen vorgenommen werden, welche die Einzeltransaktionen verschleiern würden. Diese Transparenzforderung dient entscheidend der Kontrollfunktion. Zulässige Ausnahmen gelten für Nettobetriebe und Kredite. Im Haushalt des Trägers öffentlicher Betriebe brauchen nur die Zuführungen oder Abführungen an diese Betriebe erscheinen, und Krediteinnahmen dürfen gegen Tilgungszahlungen saldiert werden.

Grundsatz der Spezialität: Dieser Grundsatz dient der Kontrollfunktion durch das Parlament (§ 27 Abs. 1 S. 1 HGrG sowie § 45 Abs. 1 S. 1 BHO). Er hat einen quantitativen, einen qualitativen und einen zeitlichen Aspekt. Ziel ist es, die Vollzugsverbindlichkeit des Haushaltsplans zu sichern.

Der Teilgrundsatz der **quantitativen Spezialität** bedeutet, dass Ausgaben nur in der im Haushaltsplan vorgesehenen Höhe vorgenommen werden dürfen. Außerplanmäßige Ausgaben (die im Haushaltsplan überhaupt nicht vorgesehen sind) und überplanmäßige Ausgaben (Ausgaben über die veranschlagten Beträge hinaus) sind verboten. Auch für diesen Grundsatz gibt es Ausnahmen: Wenn Situationen auftreten (zum Beispiel Katastrophen), in denen ein Festhalten am Budget weder sinnvoll noch praktisch möglich ist, gelten folgende Regelungen:

- Abweichungen sind innerhalb gewisser Grenzen zulässig (für alle oder bestimmte Ausgabenkategorien).
- Bei „unvorhergesehenem und unabweisbarem Bedarf" kann der Finanzminister über- und außerplanmäßige Ausgaben bewilligen, die allerdings vierteljährlich nachträglich vom Parlament gebilligt werden müssen (Art. 112 GG).
- Ergibt sich die Notwendigkeit zu größeren unvorhergesehenen Ausgabensteigerungen, so ist ein Nachtragshaushalt aufzustellen, für den die gleichen Grundsätze gelten wie für den Normalhaushalt, insbesondere auch das Prinzip der Vorherigkeit. In Ausnahmesituationen, in denen es auf schnelles Handeln ankommt, ist diese Regelung ungeeignet.

Nach dem Grundsatz der **qualitativer Spezialität** dürfen die im Haushaltsplan veranschlagten Mittel nur für den angegebenen Zweck verwendet werden. Zugewiesene Mittel sollen von der Verwaltung nicht zwischen verschiedenen Aufgabenbereichen verschoben werden können. Dieser Teilgrundsatz soll sicherstellen, dass die vom Gesetzgeber gewollte Budgetstruktur auch realisiert wird. Nachteile ergeben sich wegen der Inflexibilität dieser Regel. Die Fixierung auf feste Ausgabentitel ist starr. Bei unvorhergesehenen Veränderungen muss sich der Haushaltsvollzug anpassen können. Ausnahmen sind deshalb zulässig für Ausgabentitel, für welche die einseitige oder gegenseitige Deckungsfähigkeit gesetzlich vorgesehen oder ausdrücklich im Haushaltsplan vermerkt ist. Nach § 15 (2) HGrG und § 20 Abs. 2 BHO muss für den Fall der Deckungsfähigkeit ein sachlicher oder verwaltungsmäßiger Zusammenhang zwischen den Ausgabentiteln bestehen.

Nach dem Grundsatz der **zeitlichen Spezialität** müssen die Mittel in der Periode verwendet werden, für die sie bewilligt worden sind. Nicht beanspruchte Mittel (sogenannte Haushaltsreste) verfallen am Ende einer Haushaltsperiode (§ 27 Abs. 1 S. 1 HGrG sowie § 45 (1) BHO). Ausnahmeregelungen sind: Nicht ausgenutzte Kreditermächtigungen bleiben gültig. Bestimmte Titel können außerdem einen sogenannten Übertragungsvermerk tragen (§ 19 BHO). Das gilt insbesondere für Investitionen. Nicht ausgenutzte Mittel dürfen in diesem Fall in der nächsten Periode verwendet werden. Diese Regelung ist aus Wirtschaftlichkeitsgründen sinnvoll.

Grundsatz der Gesamtdeckung (Nonaffektation): Alle Einnahmen dienen als Deckungsmittel für alle Ausgaben. Auf diese Weise soll eine an den gesellschaftlichen Interessen orientierte Aufgabenwahrnehmung ermöglicht werden. Dieser Grundsatz impliziert ein Verbot der Zweckbindung von Einnahmen (§ 7 S. 1 HGrG, auch § 8 S. 1 BHO). Die Bindung des Aufkommens bestimmter Abgaben an bestimmte Zwecke würde zu einer willkürlichen und deshalb ineffizienten Struktur der Staatsausgaben führen. Als generelle Regel kann die Zweckbindung nicht in Betracht kommen. In Einzelfällen und in moderater Form mag sie angezeigt sein. Ausnahmen gibt es für die Mineralöl-, die Strom-, die Rennwett- und Lotteriesteuer und die Sonderabgaben (Behindertenabgabe, Abwasserabgabe).

Grundsatz der Haushaltsklarheit: Dieser Grundsatz umfasst das Postulat, den Haushaltsplan durchsichtig zu gestalten (vgl. §§ 10, 11 und 12 HGrG oder §§ 13, 14 und 17 BHO). Er ist insbesondere so zu gliedern, dass deutlich erkennbar wird, wo und in welcher Höhe die veranschlagten Einnahmen ihren Entstehungsgrund haben, für welchen Zweck Ausgaben veranschlagt und warum sie in dieser Höhe festgesetzt sind und in welchem Umfang bestimmte Staatsausgaben dotiert werden. Dieses Postulat setzt eine geeignete Haushaltssystematik (Gliederung nach dem Ministerial- und Funktionalprinzip) voraus. Der Grundsatz dient entscheidend der Kontrollfunktion.

Grundsatz der Haushaltswahrheit (Genauigkeit): Positiv enthält dieser Grundsatz das Gebot der genauen Schätzung der voraussichtlichen Einnahmen und der zu leistenden Ausgaben, negativ das Verbot, Beträge und Sachverhalte zu verschleiern oder vorzutäuschen (Erfüllung der Kontrollfunktion). Die zukünftigen Einnahmen und Ausgaben hängen von zahlreichen unsicheren Faktoren wie der Entwicklung des realen Sozialprodukts, des Preisniveaus, der Lohnentwicklung und des Außenhandels ab. Deshalb ergeben sich unvermeidlich Abweichungen zwischen den geplanten und den tatsächlichen Größen. Die andere Konsequenz ist aber auch, dass angesichts der Unsicherheit eine absichtlich unrichtige Veranschlagung vorgenommen werden kann (sogenannte Scheinbudgets). Die Regierung kann beispielsweise die zukünftigen Einnahmen bewusst zu niedrig ansetzen und die Ausgaben entsprechend niedrig festsetzen, um stille Reserven zu bilden. Sie kann aber auch die Einnahmen aus strategischen Gründen überschätzen, um beispielsweise in Wahlzeiten relativ hohe Ausgaben vorzunehmen (Wahlgeschenke).

Grundsatz der Öffentlichkeit: Dieser Grundsatz verlangt die Veröffentlichung des Haushaltsplans (gesetzliche Verabschiedung und Veröffentlichung im Bundesanzeiger) sowie die Öffentlichkeit der Haushaltsberatungen im Parlament. Ausnahmen gelten für die sogenannten Geheimvermerke, die bestimmen, dass die Kontrolle der betreffenden Mittel nur vom Präsidenten des Rechnungshofes vorgenommen werden darf.

Verschuldungsgrundsätze: Das Grundgesetz schreibt bestimmte Grenzen für die Nettoneuverschuldung vor (Art. 115 S. 2 GG). Obergrenze für die Kreditaufnahme bilden die Ausgaben für Investitionen. „Die Einnahmen aus Krediten dürfen die Summe der im Haushaltsplan veranschlagten Investitionen nicht überschreiten". Eine Überschreitung ist nur zulässig zur Abwehr einer Störung des gesamtwirtschaftlichen Gleichgewichts. Die Kreditfinanzierung soll im Prinzip nur für öffentliche Investitionen zugelassen sein, nicht für öffentliche Konsum- und Transferausgaben. Allerdings schließt die Regel nicht aus, dass solche Maßnahmen durch Kredit finanziert werden. Wenn nämlich in der Vergangenheit Investitionen durch Steuern finanziert worden sind, besteht in der Zukunft die Möglichkeit, zusätzliche konsumtive Staatsausgaben und Transferleistungen durch Kredit zu finanzieren.

Die Verfassungsvorschrift lässt offen, wie öffentliche Investitionen definiert sind. Die Vorschriften des Grundgesetzes werden nach vorherrschender Meinung folgendermaßen interpretiert:
- Die Krediteinnahmen werden den Nettokrediteinnahmen gleichgesetzt.
- Investitionen werden als Bruttoinvestitionen verstanden.
- Zu den Investitionen zählen alle Sachinvestitionen außerhalb des Verteidigungsbereichs.
- Ausgaben für Humankapital (Personalausgaben für das Bildungswesen) gehören nicht zu den Investitionen.
- Finanzinvestitionen und Finanzhilfen an Private zählen zu den Investitionen, soweit sie der Finanzierung von Sachinvestitionen im Inland dienen (Sparprämien und ähnliches scheiden wegen der zu unsicheren Investitionswirkungen aus).
- Steuervergünstigungen (Mindereinnahmen) für private Investitionen gelten nicht als Investitionen.

Welche Gründe zu der Investitionsregel geführt haben, ist nicht klar. Eine mögliche Interpretation geht dahin, dass öffentliche Investitionen das Wirtschaftswachstum fördern und damit Steuereinnahmen nach sich ziehen, aus denen der Schuldendienst bestritten werden kann.

Durch die Mitgliedschaft der BRD in der Europäischen Union sind die Verschuldungsgrundsätze ergänzt und restriktiver gefasst worden. Die Nettoneuverschuldung von Bund, Ländern und Gemeinden soll 3 % und der Schuldenstand 60 % des Bruttoinlandsproduktes nicht überschreiten. Längerfristig werden ausgeglichene Haushalte angestrebt.

Hintergrundinformation: Die Stabilitätskriterien von Maastricht (Beitrittskriterien zur Europäischen Union (ex ante))
1. Preisniveaustabilität: Abweichung um maximal 1,5 Prozentpunkte nach oben vom Durchschnitt der drei Länder mit den geringsten Preissteigerungsraten im Harmonisierten Verbraucher Preisindex (HVPI). Referenzwert: 2,7%.
2. Langfristige Zinssätze: Abweichung um maximal 2 Prozentpunkte nach oben vom Durchschnitt der langfristigen Nominalzinssätze. Referenzwert: 7,8%.
3. Nettoneuverschuldungsquote: Nettoneuverschuldung der Periode j bezogen auf das entsprechende Bruttoinlandsprodukt (BIP_j) $\leq$ 3%.
4. Schuldenbestandsquote: Schuldenbestand der Periode j bezogen auf das entsprechende Bruttoinlandsprodukt (BIP_j) $\leq$ 60%.

> **Hintergrundinformation: Der Stabilitätspakt von Dublin (Dauerkriterien, ex post)**
> **I. Frühwarnsystem (Art. 103 EG-Vertrag)**
> • Jährlich sind Stabiltäts- bzw. Konvergenzprogramme einschließlich mittelfristiger Haushaltsziele vozulegen.
> • Die Haushaltsentwicklung wird laufend überwacht.
> • Bei Abweichungen vom mittelfristigen Ziel spricht der Ministerrat Empfehlungen für Korrekturmaßnahmen aus.
>
> **II. Verfahren zur Vermeidung übermäßiger Haushaltsdefizite (Art. 104 c EG-Vertrag)**
> • Bei Meldung (März bzw. September jeden Jahres) einer Überschreitung der Nettoneuverschuldungs-Obergrenze erfolgt ein Bericht der EU-Kommission mit Empfehlungen.
> • Der Ministerrat entscheidet über das Vorliegen eines übermäßigen Defizits, sofern keine Ausnahmen vorliegen, und empfiehlt wirksame Korrekturmaßnahmen innerhalb von 4 Monaten.
> • Ausnahmen sind nur zulässig bei außergewöhnlichen Ereignissen (zum Beispiel Naturkatastrophen) und schwerer Rezession, das heißt bei einem BIP-Rückgang von mindestens 2 % ohne weiteres und bei weniger als 2 % nur, wenn der Mitgliedstaat gute Gründe für die Ausnahmesituation nachweist. Bei einer BIP-Schrumpfung bis 0,75 % verzichten die Mitgliedstaaten auf Inanspruchnahme der Ausnahmeregelungen.
> • Der Ministerrat prüft, ob wirksame Maßnahmen ergriffen wurden. Wenn das nicht der Fall war, verhängt er Sanktionen, und zwar spätestens 10 Monate nach Meldung des Defizits. Die Sanktionen umfassen eine unverzinsliche Einlage in Höhe von 0,2 % des BIP als Sockelbetrag und zusätzlich 0,1 % pro Prozentpunkt der Defizitüberschreitung bis zu einer Obergrenze von 0,5 % des BIP. Die Einlage wird nach 2 Jahren bei anhaltender Überschreitung der 3 %-Obergrenze in eine Geldbuße umgewandelt.
> • Sollten sich die Korrekturmaßnahmen als unwirksam erweisen, wird das Verfahren sofort wieder aufgenommen und werden Sanktionen innerhalb von 3 Monaten verhängt.

Besondere Verschuldungsbedingungen gelten für die **Kommunen**, denn sie sind rechtlich Teil der Verwaltungen der Bundesländer und unterliegen deren Rechtsaufsicht. Durch die Kontrolle der Bundesländer sollen Überschuldungen verhindert werden, die es einer Gemeinde unmöglich machen würden, die ihr zugedachten Aufgaben dauerhaft wahrzunehmen. Grenzen werden der Kommunalverschuldung gesetzt durch das Subsidiaritätsprinzip, das Prinzip der Investitionsbindung der Kreditaufnahme und durch die allgemeine Forderung nach „Sicherung der dauernden Leistungsfähigkeit".

Die Gemeindeordnungen legen eine Rangordnung der Einnahmenbeschaffung fest (Subsidiaritätsprinzip, vgl. beispielsweise § 78 Gemeindeordnung von Baden-Württemberg). Danach sind zuerst die kommunalen Ausgaben durch Entgelte (Gebühren und Beiträge) zu finanzieren. Soweit dies nicht „vertretbar und geboten" erscheint, sind Steuern zu erheben. Kredite dürfen nur dann aufgenommen werden, wenn eine andere Finanzierung „nicht möglich oder wirtschaftlich unzweckmäßig" wäre. Die Gemeinde besitzt in der Abwägung der verschiedenen Finanzierungsoptionen einen weiten Ermessensspielraum, so dass faktisch auf diese Weise keine wirksame Beschränkung der Verschuldung erreicht wird. Enger wird die Grenze durch den Grundsatz der Investitionsbindung gezogen (vgl. etwa § 87 Abs. 1 Gemeindeordnung von Baden-Württemberg). Zulässig ist danach nur die Kreditaufnahme für Investitionen, Investitionsförderungsmaßnahmen und Umschuldungen. Begründet wird die Regel mit dem Gläubigerschutz, dem auf Gemeindeebene besondere Bedeutung beigemessen wird, weil die Kommunen nur über ein sehr eingeschränktes Steuerfindungsrecht verfügen. Investitionen schaffen direkt reale Werte und fördern indirekt die wirtschaftliche Entwicklung in der Kommune. Beides wirkt sich positiv auf den Gläubigerschutz aus. In Einzelfällen mögen als Sicherheit privatisierbare Sachgüter dienen (etwa Gebäude). Eine Kommune erstellt aber häufig öffentliche Güter, für die es keine Märkte gibt, so dass sich die Güter nicht verkaufen lassen. Die Sicherheit für die Gläubiger wird deshalb in der Regel durch den Wachstumsförderungseffekt und die damit verbundenen zusätzlichen Steuereinnahmen (insbesondere aus der Gewerbesteuer) erreicht. Auch diese Grenze schützt nicht vor Überschuldung. Durch den kreditfinanzierten Bau immer neuer, auch ökonomisch unsinniger Projekte könnte der Schuldenstand stark anwachsen. Deshalb greift als weitere und entscheidende Regel das Prinzip der „dauerhaften Leistungsfähigkeit" der Gemeinde hinsichtlich der Versorgung der Bürger mit Leistungen. Ihre Aufgabe kann die Gemeinde nur dann wahrnehmen, wenn gewährleistet ist, dass die Zins- und Tilgungsverpflichtungen als Ergebnis vergangener und aktueller Kreditaufnahmen nicht zu Einschränkungen in der künftigen Aufgabenerfüllung führen. Der Schuldendienst zukünftiger Haushaltsjahre muss in Einklang mit der finanziellen Leistungsfähigkeit der Gemeinde stehen. Diese Forderung wird konkretisiert mit Hilfe einer Messzahl, der sogenannten **„freien Spitze"**. Es handelt sich dabei um den Überschuss der laufenden Einnahmen über die laufenden Ausgaben abzüglich der Tilgungszahlungen. Man erhält die frei verfügbare Finanzmasse, die angibt, welche Mittel in den kommenden Jahren für die Finanzierung der Folgelasten aktueller Investitionen zur Verfügung stehen.

1.3 Haushaltskreislauf (Lebenszyklus eines Haushaltsplanes)
Das periodische Verfahren von der Haushaltsaufstellung bis zur Entlastung der Regierung durch den Gesetzgeber nennt man Haushaltskreislauf. Er vollzieht sich in vier Phasen:
- Aufstellung des Entwurfs des Haushaltsplans durch die Exekutive,
- gesetzliche Feststellung des Haushaltsplans durch die Legislative,
- Ausführung des Haushaltsplans durch die Exekutive,
- Kontrolle der Einhaltung des Haushaltsplans durch Rechnungshof und Legislative.

Die Reglungen werden hier für den Bundeshaushalt dargestellt.

Aufstellung des Budgetentwurfs: Die Budgetinitiative liegt bei der Regierung mit der Kompetenz des Finanzministers (§§ 28, 29 BHO). Im Dezember eines jeden Jahres (bei Einjahresbudgets) erlässt der Finanzminister ein sogenanntes Aufstellungsschreiben an alle Ministerien und sonstige Behörden, die einen eigenen Einzelplan haben, in dem aufgefordert wird, den Finanzplan für das übernächste Jahr anzumelden. In den einzelnen Dienststellen wird dann ähnlich verfahren. Es wird eine interne Abstimmung der Bedarfe vorgenommen. Danach werden die gebündelten Anforderungen (Voranschläge) von den Ressortchefs an den Finanzminister weitergeleitet. Merkmal des Planungsprozesses ist die Planung „von unten nach oben".

Der Finanzminister hat ein Prüfungsrecht. Er muss die Voranschläge koordinieren und mit den prognostizierten Einnahmen in Einklang bringen. Er muss den Budgetentwurf erstellen. Mit dieser Aufgabe erhält der Finanzminister eine starke Stellung innerhalb der Regierung. Die Anforderungen werden häufig mit der Bitte um Kürzung zurückgeschickt. Der Finanzminister stimmt sich mit dem Finanzplanungsrat ab, der unter seinem Vorsitz die Koordinationsinstanz zwischen Bund und Länder bildet (Zusammensetzung: Bundesfinanzminister, Bundeswirtschaftsminister, Länderfinanzminister, vier Vertreter der kommunalen Spitzenverbände und ohne Stimmrecht der Präsident der Bundesbank).

1. Der kurzfristige Haushaltsplan

Monat	Gesamtwirtschaftliche Prognosen	Steuerprognosen	Koordinierung der Haushalte	Haushalts- und Finanzplanung des Bundes
Nov.	Sachverständigenrat			
Jan.	Jahreswirtschaftsbericht der Bundesregierung			Vorschläge der Ressorts zum Haushalt des Folgejahres
März	Gemeinschaftsdiagnose der Institute			
April	Gesamtwirtschaftliche Vorausschätzung (mittelfristig)			
Mai	Mittelfristige Steuerschätzung		Finanzplanungsrat	
Juni				Kabinettsbeschluss Haushaltsentwurf und Finanzplan
Sept.				1. Lesung Bundestag
Okt.	Gemeinschafts-Diagnose der Institute Gesamtwirtschaftliche Vorausschätzung (kurzfristig)			1. Durchgang Bundesrat
Nov.	Sachverständigenrat	Kurzfristige Steuerschätzung	Finanzplanungsrat	2. + 3. Lesung Bundestag
Dez.				2. Durchgang

Tab. IV.1 **Zeitliche Abstimmung von Vorausschätzungen und Planung öffentlicher Haushalte.** *Quelle*: persönliche Auskunft des BMF.

Nach interministeriellen Verhandlungen wird der Entwurf des Gesamtbudgets dem Bundeskabinett zugeleitet. Die Beratungen konzentrieren sich auf die Punkte, bei denen es zwischen den Ressorts und dem Finanzministerium zu keiner Einigung gekommen ist. Auch hier hat der Finanzminister eine besonders starke Stellung, die sich vor allem darin zeigt, dass er nach § 26 Abs. 2 der Geschäftsordnung der Bundesregierung Beschlüsse in Angelegenheiten von „finanzieller Bedeutung" verhindern kann, sofern ihn nur der Bundeskanzler unterstützt. Die Kabinettsentscheidung benötigt die Mehrheit des gesamten Kabinetts, einschließlich des Bundeskanzlers, wenn der Bundesfinanzminister nicht einverstanden ist.

Parlamentarische Beratung und Verabschiedung: Der Kabinettsentwurf wird als Gesetzentwurf der Bundesregierung den gesetzgebenden Körperschaften zur Beratung und Beschlussfassung zugeleitet. Zum Entwurf des Haushaltsplanes und Haushaltsgesetzes hat der Bundesfinanzminister einen **Finanzbericht** über den Stand und die voraussichtliche Entwicklung der Finanzwirtschaft auch im Zusammenhang mit der gesamtwirtschaftlichen Entwicklung zu erstatten (§ 31 BHO). Dieser Bericht wird nicht von der Bundesregierung beschlossen.

Die Gesetzesvorlage geht zuerst an den Bundesrat zur Stellungnahme (erster Durchgang). Hier erfährt er eine gründliche Prüfung durch den Finanzausschuss, bestehend aus den Finanzministern der Länder und ihren Sachverständigen. Dabei werden die Länderinteressen besonders berücksichtigt, wie denn überhaupt bereits im Entwurf der vertikale Finanzausgleich zwischen Bund und Ländern eine Rolle spielt (vgl. Kap.XIII). Daneben befassen sich auch die verschiedenen Fachausschüsse mit den sie interessierenden Haushaltsposten. Die Ergebnisse dieser Ausschussberatungen werden vom Bundesrat zu einer einheitlichen Stellungnahmen zusammengefasst, die mit dem Haushaltsvoranschlag der Regierung wieder zugeleitet wird. Diese nimmt zu den Bemerkungen des Bundesrats Stellung, ändert unter Umständen ihren Voranschlag ab und reicht ihn daraufhin mit den Bemerkungen des Bundesrates und ihrer eigenen Stellungnahme dem Bundestag zur Beratung zu.

Die Beratung im Bundestag bis zur gesetzlichen Verabschiedung erfolgt in drei Lesungen. Die erste Lesung wird eingeleitet mit der Haushaltsrede des Finanzministers. In ihr wird ein Überblick über die gesamtwirtschaftliche und finanzwirtschaftliche Situation, das heißt über Konjunkturlage, Wachstumsaussichten, Haushaltsschwerpunkte und politisches Programm der Regierung, gegeben. In der sich anschließenden parlamentarischen Diskussion kommt es zu einer politischen Generaldebatte über das im Haushaltsentwurf zum Ausdruck kommende Regierungsprogramm. Die erste Lesung endet mit der Überweisung des Gesetzentwurfs an den Haushaltsausschuss des Bundestages. Dieser nimmt eine eingehende Überprüfung der einzelnen Haushaltstitel vor.

Die zweite Lesung wird mit der Stellungnahme des Haushaltsausschusses eingeleitet. Dann folgt die Beratung der Einzelpläne der Ressorts im Parlament. Die Opposition versucht, Änderungswünsche durchzusetzen. Diese Parlamentsdebatte findet praktisch vor leerem Hause statt. Anwesend sind fast nur die Experten für die Einzelpläne. Wenn der Budgetentwurf in der vom Haushaltsausschuss vorgelegten Gestalt keine Billigung erfährt oder Abänderungsanträge vorliegen, kommt es zur Rückverweisung an den Ausschuss zwecks nochmaliger Beratung.

Die dritte Lesung (politische Lesung) besteht aus einer erneuten Beratung der Einzelpläne, insbesondere aber aus einer nochmaligen Generaldebatte über die Regierungspolitik. Sie endet mit der Abstimmung über die Vorlage. Die Verabschiedung soll nach Art. 110 Abs. 2 S. 1 GG vor Beginn des Rechnungsjahres erfolgt sein. Gegen den Entwurf des Bundestages kann der Bundesrat den Vermittlungsausschuss anrufen, der aus den Vertretern beider Häuser besteht. Beschließt der Bundesrat, von einer Anhörung des Vermittlungsausschusses abzusehen, ist das Haushaltsgesetz zustande gekommen. Sollte der Vermittlungsausschuss eine Änderung des vom Parlament gebilligten Voranschlages vorschlagen, wird eine nochmalige Beratung und Beschlussfassung im Plenum erforderlich. Erst danach hat der Haushaltsplan seine endgültige Form gefunden. Er wird nach der Unterzeichnung durch den Bundespräsidenten und Gegenzeichnungen des Bundeskanzlers und Bundesfinanzministers als Gesetz im Bundesgesetzblatt veröffentlicht und tritt damit in Kraft.

Vollzug des Haushalts: Das Haushaltsgesetz weist den einzelnen Ministerien Mittel für bestimmte Zwecke zu. Sie sind daran gebunden. Die Ressorts erhalten einen beglaubigten Abdruck ihres Einzelplans. Die Ressortchefs verteilen die zugewiesenen Haushaltsmittel auf die nachgeordneten Behörden. Gleichzeitig werden ihre Kassen durch die sogenannten Kassenanschläge angewiesen, die Mittel zur Verfügung zu stellen. Bei der Verausgabung sind bestimmte Grundsätze zu beachten (§§ 34-69 BHO): Die Ausgabenansätze sind Höchstbeträge, die ausgegeben werden können, nicht aber ausgegeben werden müssen. Zu beachten sind folgende Grundsätze:
- Wirtschaftlichkeit und Sparsamkeit bei der Mittelverwendung durch die Verwaltung,

- Durchführung von Nutzen-Kosten-Analysen bei bestimmten Projekten zur Effizienzkontrolle (§ 6 Abs. 2 HGrG und § 7 Abs. 2 BHO),
- rechtzeitige und vollständige Erhebung von Einnahmen,
- Nachweis von Einnahmen und Ausgaben durch Buchführungs-, Belegungs- und Rechnungslegungspflicht. Es ist eine Ex-post-Haushaltsrechnung aufzustellen.

Haushaltskontrolle: Der Haushaltsplan/das Haushaltsgesetz kann seine Funktionen nur erfüllen, wenn der verbindliche Charakter gewahrt bleibt. Dies zu sichern, ist Aufgabe der Haushaltskontrolle. Sie erfolgt vor allem durch unabhängige Rechnungshöfe (Bundesrechnungshof und Landesrechnungshöfe). Die Rechnungshöfe sind – wie Gerichte – nicht an Weisungen gebunden. Die Mitglieder besitzen volle richterliche Unabhängigkeit. Der Rechnungshof prüft die Ordnungsmäßigkeit und Wirtschaftlichkeit der Haushalts- und Wirtschaftsführung der Verwaltung. Er leitet das Ergebnis seiner Prüfung den Verfassungsorganen (Bundestag, Bundesrat und Bundesregierung) zu. Der Bericht des Rechnungshofes ermöglicht die politische Kontrolle. Das Parlament entscheidet auf der Grundlage dieses Berichts, ob es der Regierung die „Entlastung" erteilen soll. Mit der Entlastung ist der Budgetzyklus abgeschlossen. Von der Erstellung des Budgetentwurfs bis zur Entlastung können allerdings mehrere Jahre vergehen. Daher ist die Entlastung bzw. Missbilligung politisch meist ohne Folgen. Soweit deutliche Haushaltsüberschreitungen und unwirtschaftliches Verhalten vorlagen und die Regierung inzwischen gewechselt hat, können die Verantwortlichen nicht mehr zur Rechenschaft gezogen werden.

1.4 Mängel des kurzfristigen Haushaltsplans

- **Kurzfristigkeit:** Die einjährige Sichtweise der Planung ist zu kurz. Sie zwingt Regierung und Gesetzgeber nicht, die langfristigen Konsequenzen von Entscheidungen zu berücksichtigen. Man beschließt möglicherweise Maßnahmen, die im laufenden Jahr nur mit geringen Ausgaben, in zukünftigen Jahren jedoch mit hohen Belastungen verbunden sind. Insbesondere wird die Neigung gefördert, bei Investitionsprojekten und Geldleistungsgesetzen (Kindergeld und Sparprämien oder ähnliches) die langfristigen Folgekosten zu vernachlässigen. Die kurzfristige Orientierung übt auch wenig

Druck aus, sorgfältig intertemporale Prioritäten bei den Ausgaben zu setzen, denn der Blick konzentriert sich auf die gerade anstehenden Probleme.
- **Inputorientierung der Haushaltsplanung:** Die Planung stellt eine Ausgaben- und keine Aufgabenplanung dar. Man macht sich mehr Gedanken über die Ausgaben als über die Aufgaben.
- **Planung von „unten nach oben":** Die Ziele der Bürokratie erhalten relativ starkes Gewicht. Übergeordnete Ziele der Regierung kommen zu kurz. Dies betrifft vor allem die Struktur der öffentlichen Ausgaben. Gleichzeitig folgt aus dem großen Übergewicht der Exekutive im Prozess der Haushaltsplanung ein begrenzter Einfluss des Parlaments, was politisch bedenklich ist.
- **Erfolgskontrolle:** Es fehlt eine systematische Erfolgskontrolle, das heißt eine ergebnisorientierte Evaluierung der Finanzprogramme mit entsprechenden Rückkopplungen und Konsequenzen für die zukünftige Ausgabenpolitik.

2. Mittelfristige Finanzplanung

Der mittelfristige Finanzplan ergänzt den kurzfristigen Haushalt. Er weitet den Zeithorizont der Planung auf die mittlere Frist aus. Er stellt eine gesetzlich nicht verbindliche Zusammenstellung aller voraussichtlichen Ausgaben und der zur Deckung dieser Ausgaben vorgesehenen Einnahmen einer öffentlichen Körperschaft unter Berücksichtigung der Wechselbeziehungen zur jeweiligen Wirtschaftsentwicklung dar. Er wird vom Finanzministerium aufgestellt und dem Parlament zur Information vorgelegt. Er ist zwar nicht rechtlich verbindlich, hat aber für die Regierung politische Verbindlichkeit. Die Ausgabenansätze für die zukünftigen Jahre sollen in Niveau und Struktur das angestrebte mittelfristige Arbeitsprogramm der Regierung widerspiegeln (politische Programmfunktion).

Die mittelfristige Finanzplanung umfasst eine Zeitspanne von fünf Jahren. Der letzte Finanzplan des Bundes (Stand 2001) betrifft die Jahre 2001-2005. Dieser Finanzplan wurde mit dem Entwurf des Bundeshaushalts 2002 vorgelegt. Das erste „Planungsjahr" ist das jeweils laufende Haushaltsjahr, in dem der Finanzplan verabschiedet wird (§ 50 Abs. 2 HGrG), hier also 2001. Die Werte für dieses Jahr stellen deshalb hauptsächlich Istwerte und keine Plangrößen dar. Das zweite Planungsjahr ist identisch mit der Haushaltsperiode des kurzfristigen Budgets. Der Finanzplan enthält also für das Jahr 2002 die gleichen Größen wie der Bundeshaushalt. Nur für die nachfolgenden drei Jahre liegt eine echte zusätzliche Planung vor.

Es handelt sich um eine „gleitende" oder „rollende" Planung. Das Stabilitäts- und Wachstumsgesetz schreibt eine jährliche Anpassung und Fortführung des Finanzplanes vor. Die gleitende Planung gewährleistet, dass der Planungszeitraum immer konstant bleibt und sich nicht – wie bei der sogenannten Einmalplanung – mit zunehmender Lebensdauer des Plans verringert.

Mit der Ausweitung des zeitlichen Planungshorizonts werden folgenden Ziele verfolgt:

- eine effizientere Abstimmung von Gegenwarts- und Zukunftsinteressen.
- eine bessere intertemporale Abstimmung der Ausgaben und Einnahmen. Ungewollte Budgetdefizite (und Budgetüberschüsse) sollen vermieden werden (finanzwirtschaftliche Ordnungsfunktion).
- Wirksamere Gestaltung der Konjunktur- und Wachstumspolitik. Da die Bundesregierung zu einer längerfristigen Planung angehalten wird, muss sie sich Gedanken über die längerfristige wirtschaftliche Entwicklung machen.
- eine intertemporal effizientere Koordination der Ausgaben von Bund, Ländern und Gemeinden. Die Ausgaben sollen in Niveau und Struktur zwischen den Gebietskörperschaften besser aufeinander abgestimmt werden. Zu diesem Zweck ist der Finanzplanungsrat eingerichtet worden.

Die zukünftigen Steuereinnahmen und Staatsausgaben hängen von der zukünftigen wirtschaftlichen Entwicklung ab. Deshalb müssen Annahmen über die wirtschaftlichen Größen in der Zukunft gemacht werden. Die wichtigsten makroökonomischen Größen sind die Wachstumsrate des Sozialproduktes (real), die Inflationsrate, der Beschäftigungsgrad (bzw. die Arbeitslosenquote) und der Außenhandelssaldo (Außenbeitrag). Man kann in der Planung entweder so verfahren, dass man die wahrscheinliche Entwicklung dieser Größen, wie sie sich nach dem heutigen Stand abzeichnet, prognostiziert. Bei diesem Verfahren verwendet man eine Status-Quo-Prognose. In dieser Weise wird bei der mittelfristigen Finanzplanung nicht vorgegangen. Vielmehr wird eine **Zielprojektion** vorgenommen. Die Regierung legt

Eckwerte für das angestrebte reale Wachstum, den Außenhandelssaldo, die tolerierte Inflationsrate und die Arbeitslosenquote für die einzelnen Jahre fest. Dem Finanzplan 2001-2005 liegen folgende Eckwerte zugrunde: Wachstumsrate des Bruttoinlandsproduktes zu konstanten Preisen 2,25 v.H. p.a., Inflationsrate 1,5% p.a., Zunahme der Erwerbstätigenzahl im Inland um 1% p.a. (Verringerung der Zahl der Arbeitslosen auf ca. 2,9 Mio.), Anteil des Außenbeitrags am BIP (in jeweiligen Preisen) 0,5 v.H.

Bei der Planung der Staatsausgaben und Staatseinnahmen stellt sich das Problem der Interdependenz der Fiskalparameter und Makrovariablen. Die öffentlichen Einnahmen und Ausgaben sind einerseits Folge der gesamtwirtschaftlichen Entwicklung, andererseits beeinflussen sie diese. Die Zieleckwerte dürfen also nicht exogen gesetzt werden. Sie sind nicht unabhängig von den staatlichen Einnahmen und Ausgaben. Die exakte Methode würde darin bestehen, alle Größen simultan zu bestimmen. Dies könnte durch Simulationsrechnungen oder ökonometrische Modelle geschehen. Die Praxis der Finanzplanung verzichtet auf diese Methoden. Sie arbeitet mit dem Verfahren der „sukzessiven Approximation": Die Variablen des Systems werden – soweit sie nicht durch den Entscheidungsträger unmittelbar kontrolliert werden – separat geschätzt. Sie werden nicht in funktionaler Beziehungen miteinander verknüpft. Folglich lassen sich die Schätzwerte der einen Gruppe von Variablen (der endogenen Variablen) auch nicht als Funktion der Schätzwerte anderer (exogener Variablen) berechnen. Bei diesem Verfahren kann man nicht erwarten, dass die Schätzungen die Eckwerte und die fiskalische Größen konsistent miteinander verbinden.

Insgesamt lassen sich als wichtigste Vor- und Nachteile der mittelfristigen Finanzplanung festhalten:

Die mittelfristige Finanzplanung ist nützlich, weil sie intertemporal effizientere finanzpolitische Entscheidungen fördert. Sie verbessert die Abstimmung zwischen Einnahmen und Ausgaben. Ungewollte Defizite aufgrund von finanzpolitischen Maßnahmen mit langfristigen Folgekosten lassen sich eher vermeiden. Die erzwungene langfristige Perspektive schärft bei der Regierung das Bewusstsein um die Bedeutung der öffentlichen Investition für das langfristige Wirtschaftswachstum, so dass eine bessere Wachstumspolitik durch stetige und angemessene Investitionsplanung gefördert wird. Eine Verbesserung der Konjunkturpolitik mit Hilfe von Steuern und

Staatsausgaben ist dagegen kaum zu erwarten, weil sich zukünftige Konjunkturkrisen in der Regel nicht rechtzeitig erkennen lassen. Die mittelfristige Finanzplanung stellt andererseits zu einem wesentlichen Teil nur eine Fortschreibung der Ansätze der kurzfristigen Haushaltsplanung dar. Auch bestehen die für den kurzfristigen Haushalt genannten Mängel der Planung „von unten nach oben" und der Ausgaben- statt Aufgabenorientierung.

Zusammenfassung und Übungen

1. Bund, Länder und Gemeinden sind verpflichtet, einen Haushaltsplan aufzustellen. Dieser kurzfristige Haushaltsplan erfüllt gesellschaftliche Planungs- und Kontrollfunktionen. Durch die Pflicht zur Aufstellung eines Haushaltsplanes werden Regierung und Verwaltung dem Zwang zur rationalen Planung der Einnahmen und Ausgaben zum Wohl der Bevölkerung unterworfen. Die gesetzliche Verabschiedung sichert ex ante die Kontrolle durch die Legislative und ermöglicht es der Öffentlichkeit, sich über die Finanzpolitik zu informieren. Ex post liefert das Haushaltsgesetz die Grundlage dafür, dass Rechnungshöfe und Legislative die Einhaltung der bewilligten Ausgaben durch die Verwaltungen überprüfen können.
2. Die Anforderungen an die Haushaltsplanung werden durch Budgetgrundsätze konkretisiert. Diese Grundsätze dienen hauptsächlich der Erfüllung der demokratischen Kontrollfunktion.
3. Der Haushaltsplan durchläuft von der Aufstellung über die gesetzliche Verabschiedung und den Vollzug bis zur Kontrolle durch Rechnungshof und Legislative vier Phasen.
4. Durch die mittelfristige Finanzplanung wird die zeitliche Perspektive der Haushaltsplanung um drei Jahre verlängert. Dies ermöglicht eine bessere Planung der langfristigen Auswirkungen und Implikationen des Budgets.

Wiederholungsfragen

1. Das Recht zwingt die Regierung, einen Haushaltsplan aufzustellen: Warum?
2. Wie stellen Sie sich im Universitätsbereich die Haushaltsplanung der Landesregierung „von unten nach oben" vor?
3. Wodurch zeichnen sich öffentliche Investitionen aus?
4. Wie kann die Regierung in der Haushaltsführung dazu gebracht werden, den Willen des Gesetzgebers umzusetzen?
5. Was versteht man unter der „freien Spitze" und inwiefern hilft dieses Konzept, die dauerhafte Leistungsfähigkeit der Kommunen zu sichern?

6. Warum ist die mittelfristige Finanzplanung rechtlich unverbindlich, und welchen Sinn macht sie dann noch?
7. Lässt sich mit Hilfe der mittelfristigen Finanzplanung eine bessere Wachstums- und Konjunkturpolitik betreiben?
8. Warum müssen sich Bund, Länder und Gemeinden in ihren Haushaltsplanungen (einschließlich mittelfristige Finanzplanung) abstimmen?
9. Welche Wechselbeziehungen bestehen zwischen den Makrozielgrößen der mittelfristigen Finanzplanung und den Steuereinnahmen und Staatsausgaben?
10. Nennen Sie Beispiele für staatliche Entscheidungen mit langfristigen Konsequenzen für die öffentlichen Finanzen.
11. Worin sehen Sie den Unterschied zwischen den Grundsätzen der Wirtschaftlichkeit und der Sparsamkeit der Mittelverwendung durch die Verwaltung?

Aufgaben

1. Warum zählt das parlamentarische Budgetbewilligungsrecht zu einer fundamentalen Errungenschaft der Demokratie?
Lösungshinweis:
Das Budgetbewilligungsrecht stellt das fundamentale Recht des Parlaments dar, über Ausgaben- und Einnahmenpolitik der Regierung entscheiden zu können. Das Parlament verfügt mit dem Budgetbewilligungsrecht über die Möglichkeit, die Exekutive in der Ausübung ihrer Politik zu kontrollieren. Dadurch kann exekutive Willkür verhindert werden. In Großbritannien wurde in Folge der "Petition of Rights" (1628) und der "Bill of Rights" (1689) ein Steuerbewilligungsrecht gegenüber der Krone durchgesetzt. In den Neuenglandstaaten führte der Streit um das Steuerbewilligungsrecht zur Loslösung vom britischen Mutterland und zur Gründung der USA. Über das Steuerbewilligungsrecht hinaus umfasst das Budgetbewilligungsrecht auch die Mitsprache über die Verwendung der Einnahmen. Die Kontrolle über die Ausgaben wurde erst deutlich später durchgesetzt (in Großbritannien während des 18. Jahrhunderts und in Deutschland im 19. Jahrhundert).
Aktuell stellt die Budgetverabschiedung im Bundestag den einzigen Zeitpunkt innerhalb eines Parlamentsjahres dar, an dem eine Gegenüberstellung von Ausgaben- und Einnahmeplänen erfolgt. Alle Abgeordneten werden über geplante Einnahmen und Ausgaben informiert und können Kritik an der Planung äußern. Ein Konsens wird über politische Kompromisse herbeigeführt, die ein wesentliches Element der Demokratie darstellen.

2. Welche Vorstellungen können hinter der Investitions-Verschuldungsregel des Grundgesetzes stehen?
Lösungshinweis:
Nach Art. 115 Abs. 1 GG dürfen die Einnahmen aus Krediten die Summe der im Haushaltsplan veranschlagten Investitionen nicht überschreiten. Der Staat soll sich nur bei Investitionen und nicht beim Staatsverbrauch und den Transferzahlungen verschulden dürfen. Eine denkbare Begründung dieser Regel geht dahin, dass öffentliche Investitionen die wirtschaftliche Entwicklung fördern und dem Staat in der einen oder anderen Form – über Steuern, Gebühren und Beiträge – zusätzliche

Einnahmen verschaffen, mit deren Hilfe der Schuldendienst bewerkstelligt werden kann.

Diese Begründung lässt offen, warum nicht stets nur die Steuerfinanzierung der Investitionen zur Anwendung kommen sollte. Dagegen werden Aspekte der intergenerationellen Gerechtigkeit vorgebracht. Wenn beispielsweise Autobahnen ausschließlich über Steuern finanziert würden, dann müssten heute lebende Menschen die öffentliche Leistung „auf einen Schlag" vorfinanzieren, obwohl sie möglicherweise nur einen Teil der projektinduzierten Nutzen empfangen können. Über die Verschuldung soll eine zeitliche „Streckung" der Anschaffungs- und Herstellungskosten erreicht werden, um dem Pay-as-you-use-Prinzip Rechnung zu tragen und äquivalenzorientierte Vorstellungen von Gerechtigkeit zu erfüllen: Der potentielle Nutzerkreis in etwa 30 Jahren entspricht nicht mehr dem heutigen Zahlerkreis, so dass – wenn eine Lastverschiebung möglich wäre – die Verschuldung zu einer gerechteren Verteilung der Finanzierungslasten führt.

In der Theorie versucht man dieser Frage im Rahmen der Lastverschiebungstheorien nachzugehen. Dabei werden drei wesentliche Ansätze unterschieden: (1) der orthodoxe Ansatz, (2) der Wachstumsansatz und (3) der Nutzenansatz. Unter starker Vereinfachung und auch dann durchaus anfechtbar lassen sich die in nachfolgender Tabelle zusammengestellten Ergebnisse ableiten:

Last als Konsumeinbuße		**Last als Nutzeneinbuße**
orthodoxer Ansatz	Wachstumsansatz	Nutzenansatz
$\Delta T_t = -\Delta C_t$	$\Delta T_t = -\Delta C_t$	Alles, was freiwillig geschieht, stellt keine Last dar.
$NNV_t = -\Delta C_t$	$NNV_t = -\Delta I_t$	Alles, was durch staatlichen Zwang erfolgt, bildet eine Last.
Lastenverschiebung nicht möglich	Lastenverschiebung möglich	Lastenverschiebung möglich

Übersicht über die Lastverschiebungstheorien. Bei reiner Inlandsverschuldung kann beim orthodoxen Ansatz keine Last in die Zukunft verschoben werden, beim Wachstumsansatz und beim Nutzenansatz ist dies möglich. T symbolisiert die Steuerfinanzierung, NNV die Nettoneuverschuldung, C den privaten Konsum und I die privaten Investitionen, Δ steht für Veränderungen in Periode t.[1]

3. Inwieweit kommen die Präferenzen der Bürger im Prozess der Haushaltsplanung zum Ausdruck?

Lösungshinweis:
Bei der Haushaltsplanung wird von „unten nach oben" geplant. Einzelne kleine Verwaltungseinheiten melden ihren Bedarf an die übergeordneten Stellen. Dort wird gesammelt, möglicherweise gekürzt und der Gesamtbedarf weiter gemeldet. Im gesamten Prozess werden die Präferenzen der Bürger außerhalb der öffentlichen Verwaltung erst indirekt auf der letzten Ebene berücksichtigt, wenn das Gesamt-

---
[1] Vertiefend hierzu Gandenberger, O. (1981): 1. Theorie der öffentlichen Verschuldung, in: Neumark, F. unter Mitwirkung von N. Andel und H. Haller (Hrsg.): Handbuch der Finanzwissenschaft, 3. gänzlich neubearbeitete Auflage, Band III, Tübingen: J. C. B. Mohr (Paul Siebeck), S. 3-49, insbesondere S. 27-34.

budget im Landes- oder Bundesparlament beratschlagt wird. Bis dahin werden in erster Linie Interessen der Verwaltung berücksichtigt, was zu Ineffizienzen führen kann (vgl. Kap. X). Zudem findet eine Planung von Ausgaben statt, mit denen bestimmte Aufgaben bewältigt werden sollen. Politische Kompromisse bei der endgültigen Bewilligung von Einzelpositionen im Haushaltsplan können Kürzungen der Ausgabenansätze vorsehen. Dadurch könnte die Aufgabenbewältigung in Mitleidenschaft gezogen werden, was gegen die Präferenzen der Bürger verstoßen würde. Inwieweit ein bestimmter Ausgabenbetrag tatsächlich in der Lage ist, die anstehenden Aufgaben zu lösen, muss im Rahmen einer Erfolgskontrolle überprüft werden.

In der praktischen Haushaltsplanung fällt der faktische „Bestandsschutz" einmal gewährter Finanzbeträge auf. Die Verwaltungseinheiten melden meist ihren Bedarf aus der Vorperiode zuzüglich eines „angemessenen" Zuwachses. Infragegestellt wird dann auf der höheren Ebene häufig nur die Angemessenheit des Zuwachses und nicht die des Bestandes. Weil Wirtschaft und Gesellschaft ständigen Wandlungen unterliegen, kann man erwarten, dass sich auch die Proportionen der erwünschten öffentlichen Aufgaben und Ausgaben ändern und strukturelle Umschichtungen geboten erscheinen.

Literatur

Bundesministerium der Finanzen (BMF) (Hrsg.) (2001): Finanzbericht 2002. Die volkswirtschaftlichen Grundlagen und die wichtigsten finanzwirtschaftlichen Probleme des Bundeshaushaltsplanes für das Haushaltsjahr 2002, Berlin: Bundesanzeiger (erscheint jährlich).

Schuy, J. (2001): Haushaltsrecht. Vorschriftensammlung, 18., neubearbeitete Auflage, Heidelberg: C. F. Müller.

Senf, P. (1977): 2. Kurzfristige Haushaltsplanung, in: **Neumark, F.** unter Mitwirkung von **N. Andel und H. Haller (Hrsg.)**: Handbuch der Finanzwissenschaft, 3. gänzlich neubearbeitete Auflage, Band I, Tübingen: J. C. B. Mohr (Paul Siebeck), S. 371-425.

Wille, E. (1977): 3. Mittel- und langfristige Finanzplanung, in: **Neumark, F.** unter Mitwirkung von **N. Andel und H. Haller (Hrsg.)**: Handbuch der Finanzwissenschaft, 3. gänzlich neubearbeitete Auflage, Band I, Tübingen: J. C. B. Mohr (Paul Siebeck), S. 427-474.

V. Staatsverständnis der normativen Finanzwissenschaft

Die Finanzwissenschaft geht von einem liberalen demokratischen Staatsverständnis aus. Sinn und Zweck des modernen Staates leiten sich aus den Interessen der Bürger ab. Erst durch die dienende Funktion für den Bürger erhält der moderne Staat seine Legitimation. Die philosophisch-theoretische Basis für die liberale Staatsauffassung liefern die klassischen Gesellschaftsvertragstheorien.

1. Die Staatsvertragstheorien – Die Freiheitsfunktion des Staates

Der Staat wird in den Gesellschaftsvertragstheorien (Hobbes, Locke, Kant) nicht mehr mittelalterlich als gottgewollte Ordnung angesehen, sondern als eine auf Vertrag zwischen den Menschen beruhende Institution zur besseren Wahrnehmung ihrer Interessen. Referenz für den staatlichen Zustand ist der Naturzustand, in dem die Menschen losgelöst von allen politischen Bindungen betrachtet und so dargestellt werden, „wie sie von Natur aus sind". Die Menschen sind im Naturzustand autark und handeln eigennützig. Ihr wichtigstes Anliegen ist die Erhaltung von Leib und Leben. Die Beziehungen zwischen den Menschen sind durch Gewalt und Unsicherheit bestimmt. Zur Überwindung der Anarchie gründen sie den Staat.

1.1 Das Kooperationsmodell von Hobbes

Wegbereiter der modernen Staatstheorie ist **Thomas Hobbes** (1588–1679).[1] Hobbes entwickelt eine Vertragstheorie des Staates, die aus der Sicht der modernen Spieltheorie beeindruckend ist und die in der älteren Theoriegeschichte nicht ihres gleichen hat. Er untersucht die Bedingungen, unter denen unabhängige, gleiche und nach ihrem persönlichen Vorteil strebende Individuen bei Anliegen, die sie gemeinsam berühren, zur Zusammenarbeit finden, um auf diese Weise bessergestellt zu sein. Die einzelnen Elemente seines Kooperationsmodells sind:

---

[1] Hobbes, Th., Fetscher, I. (Hrsg.) (1999): Leviathan, 9. Auflage, Frankfurt am Main: Suhrkamp (Original: Leviathan, 1651).

(1) Der Problemdruck in der Anarchie und die Durchsetzung der Vernunft: Es besteht im Naturzustand ein (virtueller) Krieg aller gegen alle. Die Menschen leben in ständiger Angst vor Eingriffen anderer. Am schlimmsten von allem ist die „beständige Furcht und Gefahr eines gewaltsamen Todes". Das menschliche Leben ist „einsam, armselig, ekelhaft, tierisch und kurz".[2] In die Sprache der Ökonomie übertragen meint dies: Im Naturzustand wird wirtschaftliches Handeln durch hohe externe Kosten, hohe Unsicherheit und hohe Transaktionskosten gelähmt. Indem sich die Menschen gegenseitig Schäden zufügen, entstehen externe Kosten, gegen die sie sich durch hohe Transaktionskosten zu schützen versuchen. Knappe Ressourcen werden in massiver Weise für unproduktive Zwecke verwendet. Wegen der großen Unsicherheit ist das Risiko eigener Anstrengungen zur Erzeugung von Gütern überwältigend und kommen Tauschtransaktionen selten zustande. Das Elend des Naturzustandes lässt bei den Menschen die Einsicht wachsen, dass nur durch gegenseitige Rücksichtnahme Selbsterhaltung und ein zufriedenes Leben möglich sind. Weil der einzelne nicht nur Betroffener, sondern auch Verursacher ist, sind die Interaktionen wechselseitig und besteht bei allen ein Interesse an Überwindung des anarchischen Zustandes. Die Selbstschädigung ist so eklatant, dass die Menschen erkennen, dass ihr Verhalten in grundlegendem Widerspruch zu den eigenen Zielen steht. Die Vernunft gebietet ein kollektiv rationales Verhalten. Die Menschen erkennen, dass sie ihre Lebensbedingungen wesentlich verbessern können, wenn sie sich kooperativ verhalten. Die Vernunft liefert den Menschen eine Reihe von Grundsätzen („Gesetze der Natur"), die sich zu einer Maxime zusammenfassen lassen: Behandle andere so, wie du selbst behandelt werden willst.[3]

(2) Kooperation durch Vertrag eines jeden mit jedem: Das Gesetz der Vernunft fordert von jedem, sein Recht auf alles aufzugeben, sofern alle anderen dies auch tun. Dies wird dadurch möglich, dass die Menschen untereinander – jeder mit jedem – Verträge abschließen und so wechselseitig auf ihr Recht auf alles verzichten (Gesellschaftsvertrag). Dieser Vertrag ist Ausdruck eines allseitigen Tausches. Die Menschen verpflichten sich, Le-

---

[2] Hobbes, Th., a.a.O. S. 96.
[3] vgl. Hobbes, Th., a.a.O., S. 120 f. und S. 131.

ben, Gesundheit, Anstrengungen und Sachgüter anderer nicht zu verletzen. Die Wechselseitigkeit fördert die Einigung.

(3) Absicherung des Gesellschaftsvertrages durch Errichtung des Staates: Bei Hobbes findet sich die klare Unterscheidung zwischen Vereinbarung und deren Vollzug. Die Vernunft gebietet es zwar, Verträge einzuhalten, jedoch ist keineswegs sicher, dass die Menschen sich auch daran halten werden. Der einzelne Mensch bleibt unsicher hinsichtlich des Verhaltens der anderen. Wenn er auf Rechte verzichtet, andere dies aber nicht tun, wird er zu deren „Beute". Die Vernunft gebietet es deshalb, einen Vertrag nur dann einzuhalten, wenn die anderen dies auch tun. Es muss Sicherheit in der Befolgung der natürlichen Gesetze bestehen. Es existiert ein weiteres Kooperationsdilemma. Dieses löst Hobbes dadurch, dass er fordert, dass sich alle Menschen freiwillig einer dritten Instanz unterwerfen, indem sie diese mit den notwendigen Durchsetzungsmitteln zur Einhaltung des Friedens ausstatten (Gewaltmonopol). Auch diesen Vertrag schließt jeder mit jedem ab, so dass sichergestellt ist, dass alle gleichzeitig den Staat (einen Menschen oder eine Versammlung von Menschen) autorisieren, sie zu regieren. In dem Vertrag verzichtet jeder zugunsten des Dritten auf Rechte und unterwirft sich ihm. Im Zuge des Vertrages wird der Souverän eingesetzt.[4] Dieser verfügt mit sofortiger Wirkung über alle notwendigen rechtlichen und faktischen Machtmittel. Nur die Furcht vor Strafe durch den Staat leitet den einzelnen, die gegenseitig anerkannten Rechte – Verzicht auf Eingriffe gegen andere – einzuhalten.

Die Aufgabe des Staates ergibt sich aus dem Zweck, zu dem er von den Menschen ins Leben gerufen worden ist, nämlich die Freiheit der Bürger zu sichern. Gemeint ist das Wohl des Volkes. Unter dem Wohle wird nicht bloß die notdürftige Erhaltung des Lebens, sondern auch ein möglichst glückliches Leben verstanden.[5] Dem ordnet sich der Friede unter, denn der Friede wird des Wohles wegen angestrebt. Sicherheit vor Eingriffen anderer

---

[4] „Dies ist die Erzeugung jenes großen Leviathan oder besser ..., jenes *sterblichen Gottes*, dem wir unter dem *unsterblichen Gott* unseren Frieden und Schutz verdanken. Denn durch diese ihm von jedem einzelnen im Staat verliehene Autorität steht ihm so viel Macht und Stärke zur Verfügung, die auf ihn übertragen worden sind, dass er durch den dadurch erzeugten Schrecken in die Lage versetzt wird, den Willen aller auf den innerstaatlichen Frieden und auf gegenseitige Hilfe gegen auswärtige Feinde hinzulenken. Hierin liegt das Wesen des Staates ..." Hobbes, Th., a.a.O., S. 134 f.
[5] Vgl. Hobbes, Th., a.a.O. S. 255

("Friede") ist Bedingung für Selbsterhaltung und für ein angenehmes Leben. Nicht Solidarität der Menschen, sondern ihr Eigennutzstreben begründet den Staat und die ihm zugewiesene Sicherheitsfunktion.

Für Hobbes ist der Souverän der verkörperte Wille der Menschen. Mit dieser idealistischen Annahme bricht **John Locke** (1632–1704).[6] Er stellt heraus, dass der Bürger auch vor dem Staat geschützt werden muss und plädiert deshalb für die Gewaltenteilung. Die Menschen, welche die Gesetze machen, sollten nicht auch diejenigen sein, die diese Gesetze ausführen. Sie würden die Vollstreckung ihrem eigenen persönlichen Vorteil anpassen. Die höchste staatliche Instanz ist bei Locke die Legislative. Die Freiheitsfunktion bedeutet jetzt zweierlei: Schutz der individuellen Freiheit vor Gewalt durch andere und Schutz vor Willkür der Regierung. Die Sicherung der individuellen Freiheit gegen staatliche Eingriffe wird später von anderen Theoretikern aufgegriffen und zum modernen Verfassungsstaat mit Garantie der Grundrechte und organisatorischen Vorkehrungen gegen staatlichen Machtmissbrauch weiterentwickelt. Die Instrumente zum Schutz des Bürgers stellt die rechtsstaatliche Verfassung zur Verfügung. Sie begrenzt die Staatsgewalt.

---

[6] Locke, J., Euchner, W. (Hrsg.) (1989): Zwei Abhandlungen über die Regierung, 4. Auflage, Frankfurt am Main: Suhrkamp, insbes. S. 200 ff. (Original: Two Treaties of Government, 1690).
Der Naturzustand enthält bei Locke bereits die sogenannten Menschenrechte. Die individuelle Freiheit ist nicht unbeschränkt. „Der Mensch hat in diesem Zustand eine unkontrollierbare Freiheit, über seine Person und seinen Besitz zu verfügen; er hat dagegen nicht die Freiheit, sich selbst oder irgendein in seinem Besitz befindliches Lebewesen zu vernichten, wenn es nicht ein edlerer Zweck als seine bloße Erhaltung erfordert. *Im Naturzustand* herrscht ein natürliches Gesetz, das jeden verpflichtet." (S. 203).
Berühmt ist Lockes Begründung des Eigentumsrechtes als ein natürliches Recht der Menschen. „Obwohl die Erde und alle niederen Lebewesen allen Menschen gemeinsam gehören, so hat doch jeder Mensch ein *Eigentum* an seiner eigenen *Person*. Auf diese hat niemand ein Recht als nur er allein. Die *Arbeit* seines Körpers und das *Werk* seiner Hände sind, so können wir sagen, im eigentlichen Sinne sein Eigentum. Was immer er also dem Zustand entrückt, den die Natur vorgesehen und in dem sie es belassen hat, hat er mit seiner *Arbeit* gemischt und ihm etwas Eigenes hinzugefügt. Er hat es somit zu seinem *Eigentum* gemacht. Da er es dem gemeinsamen Zustand, in den es die Natur gesetzt hat, entzogen hat, ist ihm durch seine *Arbeit* etwas hinzugefügt worden, was das gemeinsame Recht der anderen Menschen ausschließt. Denn da diese *Arbeit* das unbestreitbare Eigentum des Arbeiters ist, kann niemand außer ihm ein Recht auf etwas haben, was einmal mit seiner Arbeit verbunden ist. Zumindest nicht dort, wo genug und ebenso Gutes den anderen gemeinsam verbleibt." (S. 216 f.).

1.2 Kooperationselemente im Modell von Kant

Sehr ähnliche Vorstellungen wie Hobbes vertritt **Immanuel Kant** (1724–1804). Auch für ihn ist der Naturzustand ein Zustand des Krieges unter den Menschen. Diesen zu überwinden und den Friedenszustand zu schaffen, gebietet die Vernunft.[7] Vernunftnotwendig sind die Sicherung von Leib, Leben und Eigentum. Die Überwindung erfolgt im bürgerlich-gesetzlichen („republikanischen") Staat. Die republikanische Verfassung ist „die einzige, welche aus der Idee des ursprünglichen Vertrages hervorgeht, auf der alle rechtliche Gesetzgebung eines Volkes gegründet sein muss".[8] Diese zeichnet sich aus durch Prinzipien der Freiheit der Menschen in der Gesellschaft, Prinzipien der Abhängigkeit aller von einer einzigen Gesetzgebung und durch das Gesetz der Gleichheit aller (als Staatsbürger). Der bürgerliche Staat gewährt die größtmögliche Freiheit unter äußeren Gesetzen. Die Vernunft verlangt, dass die Konfliktregelung in rechtlicher Form – durch eine rechtliche Verfassung – geschieht. Das Recht ist notwendig, weil nur durch Gesetz und Gerichte die Position eines jeden zuverlässig bestimmt und gesichert wird. Das durch das Recht zu schützende Gut ist die Freiheit. Das Recht ist der „Inbegriff der Bedingungen, unter denen die Willkür des einen mit der Willkür des anderen nach einem allgemeinen Gesetz der Freiheit zusammen vereinigt werden kann."[9] Jede Handlung ist rechtlich erlaubt (legitim), die mit der Freiheit der anderen nach allgemeinen Gesetzen vereinbar ist.

Die (theoretische) Vernunft meint das Vermögen, Erkenntnis zu gewinnen, losgelöst von sinnlichen Bestimmungsgründen (den Trieben, Bedürfnissen und Leidenschaften). Die praktische Vernunft bedeutet die Fähigkeit des Menschen, sich beim Handeln von dem Erkenntnisvermögen leiten zu lassen. Die Vernunft steht bei Kant im Kontext des Zusammenlebens der Menschen. Sie hat Maßstabfunktion. Sinnlich bestimmtes Verhalten steht in Widerspruch zum ureigenen Interesse der Menschen („Entwicklung aller ihrer Anlagen" bzw. Freiheit). Vernunft ist kollektives Rationalitätskriterium. Würden die Menschen die Vernunft gebrauchen, dann handelten sie nicht nur individuell rational, sondern auch kollektiv rational. Sie erreichten im Zusammenleben die Zustände, die für sie am besten sind. In der rechtstaatli-

---

[7] Vgl. Kant, I. (1795): Zum ewigen Frieden, Akademieausgabe (AA), Bd. VIII, S. 349.
[8] Kant, I., a.a.O., S. 350.
[9] Kant, I. (1793): Metaphysik der Sitten, AA, Bd. VI, S. 230.

chen Verfassung drückt sich die Vernunft, die kollektive Rationalität, aus. Nach welchen Prinzipien im Sinne der (praktischen) Vernunft gehandelt werden müsste, beschreibt in allgemeiner Form der kategorische Imperativ. Er ist die Aufforderung zu unbedingtem sittlichen Handeln. Das sittliche Handeln liegt dabei in verallgemeinerungsfähigen Maximen[10]. In seiner Grundform lautet der kategorische Imperativ: „*... handle nur nach derjenigen Maxime, durch die du zugleich wollen kannst, dass sie ein allgemeines Gesetz werde.*"[11]. Eine andere Formulierung lautet: „Handle so, dass die Maxime deines Willens jederzeit zugleich als Prinzip einer allgemeinen Gesetzgebung gelten könne."[12] Bezogen auf den politischen Bereich impliziert dies die allgemeine Zustimmungsfähigkeit und Unparteilichkeit von Gesetzen. Die Rechtsverhältnisse sind so zu regeln, dass sie allgemein konsensfähig sind, also den Willen aller Betroffenen zum Ausdruck bringen.

Die Vernunft gebietet zwar das friedliche Zusammenleben, eine Garantie für das Zustandekommen des Friedenszustand gibt es aber nicht. Wohl meint Kant, dass sich dieser Zustand tendenziell langfristig ergeben wird, weniger aus Gründen der Vernunft als durch die Natur: Die Natur leiste die Gewähr, „dass dasjenige, was der Mensch nach Freiheitsgesetzen tun sollte, aber nicht tut, dieser Freiheit unbeschadet auch durch einen Zwang der Natur, dass er es tun werde, gesichert sei ..."[13] Die Natur sorge dafür, dass sich das für den Menschen Richtige durchsetzt. Die Zwietracht der Menschen lässt gegen ihren Willen Eintracht aufkommen. Eigennutz ist nach Kant Sinnes- und nicht Vernunftelement. Es kann als treibende Kraft zum kollektiv rationalen Ergebnis führen.

1.3 Die ökonomische Version des klassischen Staatsmodells von Buchanan und Tullock

Im Sinne der Staatstheorie von Hobbes haben in der jüngeren Finanzwissenschaft die Ökonomen **James Buchanan** und **Gordon Tullock** eine Theorie

---

[10] Höffe, O. (2000): Immanuel Kant, 5., überarbeitete Auflage, München: Beck, S. 182.
[11] Kant, I. (1785): Grundlegung zur Metaphysik der Sitten, AA, Bd. IV, S. 421 (Im Original kursiv).
[12] Kant, I. (1788): Kritik der praktischen Vernunft, AA, Bd. V, S. 30
[13] Kant, I., Zum ewigen Frieden, a.a.O., S.365

der Verfassungsökonomik entwickelt.[14] Das Freiheitsbedürfnis der Menschen ist auch bei ihnen zentrales Motiv für die Rechtfertigung des Staates und führt zu den demokratischen Grundrechten. Der Rechtsdurchsetzungsstaat hat die tatsächliche Freiheit aller zu optimieren. Was diese Ausführungen methodisch auszeichnet, ist die strikte Verwendung ökonomischer Begriffe und Kategorien: individuelle Nutzenmaximierung, Tausch, externe Effekte und öffentliche Güter. Die Menschen suchen nach institutionellen Regeln, die für sie alle vorteilhaft sind. Auf Märkten geschieht dies durch einvernehmlichen Tausch. Genauso muss die Verfassung einer Gesellschaft einvernehmlich zustande kommen. Buchanan stellt den Staat in Analogie zum Markt. Die einzelnen Schritte zur Begründung des Staates bei ihm sind:

(1) Die geordnete Anarchie als Ausgangszustand: Die Menschen leben ohne feste gesellschaftliche Ordnung zusammen. Jeder besitzt absolute Handlungsfreiheit und nutzt sie aus. Das Zusammenleben ist durch Eigenproduktion, Raub der Fremdproduktion und Verteidigung der Eigenproduktion gekennzeichnet. Jeder wägt die Nutzen und Aufwendungen für Raub und Schutzmaßnahmen gegeneinander ab und verhält sich so, dass der Nettovorteil maximiert wird. So kommt ein (natürliches) Gleichgewicht im Zusammenleben zustande. Die Schutzkosten, die jemand einem anderen durch Raub aufzwingt, werden als externe Kosten verstanden.

(2) **Der Urvertrag („Abrüstungsvertrag"):** Die Erkenntnis, dass durch Raub und Abwehr Ressourcen in massiver Weise verschwendet werden, führt zu der Einsicht, diesen Zustand überwinden zu wollen. Deshalb versprechen sich die Menschen gegenseitig, noch zu definierende Rechte über Eigentum und andere Regeln des Zusammenlebens einhalten zu wollen. Schutzmaßnahmen erübrigen sich, wenn auf Raub verzichtet wird. Jede Person rechnet sich bei gegenseitigem Verzicht auf Raub mehr Nutzengewinn als Nutzenverlust aus. Das gegenseitige Versprechen der Gesetzestreue entspricht einer Tauschvereinbarung und folgt nicht aus idealistischer Einsicht.

---

[14] Vgl. Buchanan, J. M. und G. Tullock (1965): The Calculus of Consent, Ann Arbor: University of Michigan Press; Buchanan, J. M. (1984): Die Grenzen der Freiheit, Tübingen: J. C. B. Mohr (Paul Siebeck) (Original: The Limits of Liberty, Chicago und London: University of Chicago Press 1975) sowie Brennan, G. und J. M. Buchanan (1993): Die Begründung von Regeln. Konstitutionelle Politische Ökonomie, Tübingen: J. C. B. Mohr (Paul Siebeck) (Original: The reasons of rules. Constitutional political economy, Cambridge: Cambridge University Press 1985).

(3) Der konstitutionelle Vertrag: Unterschieden werden zwei logische Stufen. Auf der ersten Stufe legen die Menschen im gegenseitigen Einverständnis Regeln des Zusammenlebens, insbesondere die Eigentumsrechte, fest (Gesellschaftsvertrag). Es wird die Anfangsverteilung der Rechtsansprüche auf Leben, Körper, Güter etc. vorgenommen. Man einigt sich auch darauf, dass jeder das Eigentum an den selbst produzierten Gütern haben soll. Buchanan spricht von einem Verhaltenstausch der gegenseitigen Eigentumsrespektierung. Auch werden Regeln über Gemeinschaftseinrichtungen und deren Finanzierung festgelegt. Alle Entscheidungen erfolgen einstimmig.

Auf der zweiten Stufe wird der Staat berufen. Seine Funktion besteht erstens darin, die Einhaltung der vereinbarten Regeln zu sichern (Rechtsdurchsetzungsstaat) und zweitens darin, die Gemeinschaft mit öffentlichen Gütern zu versorgen (Leistungsstaat). Erst jetzt ist der Verfassungsvertrag zustande gekommen. In der sich dann anschließenden „postkonstitutionelle Phase" hat der Staat die ihm übertragenen Aufgaben wahrzunehmen.

Im Unterschied zu den klassischen Staatstheorien ist bei Buchanan die **Bereitstellung öffentlicher Leistungen** das zweite Motiv für die Menschen, den Staat zu gründen. Diese Leistungen weisen bestimmte kollektive Eigenschaften auf (Nichtausschließbarkeit durch den Preis und Nichtrivalität des Konsums, vgl. Kapitel VI), die eine vernünftige Bereitstellung auf individueller Basis unmöglich machen. Nur durch kollektives Handeln mittels der Legislative, die über das Gewaltmonopol verfügt, können sich die Individuen den Nettonutzen jener Güter und Dienstleistungen aneignen. Regieren wird als ein produktiver Prozess verstanden, der es einer Gesellschaft im Idealfall möglich macht, die gesellschaftliche Wohlfahrt bis an die Grenze der effizienten Möglichkeiten zu steigern.

1.4 Schlussfolgerungen

Die Vertragstheorien liefern die individualistische Begründung der Staatstätigkeit. Der Staat wird aufgefasst als Gründung der Menschen zur besseren Wahrnehmung ihrer eigennützigen Interessen. Sein Zweck ist die Sicherung von Frieden und Freiheit aller Bürger. Der Staat ist Rechtsschutzstaat. Durch die ungezügelte Freiheitsausübung schadet der Mensch sich selbst. Durch Verzicht des einzelnen auf Eingriffe gegen andere kann jeder einen höheren tatsächlichen Freiheitsgrad erlangen. Der klassische Freiheitsbegriff richtet sich gegen ungewollte Eingriffe Dritter in die Individualsphäre. Dritte sollen dem Individuum nichts vorschreiben oder in anderer Form aufzwingen können. Für die Gesellschaft folgt aus dem individuellen Freiheitsanspruch die Anwendung und Befolgung von Regeln, die sicherstellen, dass niemand in die Individualsphäre anderer willkürlich eingreift. Echte Freiheit muss durch Regeln gebunden sein, die von allen anerkannt sind, weil alle Menschen von Natur aus gleich sind und sich auch so verstehen. Jede Handlung ist legitim, die mit der Freiheit der anderen nach allgemeinen Gesetzen vereinbar ist (Kant). Der Idee nach ist es Zweck des Staates, für alle Menschen die größtmögliche Freiheit zu realisieren. Die staatlichen Regeln, welche die Freiheitsräume für den einzelnen abstecken, sind für diesen nicht Zwang, sondern Bedingung der Freiheit. Weil die Verhaltensprinzipien allgemein zustimmungsfähig sein sollen, scheiden Regeln als unzulässig aus, die nicht als sittliche anerkannt gelten. Mit der durch Ordnung erzielten Freiheit werden die Menschen in die Lage versetzt, selbstverantwortlich ihre Lebensführung in bester Weise zu gestalten.

Die Mittel, die der Staat für den Friedens- und Freiheitszweck einsetzt, sind Rechtsordnung (Verfassung, Gesetze) und Rechtspflege (Gerichtswesen, Polizei, Strafvollzug) sowie Landesverteidigung. Dafür wird der Staat gegründet. Ganz im Vordergrund steht der Schutz vor Übergriffen durch andere auf Leben und Körper, denn Selbsterhaltung ist das wichtigste Bedürfnis der Menschen. Der Staat verliert seine Legitimation, wenn er diesen Schutz nicht gewährleistet. Leben und Gesundheit vor anderen zu schützen, ist von **kategorischer Bedeutung**. Das Eigentum des einzelnen an Sachgütern zu gewährleisten, ist eine weitere zentrale Aufgabe.

Alle Kontrakttheorien verlangen die einhellige Zustimmung der Menschen zur Gründung des Staates und damit zu den vom Staat festgelegten Regeln des freiheitlichen Zusammenlebens. Die geforderte Einstimmigkeit steht in unmittelbarer Verbindung zur Vertragsidee. Sie soll zum Ausdruck bringen, dass der Staat das Wohlbefinden **aller** Bürger steigern soll. Die allgemeine Zustimmung bezieht sich auf die Grundregeln des freiheitlichen und friedlichen Zusammenlebens der Menschen, wie sie ihren Niederschlag in der Verfassung eines Staates finden. Vor diesem Hintergrund betonen Brennan und Buchanan, dass sich der Einwand gegen die Verwendung des Einstimmigkeitskriteriums wesentlich abschwächt, wenn man bedenkt, dass es sich auf allgemeine Regeln und Institutionen des Zusammenlebens der Menschen und nicht auf Einzelentscheidungen über Handlungsalternativen innerhalb der Regeln beziehen soll.[15] Eine allgemeine Regel betrifft verschiedene Situationen und Handlungsfälle. Für ein Individuum können sich mit ihr sowohl Vor- und Nachteile verbinden, wobei sich die Nettowirkung im Voraus weniger eindeutig feststellen lässt als bei einer speziellen Handlungsregel.

Tatsächlich treffen die Menschen keine Vereinbarungen mit wechselseitigen Verzichten. Das ist aber auch nicht entscheidend. Die Vertragstheorien entwerfen mit Hilfe eines Gedankenexperiments ein theoretisches Modell der Rechtfertigung des Staates für eine Welt freier und gleicher Menschen. Sie leiten Anforderungen an den Staat ab, die (idealerweise) erfüllt sein sollten, **wenn man die individualistische Basis ernst nimmt.** Die normative ökonomische Theorie kann auf diese methodische Rückführung nicht verzichten, weil ihr genau dieses individualistische Verständnis von Gesellschaft und Staat zugrunde liegt. Auf die Wirklichkeit angewandt, kann man für das Staatsmodell eine Als-Ob-Interpretation vornehmen: Der liberale Staat soll Regeln festsetzen, als ob sie einstimmig zustande gekommen wären. Der Gesellschaftsvertrag liefert ein Prüfprinzip: "Bei allem, was der Staat beschließt, muss geprüft werden, ob es rechtmäßig ist und das heißt, ob es auch hätte beschlossen werden können, wenn es durch einen Vertrag zwischen allen Bürgern entstanden wäre."[16]

Ausdruck des Freiheitspostulates im wirtschaftlichen Bereich ist nach modernem Verständnis ein Wirtschaftssystem, das auf die Marktkräfte vertraut.[17] Die Menschen können hier über sich selbst bestimmen. Sie haben die Möglichkeit, ihre Fähigkeiten, Begabungen und Interessen umzusetzen. Unternehmen können eigenverantwortlich Dispositionen über die ihnen verfügbaren Ressourcen treffen. Die Freiheit des einzelnen wird dabei durch Regeln des geordneten fairen Marktes begrenzt. Die Ausübung des Rechts auf Privateigentum stößt an die Grenze des Privateigentums anderer Men-

---

[15] vgl. Brennan, G. und Buchanan, J. M., a. a. O., S. 37 ff.
[16] Braun, E., Heine, F. und Opolka, U. (1984): Politische Philosophie, 7. Auflage, Reinbek bei Hamburg: Rowohlt, S. 211 (zu Immanuel Kant: Metaphysik der Sitten).
[17] Adam Smith (1723–1790) hat die Freiheitsidee der politischen Philosophie auf die Wirtschaft übertragen. Er hat die theoretischen Grundlagen für die Marktwirtschaft gelegt. Vgl. Smith, A. (1776): An Inquiry into the Nature and Causes of the Wealth of Nations. 1. Auflage, London 1776, Nachdruck: Der Wohlstand der Nationen, München: Deutscher Taschenbuch Verlag 2001.

schen. Die Freiheit, Verträge abzuschließen, darf sich nicht gegen andere richten. Verträge, die durch Nötigung, Betrug und Ausnutzen von Unwissen zustande kommen, müssen verhindert werden. Wer Verträge nicht einhält, muss durch ein wirksames Haftungsrecht zur Rechenschaft gezogen werden. Weil eine Regulierung der Schäden bei Vertragsverletzung ex post mangels finanzieller Mittel des Schuldners häufig nicht mehr möglich ist, bedarf es präventiver Rechtsvorschriften, die potentiell Geschädigte schützen. Diese Funktion obliegt einem staatlichen Aufsichtswesen (Aufsichtsorgane im Banken-, Versicherungs- und Börsenwesen). Ein Vertragsabschluss ist nur dann wirklich freiwillig, wenn er frei ist von direktem Zwang. Wenn es beispielsweise nur einen einzigen Anbieter von Trinkwasser gäbe, hätte dieser nahezu unbegrenzte Macht über andere Menschen, weil Trinkwasser lebenswichtig ist. Den Konsumenten müssen zur Selbstentfaltung und Selbstbestimmung genügend Alternativen für Güter und Arbeit offen stehen. Faire Märkte verlangen einen wirksamen Wettbewerb. Wettbewerb begrenzt wirtschaftliche Macht. Die Vertragsfreiheit darf deshalb auch nicht benutzt werden, um Monopole und Kartelle zu bilden.

2. Gerechtigkeit aus klassisch-liberaler Sicht – Regelgerechtigkeit

Gerechtigkeit als ein Bedürfnis des Menschen stellt sich aus seiner Zugehörigkeit zur Gesellschaft ein. In der Robinson Crusoe-Welt taucht die Gerechtigkeitsfrage nicht auf. Unter Gerechtigkeit ist der angemessene Ausgleich zwischen konkurrierenden Ansprüchen der Menschen bei Knappheit der Freiheiten, Güter, Fähigkeiten etc. zu verstehen. Wären alle Gaben in Überfluss vorhanden, gäbe es keinen Grund für Auseinandersetzungen um ihre Verteilung. Gerechtigkeitskriterien regeln die Verteilung von Rechten und Gütern in der Gesellschaft.

Auf der **rechtlich-politischen Ebene** ist im liberalen Staat die Auffassung unbestritten, dass alle Menschen das gleiche Recht auf individuelle Freiheit haben.[18] Gerechtigkeit wird durch die Bürgerrechte und den liberalen

---

[18] Freiheitsrechte nach dem Grundgesetz sind: Art. 1 GG: Menschenwürde, Art 2 GG: Freie Entfaltung der Persönlichkeit und Freiheit der Person (Recht auf Leben und körperliche Unversehrtheit), Art 3: Gleichheit, Art. 4 GG: Glaubens-, Gewissens- und Bekenntnisfreiheit, Art. 5 GG: Meinungsfreiheit (Freiheit der Berichterstattung, Freiheit von Kunst, Wissenschaft, Forschung und Lehre), Art. 8: Versammlungsfreiheit, Art. 9 Vereinigungsfrei-

Rechtsstaat verwirklicht. Die staatlich gesetzten Regeln des Zusammenlebens gelten für alle Menschen gleichermaßen (Menschenwürde und Gleichbehandlungsgebot). Es soll keine Privilegien/Diskriminierungen geben. Auf einen Gesellschaftsvertrag würden sich die Menschen nie einigen, wenn bestimmte Gruppen im Staat diskriminiert würden, denn alle Menschen empfinden sich von Natur aus als gleichberechtigt. Die allgemeine Zustimmung der Menschen als Anforderung an die Staatenbildung verlangt Gleichbehandlung.

Weil die Regeln im Interesse aller Menschen gefasst sind, gilt auch das Verhalten im Rahmen der Regeln als gerecht und Verstöße dagegen als ungerecht. Die Einhaltung von Gesetzen und Verträgen gebietet die Fairness, weil allgemein anerkannt ist, dass sich niemand mit Gewalt in das Leben anderer einmischen und dadurch seine Verteilungsposition verbessern soll. Gesetzliche Regelungen und Verträge zwischen Individuen sind Vereinbarungen, die alle Beteiligten wollen und deren Implikationen alle als gerecht ansehen (**Regelgerechtigkeit**). Gerechtigkeit ist Ausdruck des Freiheitspostulates. Die Forderung nach freier Entscheidung impliziert auch die Freiheit von Zwang durch andere im wirtschaftlichen Bereich und führt zum Wirtschaftssystem des Marktes.[19] Weil das Recht auf Verfolgung des Selbstinteresses von den Menschen allgemein anerkannt ist, gilt auch die Marktwirtschaft als gerecht. Sich an die Grundregeln zu halten, bedeutet dann Verteilungsgerechtigkeit (**Tauschgerechtigkeit**). Jeder erhält das, was ihm im Rahmen der Regeln zukommt. Die Verteilung der Einkommen, die der Markt hervorbringt, bedarf keiner zusätzlichen Rechtfertigung. Sie ist Folge des gerechten Systems und deshalb ebenfalls gerecht. Jeder erwartet von den Regeln und von der Regeleinhaltung eine Verbesserung gegenüber dem anarchischen Zustand. Jeder soll gerechterweise in den Genuss der Früchte seiner Arbeit kommen. Wenn Verträge nicht eingehalten werden, führt dies zu Verteilungsungerechtigkeiten; dies gilt auch, wenn Verträge nicht unter fairen Bedingungen, sondern durch Täuschung, Drohung, Gewalt oder monopolistischem Diktat zustande gekommen sind. Solche Verfälschungen

---

heit, Art. 11 GG: Freizügigkeit , Art. 12 GG: Berufsfreiheit (Recht auf freie Wahl von Beruf, Arbeitsplatz und Ausbildungsstätte, Art. 14 (1): Recht auf Eigentum und Vererbung.

[19] Prominente Vertreter des klassischen Liberalismus in der jüngeren Ökonomie sind v. Hayek, Buchanan und Nozick. Siehe von Hayek, F. A. (1971): Die Verfassung der Freiheit, Tübingen: J. C. B. Mohr (Paul Siebeck), Nozick, R. (o. J.): Anarchie, Staat, Utopia, München: Management-Buchclub, (Original: Anarchy, State, and Utopia, New York 1974).

2. Gerechtigkeit aus klassisch-liberaler Sicht – Regelgerechtigkeit

sind durch die staatliche Rahmensetzung für den Markt und durch die Wettbewerbspolitik zu verhindern.

Mit der Akzeptanz der Marktwirtschaft wird vom Bürger anerkannt, dass nicht die eigene Bewertung seiner Leistung maßgebend sein kann, sondern dass er diese Freiheit als Mitglied der Gesellschaft/des Staates aufgeben und die Bewertung den anderen – betroffenen – Bürgern überlassen muss. Nur dann bleibt die Entscheidungsfreiheit des die Leistung empfangenen Bürgers erhalten. Wenn die Staatsträger die Bewertung – über Preisvorschriften – vornehmen würden, wäre die Entscheidungsfreiheit beider Seiten eingeschränkt. „In einer freien Gesellschaft werden wir nicht für unser Können entlohnt, sondern für dessen richtige Verwendung; und das muss so sein, solange wir unseren Beruf frei wählen können und nicht ihm zugewiesen werden sollen."[20]

Unterschiede im Einkommen durch den Markt gehen wesentlich auf Unterschiede in den natürlichen Begabungen und Fähigkeiten zurück. Die (neo-)klassisch Liberalen sehen in Unterschieden der Naturausstattung des Menschen keinen relevanten Gerechtigkeitsaspekt. Der Mensch akzeptiert seine natürlichen Anlagen. Er will eigenverantwortlich und selbstbestimmt über seine Lebensführung entscheiden. Er ist deshalb mit seiner Verteilungsposition im Marktsystem grundsätzlich zufrieden. Umverteilungspolitik als Forderung von Verteilungsgerechtigkeit wird deshalb abgelehnt. Umverteilung steht auch im Gegensatz zum Einstimmigkeitspostulat: Wenn sich die Bürger auf allgemeine Regeln des Zusammenlebens und Wirtschaftens geeinigt haben und nachträgliche Umverteilungen den einen besser und den anderen schlechter stellen, dann geht diese Einstimmigkeit verloren. Umverteilung von Ergebnissen der Befolgung allgemeiner Regeln widerspricht der Akzeptanz der Regeln.

Beim Marktsystem ist nicht ausgeschlossen, dass es zu krassen Einkommensunterschieden der Menschen kommt, die von ihnen als ungerecht empfunden werden: Wer aufgrund seiner natürlichen Ausstattung nicht oder nur stark eingeschränkt erwerbsfähig ist, steht ohne Mittel dar, oder die Mittel reichen nicht aus, um das Existenzminimum (existentieller Lebensunterhalt, Mindestgesundheitsschutz und Mindestaltersvorsorge) abzudecken. Erhalt des Lebens und der körperlichen Unversehrtheit sowie freie Entfaltung der

---

[20] von Hayek, F. A., a.a.O., S. 101.

Persönlichkeit setzen ein Minimum an individuell verfügbaren Ressourcen voraus. Formelle Betätigungsfreiheit muss deshalb verbunden sein mit einem **Minimum an materiellen Handlungsalternativen**. Für Menschen ohne hinreichende Arbeitsfähigkeit stellt leistungsbezogene Verteilungsgerechtigkeit keinen Ausdruck von Freiheit dar, sondern würde für sie Siechtum und Vernichtung bedeuten. Für die liberalen Staatsphilosophen und Ökonomen ist es eine selbstverständliche moralische Pflicht der Gemeinschaft, existentielle Armut zu bekämpfen. Hilfe für Bedürftige wird dabei aber nicht als originäres Bedürfnis des eigennützigen Individuums angesehen, so dass eine streng individualistische Begründung fehlt. Wohl aber lässt sich dieses Ziel als notwendige und von allen akzeptierte Bedingung für die Herausbildung des Gesellschaftsvertrages auffassen: Wenn die Forderung allgemein akzeptiert ist, dass jeder selbst entscheiden soll, wie er leben will, dann ist damit auch vorausgesetzt, dass jeder materiell dazu in der Lage sein muss. Jeder muss sich die für seinen Erhalt und seine Entfaltung notwendigen Ressourcen selbst beschaffen können. Freiheit (im materiellen Sinne) wird deshalb auch verstanden, als Freiheit von existentiell wichtigen Hemmnissen. Wenn Selbsterhaltung und Selbstentfaltung aufgrund von Erwerbunfähigkeit oder fehlender Arbeitsqualifikation unverschuldet nicht möglich sind, soll die Gesellschaft helfen. Darüber kann man deshalb Konsens annehmen, weil jeder über die Freiheit so denkt. Der einzelne anerkennt das Freiheitsrecht nicht nur für sich selbst, sondern auch für die anderen. Dieses Verständnis schafft ein gewisses Maß an Solidarität. Auf diese Weise lässt sich die Forderung nach Sicherung eines Existenzminimums für nicht oder nicht hinreichend erwerbsfähige Menschen ableiten. Die Entscheidung für das Marktsystem bedarf der Ergänzung durch ein **System der sozialen Sicherung**. Allerdings soll dieser Mindestschutz bei den klassischen Liberalen nur dann greifen, wenn die Erwerbslosigkeit nicht selbst verschuldet ist.

Zu den fundamentalen Gerechtigkeitsnormen zählt die Norm der **Gleichheit der Startchancen**. Dies betrifft wesentlich die Schul- und Berufsausbildung, aber auch den freien Marktzugang für neue Unternehmen. Die Ausbildung eines Kindes ist von zentraler Bedeutung für seine Berufs- und Einkommenschancen. Je besser die Ausbildung ist, um so größer sind später meist die wirtschaftlichen Freiheitsgrade. Wer nicht lesen, schreiben und rechnen kann, ist gesellschaftlich nicht kommunikationsfähig und kann den

Freiheitsanspruch nicht verwirklichen. Den Kindern steht es nicht in ihrer Macht, über ihre Ausbildung selbst zu entscheiden. Wer eine schlechte Ausbildung erhält, hat dies ebenso wenig zu vertreten wie derjenige, der eine gute Ausbildung erhält. Die Selbstverantwortung, auf der die Norm der Leistungsgerechtigkeit basiert, ist hier als Kriterium nicht anwendbar. Es liegt weder Verschulden des einen noch Verdienst des anderen vor. Jeder sollte deshalb eine Ausbildung erhalten können, die es ihm ermöglicht, sich in der Wettbewerbsgesellschaft zu behaupten und zu entfalten. Zur unumstrittenen Aufgabe des Staates gehört deshalb die Bereitstellung eines zeitgemäßen Bildungssystems, das allen ähnlich Begabten und Fähigen gleiche berufliche und kulturelle Chancen in der Wettbewerbswirtschaft ermöglicht und das für weniger Begabte eine besondere Förderung vorsieht. Die soziale Herkunft soll nicht daran hindern, sich das notwendige Allgemeinwissen und die notwendigen praktischen Fertigkeiten anzueignen. Das gilt ebenso für von Natur aus unterschiedlich Begabte und Fähige.

3. Utilitaristische Umverteilungspolitik

Der Utilitarismus ist seit **Jeremy Bentham** (1748–1832) und **John Stuart Mill** (1806–1873) nach und nach zu einer der wichtigsten moralphilosophischen Positionen in der englischsprachigen Welt aufgerückt.[21] In der Ökonomie hat sich daraus die Wohlfahrtstheorie entwickelt. Diese relativiert die klassische Nationalökonomie des freien Marktes, indem sie staatliche Umverteilungspolitik zu begründen versucht. Die Kritik an diesen Vorstellungen hat zur „New Welfare Economics" der heutigen Zeit geführt.
Die utilitaristische Ethik leitet das Urteil darüber, was gut oder schlecht ist, aus der Nützlichkeit für den und die Menschen ab. Glück und Leid liefern die Maßstäbe. Das Utilitätsprinzip findet sich bereits bei Hobbes. Der Staat soll über die Freiheitsgewährung das allgemeine Wohlergehen fördern. Auch bei **Adam Smith** (1723–1790) spielt das Nützlichkeitsdenken eine zentrale Rolle. Jedoch stellt sich für ihn die Frage der staatlichen Umverteilungspolitik nicht. Die „unsichtbare Hand" des Marktes führt zur bestmöglichen Güterversorgung der Menschen. Vom freiwilligen Tausch haben alle

---

[21] vgl. die Überblicke bei Rawls, J. (1979): Eine Theorie der Gerechtigkeit, Frankfurt am Main: Suhrkamp, S. 40 ff. und Höffe, O. (1992): Einleitung, in: ders. (Hrsg.), Einführung in die utilitaristische Ethik: Klassische und zeitgenössische Texte, 2. überarbeitete und aktualisierte Auflage, Tübingen: Francke, S. 7-51.

Beteiligten einen Vorteil, und die Tauschtransaktionen werden so lange fortgeführt, bis alle ihren Nutzen maximieren. Die Aufgaben des Staates bestehen darin, für innere und äußere Sicherheit zu sorgen und Gemeinschaftseinrichtungen zu schaffen, an denen alle Bürger ein Interesse haben, die jedoch die finanziellen Möglichkeiten des einzelnen übersteigen (vgl. Tabelle V.1). Interessant ist, dass Adam Smith dem Staat bereits Gemeinschaftseinrichtungen als Aufgabe zuweist und dies mit Effizienzaspekten begründet. Er nimmt damit den Grundgedanken moderner finanztheoretische Rechtfertigung von Staatsaktivitäten vorweg (vgl. Kapitel VI).

Landesverteidigung: „Schutz des Landes vor Gewalt und Angriffen anderer Staaten".

Justizwesen: „Schutz des Einzelnen vor Unrecht und Unterdrückung durch Mitbürger".

„Öffentliche Einrichtungen und Anlagen, die für ein großes Gemeinwesen höchst nützlich sind, die ihrer Natur nach aber niemals einen Ertrag abwerfen, der hoch genug für eine oder mehrere Privatpersonen sein könnte, um die anfallenden Kosten zu decken, weshalb von ihnen nicht erwartet werden kann, dass sie diese Aufgaben übernehmen."

Das sind insbesondere:
- Öffentliche Anlagen, die den Handel erleichtern (Straßen, Brücken, schiffbare Kanäle, Häfen),
- Öffentliche Einrichtungen, die die Ausbildung der Bevölkerung fördern: Die Eltern der wohlhabenden Bevölkerungsschichten könnten es sich leisten, die Kinder in Privatschulen zu schicken. Das ist den unteren Einkommensschichten nicht möglich, deshalb sollten staatliche Grundschulen mit „geringem Schulgeld" („das auch der einfache Arbeiter aufbringen kann") eingerichtet und der Besuch sogar zur Pflicht gemacht werden.

Tab. V.1 Staatsaufgaben nach Adam Smith.[22]

Als eigenständige Gesellschafts- und Staatstheorie wurde der Utilitarimus erstmals und richtungsweisend von Bentham ausgearbeitet.[23] Er lehnt die Vertragstheorie des Staates ab. Die Befriedigung der menschlichen Bedürfnisse sei die einzige Rechtfertigung des Staates. Der Staat hat für das „größte Glück der größten Zahl" zu sorgen. „It is the greatest happiness of the greatest number that is the measure to right and wrong". Die staatlichen Institutionen sollen so beschaffen sein, dass sie die Summe der Nutzen der Gesellschaftsmitglieder maximieren. Genauso wie ein Einzelner Vor- und

---

[22] Smith, A. (1776), a. a. O.
[23] Bentham, J. (1789): The Principles of Morals and Legislation, auszugsweise in deutscher Übersetzung abgedruckt in Höffe, O. (1992), a.a.O., S. 55-83.

Nachteile bei einer Entscheidung abwägt, soll die Gesellschaft Nutzen und Kosten ihrer Mitglieder aufrechnen. Die Macht, diese Aufrechnungen vorzunehmen, ist den Weisesten anvertraut. Die beste Regierung muss die Regierung der Weisesten sein.[24]

Die Verteilung der Nutzen auf die Individuen spielt in diesem Konzept auf indirekte Weise eine wichtige Rolle. Umverteilung gilt nämlich immer dann als gerecht, wenn sie die Nutzensumme steigert. Bentham ging bereits davon aus, dass die Nutzen aus dem Einkommen messbar und deshalb interindividuell vergleichbar sind und dass die Nutzen außerdem mit steigendem Einkommen unterproportional zunehmen (fallender Grenznutzen des Einkommens). Unter diesen Annahmen lässt sich staatliche Umverteilung als Strategie des **Nutzensummenmaximierungszieles** rechtfertigen. Systematisch abgeleitet wurde dies von dem Ökonomen **Arthur C. Pigou** (1877–1959).[25] Er entwickelt aus der Kritik des freien Marktes der Klassiker eine Theorie der staatlichen Interventionen. Er sah die Aufgabe der ökonomischen Theorie darin, die Lebensbedingungen der Menschen, insbesondere der sozial Schwachen, zu verbessern und hoffte, den Politikern die theoretischen Grundlagen für Maßnahmen zur Steigerung der gesellschaftlichen Wohlfahrt zu liefern. Pigou hat zu begründen versucht, dass man für die Menschen des gleichen Landes mit gleicher Kultur und Zivilisation vereinfachend von einer einheitlichen Nutzen-Einkommens-Funktion ausgehen könne. In Abb. V.1 ist eine solche für alle Gesellschaftsmitglieder einheitlich gedachte Nutzen-Einkommens-Funktion (U(Y)) mit fallendem Grenznutzen des Einkommens abgebildet.

Für diesen Fall sollen die Verteilungswirkungen einer nutzensummenmaximierenden Umverteilungspolitik aufgezeigt werden (vgl. Abb. V.2). Es möge eine bestimmte Menge von Gütern bzw. ein bestimmtes Gesamteinkommen geben, das auf zwei Individuen A und B so aufgeteilt werden soll, dass der summierte Nutzen maximiert wird. Formal erhält man für die gesellschaftliche Wohlfahrt $SW_B = U_1 + U_2 + ... + U_n = \max!$ Das gesellschaftliche Nutzenmaximum ergibt sich bei Gleichverteilung der individuellen Nutzen. Nun sei angenommen, dass der Markt aufgrund der unterschiedli-

---

[24] Mill, J. S. (1863): Utilitarianism, auszugsweise in deutscher Übersetzung abgedruckt in Höffe, O., a.a.O., S. 84-97.
[25] Pigou, A. C. (1960), The Economics of Welfare, Neuauflage von Wealth and Welfare (1912), London: MacMillan.

chen Fähigkeiten und Möglichkeiten der beiden Individuen zu der Einkommensverteilung AY_M/BY_M führt. Individuum A stellt sich besser als Individuum B. Utilitaristische Verteilungspolitik wäre jetzt aufgerufen, indem durch ein Steuer- und Transfersystem Einkommen von A zu B übertragen wird.

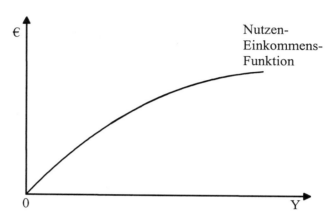

Abb. V.1 Individuelle Nutzen-Einkommens-Funktion. Der Nutzen nimmt mit steigendem Einkommen unterproportional zu.

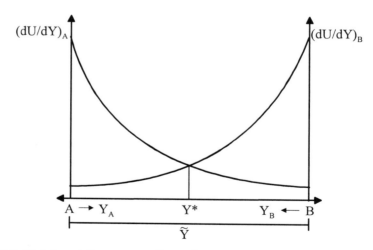

Abb. V.2 Gleichverteilungsvorstellung der Utilitaristen. A, B = zwei Individuen, $\widetilde{Y}$ = das auf beide zu verteilende Gesamteinkommen, AY^*/BY^*: Die Nutzensumme maximierende Einkommensverteilung. Bei gleichen individuellen Nutzenfunktionen und fehlenden negativen Anreizwirkungen der Umverteilung stellt sich Gleichverteilung ein.

Die Probleme dieses verteilungspolitischen Konzeptes sind offensichtlich:
- Massive Umverteilungspolitik geht zu Lasten der wirtschaftlichen Anreize und verringert das verteilbare Sozialprodukt. Konflikte zwischen Umverteilung und wirtschaftlichen Anreizen müssen bei der Ableitung von Wohlfahrtseffekten berücksichtigt werden. Optimierung führt zu einer Ungleichverteilung der Einkommen und individuellen Wohlfahrten.
- Umverteilungspolitik über Steuern und Transfers bindet Produktionsfaktoren und schränkt damit das verteilbare Sozialprodukt
- Die einem gegebenen Einkommen entsprechende individuelle Wohlfahrt ist nicht messbar. Sie lässt sich nicht über Zahlungsbereitschaften in Geld ausdrücken. Es ließe sich als maximaler Betrag nur das Einkommen selbst angegeben, was aber keinen Sinn macht. Man kennt daher den Grenznutzenverlauf nicht. Man besitzt allenfalls qualitative Vorstellungen über hohe und geringe Grenznutzen bei geringen und hohen Einkommen, so dass mit einiger Plausibilität die Sicherung eines Existenzminimums ableitbar ist.

Die Utilitaristen sind Liberale. Das Freiheitsprinzip hat für sie Vorrang vor dem Utilitaritätsprinzip. Mit der Betonung der staatlichen Umverteilungspolitik verstricken sie sich jedoch in Widersprüche. Die Umverteilung lässt sich nicht durch allgemeinen Konsens eigennütziger Individuen begründen. Weil die Verlierer einer solchen Umverteilung nicht zustimmen würden, kann man zur Rechtfertigung nicht auf die Konsensidee der Vertragstheorie zurückgreifen. Die Entscheidung über den besten aller gesellschaftlichen Zustände muss ein „weiser Staatsmann" (als unparteiischer Beobachter) treffen. „Der unparteiische Beobachter besitzt ideales Vorstellungs- und Einfühlungsvermögen, er ist das vollkommen vernünftige Wesen, das die Bedürfnisse der anderen wie seine eigenen erlebt. So stellt er deren Stärke fest und weist ihnen das richtige Gewicht in dem System der Bedürfnisse zu, dessen Befriedigung der ideale Gesetzgeber mittels der Regeln des sozialen Systems zu maximieren sucht."[26] Diese utilitaristische Vorstellung widerspricht dem individualistischen und demokratischen Staatverständnis.

---

[26] Rawls, J., a.a.O., S. 45.

4. Die Effizienzfunktion des Staates in der modernen Wohlfahrtstheorie

Vor dem Hintergrund der Kritik an der alten Wohlfahrtstheorie hat sich in den 30-er Jahren die neue Wohlfahrtstheorie entwickelt. Sie hält Aussagen des Ökonomen über gerechte Umverteilung für nicht möglich und befasst sich deshalb nur mit der wirtschaftlichen Effizienz als Bestimmungsfaktor der gesellschaftlichen Wohlfahrt.

Effizienz wird beurteilt nach dem **Pareto-Kriterium**. Danach steigert eine Änderung der Allokation der Ressourcen die gesellschaftliche Wohlfahrt, wenn mindestens eine Person besser gestellt und keine Person schlechter gestellt ist. Effizienz ist bei einer Allokation erreicht, wenn niemand bessergestellt werden kann, ohne dass mindestens eine Person schlechter gestellt wird (**Pareto-Optimum**). Die Bestimmung einer pareto-effizienten Allokation setzt eine bestimmte Ausgangsverteilung der Ressourcen auf die Individuen voraus. Die Fiktion einer gegebenen Ausgangsverteilung ist von grundlegender Bedeutung. Die Theorie problematisiert nicht, ob die Ausgangsverteilung gerecht oder ungerecht ist. Gesellschaftliche Fairnessvorstellungen bzw. eigenständige verteilungspolitische Ziele des Staates spielen keine Rolle. Gerechte Verteilung wird als Ziel des Staates ausgeblendet.

Dass eine Ausgangsverteilung von Gütern durch Umverteilung alle Beteiligten besser stellen kann, lässt sich am Beispiel des Tausches zweier Güter zwischen zwei Personen mit Hilfe der Edgeworth-Box veranschaulicht (vgl. Abb. V.3). Es geht um die effiziente Aufteilung eines gegebenen Vorrats an Äpfeln und Birnen auf Fritz und Ute. Die Länge der Ordinaten gibt die vorhandenen Mengen an. Eingezeichnet in die Box sind die Indifferenzkurven für beide Personen. Stellen wir uns nun zunächst vor, dass eine Anfangsausstattung für beide gemäß Punkt A gegeben ist. Fritz bewertet Äpfel in Relation zu Birnen geringer, als es Ute tut. Die Lage lässt sich für beide verbessern. Effiziente Kombinationen liegen auf einer der beiden Indifferenzkurven oder in der sich bildenden Linse, keines der beiden Individuen kann sich mehr verbessern, wenn die beiden Indifferenzkurven sich tangieren. Bei dieser Anfangsausstattung befindet sich Fritz auf einem höheren Wohlfahrtsniveau als Ute. Wir können die gleichen Überlegungen für eine Anfangsausstattung entsprechend dem Punkt B oder für alle anderen denkbaren Anfangsausstattungen machen. Die Effizienzaussage gilt immer nur lokal.

4. Die Effizienzfunktion des Staates in der modernen Wohlfahrtstheorie

Wir sehen, dass es genauso viele effiziente Allokationen gibt wie Anfangsausstattungen und dies nicht nur für zwei, sondern für viele Personen. Es lassen sich beliebig viele effiziente Ergebnisse ableiten.

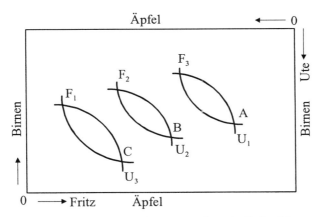

Abb. V.3 Edgeworth-Box. Alle Kombinationen innerhalb der Linsen stellen Fritz und Ute besser als in den Ausgangszuständen A, B oder C.

In Abb. V.4 wird eine andere Darstellungsweise herangezogen. Die Nutzengrenze gibt die maximal mögliche Verteilung der individuellen Wohlfahrten auf die beiden Wirtschaftssubjekte A und B bei gegebenen volkswirtschaftlichen Ressourcen, Produktionsbedingungen und Präferenzen an. Wenn das Marktsystem beispielsweise zur Allokation v auf der Nutzengrenze führt, lässt sich dieser Zustand nach dem Pareto-Kriterium nicht mehr verbessern. Anders verhält es sich, wenn die Ausgangsallokation innerhalb des Möglichkeitsbereiches liegt, etwa bei P_1 oder P_2. Effizienzverbesserungen sind innerhalb der Pareto-Felder (P_1gh bzw. P_2uv) möglich. Innerhalb eines Feldes wäre jede andere Konstellation als P_1 bzw. P_2 besser. Weil man aber die Nutzen nicht kennt und über kein Gerechtigkeitskriterium zur Beurteilung des Ausgangszustandes verfügt, kann man keine Konstellation innerhalb eines gedachten Pareto-Feldes angeben, die gewählt werden sollte. Dazu bräuchte man ein Kriterium der gerechten Verteilung. Wegen der Vielzahl der denkbaren effizienteren Allokationen ist letztlich das Pareto-Kriterium für staatliche Politik nicht besonders hilfreich. Weil die Ausgangslage ungewiss ist, vermag das Pareto-Kriterium auch das Einstimmigkeitspostulat der Vertragstheorie des Staates nicht zu erfüllen.

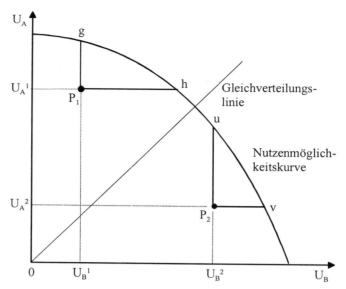

Abb. V.4 Pareto-effiziente Allokationen. Allokationsverbesserungen sind innerhalb der Pareto-Felder einschließlich der Grenzen möglich (etwa P_1gh oder P_2uv). Ein Pareto-Optimum ist bei einer beliebigen Wohlfahrtsverteilung auf der Nutzenmöglichkeitskurve in den Bereichen der Pareto-Felder gegeben.

Das Pareto-Kriterium ist auf gut funktionierenden Märkten erfüllt. Die Menschen schließen ja freiwillig miteinander Verträge ab, um ihre Position zu verbessern. Weil alle nach individualistischer Gesellschaftsauffassung den Markt wollen, ist dann auch das Einstimmigkeitskriterium erfüllt. In der staatlichen Politik hat das Kriterium jedoch eine andere Qualität. Hier steht das Pareto-Kriterium vor dem Dilemma, dass es regelmäßig nicht nur Gewinner, sondern auch Verlierer gibt. Die Bereitstellung eines bestimmten öffentlichen Gutes stiftet zwar Nutzen, aber unter Berücksichtigung der Inzidenz der Finanzierungskosten erleiden manche Bürger auch Nachteile. Würde man die Befolgung des Pareto-Kriteriums in der Praxis vorschreiben, würde es zu einer Zementierung des jeweils bestehenden Ausgangszustandes kommen. Reformen ließen sich selten rechtfertigen. Nahezu jeder beliebige – willkürlich zustande gekommene – Ausgangszustand wäre effizient.

Zur alten Wohlfahrtstheorie kehrt die anwendungsbezogene Wohlfahrtstheorie zurück. Weil effizienzorientierte Finanzpolitik weitgehend unmöglich wäre, wenn man die Einhaltung des Pareto-Kriteriums forderte, arbeitet man mit dem **Kriterium der potentiellen Kompensation** nach Kaldor und

Hicks. Danach steigert eine Allokationsänderung bereits dann die gesellschaftliche Wohlfahrt, wenn die Gewinner die Verlierer für die Nutzeneinbußen entschädigen könnten und sie dann immer noch bessergestellt wären. Tatsächliche Kompensation der Verlierer wird nicht verlangt. Absolute Schlechterstellungen einzelner Individuen werden also hingenommen. Die Verwendung dieses Kriteriums auf Verteilungspolitik würde zur utilitaristischen Lösung mit den damit verbundenen Problemen führen. In Abb. V.5 sind die Felder effizienter Allokationen nach dem Kaldor-Hicks-Kriterium für zwei verschiedene Ausgangslagen K_1 und K_2 abgebildet (K_1gh bzw. K_2uv). Der Beurteilungsbereich für Effizienz weitet sich gegenüber dem Pareto-Kriterium aus, allerdings bei zusätzlicher Vernachlässigung von Verteilungseffekten.

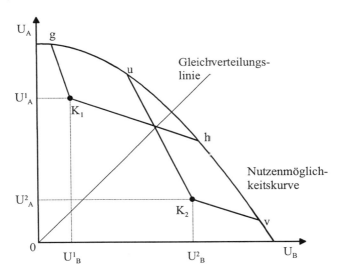

Abb. V.5 Effiziente Allokationen nach dem Kaldor-Hicks-Kriterium. Alle Kombinationen der Felder K_1gh bzw. K_2uv stellen eine Effizienzverbesserung gegenüber den Ausgangszuständen K_1 bzw. K_2 dar.

5. Soziale Gerechtigkeit nach John Rawls –
Egalitärer Liberalismus

John Rawls führt die klassische Staatsvertragstheorie weiter, indem er eine systematische Rechtfertigung des liberalen Sozialstaates zu entwickeln versucht. Seine Theorie der Gerechtigkeit hat wegweisende Bedeutung erlangt. Rawls leitet soziale Gerechtigkeit konsequent individualistisch, das heißt als

Folge des Eigennutzstrebens der Menschen, ab. Er entwickelt seine Staatstheorie als Kritik am Utilitarismus. Die Norm der Nutzensummenmaximierung gilt für ihn als sozial ungerecht. Auch er geht vom Konstrukt eines durch allgemeine Zustimmung der Menschen vereinbarten Gesellschaftsvertrages aus. Er stellt genauso wie Hobbes ein Gedankenexperiment an, mit dem die Bedingungen und Aussagen benannt und abgeleitet werden sollen, die – nach seiner Auffassung – den Gerechtigkeitssinn der Menschen ausmachen. Abgeleitet werden sollen gerechte staatliche Grundinstitutionen (Verfassung, Eigentumsverhältnisse, Wirtschaftssystem). Diese Institutionen sind maßgebend dafür, über welche Grundgüter die Menschen verfügen können. Die wichtigsten Grundgüter sind 1) für den politisch-rechtlichen Bereich die Grundrechte (Freiheitsrechte) und 2) für den wirtschaftlich-sozialen Bereich Einkommen und Chancen des Zugangs zum politischen, wirtschaftlichen und sozialen System.

Als Referenz für die Ableitung gerechter Institutionen bedient sich Rawls des Konstruktes des **egalitären Urzustandes**. Die Menschen sind frei, gleichberechtigt, verfolgen ihre eigenen Interessen und entscheiden vernünftig. Sie haben die gleichen Grundrechte, das gleiche Einkommen und die gleichen fairen Chancen. Die Gleichheit entspreche dem originären Gerechtigkeitssinn der Menschen: Da ein beliebiger Mensch „... vernünftigerweise für sich nicht mehr als einen gleichen Anteil an den gesellschaftlichen Grundgütern erwarten kann und nicht weniger hinnehmen wird, ist es das Vernünftigste, als ersten Schritt einen Gerechtigkeitsgrundsatz anzuerkennen, der Gleichverteilung fordert."[27] Die Menschen müssen sich entscheiden, ob sie Abweichungen vom Zustand der Gleichheit zulassen wollen. Sie treffen dabei ihre Entscheidungen unter dem Schleier des Unwissens. Sie kennen ihre Stellung in der zu gründenden Gesellschaft und ihre natürlichen Fähigkeiten (Begabung, Körperkraft, Leistungsfähigkeit) nicht. Sie wissen nicht, wie sich verschiedene mögliche Institutionen auf ihre Interessen auswirken würden. Damit spielen „Zufälligkeiten der Natur oder der gesellschaftlichen Umstände", die den einzelnen benachteiligen oder bevorzugen,

---

[27] Rawls, J., a.a.O., S. 175.

im Urteil keine Rolle. Die Menschen müssen Grundsätze allein unter allgemeinen Gesichtspunkten beurteilen. Das ist der Sinn dieser Konstruktion.[28] Institutionen, die Gleichverteilung herstellen, liefern für den Menschen Sicherheit. Der einzelne weiß genau, was er bekommt. Anders ist es dagegen im nichtegalitären Zustand. Dort gibt es Besser- und Schlechtergestellte. Der einzelne kennt seine Zugehörigkeit zu einer Gruppe nicht. Die Menschen müssen sich deshalb zwischen dem sicheren Gleichverteilungsstaat und dem unsicheren Ungleichverteilungsstaat entscheiden. Sie gelangen zu folgenden Gerechtigkeitsgrundsätzen:

1) Die politisch-rechtliche Grundordnung ist so zu gestalten, dass die größtmögliche Freiheit für alle erreicht wird (**egalitäres Verteilungsprinzip**). Jedermann soll gleiches Recht auf das umfangreichste System gleicher Grundfreiheiten haben, das mit dem gleichen System für alle anderen verträglich ist. Zu den Grundfreiheiten gehören insbesondere die Rechte auf Leben und körperliche Unversehrtheit, persönliche Freiheit (allerdings hier ohne Eigentumsrecht an sachlichen Produktionsmitteln) und die politischen Freiheitsrechte (Gewissens-, Gedanken-, Rede- und Versammlungsfreiheit etc.). Die Freiheitsrechte haben immer Vorrang. Sie haben kategorische Bedeutung. Dies wird folgendermaßen begründet: Die Menschen kennen zwar die Form ihrer Interessen nicht, sie wissen aber, dass sie Interessen haben und um diese zu schützen, sind die Grundfreiheiten immer zu gewährleisten (individuelle Freiheit als Grundnorm.) Wirtschaftliche Vorteile dürfen nicht zu Lasten der Grundrechte gehen. Die Bekämpfung von Armut rechtfertigt beispielsweise nicht die Einschränkung von Grundrechten. Diese These ist in der Literatur umstritten. Rawls Philosophie führt alles in allem im politisch-rechtlichen Bereich zu den bekannten Grundrechten der freiheitlichen Demokratie.

2) Institutionen, die soziale und ökonomische Ungleichheiten (insbesondere der Einkommen) zulassen, müssen zum Vorteil aller sein, insbesondere der am wenigsten Begünstigten (**Differenzprinzip**). Damit ist die Frage des Wirtschaftssystems angesprochen. Der Zustand gleicher Einkommen sollte

---

[28] „Da sich alle in der gleichen Lage befinden und sich niemand Grundsätze ausdenken kann, die ihn aufgrund seiner besonderen Verhältnisse bevorzugen, sind die Grundsätze der Gerechtigkeit das Ergebnis einer fairen Übereinkunft oder Verhandlung." Rawls, a.a.O., S. 29. In diesem Sinne spricht Rawls von Gerechtigkeit als Fairness.

aus Gerechtigkeitsgründen dann verlassen werden, wenn zwei Bedingungen erfüllt sind:
- Jeder Mensch ist bei Ungleichheit bessergestellt als bei Gleichheit. Er erhält ein höheres Einkommen. Rawls hat hier als Wirtschaftssystem die Marktwirtschaft vor Augen. Sie bietet die Voraussetzungen dafür, dass sich die Wirtschaftskräfte am wirkungsvollsten entfalten und von dem Wohlstand alle Nutzen ziehen können. Die besondere Effizienz durch wirtschaftliche Freiheit wird zum zentralen Bestimmungsfaktor für die soziale Gerechtigkeit der Marktwirtschaft. Effizienz und Gerechtigkeit sind insofern keine Gegensätze.
- Von alternativen nichtegalitären Institutionen ist diejenige vorzuziehen, die den am wenigsten Begünstigten die größtmögliche Verbesserung gegenüber dem egalitären Zustand bringt. Dieser Gerechtigkeitsgrundsatz wird folgendermaßen begründet: Der Mensch kann sich unter dem Schleier des Unwissens bei seinen Entscheidungen über Institutionen nur Vorstellungen über mögliche wirtschaftliche Ausgänge (Ungleichheit der Einkommen) machen, nicht aber über Eintrittswahrscheinlichkeiten der eigenen Betroffenheit. Er verhält sich deshalb vollkommen risikoscheu und rechnet mit dem für ihn ungünstigsten Ergebnis. Weil jeder so denkt, stimmen alle einer Institution mit Ungleichheit der Einkommen nur dann zu, wenn die untersten Einkommen mindestens höher sind als die Einkommen bei einer Institution mit Gleichverteilung der Einkommen.

Dem Differenzprinzip entspricht die Maximin-Regel der ökonomischen Entscheidungstheorie. Formal lässt sich für die Wohlfahrtsfunktion schreiben: $SW_R = \text{maxmin}(U_1,...,U_n)$. Wir wollen das Differenzprinzip grafisch erläutern (Abb. V.6). Dabei ist zu beachten, dass nach Rawls das Differenzprinzip auch als realisierbar gilt, also von Ungleichheiten alle Bürger profitieren können. Die Marktwirtschaft war sein Vorbild. Ungleichheiten schaffen wirtschaftliche Anreize für den einzelnen, von denen alle Vorteile haben. Die Nutzenmöglichkeitskurve im egalitären Zustand möge dem Verlauf NM1 entsprechen. Die Menschen entscheiden sich für die Gleichverteilung (Punkt E). Die generelle Wohlfahrtssteigerung durch ein System mit Ungleichheiten drückt sich in einer Rechtsverschiebung der Nutzenmöglichkeitskurve (beispielsweise NM$_2$) aus. Diese soll sich annahmegemäß aber nur realisieren lassen, wenn die Ungleichheit gemäß Punkt F in Kauf genommen wird. Gegenüber der Ausgangskonstellation Punkt E gewinnt auch Individuum B, obwohl die Nutzensteigerung für Individuum A größer ist. Wir können uns auch eine Marktwirtschaft mit weniger ungleichmäßiger Verteilung und eventuell geringeren wirtschaftlichen Anreizen als bei NM_2 vorstellen. Dann mag Individuum B etwas besser und Individuum A etwas schlechter dastehen als in Punkt F. Beide erreichen aber weiterhin einen höheren Lebensstandard als beim Gleichheitssystem. Diese Allokation ist dann der Allokation F vorzuziehen, weil die Position des am wenigsten Begünstigten hier maximiert wird.

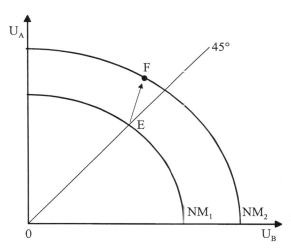

Abb. V.6 Faire Ungleichverteilung nach Rawls bei positiven Anreizeffekten.
Im System der Ungleichheit mit der Nutzenmöglichkeitskurve NM_2 werden Individuum A und B gegenüber dem Gleichheitssystem mit der Nutzenmöglichkeitskurve NM_1 und der Position E entsprechend der Konstellation F bessergestellt.

Die Verteilungsfrage der Einkommen erhält bei Rawls zentrale Bedeutung für die Beurteilung des Wirtschaftssystems. Nicht die Ausübungsmöglichkeit persönlicher Freiheit reicht für die Rechtfertigung eines liberalen Systems aus, sondern hinzukommen muss, dass dieses System mindestens allen Menschen nützt, insbesondere den am wenigsten Bevorzugten. Das Markt-Transfer-Steuer-System muss sich durch Verteilungsgerechtigkeit erst qualifizieren. Das entspreche dem Gerechtigkeitssinn der Menschen.

Rawls Differenzprinzip versagt bei der Erklärung der eigentlichen sozialen Frage, der Armutsbekämpfung.[29] Genauso wie die klassischen Vertragstheoretiker unterstellt er nämlich für den Urzustand Menschen, die autark sind und sich selbst versorgen können. Es gibt kein Armutsproblem. Das Differenzprinzip liefert nur einen Beurteilungsmaßstab für die Einkommensrelationen zwischen den Menschen. Begründen lässt sich deshalb nur eine Politik der Herstellung gerechter Einkommens**unterschiede**. Diese Aufgabe gehört in das Politikfeld der Redistributionspolitik. Immer dann, wenn durch Umverteilungsmaßnahmen die tatsächlichen Einkommensunterschiede bei Anhebung der unteren Einkommen verringert werden könnten, wäre das Differenzprinzip erfüllt und wäre Redistributionspolitik angezeigt. Die Einkommensteuerprogression müsste beispielsweise solange verschärft und Transferzahlungen an die untersten Einkommensschichten geleistet werden, bis die negativen Anreize bei den oberen Einkommensschichten dominant werden und sich nicht nur deren verfügbare Einkommen, sondern auch die der relativ Armen vermindern. Wie weit gerechte Umverteilungspolitik nach Rawls reichen könnte bzw. welche konkrete Ausgestaltung des Steuer- und Transfersystems das Differenzprinzip erfüllt, bleibt unbestimmt. Empirische Tests darüber lassen sich nicht durchführen. Grundsätzlich dürfte der Markt wegen seiner besonderen Effizienz und Dynamik geeignet sein, alle Menschen gegenüber einem Gleichheitszustand besser zu stellen.

Problematisch erscheint auch die ethische Grundannahme, dass Fairness Gleichheit der Einkommen bedeutet. Vorausgesetzt ist dabei zum einen, dass diese Gleichheit über ein (zentralistisches) Wirtschaftssystem überhaupt realisierbar ist. Vor dem Hintergrund der historischen Entwicklung kommunistischer Wirtschaftssysteme muss man diese Möglichkeit in Frage stellen. Rawls setzt eigennützige Individuen voraus, beachtet aber nicht, dass bei egalitären Systemen die Anreize zum Wirtschaften stark eingeschränkt sind. Unabhängig davon ist außerdem zweifelhaft, ob die Menschen wirklich gleiche ökonomische Ressourcenverfügbarkeit als Verteilungsgerechtigkeit ansehen. Dem steht die Auffassung der klassischen Liberalen gegenüber. Bei ihnen begreift sich der einzelne Mensch so, wie er tat-

---

[29] Vgl. Kersting, W. (2000): Einleitung. Probleme der politischen Philosophie des Sozialstaates, in: ders. (Hrsg.): Politische Philosophie des Sozialstaates, Weilerswist: Velbrück Wissenschaft, S. 30 f.

sächlich ist. Er will nach seinen Begabungen, Fähigkeiten und Anstrengungen handeln und ist zufrieden mit seinen Möglichkeiten.

Zusammenfassung und Übungen

1. Der liberale demokratische Staat ist nach finanzwissenschaftlichem Verständnis selbstgewählte Institution der Menschen zur Verbesserung ihrer Lebensbedingungen. Der Mensch verfolgt seine eigenen Interessen und strebt seinen größtmöglichen Vorteil an. Er handelt als **homo oeconomicus**. Die Staatsträger sind ausführendes Organ des Bürgerwillens.

2. Die grundlegenden Funktionen des Staates bestehen in der Sicherung maximaler Freiheit für alle (Rechtsschutz), der Sicherung sozialer Gerechtigkeit und der Ermöglichung eines größtmöglichen Wohlstandes für alle. In der Ökonomie vermischen sich Freiheits- und Nutzenprinzip. Dem Staatsziel „größte Freiheit für alle" des klassischen Liberalismus steht das utilitaristische Ziel des „größten Glücks der größten Zahl" gegenüber. Die ökonomische Theorie setzt individuelle Freiheit des Willens, des Entscheidens und des Handelns voraus. Die Freiheit ist aber vom Staat erst zu schaffen und zu sichern. Sie ist Voraussetzung dafür, dass der Markt seine Effizienzwirkung zum Nutzen aller entfalten kann.

3. In der Ökonomie wird Utilitarismus in der Regel nicht im Sinne einer Umverteilungspolitik verstanden, welche die Nutzensumme aller Gesellschaftsmitglieder maximieren soll. Die Verteilungsfrage wird vielmehr bei der Wohlfahrtsbewertung von gesellschaftlichen Zuständen ausgeklammert. Es wird für den Marktbereich die klassisch liberale Vorstellung von Gerechtigkeit als Tauschgerechtigkeit vertreten. Dabei wird von einem Wettbewerbsmarkt und von fairen Verträgen ausgegangen.

4. Das wichtigste Handlungsmotiv des Menschen ist die Selbsterhaltung. Leben und Körper vor anderen zu schützen ist von kategorischer Bedeutung. Schutz von Leib und Leben durch innere und äußere Sicherheit sind deshalb keine Güter, die in ihren Kernbestandteilen durch private Güter substituiert werden können. Auch der Rechtsschutz in seiner Funktion, den geeigneten freiheitlichen Rahmen für die Marktwirtschaft festzulegen und zu sichern, hat elementare Bedeutung.

5. Das Differenzprinzip in seiner strengen Form[30] als Versuch, Umverteilungspolitik individualistisch zu begründen, widerspricht klassisch liberalen Vorstellungen von Gerechtigkeit und wird von Ökonomen kaum vertreten. In seiner schwachen Version ist das Differenzprinzip dagegen kaum kontrovers: Von einem liberalen Wirtschaftssystem sollen alle Bevölkerungsschichten profitieren. Wegen der hohen Effizienz des Marktes erlaubt dieses System Transferzahlungen, die auch den weniger Begünstigten einen höheren Lebensstandard ermöglichen als bei einem Befehlssystem, das die individuellen Anreize unterdrückt.[31]

6. Für die liberalen Staatsphilosophen und Ökonomen ist es eine selbstverständliche moralische Pflicht der Gemeinschaft, existentielle Armut zu bekämpfen. Hilfe für Bedürftige wird dabei aber nicht als originäres Bedürfnis des eigennützigen Individuums angesehen. Wohl aber lässt sich dieses Ziel als notwendige und von allen akzeptierte Bedingung für die Herausbildung des Gesellschaftsvertrages auffassen.

7. Die Menschen sollen über faire Ausgangschancen in Gesellschaft und Wirtschaft verfügen. Jeder soll eine Ausbildung erhalten können, die es ihm ermöglicht, sich in der Wettbewerbsgesellschaft zu behaupten und zu entfalten. Zur unumstrittenen Aufgabe des Staates gehört deshalb die Bereitstellung eines zeitgemäßen Bildungssystems, das allen ähnlich Begabten und Fähigen gleiche berufliche und kulturelle Chancen in der Wettbewerbswirtschaft ermöglicht und das für weniger Begabte eine besondere Förderung vorsieht. Die soziale Herkunft soll nicht daran hindern, sich das notwendige Allgemeinwissen und die notwendigen praktischen Fertigkeiten anzueignen.

---

[30] Dies ist bei Rawls der „vollkommen gerechte Zustand". Abgeschwächte Anforderungen werden für den „durchweg gerechten Zustand" postuliert: Die Lebensaussichten der Bevorzugten haben wenigsten zum Wohl der Benachteiligten beigetragen, so dass sich diese mit jenen verschlechtern würden.

[31] In diesen Eigenschaften sah bereits Ludwig Erhard das Soziale an der sozialen Marktwirtschaft, was in dem Titel seines Buches von 1957 „Wohlstand für alle" prägnant zum Ausdruck kommt.
Auch für einen Liberalen wie Hayek ist diese Forderung nicht streitig, wenn er Umverteilungspolitik (im Sinne einer Angleichung der Einkommen!) durch den Staat ablehnt, weil diese wegen der negativen Anreizeffekte auf lange Sicht selbstschädigend für die „Armen" in der Gesellschaft wären (v. Hayek, a.a.O., S. 59). Mit anderen Worten: Ein Wirtschaftssystem mit Einkommensdifferenzen ist allen Bürgern förderlich. Basis dieser Vorstellung von Hayek ist allerdings nicht die Idee der Grundgerechtigkeit als Gleichheit.

Das Bildungswesen leitet sich also als eine zentrale staatliche Aufgabe aus Gründen der sozialen Gerechtigkeit ab.[32]

8. Wettbewerbspolitik zur Bekämpfung von Marktmacht, welche die Effizienz des Marktes, die leistungsgerechte Einkommenserzielung, die sozialen Chancen (zur Berufsfreiheit gehört auch die Freiheit für Unternehmen zum Marktzutritt) und die politischen Freiheitsrechte gefährdet, ist feste Forderung der normativen Ökonomie, und zwar sowohl aus Effizienz- als auch aus Verteilungsgründen.

9. In der Finanzwissenschaft ist die Gliederung der Staatsaufgaben in Allokation, Verteilung und Stabilisierung üblich. Diese Unterscheidung orientiert sich an ökonomisch-theoretischen Kriterien. Sie umfasst dabei auch die aus philosophisch-staatsrechtlicher Sicht hervorgehobenen Staatszwecke der Sicherung von Freiheit und Gerechtigkeit. Im Rahmen der **Allokationsfunktion** wird die Staatstätigkeit unter dem Gesichtspunkt der Effizienz untersucht. Es geht darum, Bedingungen für ein geordnetes und wirkungsvolles Wirtschaftssystem zu schaffen. Die Theorie beschäftigt sich hauptsächlich mit folgenden Problemstellungen:

- der Ergänzung des Marktes durch Gemeinschaftseinrichtungen, weil diese Güter nicht durch den Markt bereitgestellt werden können (Theorie der öffentlichen Güter, vgl. Kap. VI),
- der Korrektur des Marktes bei externen Effekten (Theorie externer Effekte, vgl. Kap. VII),
- der Regulierung von Märkten, die zur Herausbildung von Monopolen neigen (Theorie natürlicher Monopole, vgl. Kap. VIII),
- des Eingriffes in Märkte bei unvollkommenen Informationen auf den Märkten (Theorie meritorischer Güter und asymmetrischer Information, vgl. Kap. IX)
- der Umsetzbarkeit der Effizienzkriterien in der Demokratie (Politische Ökonomie, vgl. Kap. X und XI)
- der effizienten Organisation der Finanzverfassung eines Staat (Theorie des Fiskalföderalismus, vgl. Kap. XII).

---

[32] Für die Bundesrepublik gilt nach Art. 7 Abs. 1 GG, dass das gesamte Schulwesen unter der Aufsicht des Staates steht. Private Schulen als Ersatz für öffentliche Schulen sollen bei Gleichwertigkeit und sofern keine Sonderung der Schüler nach den Besitzverhältnissen der Eltern erfolgt gefördert werden.

Hinsichtlich der **Verteilungsfunktion** des Staates beschränken sich Ökonomen in der Regel darauf, die Verteilungswirkungen gegebener Institutionen oder Reformen (Steuersystem, Sozialhilfe, gesetzliche Sozialversicherung, Gesundheitswesen, Bildungsbereich, Wettbewerb) zu untersuchen und anhand der politischen Zielvorgaben zu beurteilen (vgl. zu den Verteilungsnormen im System der sozialen Sicherung in der Bundesrepublik Kap. XIV). Um die Wohlfahrt der Bevölkerung theoretisch bestimmen zu können, müsste man Effizienz und Verteilungsaspekte in einer sozialen Wohlfahrtsfunktion zusammenbringen und mit Hilfe objektiver Kriterien festlegen können. Solche eindeutigen, allgemein akzeptierten Kriterien gibt es aber nicht.

Die **Stabilisierungsfunktion** weist dem Staat die Aufgabe der Sicherung von Vollbeschäftigung und Preisniveaustabilität zu. Im weiteren Sinne handelt es sich auch hier um Fragen der Effizienz und sozialen Gerechtigkeit. Unterbeschäftigung verhindert, dass die vorhandenen Produktionsfaktoren zum größtmöglichen Nutzen der Bevölkerung verwendet werden. Wertvolle Ressourcen liegen brach. Wesentliche Teile der Bevölkerung verlieren ihre Beschäftigung und haben kein Einkommen. Durch Inflation werden Vermögenswerte zerstört und Nominaleinkommen entwertet. Bezieher von Lohn-, Renten-, Zins- und Mieteinkommen sind davon in der Regel stärker betroffen als die Empfänger von Gewinneinkommen.

10. Für eine grobe Zuordnung der staatlichen Ausgaben in der Bundesrepublik auf die verschiedenen Staatszwecke lässt sich folgende Aufteilung vornehmen:

- Sicherung von Freiheit und (Regel-)Gerechtigkeit: Ausgaben für Gerichts- und Polizeiwesen, Verteidigung und auswärtige Angelegenheiten, politische Führung und Verwaltung (ca. 20 % der staatlichen Gesamtausgaben),
- Sicherung von sozialer Gerechtigkeit: Ausgaben für Sozialversicherung, Familien-, Sozial- und Jugendhilfe, Schulen, sonstiges (ca. 52 % der staatlichen Gesamtausgaben),
- Förderung des Wohlstandes: Ausgaben für Hochschulen, Forschung außerhalb der Hochschulen; kulturelle Angelegenheiten; Gesundheit, Sport und Erholung; Wohnungswesen, Raumordnung und Städtebauförderung; Kommunale Gemeinschaftsdienste – Abwasser- und Müllbe-

seitigung etc.; Energie- und Wasserwirtschaft, Gewerbe, Dienstleistungen; Verkehr und Nachrichtenwesen; Ernährung, Land- und Forstwirtschaft (ca. 28 % der staatlichen Gesamtausgaben).[33]

In diesem Lehrbuch stehen die finanzpolitischen Aufgaben der Effizienz und gerechten Verteilung im Vordergrund.

Wiederholungsfragen

1. Welchen Zweck verfolgt die Idee des Gesellschaftsvertrages?
2. Wie löst Hobbes das gesellschaftliche Kooperationsdilemma zwischen autarken eigennützigen Individuen?
3. Wenn man fordert, dass dem Schutz von Leben und Körper des Menschen kategorische Bedeutung zukommt, was bedeutet dies für die Finanzpolitik?
4. Welche Positionen beziehen die klassischen Liberalen und die egalitären Liberalen hinsichtlich
a) der Verteilung der Einkommen und
b) der sozialen Chancen?
5. Warum greift das Pareto-Kriterium auf (fairen) Märkten, und warum treten Schwierigkeiten mit diesem Kriterium beim Staat auf?
6. Wodurch unterscheiden sich Pareto- und Differenzprinzip?
7. Wenn die Einkommensverteilung, wie sie der Markt hervorbringt, durch Umverteilungspolitik des Staates verändert werden soll: Welchen Effekt müsste die Umverteilungspolitik nach dem Differenzprinzip haben?
8. Wodurch unterscheiden sich Tauschgerechtigkeit und soziale Gerechtigkeit?
9. Macht es für den Staat Sinn, eine utilitaristische Gleichverteilungspolitik zu betreiben?
10. Warum lässt sich die individuelle Wohlfahrt eines Menschen nicht in Geld messen?

Aufgaben

1. Nehmen Sie an, Sie seien schiffbrüchig geworden: Insgesamt haben in einem Rettungsboot zehn Menschen überlebt. Sie wissen, dass es zehn Tage dauern wird, bis sie die Küste erreichen werden. Im Boot befinden sich insgesamt zehn Tagesrationen an Verpflegung. Wie würde ein Utilitarist die Rationen aufteilen? Wie würde ein Rawlsianer verfahren? Was verlangt Pareto-Optimalität?[34]
Lösungshinweis:
Bei dieser Aufgabe sind sehr unterschiedliche Herangehensweisen denkbar. Wir wollen einen Überblick über mögliche Antworten geben. Wir gehen von sicheren

---

[33] Zusammengestellt nach Bundesministerium der Finanzen (2001): Finanzbericht 2002, Berlin: Bundesanzeiger, S. 346.
[34] Übersetzt aus Stiglitz, J. E. (1988): Economics of the Public Sector, 2. Auflage, New York und London: W. W. Norton & Company, S. 118.

Verhältnissen aus: Die Insassen wissen, dass sie in zehn Tagen gerettet sein werden.
(1) Ein Utilitarist strebt die Maximierung der Nutzensumme aller im Boot befindlichen Personen an. Bei der **Gleichverteilung**, bei der jeder Bootsinsasse genau eine Ration am ersten Tag erhält, lebt im Zeitpunkt 2 niemand mehr. Somit fallen Nutzeneinheiten des einen potentiell Überlebenden im Anschluss an sein Überleben weg. Deswegen wird ein Utilitarist asymmetrische Verteilungen vorziehen, wobei nur die Möglichkeit übrigbleibt, bei der ein Mensch auch tatsächlich überlebt. Dazu ist eine Vorauswahl zu treffen: Welcher Bootsinsasse erzielt im Anschluss an sein Überleben den höchsten Lebensnutzenbarwert? Dieser würde die zehn Rationen zugeteilt bekommen. Die anderen müssten im Laufe des ersten Tages verhungern. Weisen allerdings zwei oder mehrere Individuen den gleichen Lebensnutzenbarwert auf, so würde die utilitaristische Allokationsregel zu keinem eindeutigen Ergebnis führen.
(2) Ein Rawlsianer würde Ungleichbehandlungen nur dann akzeptieren, wenn auch die Wohlfahrt des bisher am schlechtesten gestellten Individuums steigt. Bei der Gleichverteilung werden alle Individuen sterben: Kein Individuum profitiert durch diese Regelung, weil keines überlebt. Bei ungleichen Verteilungen muss auf die Wohlfahrt des am schlechtesten positionierten Individuums abgestellt werden. So wäre eine ungleiche Verteilung dann zulässig, wenn es allen Individuen besser geht. Dies lässt sich im dargestellten Umfeld jedoch nicht realisieren.
(3) Die Anwendung des Pareto-Kriteriums impliziert ein (absolutes) Nichtverschlechterungsgebot aller im Boot sitzenden. Mit dem „Verhungern" stellt sich eine solche Verschlechterung ein. Damit kann kein Pareto-Optimum erreicht werden. Setzt man dagegen als Ausgangsbedingung eine Allokation, die schon auf der Pareto-Grenze liegt, etwa Zuteilung aller Rationen auf ein Individuum, stellt sich Pareto-Optimalität per definitionem ein. Im Unterschied zum Utilitarismus ist es dabei völlig unerheblich, wem die zehn Rationen zugestanden werden. Die anderen neun Personen haben sich im Ausgangszustand in ihr Schicksal gefügt. Sie akzeptieren ihren Tod und können deshalb nicht mehr schlechter gestellt werden.

2. Nehmen Sie an, wir befinden uns in einer einfachen Ökonomie, in der nur zwei Personen – Augustus und Livia – leben.
(a) Die soziale Wohlfahrtsfunktion sei gegeben als $W = U_L + U_A$, wobei U_L und U_A die individuellen Nutzen von Livia und Augustus symbolisieren. Zeichnen Sie die gesellschaftlichen Indifferenzkurven. Wie würden Sie die relativen Gewichte der beiden Individuen im Rahmen der gesellschaftlichen Wohlfahrtsfunktion einschätzen?
(b) Wiederholen Sie Aufgabenteil (a) mit $W = U_L + 2 \cdot U_A$.
(c) Nehmen Sie an, die Nutzenmöglichkeitsgrenze ist gemäß unten stehender Graphik gegeben. Zeigen Sie grafisch, wo die gesellschaftlich optimale Lösung bei der Verwendung der gesellschaftlichen Indifferenzkurven aus den Aufgabenteilen (a) und (b) liegt.[35]

---

[35] Nach Rosen, H. S. (2002): Public Finance, 6. Auflage, New York: McGraw-Hill Irwin, S. 48.

Zusammenfassung und Übungen

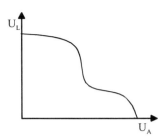

Lösung:
(a) $W = U_L + U_A \Leftrightarrow U_L = W - U_A$ (Annahme: W = konstant), dies impliziert $dU_L/dU_A = -1$. Die gesellschaftlichen Indifferenzkurven weisen eine konstante Steigung von (minus) eins auf. (Vgl. (a) in nachfolgender Abbildung). Das relative Gewicht beider Individuen ist identisch, jeder zählt gleich viel (Annahme des klassischen Utilitarismus).
(b) $W = U_L + 2 \cdot U_A \Leftrightarrow U_L = W - 2 \cdot U_A$ mit $dU_L/dU_A = -2$. Die gesellschaftlichen Indifferenzkurven verlaufen doppelt so steil wie in Teilaufgabe (a) (vgl. obige Abbildung, Indifferenzkurve (b)). A geht im Vergleich zu L mit dem doppelten Gewicht in die gesellschaftliche Wohlfahrtsfunktion ein.

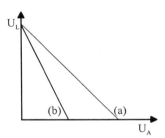

(c) Verbindet man die gesellschaftlich gewünschten mit den möglichen Nutzenkombinationen (gesellschaftliche Transformationskurve), so ergeben sich die beiden folgenden Konstellationen. Im Fall (a) erhält man die Lösung (U_A^a, U_L^a), bei der sich die gesellschaftliche Indifferenzkurve und die Nutzenmöglichkeitskurve tangieren. Wird A doppelt so wichtig angenommen wie L (Fall (b)), so verschiebt sich das gesellschaftliche Wohlfahrtsmaximum zugunsten des A. Der Tangentialpunkt von gesellschaftlicher Indifferenzkurve und Nutzenmöglichkeitskurve liegt im Punkt (U_A^b, U_L^b), A realisiert ein deutlich höheres Nutzenniveau als L. Grafisch stellt sich die Situation wie folgt dar:

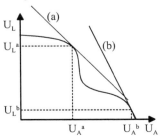

3. Nehmen Sie an, zwei Personen (Simon und Charity) müssen sich ein fixes Einkommen von 100 € aufteilen. Simons Grenznutzenfunktion lautet $dU/dY_S = 400 - 2Y_S$, die von Charity $dU/dY_C = 400 - 6Y_C$, wobei Y_C und Y_S die jeweiligen Einkommensbeträge von Charity (C) und Simon (S) symbolisieren.
(a) Wie stellt sich die optimale Einkommensverteilung dar, wenn die gesellschaftliche Wohlfahrtsfunktion additiv ist?
(b) Was geschieht, wenn die optimale Situation nicht erreicht wird? Stellen Sie die möglichen Effizienzgewinne in einer geeigneten Graphik dar.[36]
Lösung:
(a) Es handelt sich bei beiden um eine Funktion mit fallendem Grenznutzen bei steigendem Einkommen. Ein gesellschaftliches Wohlfahrtsmaximum wird dort erreicht, wo sich die Grenznutzen ausgleichen: $dU/dY_S = dU/dY_C$. Dies impliziert: $Y_S = 3 \cdot Y_C$. In Verbindung mit dem für beide zur Verfügung stehenden Einkommen in Höhe von $Y = Y_S + Y_C = 100$ ($\Leftrightarrow Y_S = 100 - Y_C$) ergibt sich: $Y_C^* = 25$ € und $Y_S^* = 75$ €.
(b) Redistribution ist sinnvoll: Derjenige, der Einkommenseinheiten transferiert, verliert weniger an Nutzen als der Empfänger an Nutzensteigerungen verzeichnen kann. Vgl. nachfolgende Abbildung:

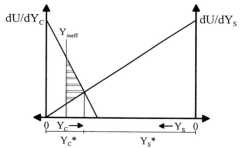

Die horizontal schraffierte Fläche gibt den gesamtwirtschaftlichen Wohlfahrtsgewinn an, wenn etwa – ausgehend von Y_{ineff} – S an C Einkommensteile transferiert. Der Nutzengewinn des C übersteigt die Nutzeneinbußen des S solange, bis die gesamtwirtschaftlich optimale Einkommensaufteilung Y_C^* und Y_S^* erreicht wird.

4. In einem Entwicklungsland, das sich im wirtschaftlichen Aufschwung befindet, wird auf den Besitz von Vermögensgegenständen wie Schmuck, Bilder, Immobilien etc. eine Steuer erhoben, die dazu verwendet wird, für die vielen „Armen" menschenwürdige Transferleistungen finanzieren zu können.
(a) Ist diese Maßnahme pareto-effizient?
(b) Kann die Steuer mit dem Kaldor-Hicks-Kriterium begründet werden?
(c) Lässt sie sich dann begründen, wenn tatsächliche Kompensationen geleistet werden müssen?
(d) Zu welcher Entscheidung käme ein Utilitarist bei Annahme fallender Grenznutzen des Einkommens?

---
[36] Nach Rosen, H. S., a.a.O., S. 155.

(e) Wie wäre seine Argumentation, wenn von einem konstanten Grenznutzen des Einkommens ausgegangen wird?
Lösung:
(a) Das Pareto-Kriterium wird nicht erfüllt, weil die Steuer die Villenbesitzer im Vergleich zur Situation ohne Steuer schlechter stellt.
(b) Hier wird auf die potentielle Kompensation abgestellt: Wenn die Nutzenzuwächse der Armen die Nutzenverluste der Reichen überkompensieren, wäre eine solche Maßnahme gesellschaftlich wohlfahrtssteigernd.
(c) Wenn zusätzlich noch verlangt würde, dass die armen die reichen Bevölkerungsteile für deren Nutzenverlust kompensieren müssten, würde man die intendierte Umverteilungsrichtung und somit auch deren Wirkung weitgehend kompensieren: Arme kompensieren Reiche für deren Nutzeneinbußen.
(d) Unterstellt man abnehmenden Grenznutzen des Einkommens, so wirkt sich eine Umverteilungsmaßnahme von Reichen zu Armen wohlfahrtserhöhend aus: Jeder bei den Reichen weggesteuerte Euro führt zu geringeren Nutzeneinbußen als er durch die Umverteilung bei den Armen an zusätzlichem Nutzen stiftet (Prämisse: Identische Einkommens-Nutzen-Funktionen bei Armen und Reichen!). Der fallende Grenznutzen des Einkommens oder des Konsums wirkt immer in Richtung einer Angleichung der verschiedenen Konsumniveaus.
(e) Hier würde eine wohlfahrtsäquivalente Umschichtung von Einkommensbeträgen zwischen zwei gesellschaftlichen Gruppen installiert werden, da sich Wohlfahrtsgewinne und -verluste die Waage halten. Dieser Vorgang stellt eine Bewegung auf einer gesellschaftlichen Indifferenzkurve dar. Dies mag möglicherweise aus politischen Erwägungen erwünscht sein, zwingende ökonomische Gründe für eine solche Maßnahme lassen sich jedoch nicht vorbringen.

Literatur

Brümmerhoff, D. (2001): Finanzwissenschaft, 8., völlig überarbeitete und stark erweiterte Auflage, München und Wien: Oldenbourg.

Buchanan, J. M. (1984): Die Grenzen der Freiheit, Tübingen: J. C. B. Mohr (Paul Siebeck) (Original: The Limits of Liberty, Chicago und London: University of Chicago Press 1975).

Hobbes, T. (1999): Leviathan, herausgegeben von **Fetscher, I.**, 9. Aufl., Frankfurt am Main: Suhrkamp (Original: Leviathan, 1651).

Rawls, J. (1979): Eine Theorie der Gerechtigkeit, Frankfurt am Main: Suhrkamp (Original: A Theory of Justice, 1971).

Stiglitz, J. E. (1988): Economics of the Public Sector, 2. Auflage, New York und London: W. W. Norton & Company.

von Hayek, F. A. (1971): Die Verfassung der Freiheit, Tübingen: J. C. B. Mohr (Paul Siebeck).

Kapitel VI: Theorie öffentlicher Güter

1. Reine private und reine öffentliche Güter

Die Theorie der öffentlichen Güter liefert die Begründung dafür, dass bestimmte Güter aufgrund ihrer technischen Eigenschaften nicht durch den Marktmechanismus bereitgestellt werden können und der Staat aus Effizienzgründen eingreifen muss. Idealtypisch wird zwischen reinen privaten und reinen öffentlichen Gütern unterschieden.

Reine private Güter zeichnen sich dadurch aus, dass das Angebot teilbar und individuell zurechenbar ist. Nur wer den geforderten Preis zahlt, erhält das Gut (**marktwirtschaftliches Ausschlussprinzip**). Der Anbieter hat die völlige Kontrolle über das Gut. Wenn er es verkauft, kann er über den Preis eine Entschädigung für seine Kosten durchsetzen. Deshalb kommt es auch zu einem privaten Angebot. Für private Güter gilt außerdem das **Kriterium der Konsumrivalität**. Ein und dieselbe Gütereinheit steht nur einer einzigen Person zur Verfügung. Bei Knappheit der gesamten Gütermenge geht eine zusätzliche Gütereinheit, die beispielsweise Person A erhält, einer anderen Person B verloren, so dass der zusätzliche Konsum von A mit Opportunitätskosten in Form der Nutzeneinbußen von Person B verbunden ist. Die individuellen Nachfragekurven (Kurven der marginalen Zahlungsbereitschaft) sind horizontal zu addieren. Wenn beispielsweise beim Preis p* Nachfrager A die Menge X_A haben möchte und Nachfrager B die Menge X_B, dann beläuft sich die Gesamtmenge auf X_A plus X_B (vgl. Abb. VI.1, S. 121). Konsumrivalität impliziert nicht nur, dass eine Gütereinheit einer einzigen Person zur Verfügung steht, sondern auch, dass diese nur ihr einen Nutzen stiftet. Es darf keine positiven oder negativen Drittwirkungen geben. Diese beobachtet man aber nicht selten für Marktgüter. Deshalb stellt das reine private Gut einen theoretischen Grenzfall dar. Nur unter dieser Bedingung ist ein perfektes Funktionieren des Marktes gesichert, weil nur dann die Nutzen aus einem Gut vollständig ihren Niederschlag in den Marktpreisen finden.

Für ein **reines öffentliches Gut** gelten die entgegengesetzten Merkmale. Das marktwirtschaftliche Ausschlussprinzip ist nicht anwendbar, und es besteht keine Konsumrivalität. Niemand kann ohne Zwang von der Nutzung ausgeschlossen werden. Der Nutzer muss keinen Preis zahlen oder eine andere Form von Tauschleistung erbringen. Ein Ausschluss ist entweder technisch nicht möglich, oder die Kosten für den Ausschluss sind unverhältnismäßig hoch. Fehlende Konsumrivalität bedeutet, dass die Nutzung des Gutes durch eine Person die Nutzung durch andere Personen nicht einschränkt. Der Gesamtnutzen aus dem öffentlichen Gut entspricht der Summe der individuellen Nutzen aus der allen gleich verfügbaren Menge. Die gesellschaftliche Nachfragefunktion ergibt sich dann durch **vertikale Addition der marginalen Zahlungsbereitschaftsfunktionen** (MZB). Die gesellschaftliche MZB setzt sich aus der Summe der individuellen MZB zusammen. Wenn man beurteilen will, welchen Wert die Bevölkerung einer bestimmten Angebotsvermehrung beimisst, muss man die Summe der zusätzlichen individuellen Nutzen ermitteln (vgl. Abb. VI.3, S. 123).

Weil Märkte für reine öffentliche Güter nicht zustande kommen können, diese Güter aber einen Nutzen für die Bevölkerung stiften, müssen sie vom Staat bereitgestellt werden (Effizienzerfordernis). Regierung und Gesetzgeber müssen die Initiative für ein Güterangebot ergreifen und die Finanzierung über Steuern regeln.

Betrachten wir einige Beispiele für Güter mit hohem Öffentlichkeitsgrad:

- **innere Sicherheit und Ordnung sowie der Schutz nach außen:** Wenn mit Hilfe der Rechtsordnung und des Verteidigungsapparats innerer und äußerer Schutz gewährleistet ist, dann umfasst diese Sicherheit automatisch alle Bürger eines Staates. Rechtspflege und Polizeiwesen halten von Verbrechen ab (Präventionswirkung), die sonst grundsätzlich jeden Bürger treffen könnten. Ein Ausschluss einzelner von der Sicherheit ist technisch nicht möglich. Niemand muss freiwillig eine Leistung erbringen, um von der Rechtssicherheit zu profitieren.
- **Mobilität durch eine weitverzweigtes Straßennetz:** Zwar könnten für die Benutzung der Straßen und Wege grundsätzlich Preise erhoben werden, die Kosten der Anwendung des Preissystems wären jedoch sehr hoch. An jeder Kreuzung müssten Kontrollen vorgenommen werden. Das wäre nicht nur sehr aufwendig, sondern würde auch den Verkehrsfluss – das heißt den Nutzen aus dem öffentlichen Gut – stark beeinträchtigen. In diesem Fall scheitert der Ausschluss an prohibitiv hohen Kosten. Das Kriterium der Nichtrivalität ist erfüllt, sofern man von Normalauslastung der Straßen ausgeht. Die Fahrzeuge behindern sich dann nicht gegensei-

tig. Der einzelne Verkehrsteilnehmer verursacht keine Opportunitätskosten.

- **Gesellschaftliches Grundwissen vermittelt durch das Schulwesen:** Für das gesellschaftliche Zusammenleben innerhalb eines Staates ist es wichtig, dass die Bürger nach einheitlichen Systemen sprechen, lesen, schreiben und rechnen. Die Kommunikation zwischen den Menschen erfordert eine gemeinsame Begrifflichkeit (gesellschaftliche Kompatibilität). Eine vernünftige gesellschaftliche Verständigung bei völlig freiwilliger Ausbildung kann man sich nicht vorstellen. Neu erworbenes Wissen nützt einem nur, wenn Dritte die Informationen verstehen. Das Wissen muss deshalb allgemein vermittelt werden. Wenn es vorhanden ist, ziehen alle daraus Nutzen, ohne dass sich das Wissen dabei abnutzt. Wir können jetzt feststellen, dass Schulpflicht, einheitliche Ausbildungsprogramme und öffentliche Schulen auch ein Gebot der Effizienz sind. Es mag zwar Gebühren für den Schulbesuch aus besonderen Gründen geben, diese hätten jedoch nicht den Charakter von Marktpreisen – über die das marktwirtschaftliche Ausschlussprinzip praktiziert würde –, weil die Freiwilligkeit des Schulbesuches fehlt.
- **Neues Grundlagenwissen durch die Grundlagenforschung:** Der Forschungsprozess verlangt die gegenseitige Information über Forschungsergebnisse. Jeder Forscher ist auf die Ergebnisse anderer Forscher angewiesen. Die Arbeiten bauen aufeinander auf. Wenn Forschungsergebnisse stets geheimgehalten würden, müsste jeder Forscher alle Untersuchungen, die seinen Forschungen zugrunde liegen, selbst durchführen. Das mag zwar in Einzelfällen möglich sein, wäre aber ausgesprochen unzweckmäßig. Wegen dieser Eigenheiten des Forschungsprozesses müssen jedem Forscher die vorliegenden Erkenntnisse zugänglich sein. Dabei kommt es nicht zu einer Entwertung der Erkenntnisse, so dass auch das Kriterium der Nichtrivalität erfüllt ist.
- **Feuerschutz:** Feuerschutz an einem Ort verhindert das Übergreifen des Feuers auf die Nachbarn. Dritte ziehen automatisch einen Nutzen daraus. Da Feuer an jeder Stelle ausbrechen kann, profitiert grundsätzlich jeder Gemeindebürger vom kommunalen Feuerschutz.

Alle diese Aufgaben erfordern Ausgaben des Staates. Es gibt aber auch öffentliche Güter ohne staatliche Ausgaben:

- **Umweltgüter (Allmendegüter):** Umweltressourcen werden unterschiedlich genutzt, und die Nutzungen konkurrieren miteinander. Rivalisierende Nutzungsarten sind die Nutzung der (sauberen) Umwelt als Konsumgut und produktive Ressource und die Nutzung als Auffangbecken für Abfallstoffe. Die Konsum- und Ressourcenfunktion setzt die Reinheit der Umweltmedien, die Deponiefunktion die Verschmutzbarkeit voraus. Beide Nutzungen beeinträchtigen sich gegenseitig (Reziprozität), sofern das natürliche Absorptionspotential für Abfallstoffe überschritten ist. Den Nutzen aus der sauberen Umwelt stehen die Nutzen aus den eingesparten Vermeidungskosten bei Verschmutzung – die bessere Versorgung mit materiellen Konsumgütern – gegenüber. Wegen dieser Rivalität wird die Umwelt zu einem **knappen Gut**. Die Knappheitssituation verlangt Entscheidungen über die Art und Weise der Nutzung der Umweltmedien. Es muss geregelt werden, wie viele Emissionen und wie viel Konsum zugelassen sein sollen. Nutzeneinbußen aus Umweltbeeinträchtigungen sollten prinzipiell gegen Nutzengewinne aus der Versorgung mit materiellen Gütern, die Umweltbeeinträchtigungen hervorrufen, abgewogen werden (Wirtschaftlichkeitsprinzip).

Der Zugang zu den Umweltmedien ist – bei fehlenden Staatseingriffen – für jedermann frei. Klima, Stoffkreisläufe, Ökosysteme etc. berühren alle/viele Menschen gleichzeitig. Einzelne Quantitäten von Luft und Wasser lassen sich nicht separieren und als Privateigentum individuell zurechnen. Luft und Gewässer sind flüchtige Elemente, in denen sich Schadstoffe schnell ausbreiten und vermischen. Von einer bestimmten Verbesserung der Luftqualität in einer Stadt oder in einer Straße sind zwangsläufig alle Einwohner und Besucher begünstigt. Niemand kann durch Preise (potentieller Eigentümer) von der Nutzung ausgeschlossen werden. Dasselbe gilt nicht nur für Oberflächengewässer (Meere, Flüsse, Seen), sondern auch für das Grundwasser, das im Untergrund fließt und in dem sich Stoffe in großräumigen Becken verteilen. Auch kommt jeder in den ästhetischen Genuss einer schönen Landschaft oder kann Genugtuung und Freude über die Erhaltung der Artenvielfalt empfinden oder aus der Klimafunktion der Wälder Nutzen ziehen. Das marktwirtschaftliche Ausschlussprinzip ist also im Allgemeinen bei Umweltgütern nicht anwendbar. Auch das Kriterium der Nichtrivalität ist erfüllt.

2. Mischgüter

Güter, die weder die Bedingung des reinen privaten Gutes noch die des reinen öffentlichen Gutes erfüllen, bezeichnet man als Mischgüter und unterteilt sie in quasi private Güter und quasi öffentliche Güter (vgl. Tab. VI.1)

reine private Güter	Mischgüter		reine öffentliche Güter
	quasi private Güter	quasi öffentliche Güter	
Ausschluss und Rivalität	- Unvollständiger Ausschluss und unvollständige Rivalität (private Güter mit externen Effekten) - Ausschluss und fehlende Rivalität (Clubgüter)	- Fehlender Ausschluss und Rivalität - Common-Pool-Ressourcen	Fehlender Ausschluss und fehlende Rivalität - menschengemachte Güter - natürliche Güter (Allmendegüter)

Tab. VI.1 Spektrum der Güter.

Quasi private Güter

Unvollständiger Ausschluss und unvollständige Rivalität: Wir hatten schon darauf hingewiesen, dass Marktgüter nicht immer nur denjenigen einen Nutzen stiften, die sie kaufen, sondern auch Dritten. Es liegt dann in kleinem Rahmen eine kollektive Nutzung vor. Wir können in diesem Fall auch von positiven externen Effekten sprechen (vgl. Kap.VII).

Ausschluss und fehlende Rivalität (Clubgüter): Beispiele liefern das Kabelfernsehen, kulturelle und sportliche Veranstaltungen und Leistungen der Sportvereine für ihre Mitglieder. Es bereitet hier keine Schwierigkeiten, Preise zu erheben. Diejenigen, die sich nicht an der Finanzierung beteiligen wollen, können von der Nutzung ausgeschlossen werden. Andererseits steht das Angebot allen Zahlern ohne gegenseitige Nutzungsbeeinträchtigung – bei Normalauslastung – zur Verfügung. Wenn die Kapazitäten überausgelastet werden, kommt es zu Überfüllungsproblemen. Die Nutzer behindern sich gegenseitig. Clubgüter können durch private Initiative bereitgestellt werden. Dazu bedarf es nicht des Staates. Zwei Organisationsstrukturen kommen in Betracht: Entweder wird die Leistungsbereitstellung von einzelnen Anbietern übernommen (wie etwa beim Kabelfernsehen), oder die Interessenten organisieren sich selbst (Beispiel Sportvereine).

Quasi öffentliche Güter: Fehlender Ausschluss und Rivalität (Common-Pool-Ressourcen)

Diese Merkmale gelten für regenerative und erschöpfbare Ressourcen. Wild lebende Tierbestände beispielsweise kann sich jeder bei fehlender Rechtsregelung aneignen. Sie gehören niemandem und können niemandem gehören. Sorgt der Staat nicht für eine vernünftige Bewirtschaftung, so passiert folgendes: Da die Bestände begrenzt sind, vermindert jeder Fang die Fangmöglichkeiten anderer. Jeder Produzent läuft Gefahr, zu spät zu kommen. Er wird deshalb die Ressource möglichst schnell ausbeuten wollen, ungeachtet der Konsequenzen für die Bestände selbst. Es kommt zu einer schnellen Vernichtung der Bestände. Die Fänge übersteigen die natürliche Regenerationsfähigkeit. Nur durch den Staat bzw. die internationale Staatengemeinschaft lässt sich eine dauerhafte – effiziente und intergenerationell gerechte – Nutzung erreichen. Das internationale Seerecht sieht beispielsweise für den Meeresfischfang die 200-Seemeilen-Fischereizonen vor (so weit reicht durchschnittlich der Festlandssockel). Damit werden den Küstenstaaten weitgehende Rechte auf exklusive Nutzung lebender Meeresressourcen und auf Kontrolle der fischereilichen Aktivität zugesprochen. So unangenehm dies für Länder mit kurzen oder unproduktiven Küstengewässern auch ist, so hilft die Regelung doch, ein Überfischen zu verhindern. Zielkriterien in den internationalen Fischereiabkommen sind häufig Nachhaltigkeitsvorstellungen wie die Maximierung der Fangerträge über die Zeit bei Konstanz der Bestände (Maximum-Sustainable-Yield).

Analog verhält es sich mit erschöpfbaren Ressourcen wie Erdöl- und Erdgasvorkommen. Man muss sich diese Ressourcenpools als selbständige Bestandteile des Bodens neben der Erdoberfläche vorstellen. Für die Nutzung der Erdoberfläche gelten zwar die Kriterien der Ausschließbarkeit und der Rivalität, für einzelne Mengeneinheiten der Erdöl- und Erdgasvorkommen sind hingegen wegen des fließenden Charakters keine individuellen Eigentumsrechte spezifizierbar. Eine Aufteilung der Mengen auf mehrere Eigentümer, die ihre Nutzungsrechte verkaufen könnten, ist nicht möglich. Deshalb lässt sich die Ausbeutung nicht durch Transaktionen zwischen Eigentümern (Anbietern) und Nachfragern regeln. In einer Welt, in der es keine staatlichen Vorschriften für die Nutzung dieser Ressourcen gibt, wird jedes Unternehmen versuchen, in kurzer Zeit möglichst viel zu fördern. Auch hätte kein Unternehmen den Anreiz, Alternativtechniken zu entwickeln, die bei Erschöpfung der Ressourcen Ersatz für nachfolgende Generation liefern könnten. Auf die Versorgung in der Zukunft wird keine Rücksicht genommen. Die zukünftigen Generationen sind die Geschädigten.

3. Freifahrerverhalten

Denkbar ist es, dass öffentliche Güter privat bereitgestellt werden, sofern sich die Bürger auf eine freiwillige Finanzierung einigen. Dies scheitert jedoch im allgemeinen am Egoismus des Einzelnen. Die Ökonomie geht davon aus, dass sich der Bürger bei öffentlichen Gütern als **Freifahrer** verhält. Der Einzelne möchte den Nutzen aus dem öffentlichen Gut haben, ohne sich an den Bereitstellungskosten zu beteiligen. Wenn ihm dies gelingt, maximiert er seinen privaten Nutzen. Der Freifahrer will keinen eigenen Finanzierungsbeitrag leisten, wenn er erwartet, dass andere das öffentliche Gut bereitstellen. Er hält sich für unfähig, das Angebot selbst zu seinen Gunsten zu erhöhen. Er will deshalb auch selbst nichts unternehmen, wenn er erwartet, dass die anderen das öffentliche Gut nicht anbieten werden. Bedingungen für die Rationalität von Freifahrerverhalten sind: Streben nach größtmöglichem individuellen Vorteil und ein exogen vorgegebenes – individuell nicht fühlbar beeinflussbares – Angebot.

Das Freifahrerproblem lässt sich spieltheoretisch mit Hilfe des **Gefangenendilemma-Spiels** modellieren. Die gemeinsamen Interessenten an einem Gut treffen ihre Entscheidungen unabhängig voneinander. Sie kommunizieren nicht miteinander. Sie rechnen damit, dass sich der Gegenspieler sowohl kooperativ als auch nichtkooperativ verhalten kann. Diese Erwartungsstruktur ist in Tab. VI.2 zugrunde gelegt. Die Zahlenangaben drücken die Resultate für die beiden Spieler A und B aus. A kann kooperieren (K_A) oder defektieren (D_A) spielen. Soll A einen Finanzierungsbeitrag übernehmen? Wenn A bei gegebener Erwartung hinsichtlich B (K_B oder D_B) Nichtkooperation wählt, fährt er besser als bei Kooperation (15 > 10; 0 > -10). Dasselbe gilt für B. Nichtkooperation ist für beide die **dominante Strategie** (Nash-Gleichgewicht). Die Präferenzstruktur des Freifahrers A kann wie folgt angegeben werden: (D_A,K_B) > (K_A,K_B) > (D_A,D_B) > (K_A,D_B). Die verschiedenen Situationen bedeuten: (1) Das öffentliche Gut wird von B bereitgestellt und A hat keine Kosten (D_A, K_B). Das ist für ihn die günstigste Situation.

(2) Beide kooperieren und übernehmen Kosten. A wird bessergestellt (K_A, K_B). (3) Keiner unternimmt etwas, so dass es beim Status quo bleibt (D_A, D_B). (4) Nur Spieler A unternimmt Kooperationsanstrengungen, ohne dass er etwas davon hätte. Er verschlechterte sich absolut (K_A, D_B). Der größtmögliche Gewinn für beide Spieler zusammen würde sich bei beiderseitiger Kooperation (= 20) einstellen (**effiziente Lösung**). Wenn sich beide Interessenten als Freifahrer verhalten, ist für beide Nichtkooperation die dominante Strategie und die private Bereitstellung des Gutes kommt nicht zustande.

	K_B	D_B
K_A	10/10	-10/12
D_A	15/-8	0/0

Tab. VI.2 Gefangenendilemma-Spiel. Es bedeuten: A, B = zwei Spieler, K = Kooperation, D = Nichtkooperation. Beiderseitiges Defektieren ist die dominante Strategie.

> **Hintergrundinformation: Nash-Gleichgewicht**
> Der Name John F. Nash (geb. 1928, Nobelpreis für Ökonomie 1994 zusammen mit John C. Harsanyi und Reinhard Selten) ist untrennbar mit der Spieltheorie verbunden. Das **Nash-Gleichgewicht** wird dann erreicht wird, wenn alle beteiligten Spieler die wechselseitig beste Strategie spielen. Unterstellt wird dabei, dass alle Spieler eine nutzenmaximale Strategie verfolgen.

Die Theorie des öffentlichen Gutes hilft uns, die **Staatsvertragstheorie** von Hobbes ökonomisch stärker zu untermauern. Freiheit durch innere Sicherheit und Ordnung als öffentliches Gut verstanden, macht plausibel, warum in einem gedachten Naturzustand Anarchie herrscht und dieser erst durch den Staat überwunden werden kann. Die Konstellation des Gefangendilemmas lässt sich auf den Naturzustand übertragen. Die Menschen denken nur an sich und schädigen sich damit gegenseitig. Wer sich kooperativ verhält und auf Eingriffe in die Privatsphäre anderer verzichtet, erleidet Nachteile, weil er nicht davon ausgehen kann, dass die anderen sich genauso verhalten werden. Die Individuen A und B in unserer Darstellung haben jetzt die beiden Handlungsmöglichkeiten, ihre natürlichen Freiheiten unbeschränkt auszuspielen (D_A, D_B) oder aufeinander Rücksicht zu nehmen (K_A, K_B).

Wenn beide kooperieren würden, wären beide am besten gestellt. Dominante Strategie ist aber „Krieg".

Das Gefangendilemma wird bei Hobbes auf der **Vereinbarungsebene** mit der Annahme des Abschlusse gegenseitiger Verträge überwunden. Jeder geht einen Verzicht auf Handlungsmöglichkeiten nur unter der Bedingung ein, dass die anderen Menschen dies auch tun. Wir ersehen aus unserem Beispiel: Wenn A erwarten kann, dass B (nicht) kooperieren wird, wenn er selbst (nicht) kooperiert, dann ist Kooperation für ihn die beste Strategie. Das gleiche gilt für B. Wir können diese Art dezentraler Konsensbildung als freiwillige Selbstverpflichtung der Menschen auffassen. Damit wird zugleich das Problem klar, wenn es um die **Umsetzung der Vereinbarungen** geht. In dieser Phase wirkt sich negativ aus, dass Absprachen zwischen Privaten keinen bindenden Charakter haben. Es ist nicht gesichert, dass sich alle Menschen an die erklärte Kooperationsbereitschaft halten werden. Es besteht auf der Vollzugsebene ebenfalls die Situation des Gefangenendilemmas. Das Problem wird bei Hobbes gelöst, indem er annimmt, dass alle Menschen Rechte an eine dritte Macht abtreten und sich dem **Gewaltmonopol** des Staates unterwerfen. Hobbes liefert auf diese Weise eine kooperationstheoretische Begründung der Existenz des Staates.

4. Private Bereitstellung kleiner öffentlicher Güter

Freifahren lohnt sich für ein Individuum dann nicht, wenn es durch seinen Finanzierungsbeitrag die Menge des öffentlichen Gutes für sich vorteilhaft erhöhen kann. Die Besonderheit gegenüber privaten Gütern besteht darin, dass auch Dritte von dieser Aktivität Nutzen ziehen. Wie es zur privaten Bereitstellung kleiner öffentlicher Güter kommen kann, lässt sich mit Hilfe der Haushaltstheorie ableiten: Die Gesamtmenge eines öffentlichen Gutes Ö ergibt sich aus der Summe der Bereitstellungsmengen der einzelnen Individuen i:

$$(VI.1) \quad \ddot{O} = \sum_{i=1}^{n} \ddot{O}_i .$$

Jedes Individuum soll glauben, dass die von den anderen bereitgestellte Menge $\overline{\ddot{O}}_{-i}$ von seinem eigenen Verhalten unabhängig ist. Aus der Sicht des Individuums i gilt also:

(VI.2) $\quad \ddot{O} = \overline{\ddot{O}}_{-i} + \ddot{O}_i$.

Die Kosten der Finanzierung einer zusätzlichen Einheit des reinen öffentlichen Gutes, die von Individuum i getragen werden, bezeichnen wir mit q_i. Dieser Betrag ist geringer als das Einkommen Y_i. Der individuelle Nutzen ist eine Funktion der Menge privater und öffentlicher Güter. Die Nutzen sollen unterproportional mit den Mengen der jeweiligen Güter zunehmen. Die Ausgaben für beide Güter sollen mit dem Einkommen übereinstimmen. Es wird nicht gespart. Die Bedingungen für das Nutzenmaximum werden über die Lagrange-Funktion abgeleitet:

(VI.3) $\quad L = U_i(X_i, \overline{\ddot{O}}_{-i} + \ddot{O}_i) + \lambda(Y_i - p_i X_i - q_i \ddot{O}_i)$

(VI.3a) $\quad \dfrac{\partial L}{\partial X_i} = \dfrac{\partial U_i}{\partial X_i} - \lambda p_i = 0 \;\Leftrightarrow\; \dfrac{\dfrac{\partial U_i}{\partial X_i}}{p_i} = \lambda$, mit $\dfrac{\dfrac{\partial U_i}{\partial X_i}}{\lambda}$ als

marginaler Zahlungsbereitschaft für das private Gut X_i.

(VI.3b) $\quad \dfrac{\partial L}{\partial \ddot{O}_i} = \dfrac{\partial U_i}{\partial \ddot{O}_i} - \lambda q_i = 0 \;\Leftrightarrow\; \dfrac{\dfrac{\partial U_i}{\partial \ddot{O}_i}}{q_i} = \lambda$, mit $\dfrac{\dfrac{\partial U_i}{\partial \ddot{O}_i}}{\lambda}$ als

marginaler Zahlungsbereitschaft für das öffentliche Gut Ö.

(VI.3c) $\quad \lambda = \dfrac{\partial L}{\partial Y} =$ Grenznutzen des Einkommens.

Im Nutzenmaximum gilt also:

(VI.3d) $\quad \dfrac{\dfrac{\partial U_i}{\partial X_i}}{p_i} = \dfrac{\dfrac{\partial U_i}{\partial \ddot{O}_i}}{q_i}$ bzw. $\dfrac{\dfrac{\partial U_i}{\partial X_i}}{\dfrac{\partial U_i}{\partial \ddot{O}_i}} = \dfrac{p_i}{q_i}$.

Normieren wir $p_i = q_i = 1$, so gilt einfach:

(VI.3e) $\quad \dfrac{\partial U_i}{\partial X_i} = \dfrac{\partial U_i}{\partial \ddot{O}_i}$.

Solange der Grenznutzen aus dem öffentlichen Gut den Grenznutzen aus den privaten Gütern übersteigt, lohnt es sich, einen zusätzlichen Teil des Einkommens für die Finanzierung öffentlicher Güter zu verwenden und den Konsum privater Güter einzuschränken. Das besondere Augenmerk liegt bei der Größe q_i. Je höher die Kosten für eine zusätzliche Einheit des öffentlichen Gutes sind, um so mehr müsste auf private Güter verzichtet werden. Deshalb nimmt die Nachfrage nach dem öffentlichen Gut mit steigendem q ab. Für echte öffentliche Güter ist charakteristisch, dass die Bereitstellung zusätzlicher Gütereinheiten sehr hohe Kosten aufwirft, Kosten, die ein einzelnes Wirtschaftssubjekt überfordern. Bei der Konstellation $q_i = Y_i$ bliebe zum Beispiel dem Wirtschaftssubjekt kein Geld zum Leben übrig. Der Grenznutzen aus privaten Gütern ginge gegen unendlich. Wenn die q_i-Werte genügend hoch sind, entspricht dies der Konstellation des Freifahrerverhaltens. Anreize zu individuellen Angeboten sind allenfalls bei kleinen öffentlichen Gütern und bei ausgeprägtem Nutzen für ein einzelnes Wirtschaftssubjekt zu erwarten.

5. Effiziente Mengen für private und öffentliche Güter

Jetzt geht es um die Frage, in welcher Menge öffentliche Güter bereitgestellt werden sollten. Zusätzliche öffentliche Güter reduzieren gesamtwirtschaftlich bei begrenzten Produktionsfaktoren die Versorgung mit privaten Gütern, so dass eine Abwägung mit diesen Gütern notwendig ist. Eine Ausnahme machen wir für den **Rechtsschutz**. Dieser hat in seinem Kern kategorische Bedeutung. Sicherung von Freiheit (Leben und körperliche Unversehrtheit, Gleichheit, Vertragsfreiheit, Chancengleichheit, äußere Sicherheit) ist Bedingung für ein verträgliches Zusammenleben der Menschen und für faire und gut funktionierende Märkte. Im „Randbereich" mag man gewisse Abweichungen aus Kostengründen in der politischen Praxis zulassen, im Kernbereich verbieten sich aber solche Abwägungen. Für unsere Frage der Bestimmung effizienter Mengen öffentlicher Güter kommen dagegen Güter wie der Straßenbau, der Bau von Dämmen, die Anlage von Naherholungsgebieten oder der Umweltschutz in Betracht.

Zum Rahmen der Effizienzanalyse gehören eine Reihe von Annahmen: 1) Die Haushalte kennen ihre Bedürfnisse, und sie wissen besser als die Staatsträger, was ihrer Wohlfahrt förderlich ist. Gesetzgeber und Regierung verstehen ihre Aufgabe in der Umsetzung der Konsumentensouveränität. 2) Es herrscht Vollbeschäftigung und Preisstabilität. Die Vollbeschäftigungsannahme impliziert, dass die zusätzliche Bereitstellung eines öffentlichen Gutes zu Lasten anderer Güter geht, weil Produktionsfaktoren aus diesen Bereichen abgezogen werden müssen. Bei Unterbeschäftigung könnte eine zusätzliche Versorgung auch mit brachliegenden Produktionsfaktoren erfolgen. 3) Die Ausgangsverteilung der Einkommen ist gegeben, und Verteilungseffekte der betrachteten Allokationspolitik werden ignoriert. 4) Die Produktionstechnik und die Präferenzen der Bürger sind gegeben. Wir vernachlässigen, dass sich im Zeitablauf die Bedürfnisse und der technisch-organisatorische Wissensstand (ebenso wie die Bevölkerung) verändern. Weil vom Zeitaspekt abstrahiert wird, gibt es auch kein Sparen, Investieren und Wirtschaftswachstum. Die Haushalte geben ihr ganzes Einkommen für Konsumgüter aus. 5) Auf den Märkten herrscht vollständige Konkurrenz.

Die Betrachtung der Effizienzbedingungen kann sowohl von einer Partial- als auch von einer Totalanalyse ausgehen. Die **Partialanalyse** richtet den Blick auf einen Ausschnitt der Volkswirtschaft. Sie betrachtet explizit nur ein bestimmtes Gut. Es wird fingiert, dass von dem betrachteten Sektor keine Auswirkungen auf andere Wirtschaftsbereiche ausgehen, und er selbst auch nicht durch andere Bereiche beeinflusst wird. Konkret bedeutet dies, dass wir mit gegebenen Zahlungsbereitschafts- und Kostenfunktionen bzw. Nachfrage- und Angebotsfunktionen arbeiten (Ceteris-Paribus-Klausel). Die Ergebnisse sind solange richtig, wie Rückwirkungen aus den anderen Wirtschaftsbereichen vernachlässigt werden können. Gerechtfertigt ist diese Methode, wenn der betrachtete Sektor genügend klein ist. In der **Totalanalyse** werden Interdependenzen zwischen den Sektoren erfasst. Nur so ist eine vollständige Analyse möglich. Im einfachsten Fall fingiert man eine Zwei-Güter-Volkswirtschaft.

5.1 Reines privates Gut – Partialanalyse

Auf einem vollkommenen Markt bildet sich ein Preis p_0 heraus, bei dem Angebot und Nachfrage übereinstimmen (vgl. Abb. VI.1). Die Anbieter passen sich dem Preis so an, dass die Grenzkosten mit dem Preis übereinstimmen. Auf diese Weise kommt es zum Ausgleich der Grenzkosten zwischen den Anbietern. Dies ist die Bedingung für die Produktion einer bestimmten Gütermenge mit den geringsten Kosten. N_A und N_B seien die

Nachfragefunktionen (marginale Zahlungsbereitschaftsfunktionen) zweier Haushalte. Haushalt B misst dem Gut X einen größeren Nutzen bei als Haushalt A. Die Haushalte dehnen ihre Nachfrage soweit aus, bis die MZB mit dem Preis übereinstimmt. Weil sich jeder Haushalt so verhält, kommt es zum Ausgleich der MZB. Dies ist Bedingung für die effiziente Nachfragestruktur. Haushalt A erhält die Menge X_A und Haushalt B die Menge X_B. Insgesamt gilt also für den vollkommenen Markt die Effizienzbedingung: $MZB_A = MZB_B = dK/dX$. Alle Beteiligten sind gegenüber der Ausgangslage ($X = 0$) bessergestellt. Die Nachfrager realisieren Konsumentenrenten und die Anbieter Produzentenrenten. Damit ist das Pareto-Kriterium erfüllt.

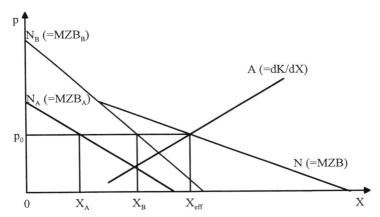

Abb. VI.1 Effiziente Menge eines privaten Gutes. Bei der effizienten Produktionsmenge X_{eff} stimmen die individuellen marginalen Zahlungsbereitschaften miteinander und mit den Grenzkosten der Produktion überein.

Die Differenz zwischen der marginalen Zahlungsbereitschaft und dem Preis bezeichnet man als **marginale Konsumentenrente**. Die Haushalte müssen für Güter weniger zahlen, als sie zu zahlen bereit wären. Die eingesparten Mittel können sie nutzenerhöhend für andere Zwecke verwenden. Die Summe der marginalen Konsumentenrenten ergibt die gesamte Konsumentenrente (vertikal schraffierte Fläche in Abb. VI.2). Die Unternehmer erzielen für Produktionsmengen innerhalb des Bereichs 0 bis X_{eff} einen Überschuss des Preises über die marginalen Produktionskosten. Die Differenz zwischen Preis und Grenzkosten bezeichnet man als marginale Produzentenrente. Die gesamte Produzentenrente für alle Anbieter entspricht der horizontal schraffierten Fläche. Nach Abzug der fixen Kosten erhält man den Gewinn der Unternehmen.

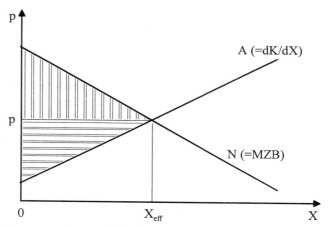

Abb. VI.2 Konsumenten- und Produzentenrenten. Bei der effizienten Produktionsmenge X_{eff} ist die Summe aus Konsumenten- und Produzentenrenten maximal.

5.2 Reines öffentliches Gut – Partialanalyse

Zu beachten ist, dass wegen der Nichtrivalitätsannahme alternative Mengen des öffentlichen Gutes beiden Individuen in gleichem Umfang zur Verfügung stehen. Die individuellen Nachfragefunktionen (MZB-Funktionen) sind deshalb vertikal zu addieren (Abb. VI.3). Hinter den Grenzkosten der Produktion des öffentlichen Gutes verbergen sich die Nutzenentgänge aufgrund des Faktorentzugs bei anderen (privaten/öffentlichen) Gütern. Im Schnittpunkt der aggregierten MZB-Funktionen und der Grenzkostenfunktion gilt nun die Bedingung, dass die **Summe** der individuellen marginalen Zahlungsbereitschaften mit den Grenzkosten der Produktion übereinstimmt:

$$(VI.4) \qquad MZB_1 + MZB_2 = \frac{dK}{d\ddot{O}}.$$

Wie ist diese Allokation aus der Sicht des **Pareto-Kriteriums** zu beurteilen? Weil dieses Kriterium fordert, dass niemand schlechter gestellt werden darf, müssen die Finanzierungsbeiträge der Individuen mit in die Überlegung einbezogen werden. **E. Lindahl** hat gezeigt, dass es nur eine einzige Finanzierungsregel gibt, bei der das Pareto-Kriterium erfüllt ist. Die Individuen müssen bereit sein, einen Finanzierungsbeitrag (Preis je Einheit) in

5. Effiziente Mengen für öffentliche und private Güter

Höhe ihrer marginalen Zahlungsbereitschaft zu leisten (**Lindahl-Steuer**). Nehmen wir an, dass der Staat die MZB-Funktionen der Bürger ebenso wie die Grenzkostenfunktionen kennt. Er erhebt vom Individuum A den Preis p_A und vom Nachfrager B den Preis p_B (Abb. VI.3). Die Summe der beiden Preise entspricht den Grenzkosten der Produktion bei $Ö_{eff}$. Die beiden Haushalte müssen die betreffenden Preise für alle Gütermengen, die sie beziehen, bezahlen. Gegenüber der Nichtbereitstellung des öffentlichen Gutes sind beide im Ausmaße ihrer jeweiligen Konsumentenrenten bessergestellt. Diese allseitige Besserstellung gilt auch für zusätzliche Bereitstellungsmengen innerhalb des Mengenbereichs 0 bis $Ö_{eff}$. Jeder Schritt in Richtung auf $Ö_{eff}$ stellt eine Verbesserung der Lage dar. Bei Überschreiten dieses Versorgungsniveaus würde das nicht mehr zutreffen.

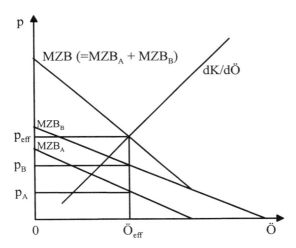

Abb. VI.3 Effiziente Menge eines öffentlichen Gutes bei Lindahl-Steuern. Wenn die Individuen A und B Preise in Höhe von p_A und p_B zahlen müssen, ist die effiziente Menge des öffentlichen Gutes $Ö_{eff}$ zum effizienten Preis $p_{eff} = p_A + p_B$ realisierbar.

Lindahl-Steuern eignen sich nicht für die Praxis. Die Bürger werden ihre echte MZB nicht offenbaren, wenn sie wissen, dass sie in dieser Höhe zur Zahlung herangezogen werden. Sie werden sich als Freifahrer verhalten. In der Realität werden die Staatsausgaben mit Hilfe von Steuern finanziert, die sich nach ganz anderen Kriterien richten. Dann aber führt das Pareto-Kriterium zu einem anderen Ergebnis. Das wird in Abb. VI.4 gezeigt. Wir nehmen an, dass die Grenzkosten zu gleichen Teilen auf die Nutznießer umgelegt werden. Zur Vereinfachung sei Konstanz der marginalen Produktionskosten unterstellt. Beide Nachfrager zahlen den gleichen Preis je Gütereinheit: p = 0,5 · dK/dÖ. Bei diesem Preis beträgt die von Individuum A gewünschte Gütermenge $Ö_A$. Hier erzielt es die größtmögliche Konsumentenrente (vertikal schraffierte Fläche). Jede zusätzliche Menge wäre von Nachteil, denn der Preis übersteigt hier die MZB_A. Die vorher aufgebaute Konsumentenrente würde abnehmen. Haushalt B, der dem öffentlichen Gut eine höhere MZB_B beimisst, wünscht sich bei dem gegebenen Preis die Menge $Ö_B$. Diese lässt sich jedoch bei Einhaltung des Pareto-Kriteriums nicht realisieren, denn Individuum A wäre schlechter gestellt. Die effiziente Menge ist jetzt gleich $Ö_A$.

$Ö_{eff}$ bildet dagegen nach dem **Kaldor-Hicks-Kriterium** die effiziente Menge. Wie man leicht sieht, ist hier der Überschuss der aggregierten Nutzen (Zahlungsbereitschaften) über die Kosten am größten. Bei jeder geringeren Versorgungsmenge wäre die Summe der MZB größer als die Grenzkosten der Produktion, so dass die Ausweitung höhere zusätzliche Nutzen als Opportunitätskosten verursachen würde. Bei größeren Mengen wäre das umgekehrt. Die gesellschaftliche Nutzensteigerung (netto) aus der Bereitstellung des öffentlichen Gutes entspricht der Fläche, die durch die gesellschaftliche Nachfrage- und Kostenfunktion in den Grenzen der Produktion 0 bis $Ö_{eff}$ eingeschlossen ist.

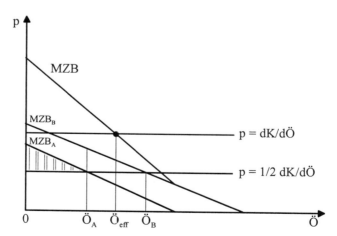

Abb.VI.4 Effiziente Menge eines öffentlichen Gutes bei einheitlicher Steuer. Pareto- und Kaldor-Hicks-Kriterium führen zu unterschiedlichen effizienten Mengen $Ö_A$ bzw. $Ö_B$.

Wir sehen also: Es macht für die Bereitstellung öffentlicher Güter einen wesentlichen Unterschied, ob man das Pareto- oder das Kaldor-Hicks-Kriterium zugrunde legt. Die Allokation ist im einen Falle abhängig von der Finanzierungsregel und im anderen Fall davon unabhängig.

5.3 Reines öffentliches und reines privates Gut – Zweiprodukt-Analyse

In unserer Ökonomie sollen ein reines öffentliches Gut (zum Beispiel Bau einer Straße) und ein reines privates Gut produziert werden. Beide Güter seien unbeschränkt substitutiv. Die Gesellschaft bestehe aus den Personen A und B. Wir wollen die effiziente Allokation nach dem Pareto-Kriterium bestimmen. Das Pareto-Kriterium wird formal dadurch berücksichtigt, dass ein Individuum auf einem bestimmten Wohlfahrtsniveau festgehalten wird. Dieses Individuum kann durch eine Änderung der Allokation nie schlechter gestellt werden. Die individuelle Wohlfahrt ist eine unterproportional zunehmende Funktion der Versorgungsmenge mit dem privaten und dem öffentlichen Gut. Die Nutzenfunktion von A ist: $U_A = U_A(X_A, Ö)$. Der Nutzen des Individuums B soll konstant gehalten werden: $U_B^* = U_B(X_B, Ö) =$ konstant. Maximierung der gesellschaftlichen Wohlfahrt impliziert vor diesem Hintergrund Maximierung der individuellen Wohlfahrt von A. Wir machen folgende weiteren Annahmen:

- Die Produktionsmenge des privaten Gutes X nimmt mit steigendem Faktoreinsatz F_X unterproportional zu (fallende Grenzproduktivität): $X = X(F_X)$.
- Ebenso lässt sich die Produktionsmenge des öffentlichen Gutes Ö mit steigendem Faktoreinsatz $F_Ö$ nur unterproportional ausdehnen: $Ö = Ö(F_Ö)$.
- Die Volkswirtschaft verfügt über eine bestimmte feste Ausstattung mit Produktionsfaktoren F. Die Faktoren können entweder für die Produktion des privaten Gutes oder für die Herstellung des öffentlichen Gutes eingesetzt werden: $F = F_X + F_Ö$.
- Entsprechend der Rivalitätsannahme verteilt sich die Menge des privaten Gutes auf die Nachfrage von A und B: $X^* = X_A + X_B$.

Um die Bedingungen für das gesellschaftliche Wohlfahrtsmaximum abzuleiten, bilden wir die Lagrangefunktion:

(VI.5) $$L = U_A(X_A, Ö) + \lambda_B[U_B(X_B, Ö) - U_B*] - \lambda_X[X - X(F_X)] - \lambda_{X*}(X_A + X_B - X*) - \lambda_Ö[Ö - Ö(F_Ö)] - \lambda_F(F_X + F_Ö - F).$$

Wir differenzieren die Funktion partiell nach den wichtigen Größen, setzen die ersten Ableitungen gleich null und erhalten nach einigen Umstellungen:

(VI.5a) $\dfrac{\lambda_Ö}{\lambda_X} = \dfrac{\dfrac{\partial U_A}{\partial Ö}}{\dfrac{\partial U_A}{\partial X_A}} + \dfrac{\dfrac{\partial U_B}{\partial Ö}}{\dfrac{\partial U_B}{\partial X_B}}$ und (VI.5b) $\dfrac{\lambda_Ö}{\lambda_X} = \dfrac{\dfrac{\partial X}{\partial F_X}}{\dfrac{\partial Ö}{\partial F_Ö}}$.

Gleichung (VI.5a) stellt die **soziale Grenzrate der Substitution des öffentlichen Gutes durch das private Gut** dar. Sie entspricht der Summe der individuellen Grenzraten der Substitution und ist gleich der Summe der gewichteten Grenznutzen des öffentlichen Gutes. Gleichung (VI.5b) gibt die **Grenzrate der Transformation** an. Sie entspricht dem Verhältnis der Grenzproduktivitäten. Die Rate lässt sich in Kostengrößen umformulieren, denn die reziproken Werte der Grenzproduktivitäten sind gleich den realen Grenzkosten:

(VI.5c) $\dfrac{\lambda_Ö}{\lambda_X} = \dfrac{\dfrac{dK}{dÖ}}{\dfrac{dK}{dX}}$.

Fassen wir den Nachfrage- und Produktionsbereich zusammen, so erhalten wir als endgültige **Effizienzbedingung**:

(VI.5d) $\dfrac{\dfrac{\partial U_A}{\partial Ö}}{\dfrac{\partial U_A}{\partial X_A}} + \dfrac{\dfrac{\partial U_B}{\partial Ö}}{\dfrac{\partial U_B}{\partial X_B}} = \dfrac{\dfrac{dK}{dÖ}}{\dfrac{dK}{dX}}$.

Die Summe der Grenzraten der Substitution des öffentlichen Gutes durch das private Gut (GRS) muss der Grenzrate der Transformation (GRT) des öffentlichen Gutes durch das private Gut gleich sein, bzw. die Summe der gewichteten Grenznutzen des öffentlichen Gutes muss gleich den gewichteten realen Grenzkosten des öffentlichen Gutes sein (**Samuelson-**

Bedingung). Die additive Verknüpfung der individuellen Substitutionsraten folgt aus der Nichttrivialität des Konsums des öffentlichen Gutes. Festgelegt sind mit der Optimalitätsbedingung zugleich die effizienten Versorgungsmengen sowohl für das private Gut als auch für das öffentliche Gut.

Betrachten wir ein Zahlenbeispiel. Nehmen wir an, wir finden in einer gegebenen Situation für Haushalte A und B die Substitutionsraten 2 und 1 vor. Das bedeutet, dass die „Gesellschaft" einer zusätzlichen Einheit des öffentlichen Gutes den gleichen Nutzen beimisst wie drei Einheiten des privaten Gutes. Für eine zusätzliche Einheit des öffentlichen Gutes ist sie bereit, auf drei Einheiten des privaten Gutes zu verzichten. Die Transformationsrate sei 2. Um 1 Einheit des öffentlichen Gutes zusätzlich bereitzustellen, muss auf 2 Einheiten des privaten Gutes verzichtet werden. Die Haushalte sind aber bereit, bei Nutzenkonstanz ihren Konsum des privaten Gutes um drei Einheiten einzuschränken. Man erkennt, die Änderung der Allokation zugunsten des öffentlichen Gutes ist vorteilhaft. Die gesellschaftliche Wohlfahrt kann gemäß der Nutzenwirkung einer Einheit des privaten Gutes gesteigert werden.

Für eine Welt mit ausschließlich privaten Gütern gilt für Effizienz, dass die individuellen gewichteten Grenznutzen miteinander und mit den gewichteten Grenzkosten übereinstimmen bzw. die individuellen marginalen Substitutionsraten untereinander gleich sind und mit der Grenzrate der Transformation übereinstimmen:

$$(VI.6) \quad \frac{\frac{\partial U_A}{\partial X}}{\frac{\partial U_A}{\partial Y}} + \frac{\frac{\partial U_B}{\partial X}}{\frac{\partial U_B}{\partial Y}} = \frac{\frac{dK}{dX}}{\frac{dK}{dY}}.$$

Dabei stellen X und Y zwei verschiedene private Güter dar.

Grafische Ableitung: Wir wollen das Zwei-Güter-Modell auch grafisch darstellen.[1] Dafür benötigen wir zunächst Angaben über die Präferenzstrukturen der beiden Haushalte, ausgedrückt durch Indifferenzkurvensysteme. Abb. VI.5 und Abb. VI.6 geben diese Präferenzstrukturen wieder. Die Indifferenzkurven verlaufen für Person B flacher. Darin kommt zum Ausdruck, dass Person B das öffentliche Gut Ö in Relation zum privaten Gut X gerin-

---

[1] Vgl. Samuelson, P. (1955): Diagrammatic Exposition of a Theory of Public Expenditure, Review of Economics and Statistics, Vol. 37, S. 350-356.

ger schätzt als Person A. Zur Erfassung der produktionstechnischen Möglichkeiten (bei gegebener Faktorausstattung und Technik) benötigen wir die Transformationskurve. Die Steigung wird durch das Verhältnis der Grenzproduktivitäten (bzw. realen Grenzkosten) bestimmt. Wenn die gesellschaftliche Wohlfahrt maximiert werden soll, müssen die Produktionsmöglichkeiten voll ausgeschöpft werden. Punkte innerhalb des von der Transformationskurve umschlossenen Bereichs stellen ineffiziente Güterkombinationen dar. Das Pareto-Kriterium berücksichtigen wir dadurch, dass wir ein Individuum in seiner Wohlfahrt auf einem beliebigen (Ausgangs-)Niveau festsetzen. Damit ist natürlich eine Verteilungsannahme impliziert. Person B soll auf dem Wohlfahrtsniveau entsprechend der Indifferenzkurve CD festgehalten werden. Dieses Wohlfahrtsniveau ist willkürlich gewählt.

Wir können sofort unter Zuhilfenahme der Transformationskurve die Restmengen für X ermitteln, die für Person A zur Verfügung stehen, wenn sich Person B auf irgendeinem Punkt seiner Indifferenzkurve CD befindet. Die Frage ist, welches Wohlfahrtsniveau für Person A unter diesen Bedingungen maximal realisierbar ist. Die Restmengen ergeben sich als vertikale Differenz zwischen der Transformations- und der CD-Kurve. Die für Person A verfügbaren Mengen liegen auf der Differenzkurve cd. A realisiert seine höchste individuelle Wohlfahrt dort, wo die Differenzkurve eine seiner Indifferenzkurven tangiert. Das ist bei der Menge des öffentlichen Gutes M der Fall. A erhält vom privaten Gut die Menge E. Wir suchen jetzt auf der Transformationskurve die zu M gehörige Menge des privaten Gutes X und erhalten die Menge N. Aus den vorangegangenen Überlegungen ist sofort klar, dass davon die Menge F auf Individuum B entfällt (NF = E).

Da die Kurve cd die Differenz zwischen Produktionsmöglichkeits- und Indifferenzkurve des B darstellt, ist auch die Steigung dieser Kurve gleich der Differenz der Steigungen der Einzelkurven: $GRT - GRS_B$. Weil die Restmengenkurve eine Indifferenzkurve von A tangieren soll, muss auch gelten: $GRT - GRS_B = GRS_A$ bzw. $GRS_A + GRS_B = GRT$.

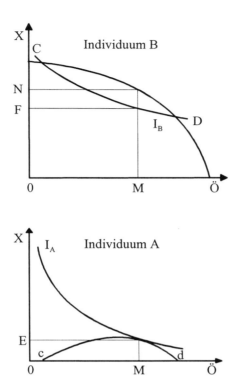

Abb. VI.5 und VI.6 Effiziente Bereitstellung öffentlicher und privater Güter.
Soll sich Individuum B immer auf dem Wohlfahrtsniveau CD befinden, so erhält es im Pareto-Optimum vom Gut X die Menge E und Individuum A die Menge F. Vom öffentlichen Gut wird für beide Individuen die Menge M bereitgestellt.

Zusammenfassung und Übungen

1. Reine öffentliche Güter zeichnen sich durch Nichtanwendbarkeit des marktwirtschaftlichen Ausschlussprinzips aus. Sie müssen vom Staat bereitgestellt werden. Außerdem besteht Nichtrivalität der Nutzung. Der gesellschaftliche Nutzen aus einem öffentlichen Gut ist deshalb um so größer, je mehr Menschen in den Genuss der gleichen Menge kommen.

2. Die private Bereitstellung eine Gutes mit hohem Öffentlichkeitsgrad und vielen Nutzern scheitert am Freifahrerverhalten: Die Menschen wollen das Gut nutzen, ohne sich an der Finanzierung zu beteiligen. Um dieses Dilemma zu überwinden, bedarf es der Zwangsgewalt des Staates. Das Freifahrerverhalten bei öffentlichen Gütern lässt sich spieltheoretisch mit Hilfe des Gefangenendilemma-Spiels modellieren.

3. Öffentliche und private Güter sind nur teilweise substituierbar. Das Gut Rechtssicherheit hat in seinem Kern kategorische Bedeutung und ist damit nicht ersetzbar. Freiheit, Leben und körperliche Unversehrtheit sind Bedürfnisse des Menschen von höchstem Rang. Schutz der Rahmenordnung für den Markt ist außerdem Voraussetzung für die Bereitstellung privater Güter.
4. Sofern einzelne öffentliche und private Güter substituierbar sind, gilt für die effizienten Bereitstellungsmengen nach dem Pareto-Kriterium die sogenannte Samuelson-Bedingung: Die Summe der Grenzraten der Substitution des öffentlichen Gutes durch das private Gut muss der Grenzrate der Transformation des öffentlichen Gutes durch das private Gut entsprechen, bzw. die Summe der gewichteten Grenznutzen des öffentlichen Gutes muss gleich den gewichteten realen Grenzkosten des öffentlichen Gutes sein. Die additive Verknüpfung der individuellen Substitutionsraten folgt aus der Nichtrivalität des Konsums des öffentlichen Gutes.
5. Die Verteilung der Finanzierungskosten eines öffentlichen Gutes auf die Nutzer nach Maßgabe der individuellen marginalen Zahlungsbereitschaften ist in der Praxis nicht erreichbar. Die Finanzierung richtet sich nach der Inzidenz der allgemeinen Steuern wie der Einkommen- oder Umsatzsteuer. Dann führen Pareto-Kriterium und Kaldor-Hicks-Kriterium zu unterschiedlichen effizienten Angebotsmengen. Wenn der Staat die Finanzierungsverteilung ignoriert und sich nur nach den Produktionskosten und den aggregierten Nutzenschätzungen orientiert, dann trifft er seine Entscheidung über die effiziente Angebotsmenge nach dem Kaldor-Hicks-Kritertium.

Wiederholungsfragen

1. Warum kann man Rechtssicherheit als reines öffentliches Gut kennzeichnen?
2. Welche Minimalaufgaben kommen auf jeden demokratischen Staat zu?
3. Warum ist die private Bereitstellung eines öffentlichen Gutes suboptimal? Zeigen Sie dies auch grafisch.
4. Erklären Sie die Samuelson-Bedingung.
5. Wann ist Freifahren individuell rational? Erläutern Sie das Freifahren an einem Entscheidungsbaum.
6. Wie stellt sich bei Hobbes das Gefangenendilemma dar?
7. Warum ist das Schulwesen staatlich? In welchem Verhältnis stehen hierbei die Normen der sozialen Gerechtigkeit und der Effizienz?
8. Warum ist der Besuch der Hochschulen kostenlos? Lassen sich dafür Effizienz- und soziale Gerechtigkeitsgründe angeben?

Zusammenfassung und Übungen 131

9. Ordnen Sie die behandelten Modelle in die Kategorien mikro- und makroökonomische Analyse ein.
10. Erstellen Sie eine Spielmatrix mit zwei Spielern, in der Umweltschutz als dominante Strategie ausgewiesen wird. Welche Motive können die Spieler zu diesem Verhalten bewegen?

Aufgaben

1. Um das Erscheinungsbild der Stadt Tübingen zu verbessern, plant der Gemeinderat ein städtisches Begrünungsprogramm. Es sollen Bäume (Ö) gepflanzt werden, von denen jeder $p = 4.000$ € kostet. Die Tübinger Bürger lassen sich in zwei gleich starke Gruppen 1 und 2 einteilen, deren Nachfragefunktionen nach Bäumen durch $Ö_1(p_1) = 600 - 0,2p_1$ und $Ö_2(p_2) = 900 - 0,3p_2$ gegeben sind. Hier bezeichnet p_i, $i = 1,2$, den Preis pro Baum, den Gruppe i zu zahlen hat, und $Ö_i$ steht für die von Gruppe i gewünschte Anzahl von Bäumen.
(a) Berechnen Sie die Grenzzahlungsbereitschaft jeder Gruppe für einen zusätzlichen Baum. Begründen Sie, warum eine privatwirtschaftliche Bereitstellung von Bäumen nicht erfolgreich sein kann. Wieviel wollen beide Gruppen zusammen für einen zusätzlichen Baum bezahlen? Erklären Sie zudem, durch welche Bedingung die pareto-optimale Anzahl $Ö^P$ von Bäumen beschrieben wird und berechnen Sie diese Anzahl.
(b) Welche Preise p_1^L und p_2^L bezahlen die beiden Gruppen im Lindahl-Gleichgewicht? Wie werden diese Preise grafisch bestimmt?[2]

Lösungshinweis:
(a) Die Grenzzahlungsbereitschaftsfunktion in Abhängigkeit von der schon vorhandenen Ausstattung mit Bäumen beträgt: (1) $Ö_1 = 600 - 0,2 p_1 \Leftrightarrow 3000 - 5 \cdot Ö_1 = p_1$ und (2) $Ö_2 = 900 - 0,3p_2 \Leftrightarrow 3000 - 10/3 \cdot Ö_2 = p_2$. Damit ergibt sich für jede der beiden Gruppen eine maximale marginale Zahlungsbereitschaft bei der Bereitstellung des ersten Baumes in Höhe von 3.000 €. Weil diese Zahlungsbereitschaften unter den Kosten eines Baumes (4.000 €) liegen, wird keine der beiden Gruppen auch nur einen Baum kaufen.
Die **aggregierte** Grenzzahlungsbereitschaftsfunktion ist dann $MZB_{ges} = MZB_1 + MZB_2 = 6000 - 25/3 \cdot Ö$ für den Bereich $Ö \leq 600$. Für $Ö > 600$ ist $MZB_1 < 0$, deshalb gilt für $600 < Ö \leq 900$: $MZB_{ges} = MZB_2$. Für $Ö > 900$ ist MZB_{ges} Null.
Pareto-Optimum: Ein Baum wird von beiden Gruppen gleichzeitig genutzt. Es genügt deswegen, wenn beide Gruppen zusammen die Grenzkosten p aufbringen:
Fall 1: $MZB_1 + MZB_2 > p \Rightarrow$ Der Nutzen kann durch Kauf eines weiteren Baumes gesteigert werden. Beide Gruppen sind zusammen bereit, mehr für einen zusätzlichen Baum zu bezahlen, als er kostet. **Fall 2:** $MZB_1 + MZB_2 < p \Rightarrow$ Die gesellschaftliche Wertschätzung liegt unterhalb des Preises, das heißt, die Bereitstellung einer geringeren Baummenge können den Nutzen steigern. Diese Überlegungen führen zur pareto-optimalen Menge, bei der die Bedingung $MZB_1 + MZB_2 = p$ gilt: $6000 - 25/3 \cdot Ö = 4.000$. Aufgelöst nach Ö ergibt sich: $Ö^P = 240$. Grafisch bestimmt

---

[2] In Anlehnung an Gaube, Th., Nöhrbaß, K.-H. und R. Schwager (1996): Arbeitsbuch Finanzwissenschaft, Heidelberg: Physica, S. 137-140.

sich die pareto-optimale Menge im Schnittpunkt des Preises eines Baumes (p = 4.000) mit den aggregierten MZB-Funktionen (vgl. vorne)
(b) **Lindahl-Gleichgewicht:** Anzahl Bäume $Ö^L$ und individuelle Preise p_1^L und p_2^L für **beide** Gruppen sind so zu bestimmen, dass
(1) beide Gruppen in der Summe $Ö^L$ zu den Preisen p_1^L und p_2^L nachfragen $(p_1^L + p_2^L = p)$ und
(2) die Summe $p_1^L + p_2^L$ zusammen die Grenzkosten p abdeckt $(Ö_1(p_1^L) = Ö_2(p_2^L) = Ö^L)$.
aus (2) folgt: $600 - 0{,}2\,p_1^L = 900 - 0{,}3\,p_2^L \Leftrightarrow p_1^L = 1{,}5\,p_2^L - 1.500$.
aus (1) folgt: $p_1^L + p_2^L = 4.000$ und $p_1^L = 1{,}5\,p_2^L - 1.500 \Rightarrow p_2^L = 2.200$.
Eingesetzt in (2) ergibt dies $p_1^L = 1.800$. Insgesamt ergibt sich im Lindahl-Gleichgewicht eine pareto-optimale Baumzahl von $Ö_1^L = Ö_2^L = 240$.

2. In einer Ökonomie gebe es zwei Haushalte, deren Präferenzen durch folgende Nutzenfunktionen dargestellt werden können: Haushalt 1: $U_1(X_1, Ö) = X_1 \cdot Ö^2$ und Haushalt 2: $U_2(X_2, Ö) = X_2^2 \cdot Ö$. Dabei symbolisieren X_1 bzw. X_2 die von Haushalt 1 bzw. 2 konsumierte Menge eines rein privaten Gutes und Ö die Menge eines reinen öffentlichen Gutes. Die Haushalte verfügen über Anfangsausstattungen des privaten Gutes in Höhe von $e_1 = 12$ (Haushalt 1) und $e_2 = 16$ (Haushalt 2). Das öffentliche Gut kann durch die Produktionsfunktion $Ö = 3b$ bei Verzicht auf das private Gut hergestellt werden. Dabei bezeichnet b die gesamte von beiden Haushalten für die Produktion des öffentlichen Gutes zur Verfügung gestellte Menge des privaten Gutes. Der jeweilige Beitrag der beiden Haushalte wird mit b_1 bzw. b_2 bezeichnet. Leiten Sie die notwendigen Bedingungen für eine pareto-optimale Allokation der Ressourcen dieser Ökonomie ab.[3]
Lösungshinweis:
Hier kann gewählt werden, ob man den Nutzen des 1 oder des 2 maximiert. Das Pareto-Prinzip wird über die Einführung einer Nebenbedingung berücksichtigt, mit der sicher gestellt wird, dass sich der jeweils andere Haushalt mindestens auf einem konstanten Nutzenniveau hält (Nichtverschlechterungsprämisse). Wir maximieren exemplarisch die Nutzenfunktion des Haushalts 1:

$$\max_{X_1, X_2, Ö} U_1(X_1, Ö) = X_1 \cdot Ö^2 \quad \text{s.t.} \quad U_2(X_2, Ö) \geq \overline{U}_2 \quad \text{und} \quad X_1 + X_2 + \frac{Ö}{3} \leq 28.$$

Dabei wurde die Produktionsfunktion für das öffentliche Gut in die Erreichbarkeitsbedingung für das private Gut ($X_1 + X_2 + b \leq e_1 + e_2$) eingesetzt. Daraus ergibt sich die Lagrange-Funktion:

$$L = U_1(X_1, Ö) + \lambda\left(U_2(X_2, Ö) - \overline{U}_2\right) + \mu\left(28 - X_1 - X_2 - \frac{Ö}{3}\right).$$

Die notwendigen Bedingungen erster Ordnung sind wie folgt gegeben:

---

[3] In Anlehnung an Gaube, Th. et al., a.a.O., S. 141f.

(1) $\dfrac{\partial L}{\partial X_1} = \dfrac{\partial U_1(X_1,\ddot{O})}{\partial X_1} - \mu = 0$, (2) $\dfrac{\partial L}{\partial X_2} = \lambda \cdot \dfrac{\partial U_2(X_2,\ddot{O})}{\partial X_2} - \mu = 0$ und

(3) $\dfrac{\partial L}{\partial \ddot{O}} = \dfrac{\partial U_1(X_1,\ddot{O})}{\partial \ddot{O}} + \lambda \cdot \dfrac{\partial U_2(X_2,\ddot{O})}{\partial \ddot{O}} - \dfrac{\mu}{3}$.

Aus (1) folgt sofort $\partial U_1(X_1,\ddot{O})/\partial X_1 = \mu$. Setzt man dies in (2) ein ergibt sich:

(2') $\lambda = \dfrac{\partial U_1(X_1,\ddot{O})}{\partial X_1} / \dfrac{\partial U_2(X_2,\ddot{O})}{\partial X_2}$.

Nach einigen Umformungen erhält man die notwendige Bedingung für ein Pareto-Optimum:

(3'') $\dfrac{\partial U_1(X_1,\ddot{O})}{\partial \ddot{O}} / \dfrac{\partial U_1(X_1,\ddot{O})}{\partial X_1} + \dfrac{\partial U_2(X_2,\ddot{O})}{\partial \ddot{O}} / \dfrac{\partial U_2(X_2,\ddot{O})}{\partial X_2} = \dfrac{1}{3}$.

Die Summe der Grenzraten der Substitution zwischen dem privaten und dem öffentlichen Gut muss der Grenzrate der Transformation entsprechen. Setzt man die Zahlen aus der Aufgabenstellung ein, so ergibt sich: $2 \cdot X_1/\ddot{O} + X_2/2 \cdot \ddot{O} = 1/3$. Diese Bedingung (Summe der gewünschten Austauschverhältnisse zwischen den privaten Gütern und dem öffentlichen Gut) beschreibt zusammen mit der „Erreichbarkeitsbedingung" ($X_1 + X_2 + \ddot{O}/3 = 28$) die Menge der pareto-optimalen Allokationen.

3. Zeigen Sie im Rahmen der Zwei-Produkt-Analyse (Kap. VI.5.3): Es liegt auch dann eine pareto-effiziente Allokation vor, wenn Individuum A keine einzige Mengeneinheit des privaten Gutes konsumiert!
Lösungshinweis:
Pareto-Effizienz setzt voraus, dass eine bestimmte Ausgangsverteilung als gerecht angesehen wird. Wir wollen den Sachverhalt grafisch analog zu Abb. VI.5 und VI.6 lösen. Bindende Restriktion bei der Nutzenmaximierung des A stellt die Nichtverschlechterungsbedingung des B dar. Wählt man dessen Nutzenniveau so, dass die Indifferenzkurve von Individuum B die Grenzrate der Transformation in Abb. VI.5 gerade tangiert, so resultiert keine Differenzkurve bzw. diese verliefe auf der Abszisse. Dem A bleibt faktisch nur die Möglichkeit, das durch B determinierte Öffentliche-Guts-Niveau hinzunehmen und auf den Konsum privater Güter zu verzichten. Jede positive private Konsummenge des B würde mit der Nichtverschlechterungsbedingung konfligieren und wäre deshalb pareto-ineffizient. (Anmerkung: Die Anwendung des Kaldor-Hicks-Kriteriums würde dagegen die Möglichkeit des privaten Konsums des A dann zulassen, wenn er den B für dessen Nutzenverzicht kompensieren könnte).

4. Stellen Sie den (Netto-)Wohlfahrtseffekt der Bereitstellung eines öffentlichen Gutes, beispielsweise Truppenstärke bei der Landesverteidigung, in einem ganz bestimmten Umfang ($\ddot{O}^*$) grafisch dar.

Lösungshinweis:

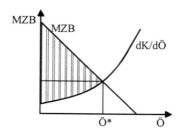

Die Abbildung zeigt den Wohlfahrtseffekt der Bereitstellung der Menge Ö* als vertikal schraffierte Fläche. Dies entspricht der Summe aus Konsumenten- und Produzentenrente. Würde der Staat Ö* nicht bereitstellen, müsste die Bevölkerung auf diese Summe verzichten.

Literatur

Arnold, V. (1992): Theorie der Kollektivgüter, München: Vahlen.

Brümmerhoff, D. (2001), Finanzwissenschaft, 8., völlig überarbeitete und stark erweiterte Auflage, München und Wien: Oldenbourg.

Musgrave, R. A., Musgrave, P. B. und L. Kullmer (1994): Die öffentlichen Finanzen in Theorie und Praxis, 1. Band, 6., aktualisierte Auflage, Tübingen: J. C. B. Mohr (Paul Siebeck).

Myles, G. D. (1995): Public Economics, Cambridge: Cambridge University Press.

Rosen, H. S. (2002): Public Finance, 6. Auflage, New York: McGraw-Hill Irwin.

Stiglitz, J. E. (1988): Economics of the Public Sector, 2. Auflage, New York und London: W. W. Norton & Company.

Kapitel VII: Theorie externer Effekte

1. Merkmale technologischer externer Effekte

Für die reinen öffentlichen Güter kann es keine Märkte geben. Der Staat muss die Marktwirtschaft durch ein eigenes Angebot ergänzen. Nun ändert sich unsere Betrachtung. Märkte sollen bestehen. Die notwendigen Voraussetzungen für die Existenz von Märkten, exklusive Nutzung, private Eigentumsrechte, Vertragsfreiheit und Haftung für Vertragsverletzung seien erfüllt. Zu ihrem idealen Funktionieren gehört, dass die beteiligten Anbieter und Nachfrager, Unternehmen und Haushalte, vollständig die Kosten ihrer Transaktion tragen und sie ebenfalls ausschließlich in den Genuss der Erträge kommen. Auf diese Weise ist sichergestellt, dass die Beteiligten in ihren Entscheidungen alle Kosten- und Nutzeneffekte von Gütern vollständig berücksichtigen und sie unter Abwägung dieser Gesichtspunkte die besten Entscheidungen über Art und Menge treffen können. Die Annahme der Nutzen-Kosten-Äquivalenz soll jetzt fallen gelassen werden. Alle anderen Bedingungen für gut funktionierende Märkte seien erfüllt. Die Störung bestehe darin, dass mit einer Markttransaktion – der Produktion oder dem Konsum eines Gutes – positive oder negative Auswirkungen auf unbeteiligte Dritte verbunden sind. Man spricht hier von (technologischen) externen Effekten bzw. externen Erträgen und externen Kosten.

Externe Effekte sind Auswirkungen wirtschaftlicher Aktivitäten, die mit positivem oder negativem Vorzeichen in die Nutzen- oder Produktionsfunktionen Dritter eingehen und für die es keine Marktpreise gibt. Dritte lassen sich von der Leistung über Marktpreise nicht ausschließen. Das marktwirtschaftliche Ausschlussprinzip greift nicht. Es gibt für diese Einwirkungen keine privaten Eigentumsrechte. Bei **externen Kosten** haben die Belasteten kein Abwehrrecht. Bei **externen Erträgen** besitzen die Verursacher nur ein unvollständiges Nutzungsrecht. Verursacher wie Betroffene externer Effekte können Unternehmen, Haushalte und staatliche Einrichtungen sein. Direkte Nutzeneffekte entstehen, wenn Haushalte von den Aktivitäten berührt sind. Sofern Unternehmen von den Nebenwirkungen anderer Aktivitäten betroffen sind, berührt dies ihre Produktionsfunktion. Die mögliche Produktionsmenge ist eine Funktion der eingesetzten Menge interner Faktoren, die mit Marktpreisen zu entgelten sind, und der Menge der externen Einflussfaktoren. Positive Externalitäten stiften den Haushalten entweder unmittelbar einen Nutzen, oder sie steigern den Nutzen indirekt, indem sie die Produktion bestimmter Güter verbilligen. Umgekehrt verhält es sich mit negativen Externalitäten.

Die Effekte werden dadurch extern, dass sie nicht über den Preismechanismus internalisiert werden. Wer einem Dritten einen ökonomischen Vorteil verschafft, kann dafür keinen Preis verlangen. Ebenso braucht derjenige, der einem anderen Kosten verursacht, nicht dafür aufkommen. Die Konsequenz ist, dass die externen Kosten und externen Erträge nicht in die Wirtschaftsrechnung des Verursachers eingehen. Er kalkuliert nur mit den privaten (internen) Kosten und Erträgen und nicht mit den höheren volkswirtschaftlichen Kosten und Erträgen.

Der Steuerungsmechanismus des Marktes ist unvollkommen. Güter, die mit externen Kosten verbunden sind, werden vom Markt überbewertet und Güter, die externe Erträge hervorrufen, werden unterbewertet. Das Marktangebot ist zu groß bzw. zu gering. Durch externe Effekte vermindert sich nicht nur die **Effizienz** des marktlichen Allokationsmechanismus, sondern es wird auch seine Funktion, eine **leistungsgerechte Einkommensverteilung** herbeizuführen, beeinträchtigt. Wenn Unternehmen Kosten externalisieren können, verbessern sie damit ohne eigene Leistung ihre Gewinnsituation zu Lasten unbeteiligter Dritter. Außerdem entstehen Wettbewerbsverzerrungen, wenn für verschiedene Unternehmenszweige bzw. Güterbereiche, die in Substitutionskonkurrenz miteinander stehen, unterschiedliche Möglichkeiten der Externalisierung von Kosten bestehen.

Der Begriff der externen Effekte weist Verbindungen zur Theorie der öffentlichen Güter auf. Wir können reine öffentliche Güter auch definieren als Güter, die ausschließlich mit externen Nutzenwirkungen verbunden sind. Kein einziger Nutzeneffekt lässt sich über Preise einfangen. Wir können auch sagen, diese Güter haben nur eine öffentliche und keine private Komponente. Das Konzept der Externalitäten schließt also die Kriterien des reinen öffentlichen Gutes (bzw. von public bads bei externen Kosten) ein, reicht aber weiter, denn es erfasst auch Güter mit sowohl internen als auch externen Effekten.

Unter zeitlichem Aspekt lassen sich externe Effekte unterscheiden in intratemporale und intertemporale Effekte. Bei intratemporalen externen Effekten treten Ursache und Wirkung in der gleichen Periode auf. Intertemporale externe Effekte werden dagegen in einer aktuellen Periode verursacht, führen aber erst später zu Auswirkungen auf die Produktions- und Nutzenfunktionen der Menschen. So tragen beispielsweise heute emittierte Treibhausgase erst in 30 bis 50 Jahren zu globalen Klimaschäden bei. Oder der Abbau erschöpfbarer Ressourcen in der Gegenwart verursacht externe Kosten für die in der Zukunft lebenden Menschen (sogenannte User-Costs), weil die verbrauchten Ressourcen unwiderruflich verloren sind.

Externalitäten führen also zu Verzerrungen von Entscheidungen unterschiedlichster Art, beispielsweise

- zwischen verschiedenen privaten Gütern mit unterschiedlich ausgeprägten Externalitäten,
- zwischen privaten und öffentlichen Gütern,
- zwischen menschengemachten und naturgegebenen Gütern,
- zwischen Inputs (Arbeit und Sachkapital),
- zwischen heutigem und zukünftigem Verbrauch von natürlichen Ressourcen (beispielsweise Erdöl, Erdgas, Wald- und Fischbestände).

Der Begriff der externen Effekte wird in der Literatur gelegentlich auch für andere Sachverhalte verwendet. So spricht man auch von pekuniären externen Effekte. Dabei handelt sich um Nebenwirkungen einer privaten Aktivität, die durch den Preismechanismus erfasst werden. Das marktwirtschaftliche Ausschlussprinzip ist hier gültig. Darin besteht der Unterschied zu den technologischen externen Effekten. Beispiele für pekuniäre externe Effekte sind:

- Unternehmen, die Konkurrenten aufgrund deutlicher Kostensenkungen unterbieten, vermindern deren Gewinn.
- Anbieter eines neuen Produktes verdrängen Anbieter eines alten Produktes.
- Ein Kaufhaus verdrängt kleine Einzelhandelsgeschäfte, weil diese nicht mehr wettbewerbsfähig sind.
- Die bessere individuelle Ausbildung ermöglicht einen höheren Lohn, wobei von der höheren Qualifikation auch die Unternehmen profitieren.
- Die Konzentration von Unternehmen an einem Ort (zum Beispiel Silicon Valley) bringt für diese „Fühlungsvorteile" (Reduktion der Transport- und Kommunikationskosten).

Aus Effizienzgründen sind in diesen Fällen keine staatlichen Eingriffe in den Markt angezeigt, vielmehr sind die Veränderungen gerade Ausdruck effizienter Marktaktivitäten. Auf einem anderen Blatt steht, ob der Staat aus verteilungspolitischen Gründen eingreifen sollte. Eine Gemeinde kann beispielsweise die Ansiedlung eines Kaufhauses ablehnen, um die Existenz der ansässigen Einzelhändler nicht zu gefährden.

Manchmal wird in der ökonomischen Literatur auch im Zusammenhang mit der staatlichen Verteilungs- und Beschäftigungspolitik von externen Effekten gesprochen. Die Funktionsfähigkeit der gesetzlichen Rentenversicherung in der Bundesrepublik ist beispielsweise wesentlich von der Bevölkerungsentwicklung abhängig. Ein Rückgang der Bevölkerung stellt das System in Frage. Familien mit Kindern produzieren deshalb einen „externen Nutzen" in Form eines Beitrages zum Systemerhalt der Versicherung. Daraus mag man den Schluss ziehen, dass der Staat Kinder besonders fördern sollte. Im Rahmen der Literatur zur Beschäftigungspolitik wird argumentiert, dass staatliche Fördermaßnahmen zugunsten eines zweiten Arbeitsmarktes die Bundesanstalt für Arbeit von Zahlungen für Arbeitslosenunterstützungen entlasten und dieser „externe Effekt" die Mehraufwendungen rechtfertigt. Auch hier bezieht sich die Begriffsverwendung auf die Absicherung einer gegebenen staatlichen Institution. Ableiten lässt sich auf diese Weise die Sicherung einer gewollten staatlichen Institution, nicht aber die originäre Rechtfertigung eines staatlichen Eingriffs in die Marktwirtschaft. Für unterschiedliche Sachverhalte sollten aus Gründen der Klarheit unterschiedliche Begriffe verwendet werden. Deshalb halten wir es für sinnvoll, in diesen Fällen nicht von externen Effekten, sondern von **„Verbundeffekten"** zu sprechen.

2. Beispiele

In der Realität beobachtet man eine Vielzahl technologischer externer Effekte. Der Passivraucher ist durch den Raucher in seiner Gesundheit beeinträchtigt. Wer abends zu Hause laut Musik hört, stört den Nachbarn, der bei der Lektüre eines Buches seine Erholung sucht. Wer als Hausbesitzer viel Sorgfalt auf die Anlage eines schönen Vordergartens legt, erfreut auch die Passanten. Wer zu Silvester ein Feuerwerk veranstaltet, kann nicht verhindern, dass auch andere Menschen entweder ihre Freude daran haben oder sich darüber ärgern. Wer sonntags als Gartenbesitzer anfängt, seinen Rasen zu mähen, stört die Ruhe der Nachbarschaft. Teilweise sind diese Fälle bereits in der Bundesrepublik durch Ge- und Verbote geregelt. In vielen anderen alltäglichen Situationen besteht aber für den Staat kein Anlass einzugreifen, weil sich die externen Kosten oder Nutzen in engen Grenzen halten und Korrekturmaßnahmen viel zu aufwendig wären. Für den Staat ist es nur bei ausgeprägten externen Effekten angezeigt, regulierend in den Marktprozess einzugreifen. Wichtige Beispiele sind:

Angewandte Forschung: Neue Erkenntnisse, die helfen, Produkte und Produktionsverfahren zu verbessern, sind Dritten zugänglich. Innovationen können nicht verheimlicht werden. Ein neu entwickeltes Produkt, das auf den Markt kommt, kann von der Konkurrenz kopiert werden. Forschungsanstrengungen sind deshalb mit positiven externen Effekten verbunden. Die volkswirtschaftlichen Erträge übersteigen die privaten Erträge des die Forschung betreibenden Unternehmens. Das marktwirtschaftliche Ausschlussprinzip ist (ohne besondere Hilfe des Staates) nicht anwendbar.

Umweltschutz: In einer Welt ohne staatliche Umweltpolitik gibt es wegen des Fehlens des preislichen Ausschlusses keinerlei Restriktionen für Schadstoffemissionen und damit verbundene externe Kosten. Wegen der Eigenheiten der Umweltgüter als reine öffentliche Güter ist das marktwirtschaftliche Ausschlussprinzip nicht anwendbar. Mit dem Externalitätenkonzept wird in besonderer Weise zum Ausdruck gebracht, dass es sich bei der Umweltverschmutzung um Nebenwirkungen der Produktion/des Konsums handelt. Warum es keine Preise gibt, erklärt die Theorie der öffentlichen Güter.

Wohnungswirtschaft und Stadtplanung: Die Entscheidung der einzelnen Bürger für den Bau von Häusern und Mietwohnungen unterschiedlicher Qualität beeinflusst das soziale Umfeld und hat deshalb Einfluss auf das Wohlbefinden Dritter. Außerdem sehen viele Menschen in der Schönheit von Städten, Stadtkernen oder Dörfern einen Nutzen für sich selbst. Externe Effekte stellen sich auch bei gewerblicher Nutzung von Grundstücken ein. Ballen sich beispielsweise im Zentrum einer Stadt Geschäfte und Kaufhäuser, so mag es auf den Zufahrtsstraßen zu Staus und Unfällen kommen. Es entstehen externe Kosten. Oder es kommt durch freie Bebauung zu Mischnutzungen, wobei gewerbliche Betriebe durch Lärm und Luftverschmutzung das Wohlbefinden benachbarter Haushalte beeinträchtigen. Bei diesen externen Effekte ist es sinnvoll, dass der Staat Rahmenbedingungen für Wohnungswirtschaft und Gewerbeansiedlung durch Bauleitplanung (beispielsweise Zonenregelung) und sonstige Bauvorschriften setzt.

Gesundheitswesen: Wer sich gegen ansteckende Krankheiten schützt (durch Impfung oder auf andere Weise), hat nicht nur einen eigenen Vorteil, sondern trägt auch zur Verhinderung der Übertragung der Krankheit auf andere bei. Die gesellschaftlichen Erträge aus der Schutzmaßnahme übersteigen die privaten Erträge. Bei Abwägung nur der privaten Größen lohnen sich möglicherweise Vorsichtsmaßnahmen nicht. Tendenziell betreibt der Bürger zu wenig Vorsorge. Für den Staat kann es aus Effizienzgründen sinnvoll sein, durch Einführung der Impfpflicht, Übernahme der Kosten für freiwillige Impfungen oder durch Aufklärungskampagnen einzugreifen.

Verkehr: Die Benutzung des eigenen Kraftfahrzeugs während verkehrsreicher Zeiten in einem Ballungsgebiet verursacht nicht nur für den betreffenden Fahrer, sondern auch für die anderen Verkehrsteilnehmer Staukosten (Zeitverluste, erhöhter Kraftstoffverbrauch). Zudem treten externe Effekte in Form von Umweltbelastungen für die Anwohner „verstopfter" Straßen auf. Bedingung für das Entstehen dieser externen Effekte ist das Erreichen der Kapazitätsgrenze einer Straße. Durch Ausbau des öffentlichen Nahverkehrs, durch Einrichtung von Park-and-Ride-Systemen, durch Parkgebührenpolitik oder durch tageszeitgestaffelte Straßenbenutzungsgebühren kann der Staat versuchen, zeitliche Ballungsprobleme zu entschärfen.

3. Ineffiziente Faktorallokation und Korrektur
3.1 Angewandte Forschung

Wir wollen ein Beispiel betrachten, bei dem die externen Erträge so ausgeprägt sind, dass sich private Forschungsanstrengungen nicht lohnen (Abb. VII.1). Forschungen könnten zu einem gesellschaftlich nützlichen neuen Produkt führen. Der Innovator müsste die Forschungskosten tragen und käme nur in den Genuss eines Teiles der Erträge. Für ihn sind die Kosten stets höher als die erzielbaren Markterlöse. Deshalb hat er keinen Anreiz, Forschung zu betreiben. Dadurch kommt es gegenüber der Situation der vollen Internalisierung der Erträge zu einem Effizienzverlust in Höhe von $Z(X_{eff}) - K_{ges}(X_{eff})$.

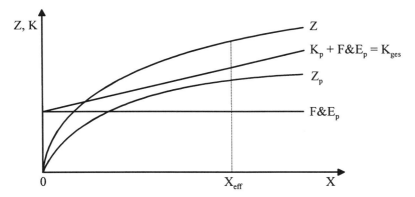

Abb. VII.1 Fehlender Innovationsanreiz aufgrund externer Erträge. Es bedeuten: Z = Gesamterlösfunktion (Gesamtzahlungsbereitschaft der Haushalte), Z_p = Erlösfunktion des Innovators, $F\&E_p$ = Innovationskosten, K_p = Produktionskosten des Innovators, K_{ges} = Gesamtkosten des Innovators, X_{eff} = volkswirtschaftlich effiziente Produktionsmenge.

Betrachten wir ein Zahlenbeispiel. Ein Investor stehe vor der Entscheidung, Investitionen in F&E-Aktivitäten mit einem Betrag in Höhe von 1.000 € durchzuführen oder das Geld am Kapitalmarkt zu (sicheren) 5% anzulegen. Die Laufzeit des Forschungsprojektes betrage drei Jahre. Der Investor weiß, dass neben den internen auch externe Erträge bei seiner Investition anfallen und schätzt sie auf 40 € je Periode. Die internen (Netto)Erträge schätzt er mit 360 € (Periode 1), 410 € (Periode 2) und 310 € (Periode 3). Das führt zu einem negativen Kapitalwert im Betrachtungszeitpunkt: $KW_0 = -17{,}47$. Der Kapitalwert der volkswirtschaftlichen Nettoerträge beträgt dagegen 91,46. Besteht keine Möglichkeit zur Internalisierung der externen Erträge, so wird der private Investor die Investition nicht durchführen, wodurch eine volkswirtschaftliche Wohlfahrtseinbuße aus heutiger Sicht in Höhe von 91,46 entsteht.

Regulierende Maßnahmen des Staates sind das Patentwesen und Subventionen für die private Forschung und Entwicklung. Mit dem Patentschutz wird dem Innovator das Verwertungsrecht eingeräumt. Patente werden für Erfindungen erteilt, die neu sind, auf einer erfinderischen Tätigkeit beruhen und gewerblich anwendbar sind. Unter Erfindung wird eine Lehre zum praktischen Handeln verstanden, deren beanspruchter Gegenstand oder deren beanspruchte Tätigkeit technischer Natur, realisierbar und wiederholbar ist und die Lösung einer Aufgabe durch technische Überlegungen darstellt. Die Erfindungen dürfen nicht gegen die öffentliche Ordnung oder gegen die guten Sitten verstoßen.

3.2 Umweltverschmutzung

Das Paradebeispiel für externe Kosten bildet die Umweltverschmutzung. In Abb. VII.2 sind die Ineffizienzwirkungen mit Hilfe eines partiellen Marktmodells dargestellt. Die Herstellung eines Gutes sei mit Umweltschäden verbunden. Auf der Angebotsseite unterstellen wir vollständige Konkurrenz. Die Anbieter dehnen bei Streben nach Gewinnmaximierung ihre Produktion so weit aus, bis die privaten Grenzkosten der Produktion dK_p/dX mit dem Marktpreis übereinstimmen. Die Angebotsfunktion gibt die aggregierte Grenzkostenfunktion für die Bereitstellung des privaten Gutes wieder. Wenn die Wirtschaft sich selbst überlassen ist, bilden sich der Preis p_M und die Menge X_M heraus (vgl. Abb. VII.2).

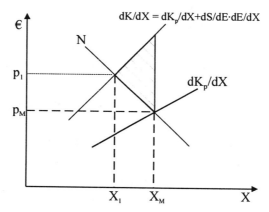

Abb. VII.2 Marktallokationen bei externen Kosten. Der unregulierte Markt führt zu gesellschaftlichen Wohlfahrtseinbußen in Höhe der schraffierten Fläche.

Im Zuge der Produktion entstehen Abfallstoffe, die an die Umwelt abgegeben werden. Sie verursachen gesellschaftliche Schäden. Die gesellschaftlichen Grenzkosten der Produktion dK/dX enthalten auch die externen Grenzkosten. Jede Ausweitung der Produktionsmenge X führt zu zusätzlichen Emissionen und damit zu zusätzlichen Schäden. Die externen Grenzkosten $dS/dE \cdot dE/dX$ entsprechen der vertikalen Differenz zwischen der gesellschaftlichen und der privaten Grenzkostenfunktion.

3. Ineffiziente Faktorallokation und Korrektur

Die Bereitstellungsmenge, die der Markt hervorbringt, ist überoptimal. Wenn die Gütermenge ausgehend von X_M eingeschränkt wird, lassen sich im Bereich $X_M - X_1$ höhere gesellschaftliche Kosten einsparen, als Nutzen entgehen. Die größtmögliche Wohlfahrt aus der Versorgung mit dem privaten Gut X wird nach dem Kompensationskriterium bei der Menge X_1 erreicht. Der sich selbst überlassene Markt führt zu einer Fehlallokation der Ressourcen: Der Preis des umweltbelastenden Gutes ist zu niedrig und die Bereitstellungsmenge zu groß. Durch Einschränkung der Produktion auf das optimale Niveau lässt sich die gesellschaftliche Wohlfahrt um einen Betrag entsprechend der schraffierten Fläche steigern. Bedingung für die effiziente Angebotsmenge des privaten Gutes ist, dass marginale Zahlungsbereitschaft und gesellschaftliche Grenzkosten der Produktion übereinstimmen:

(VII.1) $\qquad MZB = dK_p / dX + dS / dE(X) \cdot dE(X) / dX$.

Die gesellschaftlichen Kosten betragen $K = K_p(X) + S(E(X))$ und die gesellschaftlichen Nutzen $ZB = ZB(X)$. Als Nettonutzen folgt: $U = ZB(X) - K_p(X) - S(E(X))$. Nach X abgeleitet und null gesetzt, erhält man die oben genannte Bedingung.

Wir wollen die Aussagen auch auf die **Emissionsmenge** beziehen. Vereinfachend nehmen wir an, dass je produzierte Gütereinheit X eine Schadstoffeinheit anfällt ($X = E$). Dann können wir auf der Abszisse auch die Emissionsmenge abtragen und aus Abb. VII.2 direkt den Verlauf der Grenzschäden dS/dE übernehmen (Abb. VII.3). Die Differenz zwischen der MZB und den privaten Grenzkosten bezeichnen wir jetzt als marginale Vermeidungskosten $-dK_X/dE$ (marginale Nettonutzeneinbuße aus der verminderten Versorgung mit dem privaten Gut). Ohne Beschränkung der Emissionen kommt die Emissionsmenge E_M zustande. Durch Verringerung der Emissionen auf das effiziente Niveau lassen sich die gesellschaftlichen Gesamtkosten um einen Betrag entsprechend der schraffierten Fläche verringern. Wir können auch sagen, dass sich der Nettonutzen aus der Versorgung mit privaten Gütern um diesen Betrag steigern lässt.

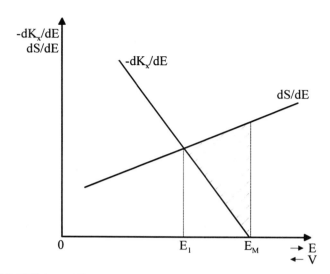

Abb. VII.3 Effiziente Vermeidung durch Produktionseinschränkung. Die Verringerung der Emissionen im Bereich $E_M - E_1$ verursacht mehr Nutzen als Kosten.

Diese Darstellungen sind statisch. Legen wir eine Investitionsbetrachtung zugrunde, dann implizieren externe Kosten, dass der verursachende Investor in seinem Kapitalwertkalkül mit zu geringen Kosten kalkuliert. Er unternimmt auch Investitionen, die aus volkswirtschaftlicher Sicht keinen positiven Kapitalwert besitzen. Oder anders: Er kalkuliert mit einer überhöhten Ertragsrate.

Durch umweltpolitische Maßnahmen müssen die externen Kosten verursachenden Aktivitäten zurückgeführt werden. Staatliche Politik setzt sinnvollerweise bei den Urhebern – insbesondere direkt bei den Schadstoffemittenten – an. Man spricht von einer Politik der **Internalisierung der externen Kosten**. In der Praxis finden sich hauptsächlich ordnungsrechtliche Maßnahmen (Ge- und Verbote). Sie schreiben den Verursachern bestimmte Grenzwerte für Schadstoffe vor. Der Staat „befiehlt und kontrolliert" (Command-and-Control-Politik). Die wichtigsten Formen sind absolute Verwendungsverbote (für gesundheitsgefährdende Stoffe), Produktstandards und Emissionsgrenzwerte.

Ökonomen favorisieren wirtschaftliche Anreizinstrumente (Umweltsteuern und Umweltzertifikate). **Umweltsteuern** zielen auf eine Änderung des Verhaltens der Emittenten ab. Es handelt sich um Lenkungsabgaben. Die relati-

3. Ineffiziente Faktorallokation und Korrektur

ve Verteuerung von Aktivitäten, die mit Umweltschäden verbunden sind, soll die Verursacher dazu anreizen, den Schadstoffanfall zu reduzieren. Mit den Steuern sind zwar als Nebenwirkung öffentliche Einnahmen verbunden, diese sollen jedoch allenfalls eine unterstützende Funktion spielen, indem sie als Finanzhilfen für umweltfreundliche Maßnahmen der Wirtschaft eingesetzt werden. Die Mittel können aber auch zur Finanzierung allgemeiner Staatsaufgaben oder zur Senkung allgemeiner Steuern verwendet werden.

Eine Emissionsteuer sollte proportional die Emissionsmenge (E) pro Jahr eines Verursachers belasten: T = t·E. T steht für die Steuerschuld und t für den Steuersatz. Grenz- und Durchschnittssteuersatz stimmen überein (t = T/E = dT/dE). Die Anreizwirkung der Steuer beruht darauf, dass der Emittent den Steuersatz mit den marginalen Vermeidungskosten für die Emissionen vergleicht. Solange die marginalen Vermeidungskosten geringer sind, dehnt er seinen Umweltschutz aus. Der Staat hat es in der Hand, über die Festlegung der Höhe des Steuersatzes den Lenkungseffekt zu beeinflussen. Algebraisch lässt sich die Überlegung des Emittenten wie folgt darstellen: Der Bruttogewinn vor Umweltsteuer G ist gleich dem Umsatz minus den Produktionskosten: G = p·X – K(X). Die Emissionsmenge beträgt: E = s·X. Es fallen Steuern in Höhe von T = t·s·X an. Sie vermindern den Nettogewinn. Für den Nettogewinn nach Steuer G* erhält man:

(VII.2) $\qquad G^* = p \cdot X - K(X) - t \cdot s \cdot X.$

Der Emittent möchte seine Nettogewinneinbußen minimieren. Er soll nicht über technische Vermeidungsmaßnahmen verfügen, sondern soll als Aktionsparameter nur die Produktionsmenge X haben. Maximierung der Nettogewinnfunktion führt zu der Verhaltensvorschrift: Schränke die Produktionsmenge solange ein, bis die Verringerung des Bruttogewinnes mit der Steuereinsparung übereinstimmt:

(VII.3) $\qquad p - dK/dX = t \cdot s \quad$ bzw. $\quad dG/dX = dT/dX.$

Es lohnt sich, die Produktionsmenge solange zu vermindern, wie die Steuereinsparungen größer als die Bruttogewinneinbußen sind. Bedingung (VII.3) lässt sich auch auf die Emissionen beziehen. Man erhält dann:

(VII.4) $\qquad dG/dE = t.$

Die Einbuße an Bruttogewinn als Folge der Emissionsverminderung muss im Nettogewinnmaximum gleich dem Emissionssteuersatz sein.

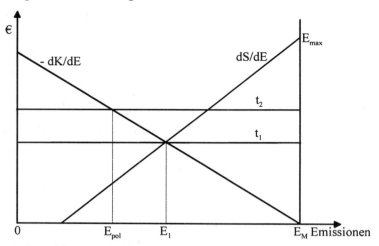

Abb. VII.4 Lenkungswirkungen durch eine Umweltabgabe. Beim Steuersatz t_1 werden die Emissionen auf E_1 eingeschränkt. Sollte das Umweltziel bei E_{pol} liegen, dann müsste der Steuersatz auf t_2 angehoben werden.

In Abb. VII.4 ist die Anreizwirkung einer Steuer mit dem Steuersatz t_1 für ein gegebenes Umweltproblem dargestellt. Die aggregierten Grenzschaden- und Grenzvermeidungskostenfunktion sind bezogen auf die Summe der Emissionen eines bestimmten Stoffes aller Emittenten. Im Bereich $E_M - E_1$ sind die marginalen Vermeidungskosten geringer als der Steuersatz. Es lohnt sich für die Emittenten die Schadstoffemissionen einzuschränken und Vermeidungsmaßnahmen zu ergreifen. Die kostenminimale Einschränkung wird bei E_1 erreicht.

In Abb. VII.5 werden die einzelnen Belastungseffekte eines Emittenten durch eine Steuer dargestellt. Es entstehen Vermeidungskosten und Steuerkosten. Durch Anpassung mit Vermeidungsmaßnahmen lassen sich die Gesamtkosten um einen Betrag in Höhe der Fläche c reduzieren. Darin besteht der Anreiz des Emittenten, auf die Steuer zu reagieren.

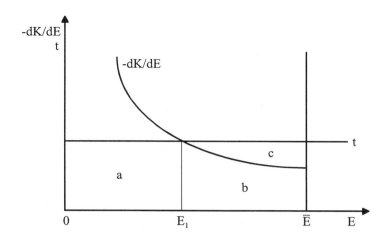

Abb. VII.5 Anpassung an eine Emissionssteuer mit einer gegebenen Vermeidungstechnik bei gegebener Betriebsgröße. Es bedeuten: $\bar{E} - E_1$: Vermeidungsmenge, E_1: Restemissionen, Flächen a + b: private Gesamtkosten nach Anpassung, Fläche a: Steuerzahlung auf die Restemissionen, Fläche b: Vermeidungskosten, Fläche c: Einsparung durch Vermeidung im Vergleich zur bloßen Steuerzahlung.

Zur Internalisierung externer Kosten schlug der britische Nationalökonom **Arthur C. Pigou** schon zu Beginn des 20. Jahrhunderts vor, eine Internalisierungsabgabe – die sogenannte **Pigou-Steuer** – einzuführen.[1] Die Idee dieser Steuer ist denkbar einfach: Jeder, der externe Kosten verursacht, soll diese durch die Pigou-Steuer angelastet bekommen. Und zwar soll der Steuersatz gleich den marginalen externen Kosten bei der effizienten Produktionsmenge eines Marktes sein. Das entspricht in Abb. VII.4 dem Steuersatz t_1. E_1 stellt die pareto-optimale Emissionsmenge dar. Die Pigou-Steuer setzt voraus, dass man Umweltschäden monetarisieren, den einzelnen Verursachern zurechnen und die effiziente Reduktion der externen Effekte genau bestimmen kann. Diese Bedingungen sind in der Praxis nicht erfüllt. Die fehlende Praktikabilität des Pigou-Ansatzes nahmen **Baumol** und **Oates** zum Anlass, ein für die Praxis geeigneteres Verfahren zu suchen.[2] Der sogenannte **Standard-Preis-Ansatz** geht davon aus, dass die Schäden nicht

---

[1] Vgl. Pigou, A. C. (1912): The Economics of Welfare (1960), Neuauflage von Wealth and Welfare (1912), London: MacMillan.
[2] Baumol, W. J. und W. E. Oates (1971): The Use of Standards and Prices for protection of the Environment, Swedish Journal of Economics, Vol. 73, S. 42-54.

hinreichend monetarisiert werden können. Bekannt seien dagegen die Grenzvermeidungskosten. Ein bestimmtes Emissionsziel wird als außerökonomisch, insbesondere medizinisch-naturwissenschaftlich begründet angenommen. In Abb. VII.4 möge die Umweltpolitik beispielsweise eine Beschränkung der Emissionen auf die Menge E_{pol} vorsehen. Dann müssen die diesem Niveau entsprechenden marginalen Vermeidungskosten für Emissionen in der Wirtschaft geschätzt werden, und in dieser Höhe muss der Steuersatz (t_2) angesetzt werden. Weil die Reaktionen der Emittenten auf die Steuer nicht genau abschätzbar sind, wird man das vorgegebene Umweltziel nur ungefähr erreichen können. Die Lenkungswirkung von Umweltsteuern ist unsicher. Das ist der kritische Einwand gegen dieses Instrument.

Der spezifische Vorteil einer Emissionsabgabe gegenüber Regulierungen besteht in der Minimierung der Kosten des Umweltschutzes. Alle Emittenten eines gleich schädlichen Stoffes orientieren sich am gleichen Steuersatz, so dass es zum Ausgleich der Grenzvermeidungskosten kommt. Dies ist die Bedingung für Kostenminimierung. Abb. VII.6 enthält dazu die grafische Darstellung.

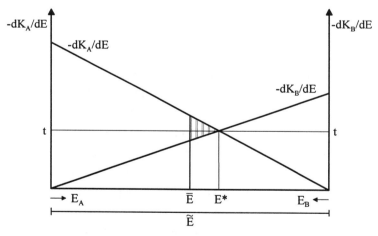

Abb.VII.6 Effizienzvorteil einer Emissionssteuer gegenüber einer einheitlichen Auflage. Es bedeuten: $\tilde{E}$ = höchstzulässige Emissionsmenge für zwei Emittenten A und B, $-dK_{A,B}/dE$ = Grenzvermeidungskostenfunktionen, t = Emissionssteuersatz, E* = kostenminimale Aufteilung der zulässigen Emissionen, $\bar{E}$ = Emissionsauflage („Jeder vermeidet die Hälfte seiner bisherigen Emissionen"). Die schraffierte Fläche gibt volkswirtschaftlichen die Mehrkosten der Emissionsvermeidung bei der Auflage gegenüber der Steuerlösung an.

3. Ineffiziente Faktorallokation und Korrektur   149

Eine Klassifizierung von Umweltabgaben gibt nachfolgende Tab. VII.1:

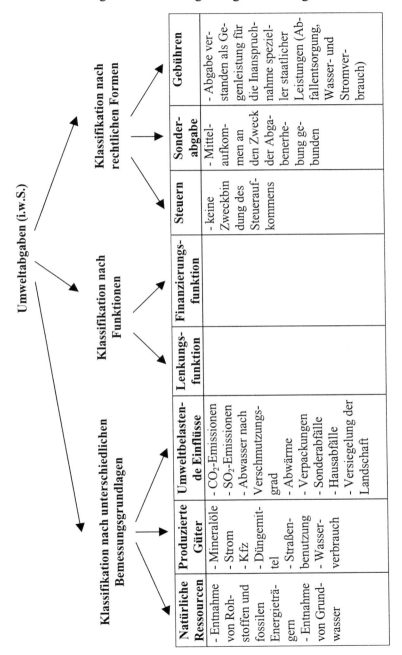

Tab. VII.1 Klassifizierung von Umweltabgaben.

Das System der **Umweltzertifikate** (handelbare Emissionsrechte) greift ebenfalls auf den preislichen Steuermechanismus zurück. Allerdings wird hier nicht über den Preis je Einheit der Schadstoffausstoß reguliert, sondern durch die Vorgabe eines Gesamtvermeidungsziels. In Höhe der zulässigen Emissionen werden vom Staat Emissionsberechtigungen ausgegeben. Dies geschieht entweder durch Versteigerung (vgl. Abb.VII.7) oder durch freie Vergabe an die Altemittenten nach einem historischen Schlüssel. Die Emittenten können die Rechte handeln. Die Emissionsrechte lauten auf eine bestimmte Schadstoffmenge in einer bestimmten Periode, beispielsweise auf das Recht zur Emission einer Tonne CO_2 im Jahr 2002. Es stellen sich auf den Märkten Preise für die Rechte ein. Als Anbieter treten Emittenten mit relativ geringen Vermeidungskosten auf und als Nachfrager Emittenten mit relativ hohen Kosten (vgl. Abb. VII. 8 und 9). Der Emittent, der nach Kostenminimierung strebt, vergleicht immer den Preis mit seinen marginalen Vermeidungskosten. Umweltziele können im Rahmen dieses Ansatzes zielgenau und – bei funktionsfähigen Zertifikatemärkten – mit den geringsten volkswirtschaftlichen Kosten realisiert werden.

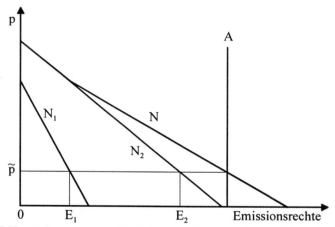

Abb. VII.7 Versteigerung von Emissionsrechten durch den Staat. Es bedeuten: A = Menge an Emissionsrechten entsprechend dem Umweltziel, $N_{1,2}$ = Nachfragefunktionen für Emissionsrechte von zwei Unternehmen (entspricht den marginalen Vermeidungskostenfunktionen). Der Staat schließt Kontrakte zum Gleichgewichtspreis $\tilde{p}$ ab, wobei von den beiden Emittenten die Mengen E_1 und E_2 nachgefragt werden.

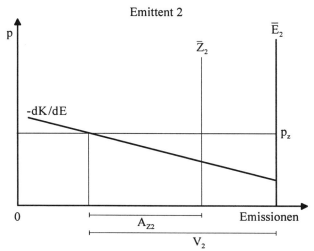

Abb. VII.8 Wann sich der Verkauf von Zertifikaten für einen Emittenten lohnt. Es bedeuten: p_z = Zertifikatepreis, $\overline{Z}_2$ = zugewiesene Z-Menge, A_{Z2} = am Markt angebotene Zertifikate, V_2 = gewünschte Vermeidung. Die Zuteilung der Rechte im Ausgangszustand erfolgt hier durch freie Vergabe.

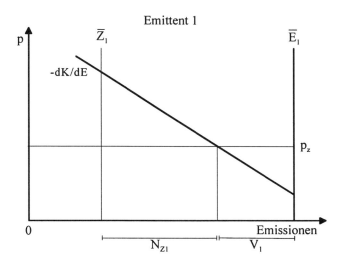

Abb. VII.9 Wann sich der Zukauf von Zertifikaten für einen Emittenten lohnt. Es bedeuten: $\overline{Z}_1$ = zugewiesene Zertifikatemenge, N_{Z1} = Nachfrage nach Zertifikaten am Markt, V_1 = gewünschte Vermeidung.

Command-and-Control-Massnahmen sind immer dann umweltpolitisch am geeignetsten, wenn es um das Verbot gesundheitsgefährdender Schadstoffe oder um die raumpunktgenaue Einhaltung von Umweltzielen (etwa Vermeidung gefährlicher Belastungen in der Nachbarschaft eines Großbetriebes) geht. Bei national oder global orientierten Umweltzielen (beispielsweise Treibhauseffekt) spielt der Ort der Emissionsquelle für das Umweltproblem dagegen keine Rolle. In diesem Fall können Umweltabgaben und Umweltzertifikate ihre Vorzüge ausspielen: Bei ihnen passen sich die (vielen) Emittenten automatisch kostenminimierend einem gegebene Steuersatz oder Zertifikatepreis an. Beim Ordnungsrecht verfügt die Verwaltung dagegen nicht über die notwendigen Informationen über die Vermeidungskostenfunktionen der einzelnen Emittenten. Ökonomische Anreizinstrumente ermöglichen dann einen kostengünstigeren Umweltschutz.

4. Verhandlungen über externe Effekte – Das Modell von Ronald Coase

In unserer Analyse der externen Kosten sind wir von einer bestimmten Verteilung der privaten Eigentumsrechte ausgegangen. Der Verursacher einer Umweltbelastung hatte das Recht zur Emission, und der Betroffene musste die Beeinträchtigung dulden. Umgekehrt können wir jedoch auch annehmen, dass jegliche Umweltbelastung verboten ist. Dann ist es dem Emittenten, der Schadstoffe ausstoßen möchte, untersagt, dies zu tun. Er erleidet Ertragseinbußen. Diese können als externe Kosten des Rechts anderer Individuen auf reine Umwelt aufgefasst werden. Eine ähnliche Überlegung lässt sich für externe Erträge anstellen. Man spricht hier vom reziproken Charakter externer Effekte. Dieser Aspekt wurde von **Ronald Coase** besonders betont. Er hat daraus die Möglichkeit privater Verhandlungen über Externalitäten abgeleitet. In dem von ihm verwendeten Beispiel konkurrieren Rancher und Farmer um den gleichen Boden. In dem Maß, wie das Vieh frei herumlaufen kann, erleidet der Farmer Ernteeinbußen, ebenso wie der Rancher die Herdengröße reduzieren müsste, wenn ihm weniger Weidefläche zur Verfügung stünde. Ohne Getreideanbau hätte der Viehzüchter keine Nachteile, ohne Viehzucht würde der Getreidebauer keine Ernteeinbußen erleiden. Übertragen auf die Umweltpolitik kann man hieraus folgern, dass es immer zwei prinzipielle Möglichkeiten für Korrekturen gibt: Entweder die Emittenten sind verantwortlich, und dann müssen sie die Vermeidungskosten tragen, oder sie haben das Recht zur Emission, und dann müssen ihnen die „Nutznießer" (oder stellvertretend für sie der Staat) die Vermeidungskosten ersetzen.

Coase entwickelte vor diesem Hintergrund die viel beachtete Idee einer optimalen Internalisierung externer Effekte durch Verhandlungen zwischen Privaten. Die Lösung der Umweltprobleme könne häufig den Privaten überlassen bleiben. Staatliche Eingriffe sollten sich auf das Notwendigste – die Festlegung von Nutzungsrechten, den Eigentumsschutz, die Sicherung der Einhaltung von Verträgen – beschränken. Im einzelnen enthält das Coase-Theorem eine Effizienzthese und eine Invarianzthese.

Betrachten wir den einfachsten aller möglichen Fälle, reine Nachbarschaftsexternalitäten mit klaren Kausalitäten und ohne Informationsprobleme. Es gibt einen potentiellen Emittenten A und einen potentiellen Umweltkonsumenten B. Beide kennen sich. Um Verhandlungen aufzunehmen und durchzuführen, entstehen ihnen keinerlei (Transaktions-) Kosten. Bei A handelt es sich beispielsweise um eine Fabrik, die private Kosten einsparen könnte, wenn sie Abwässer in ein Gewässer einleiten dürfte. Der Betroffene B sei ein Wasserwerk, das aus dem Gewässer Trinkwasser gewinnen will. Für A würden Vermeidungskosten entstehen, wenn er die Emissionen E einschränken müsste. Die Vermeidungskostenfunktion sei gegeben. Die Kosten sollen mit zunehmender Reinigung überproportional zunehmen (ansteigende Grenzvermeidungskosten $-dK/dE$). Für das Wasserwerk sei eine Schadensfunktion gegeben. Mit zunehmender Gewässerverunreinigung sollen die Kosten der Trinkwassergewinnung überproportional zunehmen (ansteigende marginale Schäden mit zunehmender Emission dS/dE). Die Funktionen sind in Abb. VII.5 wiedergegeben. Wir wollen jetzt unterschiedliche Rechtsordnungen annehmen. Der Staat bestimmt, dass entweder der Emittent A oder der von den Emissionen betroffene B das exklusive Nutzungsrecht an der Umwelt besitzt. Nach Coase gibt es für beide Parteien unter diesen Bedingungen einen starken Anreiz, miteinander in Verhandlungen über den Umfang der Emissionen bzw. Vermeidung zu treten.

1. Zustand: Das originäre Recht liegt beim Verschmutzer A (**laissez-faire-Regel**). Er kann seine Emissionen unbeschränkt ausdehnen. Ohne Verhandlung besteht der Zustand $\bar{E}$. Dies ist der Ausgangspunkt unserer Betrachtung. Wir sehen, dass im Bereich der Vermeidung $\bar{E} - \tilde{E}$ die je zusätzlicher Vermeidungseinheit eingesparten Schadenskosten beim Wasserwerk größer als die zusätzlichen Vermeidungskosten bei der Fabrik sind (vertikale Differenz zwischen der dS/dE- und der –dK/dE-Kurve). Das Wasserwerk spart höhere Kosten ein, als der Fabrik Kosten entstehen. Das eröffnet die Möglichkeit für vorteilhafte Verhandlungen. Beide Parteien könnten durch eine Emissionseinschränkung bessergestellt werden. Die dS/dE-Kurve gibt die maximale marginale Zahlungsbereitschaft für Verringerungen der Verschmutzung an. Die –dK/dE-Kurve entspricht den minimalen marginalen Entschädigungsforderungen. Beide Parteien können sich im genannten Vermeidungsbereich auf einen in dieser Spannbreite liegenden Preis und eine bestimmte Vermeidungs(Emissions-)menge einigen. Die Initiative zu Verhandlungen wird am ehesten vom Wasserwerk ausgehen. Der maximal mögliche Verhandlungsgewinn für beide Parteien zusammen entspricht der Fläche a + b und wird bei der Emission $\tilde{E}$ erreicht. Diese Menge stellt die effiziente Allokation dar. Hier sind die gesellschaftlichen Gesamtkosten am geringsten. Nehmen wir an, beide Seiten einigen sich auf einen Preis für die Emissionsvermeidung je Einheit in Höhe von p_V und auf die Vermeidungsmenge $\bar{E} - \tilde{E}$. In diesem Fall wird der maximale Verhandlungsgewinn für beide voll ausgeschöpft. Dies ist der Pareto-optimale Zustand. Das Wasserwerk leistet insgesamt Zahlungen in Höhe von $p_V(\bar{E} - \tilde{E})$. Angesichts der vermiedenen Schäden (entsprechend dem Integral unter der dS/dE-Kurve in den Grenzen $\bar{E}$ und $\tilde{E}$) erhält es einen Anteil am Verhandlungsgewinn gemäß Fläche b. Der Fabrik entstehen zwar Vermeidungskosten, die Zahlungen, die sie erhält, sind aber größer. Ihr Anteil am gesamten Verhandlungsgewinn entspricht Fläche a.

4. Verhandlungen über externe Effekte – Das Modell von Ronald Coase

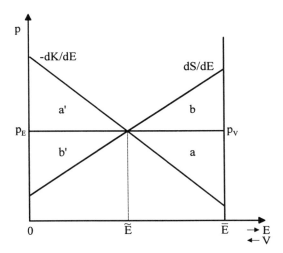

Abb. VII.10 Verhandlungslösung für externe Effekte nach Ronald Coase. Die effiziente Vermeidungs- oder Emissionsmenge $\tilde{E}$ wird unabhängig von der originären Rechteverteilung erreicht.

2. Zustand: Das originäre Recht liegt beim Wasserwerk B. Es kann jegliche Emissionen unterbinden. Ausgangspunkt unserer Betrachtung ist nun der Zustand der Nullemission. Die Fabrik muss entweder auf die Produktion verzichten, oder sie muss die Abwässer vollständig reinigen. Ihr entstehen hohe Kosten. Es wird deshalb die Fabrik sein, die versucht, Verhandlungen aufzunehmen. Die $-dK/dE$-Kurve steht nun für die maximalen Zahlungsbereitschaften für zusätzliche Emissionen, und die dS/dE-Kurve spiegelt die minimalen Entschädigungsforderungen für zusätzliche Emissionen wider. Im Bereich 0 bis $\tilde{E}$ ist jede zusätzliche Emission, die gestattet wird, für die Fabrik mit einer höheren Kosteneinsparung verbunden, als Schäden beim Wasserwerk entstehen. Deshalb haben wiederum beide Seiten die Chance, ihre Gewinne durch Verhandlungen zu verbessern. Der maximal mögliche Verhandlungsgewinn für beide Parteien zusammen entspricht der Fläche $a'+b'$. Einigen sich beide auf den Preis p_E und die Emissionsmenge $\tilde{E}$, wird wiederum die effiziente Lösung erreicht. Der Emittent A kann seinen Gewinn gegenüber der Nullemission um den Betrag entsprechend Fläche a' steigern, und das Wasserwerk B erhält einen Betrag gemäß Fläche b'.

Wir stellen fest:
- Die externen Effekte werden auf das effiziente Maß reduziert, das nicht weiter korrekturbedürftig ist (**Effizienzaussage**). Der Staat darf dann nicht noch eigene Korrekturmaßnahmen ergreifen, weil er damit die externen Effekte zu stark reduzieren würde.
- Beide Ausgangsverteilungen der Rechte führen zu der gleichen effizienten Umweltallokation (**Invarianzaussage**). Sofern der Emittent das originäre Recht besitzt, bestehen die externen Effekte in den verbleibenden Emissionen. Liegt das originäre Recht beim Umweltkonsumenten, ist er es, der dem potentiellen Emittenten für die verbleibenden Vermeidungen externe Kosten aufzwingt.
- Unterschiedlich ist bei beiden Rechtslagen die Wohlfahrtsverteilung. Derjenige, dem das originäre Recht zugewiesen wird, ist immer im Vorteil, denn das Recht verkörpert einen wirtschaftlichen Wert. Steht dem Emittenten A das Recht zu, so gilt folgendes: Er ist von der Umweltverschmutzung nicht betroffen, spart durch die Emissionen Kosten ein und erzielt aus dem Verkauf des Emissionsrechtes einen Erlös. Durch die Nutzung der Umwelt erhöht sich insgesamt seine Wohlfahrt. B dagegen erleidet durch die Umweltverschmutzung eine Gewinneinbuße, die er im Zuge der Verhandlungen lediglich verringern kann. Nehmen wir an, dass die ökonomische Situation für beide Parteien ansonsten völlig gleich ist, dann erreicht A ein höheres Wohlfahrtsniveau als B. Genau umgekehrt verhält es sich, wenn B das originäre Recht besitzt. Da die Umwelt nicht verschmutzt wird, erleidet er im Ausgangszustand keinerlei Nutzeneinbußen. Aus dem Verkauf des Rechts erzielt er einen Gewinn. A kann dagegen nur die Nutzeneinbußen, die er aus der notwendigen Vermeidung (bzw. Nichtproduktion) erleidet, durch die Vereinbarung reduzieren.

Kritik an den dargestellten Aussagen lässt sich vor allem in folgender Hinsicht üben: (1) Die Allokation ist auch eine Funktion der Verteilung. (2) Das Zustandekommen eines effizienten Ergebnisses ist eher zufällig. (3) Das laissez-faire-System ist anfällig für „Erpressungsmöglichkeiten". (4) Die angenommenen Rechtsordnungen sind für den Umweltbereich unrealistisch.

(1) In dem Modell werden für beide Rechtsordnungen identische Kostenfunktionen unterstellt. Das ist aber nicht zulässig. Hinter den Kostengrößen stecken letztendlich Nutzenverzichte. Wie diese Nutzeneinbußen individuell bewertet werden, hängt von den Wohlfahrtsniveaus ab, die die Betroffenen realisiert haben. Da für jede Wohlfahrtsverteilung im Prinzip eine andere effiziente Allokation gilt (vgl. Kapitel V), trifft dies auch für die Rechteverteilung zu. Die Aussage, dass man die Rechteverteilung beliebig ändern könne, ohne dass sich an der effizienten Emissionsmenge etwas ändert (Invarianzthese), ist deshalb nicht zutreffend.

(2) In unserer Darstellung entspricht der Preis für die Emissionsvermeidung bzw. für die Emission genau den Grenzkosten beider Parteien. Im Grunde haben wir hier unterstellt, dass sie sich so verhalten, als bestünde vollständige Konkurrenz. Sie betrachten den Preis als Datum. Man müsste von der Vorstellung ausgehen, dass ein Auktionator den markträumenden Preis festlegt und beide Seiten ihre jeweiligen Grenzkosten gegen diesen Preis abwägen und danach ihre Mengenentscheidung fällen. Diese Konstellation besteht aber gerade bei Coase nicht. Der Markt ist auf beiden Seiten monopolisiert. Beide Seiten besitzen einen Verhandlungsspielraum, der je nach den akzeptierten Fairnesskriterien, den Machtverhältnissen, dem Informationsstand (über die Betroffenheit des anderen) und dem Verhandlungsgeschick von der einen oder anderen Seite stärker ausgenutzt werden kann.

Auf welches Maß an Vermeidung/Verschmutzung man sich einigt, ist offen. Mögliche Lösungen werden in spieltheoretischen Ansätzen untersucht. Unter bestimmten Bedingungen kann es zum effizienten Ergebnis kommen: Verfolgen die Parteien eine „kooperative Strategie", indem sie gemeinschaftlich bestrebt sind, den Verhandlungsgewinn zu maximieren und fair aufzuteilen, wählen sie die effiziente Lösung, weil hier der Gewinn für beide höher ist als bei jedem anderen Aktivitätsniveau. Man kann sich dies so vorstellen, dass beide Seiten sich so verhalten wie ein einziges Unternehmen. Tatsächlich hat aber jede Partei ihren individuellen Vorteil im Auge. Eine Einigung auf das effiziente Niveau ist vor allem auch deshalb unwahrscheinlich, weil den Parteien die notwendigen Informationen über die Vermeidungs- und Schadenskosten der Gegenseite fehlen. Kann sich das Opfer B kein genaues Bild von den Vermeidungskosten des A machen, müsste es A erst fragen, der natürlich aus strategischen Gründen zu hohe Kosten angeben würde.

(3) Im laissez-faire-System hat der Verursacher die Chance, seine Situation dadurch zu verbessern, dass er sein Emissionsniveau nicht nach seinem eigentlichen Optimalitätskalkül wählt, sondern in strategischer Weise die Emissionen ausdehnt, um höhere Zahlungen zu erhalten. Er besitzt einen Anreiz, die Basisemissionen möglichst hoch anzusetzen. Außerdem entfällt der Zwang, kostengünstigste Vermeidungsmaßnahmen durchzuführen.

(4) Das Coase-Modell ist indifferent gegenüber der Rechtezuordnung im Ausgangszustand. Er geht von zwei extremen Regelungen aus. Dies ist jedoch wenig realistisch. Die Rechtsordnung basiert auf **Gerechtigkeitsvorstellungen**. Wir können hier zurückgreifen auf unsere Ausführungen zum Staatsverständnis. Rechtsregeln im liberalen Staat stellen einen Kompromiss dar, auf den sich die Bürger geeinigt haben. Dieser Kompromiss läuft auf einen Ausgleich der Interessen an der Nutzung der Umwelt hinaus. Die Frage ist: Wer soll wieviel verschmutzen dürfen? Die potentiellen Belaster haben ein Interesse an Emissionen, um Vermeidungskosten einzusparen und höhere Gewinne zu realisieren. Die Opfer von Umweltbelastungen dagegen haben ein Interesse an sauberer Umwelt um ihrer Gesundheit und ihres Wohlbefindens willen. Es besteht zwischen diesen beiden Gruppen ein Interessenkonflikt, der über ein Regelwerk des Umweltschutzes gelöst werden muss. Wenn jedermann ein unbeschränktes Verschmutzungsrecht besitzt, jedem also alles erlaubt ist, sind sowohl die Opfer der Verschmutzung die Belasteten als auch die Verursacher, weil sich die Opfer wehren werden (vgl. die Staatstheorie von Thomas Hobbes, Kap. V.1.1). Wir erinnern uns: Der Staat ist zur Wahrnehmung der Interessen aller Bürger gegründet worden, wobei jeder Bürger gleich zählt. Er soll für alle ein Maximum an Freiheit bzw. Wohlstand ermöglichen. Diese Forderung schließt ungewollte Eingriffe Dritter in die Individualsphäre aus. Weil die Rechtsordnung allgemein zustimmungsfähig sein soll, kann es keinen Konsens hinsichtlich extremer Rechtspositionen geben. Allgemeine Zustimmungsfähigkeit führt zum freiwilligen Verzicht auf unbeschränkte Freiheiten auf beiden Seiten. Der gerechte Kompromiss läuft auf eine mittlere Lösung der Rechteverteilung hinaus. Man einigt sich auf ein Recht der **begrenzten** Verschmutzung. Potentielle Umweltverschmutzer dürfen nicht so viel emittieren, wie sie wollen. Potentiellen Interessenten an sauberer Luft wird umgekehrt nicht soviel zugestanden, wie es ihren maximalen Vorstellungen entspricht. Beide

Seiten müssen sich in ihren Ansprüchen einschränken. Wir können daher folgende allgemeinen Schlüsse ziehen:
- Bei Schadstoffen, die gefährlich für die Gesundheit des Menschen sind, wird man sich auf ein Emissionsverbot einigen, denn das Motiv der Selbsterhaltung hat für jeden Menschen den höchsten Rang.
- Bei weniger gefährlichen Emissionen wird man sich auf begrenzte Belastungen einigen, wobei das Ausmaß der Emissionen noch genauer zu bestimmen wäre.

Denkbar ist es, dass bei gegebenem fairen Umweltrecht noch ein Spielraum für Verhandlungen zwischen Privaten über mehr oder weniger Umweltschutz besteht. Wir können uns erstens vorstellen, dass die Opfer von Umweltbeeinträchtigungen das Recht haben, mehr Emission zuzulassen als das Umweltrecht vorsieht. Dies setzt aber nach liberalem Staatsverständnis voraus, dass alle Opfer diese Bereitschaft aufweisen und in Abstimmung miteinander gegenüber allen relevanten Emittenten eines betreffenden Schadstoffes ihr Einverständnis zu mehr Emission erklären. Diese Lösung kommt aus praktischen Gründen kaum in Frage, denn Umweltprobleme betreffen meist viele Opfer und mehrere/viele Belaster. Wir können uns zweitens vorstellen, dass den Opfern von Umweltbeeinträchtigungen das Recht eingeräumt wird, weniger Emissionen gegenüber den Verursachern auszuhandeln. Auch in diesem Fall müssten sich alle potentiell Betroffenen miteinander verständigen und eine gemeinsame Lösung mit allen relevanten Emittenten aushandeln. Auch diese Konstellation ist wenig realistisch.

Zusammenfassung und Übungen

1. Externe technologische Effekte sind Auswirkungen wirtschaftlicher Aktivitäten, die mit positivem oder negativem Vorzeichen in die Nutzen- oder Produktionsfunktionen Dritter eingehen und für die es keine Marktpreise gibt. Für Güter mit externen Kosten ist das Angebot durch den Markt überoptimal und für Güter mit externen Erträgen unteroptimal. Durch externe Effekte vermindert sich nicht nur die Effizienz des marktlichen Allokationsmechanismus, sondern es wird auch seine Funktion, eine leistungsgerechte Einkommensverteilung herbeizuführen, beeinträchtigt.
2. Für externe Effekte gibt es keine Marktpreise. Das marktwirtschaftliche Ausschlussprinzip ist nicht anwendbar. Dies hat wiederum seinen Grund

darin, dass für diese Wirkungen keine Nutzungsrechte des Verursachers (bei externen Erträgen) und keine Abwehrrechte des Betroffenen (bei externen Kosten) spezifizierbar sind.

3. Wichtige Beispiele für externe Erträge und Kosten sind die angewandte Forschung der Unternehmen und die Verschmutzung der Umwelt durch Haushalte, Unternehmen und staatliche Einrichtungen. Der Staat wirkt den damit verbundenen Ineffizienzen und Ungerechtigkeiten durch Einführung des Patentschutzes bzw. durch die Umweltpolitik entgegen. Die wichtigsten Instrumente der Umweltpolitik sind Ge- und Verbote, Umweltabgaben und handelbare Emissionsrechte.

4. Pekuniäre externe Effekte stellen keinen Grund für staatliche Interventionen in den Marktprozess dar. Die Veränderungen der relativen Preise sind Reflex veränderter Dringlichkeitsbewertungen und zeigen gerade die Funktionsfähigkeit des Marktmechanismus. Der Begriff sollte aus unserer Sicht nicht verwendet werden, führt er doch (zu) leicht zu Fehlinterpretationen.

5. Ordnungsrechtliche Maßnahmen sind immer dann umweltpolitisch am geeignetsten, wenn es um das Verbot gesundheitsgefährdender Schadstoffe oder um die raumpunktgenaue Einhaltung von Umweltzielen (etwa Vermeidung gefährlicher Belastungen in der Nachbarschaft eines Großbetriebes) geht. Bei national oder global orientierten Umweltzielen (beispielsweise Treibhauseffekt) spielt der Ort der Emissionsquelle für das Umweltproblem dagegen keine Rolle. In diesem Fall können Umweltabgaben und Umweltzertifikate ihre Vorzüge ausspielen: Sie ermöglichen einen kostengünstigeren Umweltschutz. Abgaben sind allerdings in ihrem Lenkungseffekt unscharf, während sich mit Umweltzertifikaten ökologische Ziele genau erreichen lassen.

6. Das von Ronald Coase entwickelte Modell der Verhandlung über Externalitäten zwischen Verursachern und Betroffenen ist auf nationale Umweltprobleme nicht anwendbar. Der Staat muss mit seinen hoheitlichen Instrumenten eingreifen. Sofern es allerdings um die Lösung internationaler Umweltprobleme zwischen souveränen Staaten geht, kann das Verhandlungsmodell helfen, Zustandekommen und Inhalt von internationalen Vereinbarungen zu erklären.

Wiederholungsfragen:

1. Welches normative Kriterium liegt dem Begriff der technologischen externen Effekte zugrunde?
2. Wie lassen sich die Theorie externer Effekte und die Theorie öffentlicher Güter miteinander verbinden?
3. Was sagen Sie als Marktwirtschaftler zu der Aussage: Externe Effekte sind Folge eines Marktversagens?
4. Welche externen Kosten werden durch den Kraftfahrzeugverkehr verursacht? Stellen Sie die Wohlfahrtseffekte einer Internalisierung dieser Kosten grafisch dar.
5. Wie sollten Umweltsteuern ausgestaltet sein?
6. Warum gelten Umweltsteuern als kosteneffizient?
7. Wie kann es zu einem Handel mit Emissionsrechten kommen?
8. Zur Lösung des Problems der externen Erträge werden auch Subventionen für die angewandte Forschung vorgeschlagen. Erscheint Ihnen dieses Instrument geeignet?
9. Welche Vor- und Nachteile verbinden sich für die Gesellschaft mit der Patentierung von Erfindungen?
10. Wie ist das Coase-Verhandlungsmodell im Umweltschutz vor dem Hintergrund einer gerechten Verteilung der Nutzungsrechte an der Umwelt zu beurteilen?

Aufgaben

1. Welche Informationen benötigt der Staat, um beurteilen zu können, dass negative externe Effekte effizienzverbessernde Interventionen rechtfertigen?

Lösungshinweis:
Zunächst muss klar gestellt werden, dass es sich bei den Wirkungen um technologische externe Effekte handelt. Sodann müssen die Verursacher identifiziert werden. Nur wenn diese im Inland ansässig sind, hat der Staat direkte Zugriffsmöglichkeiten. Stammen die Belastungen aus dem Ausland kann er nur im Rahmen internationaler Verhandlungen auf Internalisierung hinwirken. Wissen ist außerdem darüber erforderlich, ob die Belastungen auf Aktivitäten in der Vergangenheit oder in der Gegenwart zurückgehen. Zur Regulierung von Altschäden ist ein besonderes Instrumentarium erforderlich. Nur gegen aktuelle Verursacher kann der Staat vorgehen. Sofern diese feststehen, sind die physischen externen Effekte zu quantifizieren (etwa Umfang der Schadstoffemissionen und Grad der induzierten Umweltbeeinträchtigung). Im nächsten Schritt sind die physischen Auswirkungen dieser Belastungen auf die Gesundheit und das Wohlbefinden der Menschen sowie auf die Ökonomie (zum Beispiel Verteuerung der Trinkwassergewinnung durch Grundwasserverschmutzung) zu schätzen. Sodann ist eine Bewertung dieser Schäden vorzunehmen, möglichst in Geldeinheiten. Ob gegen die externen Kosten vorgegangen werden soll, bestimmt sich aus ökonomischer Sicht erst nach Vergleich mit den gesellschaftlichen Kosten der Vermeidung. Auch über diese Kosten muss sich der Staat Informationen beschaffen. Nicht alle externen Kosten müssen stets vermieden werden. Interventionen sind gerechtfertigt, wenn die Nutzen die Kosten übersteigen. Die Rückführung der verursachenden Aktivitäten ist solange effizient, wie die verhinderten externen Kosten größer sind als die Vermeidungskosten. Da-

bei müssen auch alle mit der Intervention verbundenen Kosten der Informationssuche und Verwaltung und Kontrolle des zum Einsatz gelangenden Instrumentariums erfasst werden (Transaktionskosten).

2. Der Informationsstand und die Verhandlungsmacht der beiden Akteure bestimmen den maximal erreichbaren Verhandlungsgewinn im Coase-Modell bei der Internalisierung externer Effekte. Zeigen Sie die Auswirkungen nachfolgender vier Konstellationen:
(a) vollständige Information und gleiche Verhandlungsmacht,
(b) vollständige Information und ungleiche Verhandlungsmacht,
(c) unvollständige Information und gleiche Verhandlungsmacht,
(d) unvollständige Information und ungleiche Verhandlungsmacht.
Lösungshinweis:
(a) Jeder kennt die relevanten Grenzschadens- und Grenzvermeidungskostenfunktionen und ist gleich stark. Dies hat in der Regel die Einigung bei der effizienten Emissionsmenge zur Folge (vgl. Abb. VII.10). Die Aufteilung des entstehenden Verhandlungsgewinns erfolgt zu gleichen Teilen. Effizienz und Gerechtigkeit fallen in der Regel zusammen.
(b) Entweder der Schädiger ist verhandlungsstärker oder der Geschädigte, was wiederum abhängig von der Ausgestaltung des originären Rechts ist. Der Stärkere kann sich einen höheren Anteil am Verhandlungsgewinn aneignen. Er muss dem Schwächeren aber einen gewissen Mindestgewinn zugestehen, weil er auf dessen Verhandlungsbereitschaft angewiesen ist. Was tatsächlich passiert, hängt vom Einzelfall ab. Nehmen wir an, das originäre Recht liegt beim Verschmutzer und dieser befindet sich auch in der machtvolleren Position. Er kann beispielsweise die Rückführung der Emissionen auf die effiziente Menge anbieten. Wenn der Verhandlungspartner mit einem festen Mindestgewinn zufrieden ist, erzielt der Stärkere bei dieser Menge den größten Gewinn, weil hier der gesamte mögliche Verhandlungsgewinn maximal ist. Die Verhandlungen können aber auch zu einem ineffizienten Ergebnis führen: Der Verschmutzer als Anbieter der Vermeidung kann sich wie ein Monopolist verhalten und einen Preis für die Einheit Emissionseinschränkung gemäß des Cournotschen Punktes verlangen. Seine Grenzerlösfunktion leitet sich aus der Grenzschadensfunktion des Verhandlungspartners ab (vgl. Abbildung). Er setzt dann den Monopolpreis in Höhe von p_M fest. Der Nachfrager akzeptiert den Preis

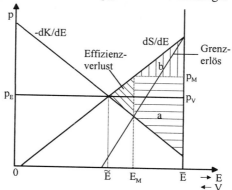

bei der Emissionsmenge E_M. Der Verschmutzer realisiert einen Gewinn in Höhe der horizontal schraffierten Fläche a und der Nachfrager nach sauberer Umwelt einen Gewinn gemäß der vertikal schraffierten Fläche b. Gegenüber der Situation mit gleicher Verhandlungsstärke resultiert zum einen der „übliche" monopolistische Effizienzverlust in Höhe der diagonal schraffierten Fläche aufgrund der suboptimalen Emissionseinschränkung. Darüber hinaus erhöht der Verschmutzer seinen Verhandlungsgewinn, der Geschädigte muss hier Einbußen in Kauf nehmen.
(c) Bei unvollständiger Information können drei Grundtypen unterschieden werden: (i) Der Schädiger ist unvollständig informiert; (ii) Der Geschädigte ist unvollständig informiert und (iii) beide sind unvollständig informiert. Über die eigene und gegnerische Kostenfunktion bestehen dann Unsicherheiten. Eine Vielzahl von Verhandlungsausgängen ist möglich.
Wir wollen uns folgende Konstellation vor Augen führen: Das originäre Recht liegt beim Verschmutzer. Es besteht Unsicherheit über die Grenzschadensfunktion des Geschädigten. Alle Beteiligten verhalten sich risikoneutral und orientieren sich am Erwartungswert. Der Geschädigte sollte im Verhandlungsprozess eine Grenzschadensfunktion angeben, die der Schädiger auch glauben kann. Dabei stellt sich für ihn ein Problem: Weniger Emissionen reduzieren zwar die Schäden, erhöhen aber möglicherweise die Vermeidungskosten so stark, dass der Verhandlungsgewinn kleiner wird. Dadurch ergibt sich tendenziell ein Verhandlungsgewinn, der geringer als im Idealfall (a) ist. Sowohl aus Effizienz- als auch aus Verteilungssicht stellt sich der Geschädigte schlechter, wenn er überhöhte Schäden angibt!
(d) Die Situation wird in diesem Fall noch komplexer. Wir wollen das Ergebnisspektrum nur durch folgende Klassifikation andeuten: (i) Die Verhandlungsmacht kann auf Seiten des Schädigers oder des Geschädigten liegen. (ii) Der Schädiger alleine, der Geschädigte alleine oder beide Akteure können unvollständig informiert sein. Beiden stehen aber zur Behebung dieses Problems in der Regel externe Informationsquellen zur Verfügung. (iii) Das originäre Recht liegt beim Schädiger oder beim Geschädigten.

3. Wie könnten Umweltzertifikate zur Bekämpfung des Treibhauseffektes ausgestaltet sein und wie würden sie funktionieren?
Lösungshinweis:
Zu beachten sind insbesondere:
- Festlegung verbindlicher Emissionshöchstziele in den Ländern,
- Versteigerung oder freie Vergabe gemäß historischer Emissionsdaten („Grandfathering") oder auf einer Pro-Kopf-Basis,
- Handelbarkeit: freie versus eingeschränkte Handelbarkeit,
- Gültigkeitsdauer: kurz-, mittel- und langfristige Zertifikate,
- Cap-and-Trade-Handelssystem versus Baseline-and-credit-Methode.
- Staatlicher oder privater Handel,
- Stückelung: Hohe Nominalbeträge versus niedrige,
- Banking und/oder Borrowing,
- Verhinderung von Marktmacht,
- Behandlung von „Newcomern",
- Behandlung von Nichtregierungsorganisationen (NGOs) und Spekulanten,

164 Kapitel VII: Theorie externer Effekte

- Rechtsverbindlichkeit beim Kauf/Verkauf,
- Kontroll- und Sanktionssystem zur Einhaltung der ausgehandelten Regeln.

Folgende Bedingungen für ein effizientes Zertifikatesystem beim Klimaschutz lassen sich formulieren:[3]
(1) Handel sollten die Emittenten untereinander betreiben, weil deren operative Größe die Grenzvermeidungskosten darstellen und sich größere Märkte herausbilden können. Bei der nationalen Umsetzung müssen alle beteiligten Länder auf handelbare Emissionsrechte zurückgreifen. (2) Als Grundvoraussetzung für das Entstehen eines Zertifikatemarktes muss jedes Land sich einem verbindlichen Emissionsziel unterwerfen. Dabei müssen alle Emittenten und alle treibhausrelevanten Gase erfasst werden. (3) Die Zielerreichung muss über ein geeignetes Monitoring und Reporting ständig überprüft werden. Außerdem müssen bei sich ankündigenden Zielverfehlungen spürbare Sanktionen eingeleitet und im Bedarfsfalle auch zügig umgesetzt werden. (4) Bestimmte Aufteilungen der Zielerfüllung auf inländische und ausländische Vermeidung widersprechen der Kosteneffizienz des Instruments. (5) Beim Handel mit Emissionsrechten müssen klare Spielregeln von den Emittenten befolgt werden. Dies ist am besten auf einem börsenmäßig organisierten Markt gewährleistet.

4. Stellen Sie sich ein Verschmutzungsproblem vor, bei dem eine Papierfabrik und eine Lachsfischerei einen Fluss für produktive Zwecke nutzen wollen. Die Fischerei kann an zwei Standorten operieren: stromaufwärts oberhalb der Papierfabrik oder stromabwärts unterhalb von ihr. Im ersten Fall ist das Wasser „sauber", im zweiten Fall wäre es verschmutzt. Die Verschmutzung reduziert die Gewinne des Fischereibetriebs: Ohne Verschmutzung wären die Gewinne am oberen Standort 300 US-$, unterhalb der Fabrik jedoch 500 US-$. Verschmutzung oberhalb der Fabrik reduziert den Gewinn auf 200 US-$ und 100 US-$ unterhalb der Paperfabrik. Die Papierfabrik erzielt einen Gewinn von 500 US-$ und es existiert eine perfekte Reinigungstechnologie, die 200 US-$ kostet. Eigentumsrechte am Wasser können entweder dem Fischereibetrieb (Recht auf sauberes Wasser) oder der Papierfabrik (Recht auf Verschmutzung) zugewiesen werden.
(a) Ermitteln Sie das gesellschaftlich effiziente Ergebnis in dieser Situation. (b) Welche Ergebnisse stellen sich bei den beiden verschiedenen "Property-Rights-Regimen" ein, wenn keine Verhandlungsmöglichkeit besteht? (c) Wie ändert sich die Antwort zu (b), wenn die beiden Betriebe miteinander kostenlose Verhandlungen führen können?[4]
Lösungshinweis: (f = Fischereibetrieb, p = Papierfabrik, up = stromaufwärts, down = stromabwärts).
(a) 1. Fall „Verschmutzung": f 200 (up) + p 500 = 700; f 100 (down) + p 500 = 600. 2. Fall „Nicht-Verschmutzung": f 300 (up) + p 300 = 600; f 500 (down) + p 300 = 800. Das effiziente Ergebnis der gemeinsamen Gewinnmaximierung wird

---
[3] Vgl. Bayer, S. und D. Cansier (1999): Kyoto-Mechanismen und globaler Klimaschutz: Die Rolle handelbarer Emissionsrechte, in: Hamburger Jahrbuch für Wirtschafts- und Gesellschaftspolitik, 44. Jahrgang, S. 255-273.
[4] Nach Kolstad, C. D. (2000): Environmental Economics, New York und Oxford: Oxford University Press, S. 114.

erreicht, wenn die Papierfabrik nicht verschmutzt und die Fischerei sich stromabwärts ansiedelt. Dies führt zur maximalen Wohlfahrt in Höhe von 800.
(b) (b1) Fischerei mit dem Recht auf sauberes Wasser: f 300 (up) + p 300 = 600; f 500 (down) + p 300 = 800. (b2) Papierfabrik mit dem Recht auf Verschmutzung: f 200 (up) + p 500 = 700; f 100 (down) + p 500 = 600. Erhält die Fischerei das Recht auf sauberes Wasser bleibt die effiziente Situation aus (a) bestehen. Beim Recht auf Verschmutzung für die Papierfabrik sinkt der mögliche Gesamtgewinn um 100 auf 700. Im Vergleich zu (a) gewinnt die Papierfabrik 200 Geldeinheiten, die Fischerei verliert jedoch 300.
(c) Relevant sind die beiden Fälle Fischerei mit Recht auf sauberes Wasser (f 500 (down) + p 300 = 800) und Papierfabrik mit dem Recht auf Verschmutzung (f 200 (up) + p 500 = 700). Reinigt die Papierfabrik ihr Abwasser, entstehen Vermeidungskosten in Höhe von 200. Dadurch kann sich aber der Fischereibetrieb stromabwärts ansiedeln und erzielt einen Mehrertrag in Höhe von 300. Die Verhandlungsmasse beträgt 100. Jede beliebige Aufteilung dieses Verhandlungsgewinnes führt zu einer Verbesserung beider Akteure, so dass sie sich einigen werden: Die Papierfabrik reinigt ihr Abwasser, die Fischerei siedelt sich stromabwärts an und der gesamtwirtschaftliche Wohlfahrtsgewinn wird zwischen beiden aufgeteilt: Die effiziente Lösung wird erreicht, solange keine prohibitiven Verhandlungskosten auftreten.

5. Auf einem Landstrich, das jeglicher Nutzung zugänglich ist, wird die Salaternte eines Gärtners durch die Schafherde eines umherziehenden Schäfers bedroht. Der Salatanbauer wäre bereit, dem Schäfer einen Betrag von 1000 zu bezahlen, damit er seine Herde ein paar Kilometer weiter südlich grasen lässt; dies würde seine Salaternte retten. Der Schäfer bräuchte sogar nur eine Kompensation in Höhe von 800, um den Salatbauern in Ruhe zu lassen. Nehmen Sie an, dass keine Transaktionskosten anfallen. Was könnte eine (effiziente) Transaktion dennoch verhindern?
Lösungshinweis:
Strategische Absichten können das Zustandekommen eines effizienten Verhandlungsergebnisses verhindern! Möglicherweise sieht es der Schäfer nur auf die Kompensationsleistung des Bauern ab. Er fährt von Bauer zu Bauer und fragt, welchen Betrag diese bereit sind zu bezahlen, damit er seine Schafe **nicht** auf deren Weide grasen lässt. Im Extremfall könnten hier sogar Individuen agieren, die nur glaubhaft drohen, ohne überhaupt ein einziges Schaf zu besitzen. Antizipiert der Bauer dieses Verhalten, wäre er von vornherein nicht bereit, Kompensationsmaßnahmen anzubieten. Damit läge ein ineffizientes Verhandlungsergebnis vor.

Literatur
Cansier, D. (1996): Umweltökonomie, 2., neubearbeitete Auflage, Stuttgart: Lucius & Lucius.
Coase, R. H. (1960): The Problem of Social Cost, Journal of Law and Economics, Vol. 3, S. 1-44.
Rosen, H. S. (2002), Public Finance, 6. Auflage, New York: McGraw-Hill Irwin.

Kapitel VIII: Natürliches Monopol

Wettbewerb ist auf bestimmten Märkten entweder gar nicht möglich oder er führt langfristig zum Monopol. Große Anbieter können kleine Konkurrenten im Preis unterbieten und verdrängen sie nach und nach, so dass am Schluss nur noch ein Anbieter übrig bleibt und dieser seine Marktmacht ausnutzt, indem er überhöhte Preise verlangt. Solche natürlichen Monopole liefern einen weiteren Grund für staatliche Eingriffe in die Marktwirtschaft.

1. Kostenvorteile der Großproduktion

Kleine Betriebe sind großen Betrieben unterlegen, wenn die Stückkosten mit steigender Betriebsgröße fallen. Wenn X die effiziente Produktionsmenge eines bestimmten Gutes bei einer gegebenen Betriebsgröße darstellt und K_f und K_v die fixen bzw. die variablen Kosten bezeichnen, dann erhält man für die Stückkosten:

(VIII.1) $DKT = K_f/X + K_v/X$.

Die Stückkosten fallen mit steigender Betriebsgröße, wenn der Anteil der fixen Kosten schneller abnimmt als der Anteil der variablen Kosten zunimmt. Kleine Betriebsgrößen zeichnen sich dann durch einen höheren Anteil der fixen Kosten aus. Größenvorteile der Produktion (Economies of Scale) beruhen auf hohen Fixkosten. Ihr Anteil an den Gesamtkosten geht mit steigender Betriebsgröße zurück. Die hohen Fixkosten sind vor allem durch eine hohe Kapitalintensität der Produktionsprozesse bedingt. In Abb. VIII.1 sind die Gesamtkostenfunktionen für einen kleinen Betrieb (B_1) und einen großen Betrieb (B_2) dargestellt. Die jeweiligen Produktionsmengen im Kostenminimum – bei angenommener Normalauslastung – sind X_1 und X_2. Stellen wir uns beliebig viele unterschiedliche Betriebgrößen vor mit Annahme von Kostenvorteilen des jeweils größeren Betriebes, dann erhalten wir als Berührungslinie der Kostenminima die Kostenfunktion K(X). Sie weist einen konkaven Verlauf auf. Darin drücken sich Economies of Scale aus. In Abb. VIII.2 sind die zugehörigen Funktionen für die Stückkosten und die Grenzkosten – bezogen auf Betriebsgrößenvariationen – dargestellt.

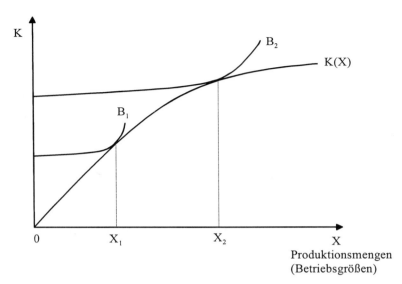

Abb. VIII.1 Stückkostendegression bei Betriebsgrößenerhöhung. Es bedeuten: B_1 und B_2 = kurzfristige Kostenfunktionen eines kleinen und eines großen Betriebes, $K(X)$ = langfristige Kostenfunktion.

Von einem natürlichen Monopol spricht man, wenn ein einziges Unternehmen den relevanten Markt über den gesamten möglichen Nachfragebereich kostengünstiger versorgen kann als zwei oder mehrere kleine Anbieter (vgl. Abb. VIII.2). Dieses Phänomen bezeichnet man als **Subadditivität der Kostenfunktionen**. Wenn ein einziger Anbieter die Menge X* produziert, ist es billiger, als wenn die Teilmengen von mehreren Unternehmen produziert werden. Es gilt die Bedingung:

(VIII.2) $\qquad K(X^*) < K(X_1) + \cdots + K(X_k) \quad \text{mit} \quad \sum_{i=1}^{k} X_i = X^*.$

Die Produktionsmenge X_R kann vom Alleinanbieter zu Stückkosten gemäß Punkt D angeboten werden. Würde diese Menge beispielsweise von zwei gleich großen Anbietern angeboten werden, dann würden höhere Stückkosten anfallen.

Abnehmende Stückkosten sind eine hinreichende, aber keine notwendige Bedingung für Subadditivität und damit für das natürliche Monopol. Subadditivität kann auch vorliegen, wenn die Durchschnittskosten bereits wieder ansteigen. Der Großbetrieb X_R kann immer noch billiger produzieren als etwa drei Betriebe mit der Größe von jeweils $X_R/3$ (vgl. Abb. VIII.3). Man spricht in diesem Fall von einem lokalen natürlichen Monopol.

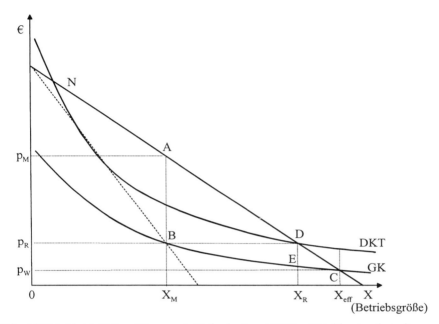

Abb. VIII.2 Natürliches Monopol. Es bedeuten: DKT = Stückkosten bei alternativen Betriebsgrößen, GK = Grenzkosten in Bezug auf Betriebsgrößenerweiterungen (fixe und variable Kosten nach Abb. VIII.1), Fläche ABC = Wohlfahrtsverlust beim privaten Monopol, Fläche CDE = Wohlfahrtsverlust beim regulierten Höchstpreis p_R (= DKT).

Stellen wir uns vor, dass die Nachfrage am betreffenden Markt langfristig wächst, dann bleibt die Bedingung für ein natürliches Monopol nur erhalten, wenn auch die Größenvorteile der Produktion zunehmen. In einem wachsenden Markt kann Konkurrenz aufkommen. Andererseits mögen sich aber auch die Produktionstechniken zugunsten langfristig fallender Stückkosten weiter entwickeln. Die Menge $2 \cdot X_{min}$ in Abb.VIII.3 könnten etwa zwei Anbieter mit der Menge von jeweils X_{min} kostengünstiger bereitstellen. Auf wachsenden Märkten besteht langfristig ein natürliches Monopol nur bei Subadditivität der Kostenfunktionen für alle denkbaren Versorgungsmengen, was aber eher unwahrscheinlich sein dürfte.

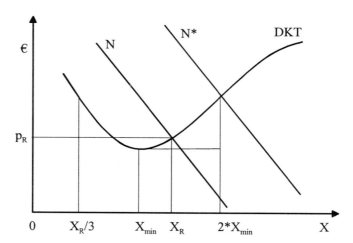

Abb. VIII.3 Lokales natürliches Monopol. Trotz bereits wieder ansteigender Durchschnittskosten kann der Großbetrieb X_R immer noch billiger produzieren als zum Beispiel drei Betriebe mit der Größe von jeweils $X_R/3$.

Für kleinere Anbieter mag die Chance zum Marktzutritt bestehen, wenn das beherrschende Unternehmen ineffizient produziert. Wir sind bisher davon ausgegangen, dass große wie kleine Anbieter gleichermaßen bestrebt sind, alle Möglichkeiten der Kostensenkung auszunutzen. Mangelnder Wettbewerb fördert aber Trägheiten beim Monopolisten. Bei starken Größenvorteilen kann er sich allerdings seiner Position ziemlich sicher sein, so dass unwirtschaftliches Verhalten weniger riskant ist und die eigene Position nicht gefährdet. Je schwächer dagegen die Größenvorteile sind, um so mehr wird der Monopolist auf wirtschaftliches Verhalten bedacht sein. Welche Situation auch immer besteht, die Größenvorteile sind bestimmend für die Marktzutrittsschranken.

Natürliche Monopole werden für Teilbereiche der öffentlichen Versorgungswirtschaft (insbesondere Gas und Wasser) angenommen. Betrachten wir zum Beispiel ein Erdgas-Versorgungsunternehmen. Die Technologie impliziert ausgeprägte Economies of Scale. Ob kleinere oder größere Gasleitungen mit unterschiedlich möglichen Produktionsmengen verlegt werden, macht für die hohen Fixkosten kaum einen Unterschied. Die variablen Kosten pro Leistungseinheit sind bei gegebener Kapazität gering und konstant.

2. Regulierungsformen

Wie soll sich der Staat gegenüber natürlichen Monopolen verhalten? Das Monopol selbst führt bei Streben nach individueller Gewinnmaximierung zu einer ineffizienten Faktorallokation (vgl. Abb. VIII.2). Der Alleinanbieter verlangt den Monopolpreis p_M und entscheidet sich für eine relativ geringe Betriebsgröße x_M. Die effiziente Betriebsgröße liegt dort, wo die Grenzkosten der Betriebsgrößenvariation mit der marginalen Zahlungsbereitschaft der Käufer (Nachfrage) übereinstimmt (x_{eff}). Der Wohlfahrtsverlust bemisst sich in Höhe der Fläche ABC. Durch Ausweitung der Betriebsgröße würden weniger zusätzliche (fixe und variable) Kosten entstehen als zusätzliche Nutzen (gemessen in Zahlungsbereitschaften). Mehrere Regulierungsmöglichkeiten sind vorstellbar:

- Der Staat erlässt Höchstpreisvorschriften bei Marktbedienungspflicht. Dem Anbieter wird erlaubt, einen Preis in Höhe seiner Durchschnittskosten (einschl. normaler Kapitalverzinsung) zu verlangen (sogenannter **Ramsey-Preis**). Dies entspricht dem Preis p_R in Abb. VIII.2. Das Angebot wird ausgeweitet und die Nachfrage befriedigt. Der Wohlfahrtsverlust wird reduziert aber nicht beseitigt (Fläche CDE). Das Problem der Aufsichtsbehörde besteht bei dieser Lösung in der Kontrolle der Produktionskosten.

- Der Staat setzt einen Höchstpreis nach Maßgabe der Grenzkosten fest (Grenzkostenpreisregel). Der Preis deckt die Stückkosten nicht ab. Es entstehen Verluste, die vom Staat subventioniert werden müssen. Die effiziente Versorgungsmenge des Marktes ist auf diese Weise zwar erreichbar, jedoch treten Probleme des Subventionsmissbrauchs, des schwindenden Kostenbewusstseins und der negativen wirtschaftlichen Anreizeffekte durch die Steuerfinanzierung der Subventionen auf.

- Der Staat schreibt dem Monopolisten differenzierte Preise für die fixen und variablen Kostenkomponenten vor und gewährt keine Subventionen. Über die fixe Grundgebühr soll der Anschluss der Kunden an das Verteilernetz und durch den Grenzkostenpreis der Leistungsverbrauch finanziert werden. Der fixen Gebühr können die Nachfrager (im reinen Monopol ohne Substitutionskonkurrenz) nicht ausweichen. Der variablen Gebühr in Höhe der Grenzkosten p_W passen sie sich mit den Nachfragemengen an. Das effiziente Angebot kommt zustande.

- Der Staat stellt die effiziente Menge durch eigene Betriebe bereit und subventioniert die Verluste aus dem allgemeinen Haushalt.

> **Beispiel:** Tarife mit fixen und variablen Kostenbestandteilen
> Die Möglichkeit der Trennung der Kostenanlastung in einen (fixen) Grundtarif und einen (variablen) verbrauchsabhängigen Tarif wird in der Praxis häufig genutzt: Die Unternehmen betreiben Preisdifferenzierung. Der Grundtarif soll dabei die fixen Kosten (die Anschlusskosten und die Kosten der permanenten Netzverfügbarkeit) und die Verwaltungsgemeinkosten decken. Über den variablen Kostenbestandteil werden die tatsächlichen Verbrauchskosten in Rechnung gestellt, etwa die tatsächlichen Stromkosten zuzüglich eventueller Durchleitungsentgelte.
> In der Regel konkurrieren dabei zwei Tariftypen miteinander: Auf der einen Seite stellen sich Vielnutzer meist besser, wenn sie einen relativ hohen verbrauchsunabhängigen Grundtarif bezahlen und je nachgefragter Mengeneinheit relativ niedrige verbrauchsabhängige variable Kosten in Rechnung gestellt bekommen. Wenignutzer präferieren dagegen das umgekehrte Tarifmodell: Ein niedriger Grundtarif wird mit relativ hohen Preisen für die tatsächlichen Verbrauchsmengen kombiniert.

- Der Staat lässt die Benutzung von Versorgungsnetzen durch mehrere Anbieter zu. Netz und Netzbenutzung werden voneinander getrennt. Der Staat liberalisiert ein bestehendes Versorgungsnetz (zum Beispiel Telekommunikation und Stromversorgung), oder er tritt selbst als Anbieter eines Netzes auf. Über die Gebühren, welche die Nutzer an die Eigentümer zu zahlen haben, werden die Kosten des Netzes auf mehrere Betriebe umgelegt. Hohe fixe Kosten sind jetzt kein Hindernis mehr für den Marktzutritt mehrerer Unternehmen. Der Wettbewerb führt zu niedrigeren Preisen und damit zu einem effizienteren Leistungsangebot.
- Neben der Preisdifferenzierung in Abhängigkeit von der Nutzungsintensität kann auch mit Hilfe des „peak-load-pricing" (Spitzenlastpreise) eine Preisdifferenzierung in Abhängigkeit von der Auslastung der Netznachfrage erfolgen. Ein Beispiel liefern kommunale Stromanbieter, die Tag- und Nachtstrom anbieten, wobei der Strom in den schwach ausgelasteten Nachtstunden (etwa 22.00 Uhr bis 6.00 Uhr) deutlich billiger als tagsüber ist. Ein eventuell notwendiger Zukauf von Strom in Spitzenlastzeiten kann über dieses Tarifmodell finanziert werden. Auch diese Art der

Preisdifferenzierung begünstigt das Auftreten von Wettbewerbern oder setzt natürliche Monopole unter Druck, über niedrigere Preis potentielle Konkurrenten vom Markt fernzuhalten. Dadurch kommt es zu einem effizienteren Angebot.
- Der Staat kann natürliche Monopole zeitlich befristet meistbietend versteigern. Dabei geht man davon aus, dass Wettbewerb „im Netz" nicht möglich ist und deshalb ein Wettbewerb „um das Netz" installiert werden muss, um mehr Effizienz zu erreichen. Die monopolistische Preissetzung während der Zeit des exklusiven Angebotes verliert hier an Brisanz, denn die Konkurrenz der Bieter um das Recht führt zu einem entsprechend hohen Lizenzentgelt, das der Staat anschließend an die Konsumenten zurückverteilen kann.

In der Realität spielen natürliche Monopole eine immer geringere Rolle. Das zeigen die Privatisierungen im Bereich des Telekommunikationssektors (Telefon, Fernsehen) und der Elektrizitätswirtschaft. Wettbewerb wird gefördert durch die Öffnung bislang institutionell verschlossener Netze. Versorgungsmonopole sind bisher häufig Ergebnis künstlicher staatlicher Marktzutrittsschranken gewesen. Die verschiedenen Liberalisierungen zeigen, dass mehrere Anbieter wettbewerbsfähig sein können. Außerdem werden neue Techniken entwickelt, die mit geringeren Fixkosten verbunden sind (Beispiel Mobilfunk). Zu technischen Fortschritten dieser Art liefern gerade die Monopole wegen der überdurchschnittlich hohen Gewinne einen Anreiz. Reine Monopole sind bereits wegen des Substitutionswettbewerbs der Güter selten (z. B. Konkurrenz im Verkehrswesen zwischen Bahn, Auto, Flugzeug und Schifffahrt).

Hintergrundinformation: Missglückte Liberalisierung des kalifornischen Strommarktes
In der Tagespresse war im Laufe des letzten Jahres des öfteren zu lesen, dass in Kalifornien (USA) Teile der Bevölkerung für eine kurze Zeit nicht mit Strom versorgt werden konnten. Als Ursache dieser Krise haben Ökonomen Defizite beim Design der Strommarktliberalisierung ausgemacht: Bis 1996 übernahmen hauptsächlich drei Monopole die Stromversorgung, deren Preise, Kosten und Lieferbedingungen stark reguliert waren. Ab 1996 wurde die Stromversorgung „dereguliert" und privatisiert – allerdings mit erheblichen Auflagen. Die Einzelhandelspreise (Verkaufspreise aus Sicht der Energieversorgungsunternehmen) für Strom wurden bis zum Jahr 2001 per Gesetz festgeschrieben (**Höchstpreis**),

in erster Linie aus Verbraucherschutzgründen. Entgegen den Empfehlungen aus dem Lehrtext unterließ es der Staat allerdings, die Höchstpreisvorschrift mit Subventionen an die Stromversorger zu flankieren. Zusätzlich stiegen die Großhandelspreise (in der Regel die Einkaufspreise von Energieversorgungsunternehmen) allein zwischen der zweiten Jahreshälfte 1999 und der zweiten Jahreshälfte 2000 um mehr als 500% an. Neben den langfristigen Effekten fixierter Verkaufspreise auf Investitionen und Innovationen überstiegen die Einkaufspreise in dieser Zeit die Verkaufspreise, was zu hohen Verlusten und Insolvenz etlicher Anbieter führte. Daraus resultierten Lieferschwierigkeiten, und es wurde notwendig, die Versorgung aufgrund des enormen Nachfrageüberhangs vorübergehend einzustellen. Längerfristig stand die Versorgung der Bevölkerung zur Disposition, was den Staat im Jahr 2001 zu erneuten Eingriffen in den Strommarkt zwang. Mittlerweile kann von einer echten Privatisierung nicht mehr gesprochen werden, da der Staat wiederum eine sehr wichtige Rolle auf dem kalifornischen Strommarkt spielt.

Vertiefend hierzu Joskow, P. L. (2001): California's Electricity Crisis, NBER Working Paper No. 8442.

Das Beispiel der missglückten Liberalisierung in Kalifornien macht deutlich, dass bei der Überführung von (staatlichen) Monopolen in Wettbewerb wesentliche Bedingungen zu beachten sind. Der Staat muss bei der Privatisierung natürlicher Monopole einen Ordnungsrahmen vorgeben, der gleichsam als „Leitplanke" beim Privatisierungprozess fungiert. Auch wenn nicht zu erwarten ist, dass nach der Privatisierung eine Vielzahl von kleinen Anbietern miteinander in Konkurrenzbeziehung treten werden, muss der Staat doch sicherstellen, dass zumindest in etwa polypolistische Preise erhoben werden und sich die statisch und dynamisch ineffiziente sowie ungerechte Ausbeutungssituation eines Monopolisten nicht wieder einstellt. Wenn es sich nicht vermeiden lässt, sollte auch über Subventionen nachgedacht werden. Der missglückte kalifornische Versuch zur Liberalisierung des Strommarktes lehrt uns, dass Höchstpreisvorschriften für den Verkäufer – ohne Flankierung durch Subventionen – ebenso abzulehnen sind wie Versorgungszwänge für die neuen Wettbewerber. Auch müssen die jeweiligen Besonderheiten der einzelnen Märkte berücksichtigt werden und die institutionellen Ausgestaltungen der Privatisierung hierauf zugeschnitten werden. Darüber hinaus tritt ein politisches Problem offen zu Tage: Positive Effekte einer Privatisierung stellen sich erst mittel- bis langfristig ein. Kurzfristige

Erfolge sind schon deshalb nicht zu erwarten, weil sich die jetzt im Wettbewerb befindlichen Unternehmen erst nach einer gewissen Zeit aufgrund unterschiedlicher Investitionspolitiken voneinander abzugrenzen vermögen, die es dann den Verbrauchern gestatten, sich den für sie passenden „Versorger" auszuwählen.

Zusammenfassung und Übungen

1. Von einem natürlichen Monopol spricht man, wenn ein einziges Unternehmen den relevanten Markt über den gesamten möglichen Nachfragebereich kostengünstiger versorgen kann als zwei oder mehrere kleine Anbieter. Dieses Phänomen bezeichnet man als Subadditivität der Kostenfunktionen. Die vorliegenden hohen Fixkosten vermindern sich in ihrem Anteil an den Gesamtkosten mit steigender Betriebsgröße.
2. Ein privatwirtschaftlich agierender Monopolist würde das Güterangebot in ineffizienter Weise verkleinern. Durch staatliche Regulierungen oder durch die Übernahme der Herstellung des betreffenden Gutes durch den Staat selbst kann die gesellschaftliche Wohlfahrt gesteigert und können ungerechte Verteilungswirkungen vermieden werden.
3. Es sollten Lösungen gewählt werden, die keine Subventionen erfordern, denn diese führen selbst zu Ineffizienzen und Ungerechtigkeiten.
4. Natürliche Monopole werden für Teilbereiche der öffentlichen Versorgungswirtschaft angenommen. Sie spielen aber eine immer weniger wichtige Rolle. Das zeigen die Privatisierungen im Bereich des Telekommunikationssektors (Telefon, Fernsehen) und der Elektrizitätswirtschaft. Auch für die Gas- und Wasserwirtschaft wird die Einführung von Wettbewerb durch Zulassung mehrerer Anbieter zu den Leitungsnetzen diskutiert.
5. Die staatliche Erlaubnis zur Preisdifferenzierung – etwa in Spitzenlast- und Normaltarife oder in Tarife für den Groß- und Kleinverbrauch – ermöglicht Wettbewerbern auf natürlichen Monopolmärkten ein kostendeckendes Angebot, ohne dass der Staat subventionieren müsste. Allerdings muss eine staatliche Aufsichtsbehörde darauf achten, dass die Preisdifferenzierung nicht willkürlich erfolgt.

Wiederholungsfragen

1. Wodurch unterscheiden sich kurzfristige und langfristige Kostenfunktionen?
2. Wann besteht die Konstellation des reinen Monopols?

3. Warum sind Monopole ineffizient?
4. Warum verletzten Monopole die Vorstellung von Gerechtigkeit in der Marktwirtschaft?
5. Wie verhält sich ein Monopolist, wenn er Newcomer vom Markt fernhalten will?
6. Was versteht man unter Subadditivität der Kostenfunktion?
7. Würde die Privatisierung der Trinkwasserversorgung zum Monopol führen?
8. Sollte der Staat bei natürlicher Monopolstruktur die Versorgung mit dem Gut selbst übernehmen?
9. Inwiefern stellt die Privatisierung natürlicher Monopole aus Ihrer Sicht einen geeigneten Weg zur Regulierung natürlicher Monopole dar?
10. Welche ordnungspolitischen Fragen stellen sich bei der Regulierung natürlicher Monopole?

Aufgaben

1. Natürliche Monopole spielen im kommunalen Bereich eine wichtige Rolle: Gewinne aus den „Leitungsmonopolen" werden verwendet, um mit Verlusten produzierte produzierte Güter und Dienstleistungen – Bibliotheken, Hallenbäder, ÖPNV etc. – quersubventionieren zu können. Was halten Sie von einer solchen Vorgehensweise? Lässt sich damit die Fortexistenz natürlicher Monopole rechtfertigen?

Lösungshinweis:
(a) Die liberale Sicht: Die Quersubventionierung führt zu ineffizienten Strukturen. Man könnte in den Bereichen, in denen Gewinne erzielt werden, die Preise senken. Das würde die gesellschaftliche Wohlfahrt erhöhen. Stattdessen werden nicht kostendeckend betriebene Leistungen „künstlich" am Leben erhalten, obwohl kaum Nachfrage nach ihnen besteht.

(b) Die interventionistische Sicht: Bei den Betrieben, die nicht kostendeckend arbeiten, besteht ein öffentliches Interesse an deren Aufrechterhaltung. Wenn der ÖPNV teurer würde, würde dies noch mehr Menschen von der Nutzung dieses umweltfreundlichen Verkehrsmittels abschrecken, und die Umweltschäden würden zunehmen. Für Museen gilt ähnliches: Kostendeckende Preise würden Menschen vom Besuch abhalten, und damit stünde die kulturelle Vielfalt einer Volkswirtschaft in Frage. Der Staat kann auf diese Leistungen nicht verzichten.

Grundsätzlich lässt sich aus dem Umstand, dass quersubventioniert wird, keinesfalls die Notwendigkeit der Fortexistenz natürlicher Monopole ableiten. Vielmehr führt die Gewöhnung an die Quersubventionierung dazu, Effizienzpotentiale nicht in dem Maße zu nutzen, wie es möglich wäre. Deshalb sprechen sich viele Ökonomen gegen die Fortführung der Quersubventionierung aus. Die Betreibergesellschaften oder die Kommunen sollen angeregt werden, effizienzsteigernde Maßnahmen in Angriff zu nehmen. Allerdings können bei öffentlichen Leistungen nicht ausschließlich Effizienzgründe für die Bereitstellung herangezogen werden. Bei Schwimmbädern oder Kunstsammlungen sprechen auch Verteilungsgründe dafür, nicht kostendeckende Gebühren zu erheben, damit (lokale) Kultur „erlebbar" bleibt.

2. In einer Kommune hat sich der Oberbürgermeister zum Ziel gesetzt, die kommunale Wasserversorgung zu privatisieren. Sie sollen dazu ein Gutachten erstellen.

Welche Gründe sprechen für und welche gegen eine Privatisierung? Zu welchem Gesamtvotum kommen Sie?
Lösungshinweis:
Ein qualitativ hochwertiges Produkt (Wasser) soll kostengünstiger angeboten werden. Außerdem möchte die Kommune ihr bisher obliegende Aufgaben an Private abgeben, um Verwaltungskosten einzusparen. Können private Anbieter die Versorgungssicherheit gewährleisten, und zwar sowohl in quantitativer als auch in qualitativer Hinsicht? Insbesondere bei Frischwasser ergibt sich das Problem, dass es eine Fülle von Eigenschaften erfüllt. Unter anderem stellt es eine essentielle Ressource dar, ohne die ein Überleben des Menschen unmöglich ist. Befürchtungen gehen dahin, dass private Anbieter den hohen Qualitätsstandard zum jetzigen Preis nicht aufrecht erhalten können und somit ein Hauptgrund für die Privatisierung entfällt. Hier könnten staatliche Preisfestsetzung, Belieferungspflicht der Haushalte und Qualitätskontrollen zwar helfen, zugleich nehmen diese Maßnahmen aber möglicherweise dem Wassermarkt seine Attraktivität für private Investoren.
Außerdem wäre die Benutzung eines gleichen Rohrsystems durch mehrere private Anbieter nicht unproblematisch. Die Durchleitung stellt sich nicht so einfach dar wie beim Strom- oder Telekommunikationsmarkt. Möglicherweise vermischen sich qualitativ unterschiedliche Wasserangebote so stark, dass der Verbraucher deutlich schlechteres Wasser geliefert bekommt. Dies kann sogar so weit führen, dass Anreize für Versorger bestehen, qualitativ minderwertiges Wasser in geringen Mengen ins Leitungsnetz einzuspeisen, weil es durch die Vermischung nicht auffällt. Dieser Anreiz besteht für jeden Anbieter, was zu einer Gefangenendilemmasituation führt.

3. Konstruieren Sie ein Beispiel für eine subadditive Kostenfunktion und überprüfen Sie, bei welchen Produktionsmengen die dazu notwendigen Bedingungen erfüllt sind.
Lösungshinweis:
Die Durchschnittskostenfunktion muss in einem bestimmten Mengenbereich konvex zum Ursprung verlaufen. Produktionsrückgänge führen dann zu einem Anstieg der Durchschnittskosten. Allgemein sei ein Polynom 2. Grades angegeben, das die oben beschriebenen Bedingungen erfüllt: $K(X) = aX^2 + bX + c$. Die dazu korrespondierende Durchschnittskostenfunktion lautet: $K(X)/X = aX + b + c/X$. Für kleine Produktionsmengen liegen sehr hohe Durchschnittskosten vor. Das Minimum dieser Funktion liegt bei $c/a^{0,5}$ (Annahmen: $a,c > 0$, der Fall $a,c < 0$, der theoretisch ebenfalls notwendig für ein Minimum wäre, erfüllt die hinreichende Bedingung nicht (lokales Maximum)). Die Produktionsmenge $c/a^{0,5}$ kann ein Unternehmen billiger herstellen als zwei, weil bei Halbierung dieser Menge höhere Durchschnittskosten anfallen.

Literatur

Fritsch, M., Wein, T. und H.-J. Ewers (2001): Marktversagen und Wirtschaftspolitik. Mikroökonomische Grundlagen staatlichen Handelns, 4., verbesserte Auflage, München: Vahlen.

Kapitel IX: Unvollkommene Information und staatliche Eingriffe

Den bisher behandelten Theorien lagen die Annahmen der vollkommenen Information und des Rationalverhaltens des Individuums sowie des Abschlusses fairer Verträge zwischen Anbietern und Nachfragern zugrunde. Von diesen Annahmen müssen wir nun für Teilbereiche des Wirtschaftens Abstand nehmen. Unvollkommene Informationen und Verfälschungen der Vertragsbeziehungen durch Ausnutzung unterschiedlicher Informationsstände der Vertragspartner können zu Ineffizienzen der Märkte führen, die unter Umständen Eingriffe des Fiskus rechtfertigen. Es handelt sich um zwei Fragenkomplexe: Handeln die Menschen in richtiger Einschätzung ihrer Bedürfnisse, oder treffen sie unbewusst und ungewollt für sich falsche Kaufentscheidungen? Mit diesen Fragen beschäftigt sich die Theorie der meritorischen bzw. demeritorischen Güter.[1] Das zweite Problem betrifft Informationsasymmetrien zwischen Käufer und Verkäufer. Der Besserinformierte besitzt Anreize, Informationen bei Vertragsabschluss und Vertragsdurchführung zu verheimlichen, wodurch es zu Fehlentwicklungen auf den Märkten kommt. Dieses Problem asymmetrischen Information stellt sich dem Fiskus vor allem für das Versicherungswesen.

1. Meritorische Bedürfnisse (Paternalismus)

Hierbei handelt es sich um Bedürfnisse und Güter, welche die Individuen nicht richtig einzuschätzen vermögen. Fiktion ist, dass Regierung und Parlament die bessere Einsicht besitzen und deshalb in den Markt eingreifen sollten. Die der Wohlfahrtstheorie zugrunde liegende Prämisse der Konsumentensouveränität trifft in diesen Fällen nicht zu.

Meritorische Güter sind Marktgüter, die der Konsument aufgrund „verzerrter Präferenzen" in zu geringem Umfang nachfragt. Die Bedürfnisse werden vom Gesetzgeber höher bewertet, als sie von den Individuen empfunden werden. Aufgabe des Staates ist es, für ein größeres privates Angebot zu sorgen. **Demeritorische Güter** werden dagegen von den Individuen

---

[1] Vgl. Musgrave, R. A. (1966): Finanztheorie, Tübingen: J. C. B. Mohr (Paul Siebeck), S. 14 ff.

überbewertet. Der Staat sollte aus Effizienzgründen das Marktangebot einschränken.

Unterstellt werden private Güter, für die das Ausschlussprinzip gilt und die deshalb vom Markt bereitgestellt werden, allerdings wegen der falschen Einschätzung durch die Nachfrager nicht in den für sie effizienten Mengen. Die echten privaten Nutzen sind größer bzw. geringer als die vom Individuum veranschlagten Nutzen. Paradebeispiele, die in der Literatur für diese Güter genannt werden, sind das Rauchen, der Alkohol- und Drogenkonsum und die Kranken- und Altersvorsorge. Verzerrte Präferenzen beruhen entweder auf falscher individueller Nutzenempfindung oder auf irrtümlicher Bewertung von Gütern. Dafür wiederum kann es verschiedene Gründe geben:

- Die Individuen haben (noch) nicht die Reife, um selbstverantwortlich entscheiden zu können. Eine Einmischung in die individuellen Präferenzen kann erforderlich sein, um Kinder oder Behinderte zu leiten – soweit dafür nicht die Eltern zur Verfügung stehen.
- Die Konsumenten verhalten sich irrational. Trotz hinreichender Informationen über die Güterbeschaffenheit verhalten sie sich falsch. Der einzelne tut etwas, was er eigentlich nicht will.
- Die Individuen sind unfähig, ihre Bedürfnisse richtig zu empfinden.
- Die Güter sind zu komplex, als dass sie in ihren Nutzeneigenschaften vom Nachfrager richtig erkannt werden können (beispielsweise falsche Wahrnehmung von Lebensrisiken).

Das Konzept der meritorischen/demeritorischen Bedürfnisse ist in der Literatur umstritten. Die individualistische methodische Basis der Ökonomie wird verlassen. In der Anwendung des Konzeptes besteht die Befürchtung, dass der Bürger durch den Staat bevormundet wird und dieser seine Macht missbraucht. Der Staat könne über die Köpfe der Bürger hinweg regieren, wenn man akzeptierte, dass er „alles besser weiß". Zweifellos sind Regierung und Gesetzgeber in der Lage, sich über komplexe Güter besser zu informieren als der Bürger. Sie können sich eher und billiger als der Bürger die notwendigen Informationen über die Eigenschaften dieser Güter beschaffen (**Kostendegressionseffekt**).

Falls wesentliche Ineffizienzen durch verzerrte individuelle Präferenzen zu erwarten sind, sollte der Staat im Sinne der liberalen Idee zunächst mit schonenden Maßnahmen eingreifen. Dazu zählt die Aufklärung der Bürger über hohe Risiken bestimmter Verhaltensweisen (Drogenkonsum, Rauchen, Krebs, Aids). Wenn diese Möglichkeiten nicht ausreichen, steht ihm als Mittel die direkte Intervention in den Markt zur Verfügung. Gerechtfertigt werden in der Empirie auf diese Weise die Steuern auf Alkohol und Tabakerzeugnisse. Auch für die gesetzliche Kranken- und Rentenversicherung wird diese Begründung vorgebracht.

Das Konzept der meritorischen Güter wurde ursprünglich nur für private Güter formuliert. Die Fehleinschätzung von Gütern durch den Bürger scheint aber gerade bei hochgradig öffentlichen Gütern (Verteidigung, innere Sicherheit und Ordnung, Umweltschutz) ein Problem zu sein. Der Staat kann sich hier nicht nur billiger die notwendigen Informationen beschaffen als der Bürger, sondern er ist auch eher in der Lage, gefährliche Tendenzen für die Bevölkerung zu erkennen (Gefährdung des äußeren Friedens, Terrorismus, langfristige Umweltgefahren), weil er sich von Amts wegen um die gesellschaftlichen Belange zu kümmern hat.

2. Informationsasymmetrien in der Versicherungswirtschaft

Von der Allokationstheorie werden als mögliche Gründe für Ineffizienzen von Versicherungsmärkten Informationsasymmetrien zwischen Versicherer und Versichertem hervorgehoben. Der Nachfrager verfügt über Informationen, die dem Anbieter verborgen bleiben. Er nutzt sie zu seinem Vorteil aus. Diese Zusammenhänge sind Gegenstand der **Principle-Agent-Theory**. Der Versicherungsanbieter gilt als Prinzipal und der Versicherungsnachfrager als Agent. Die Informationsasymmetrien führen zu zwei Problemen, dem **moralischen Risiko** (Moral Hazard) und der **adversen Selektion** (Adverse Selection). Diese Phänomene tauchen auch auf anderen Märkten auf (etwa auf dem Arbeitsmarkt), sind aber unter dem Aspekt der eventuellen Intervention des Staates für den Versicherungsbereich am wichtigsten. Wir betrachten zunächst private Versicherungen und gehen dann der Frage nach, ob hier auftretende Ineffizienzen den Übergang zu Versicherungspflicht oder staatlichen Versicherungen rechtfertigen könnten.

2.1 Private Versicherungen
Modell 1: Absicherung gegen Risiken ohne Versicherung

Das Individuum kann sich gegen Risiken entweder durch vorsichtiges Verhalten (Eigenvorsorge) schützen, oder es kann eine Versicherung abschlissen. Der Versicherungsfall sei hier zunächst ausgeklammert. Das Individuum erwartet für die Zukunft beispielsweise Schäden und Nachteile durch Krankheit, Unfälle oder Erwerbsunfähigkeit. Es will sich dagegen schützen und trifft deshalb Vorsorge (V). Dabei kann es sich um den Verzicht auf eine riskante Lebensart oder um Sparen für Zeiten der Erwerbsunfähigkeit handeln. Die möglichen Schäden oder Nachteile werden dadurch in Umfang und Wahrscheinlichkeit verringert. Das Individuum ist bestrebt, den Erwartungswert der Schäden ES(V) zu reduzieren. Wir unterstellen Rationalverhalten nach der Erwartungsnutzentheorie. Die Vorsorge ist mit Kosten K(V) verbunden, sei es wegen des direkten Mitteleinsatzes (zum Beispiel Kauf eines besonders sicheren aber teuren PKWs) oder sei es wegen der unmittelbaren Nutzeneinbußen als Folge des Verzichts auf riskante Betätigungen. Diese Vorsorgekosten wägt das Individuum gegen die Verminderung des Erwartungsschadens ab. In Abb. IX.1 wird davon ausgegangen, dass sich der Erwartungsschaden mit steigender Vorsorgeintensität überproportional vermindert und die Kosten proportional zunehmen.

Wenn sich das Individuum **risikoneutral** verhält, plant es seine Vorsorge anhand des Erwartungsschadens. ES(V) gibt die möglichen Schadensausmaße gewichtet mit den jeweiligen subjektiven Eintrittswahrscheinlichkeiten an. Das Individuum will seine Gesamtkosten bestehend aus ES(V) und K(V) minimieren. Dafür müssen Grenzvorsorgekosten und Grenzerwartungsschäden übereinstimmen: $dK/dV = -dES/dV$. Die individuell optimale Eigenvorsorge beläuft sich auf V_1.

Wir unterstellen nun **risikoscheues Verhalten**. Das Individuum bedenkt, dass der tatsächliche Schaden nicht nur kleiner, sondern auch größer als ES(V) ausfallen kann. Es kennt ja das tatsächliche zukünftige Ergebnis nicht. Bei Risikoscheu gewichtet es die möglicherweise höheren Schäden als ES stärker als die möglicherweise geringeren Schäden. Es kalkuliert deshalb mit einem Risikoaufschlag auf ES(V). Der Risikoaufschlag R(V) vermindert sich tendenziell mit steigender Vorsorgeintensität (vgl. Abb. IX.2). Das Individuum minimiert seine neue Gesamtkostenfunktion. Es dehnt die Vorsorge auf V_2 aus. Es verhält sich vorsichtiger als bei Risikoneutralität. Besonders risikoscheue Individuen betreiben viel Vorsorge, andere weniger.

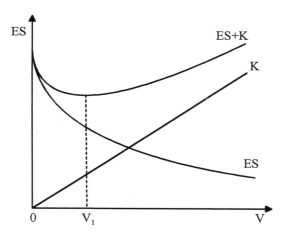

Abb. IX.1 Individuelle Vorsorge bei risikoneutralem Verhalten. Das individuell effiziente Vorsorgeniveau beträgt V_1.

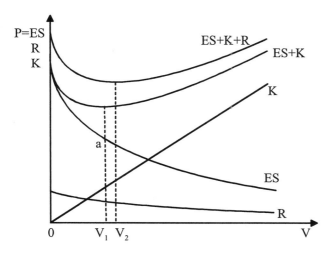

Abb. IX.2 Optimale Risikovorsorge bei risikoaversem Verhalten mit und ohne Versicherung. Durch die Risikoaversion dehnt unser Individuum seine eigene Vorsorgeaktivität von V_1 auf V_2 aus.

Modell 2: Absicherung gegen Risiken bei effizienter Versicherung
Es soll jetzt Versicherungen geben. Die Versicherungsanbieter mögen in der Lage sein, ihr eigenes Risiko durch eine große Anzahl voneinander unabhängiger Versicherungsfälle aufzuheben (Risk-Pooling). Organisationskosten sollen für sie nicht anfallen. Der Wettbewerb soll monopolistische Preispolitik verhindern. Die Versicherungsgesellschaften besitzen vollständige Kenntnis über die Schadensrisiken der Versicherten. All diese Annahmen führen dazu, dass die Versicherungsgesellschaften eine **faire Versicherungsprämie** von den einzelnen Nachfragern erheben. Diese Prämie variiert von Nachfrager zu Nachfrager und entspricht dem jeweiligen Erwartungsschaden. In unserem Beispiel mit einem Versicherten und einer Versicherungsgesellschaft (vgl. Abb. IX.2) beläuft sich die Prämie auf P(V) = ES(V). Sie nimmt mit abnehmender Eigensorge zu. Der Versicherungsschutz betrifft den ganzen möglichen Schaden (Vollversicherung). Das Individuum überlegt sich, ob es eine Versicherung abschließen soll und welches Maß an Eigenvorsorge es betreiben soll. Die Versicherung kommt von vornherein nur bei risikoscheuem Verhalten in Betracht. Dieses angenommen, wägt das Individuum bei der Planung der Eigenvorsorge die Kosten der Eigenvorsorge gegen die Versicherungsprämie ab. Es will seine Gesamtkosten minimieren. Es entscheidet sich dafür, auf der Basis der Eigenvorsorge von V_1 einen Versicherungsvertrag abzuschließen und zahlt als Prämie den Betrag $ES(V_1)$. Die Versicherungsgesellschaft kennt V_1 und ist sich sicher, dass der Versicherte auch V_1 während der Vertragsdauer einhalten wird. V_1 steht vor und nach Vertragsabschluss fest. Wir sehen, der Versicherte wird durch die Versicherung veranlasst, seine Eigenvorsorge einzuschränken. Dies stellt gesamtwirtschaftlich keinen Nachteil dar, sondern bedeutet einen Vorteil. Die volkswirtschaftlichen Kosten bestehend aus den Erwartungsschäden und Vorsorgekosten sind bei V_1 minimal. Sie verringern sich durch die Versicherung um $ES(V_2) + K(V_2) - ES(V_1) - K(V_1)$. Die Versicherung funktioniert in einem Teilbereich der Vorsorge kostengünstiger als die Eigenvorsorge.

2.2 Ineffizienzen auf Versicherungsmärkten und staatliche Eingriffe
Anders als in unserem Modell kennt der Versicherungsanbieter die tatsächliche Risikosituation des Versicherungsnachfragers nicht genau. Der Nachfrager kann ihm wichtige Informationen vor Vertragsabschluss verheimli-

chen, und er kann sein Risikoverhalten nach Vertragsabschluss unbeobachtbar verändern. Der Anbieter steht deshalb vor den beiden Problemen, die Eigenvorsorge des Versicherten nicht kontrollieren und keine risikodifferenzierten Prämien erheben zu können.

Bei **moralischem Risiko** reduziert der Versicherte unbeobachtbar für den Anbieter nach Vertragsabschluss die Eigenvorsorge (in Abb. IX.2 unter V_1). Der tatsächliche Schaden übersteigt dann den Erwartungsschaden und wird nicht mehr durch die Prämie gedeckt. Der Versicherte nutzt die Verborgenheit seiner Verhaltensänderung aus. Es gelingt ihm, seine Kosten zu reduzieren. Er verhält sich vertragswidrig („nicht moralisch"). Im Extremfall unterlässt er eigene Vorsorgemaßnahmen vollständig. Dann genießt er vollen Versicherungsschutz bei Kosten in Höhe der Prämie $ES(V_1)$. Die Eigenvorsorge sinkt auf ein gesamtwirtschaftlich ineffizientes Niveau. Die Versicherungsgesellschaft erwirtschaftet Verluste. Sie muss in der Zukunft die Beiträge erhöhen. Dies begünstigt erneut moralisches Risiko, so dass es zu kumulativen Beitragserhöhungen kommen kann. Gleichzeitig wird die Eigenvorsorge zunehmend eingeschränkt.

Bei **adverser Selektion** ist der Versicherungsanbieter im Stadium des Vertragsabschlusses nicht in der Lage, das Schadensrisiko des Nachfragers richtig zu beurteilen. Informationen, die der Nachfrager besitzt, sind dem Versicherer entweder überhaupt nicht zugänglich, oder die Beschaffung wäre mit übermäßig hohen Kosten verbunden. Der Anbieter ist deshalb nicht in der Lage, eine Prämie in Höhe des individuellen Erwartungsschadens zu erheben. Die Prämien werden nach objektiven Risikofaktoren (zum Beispiel Alter und nachweisbare bisherige Krankheiten im Falle der Krankenversicherung) differenziert. Sie erfassen nicht genau die subjektiven Risikoeigenschaften des Einzelfalles. Versicherungsunternehmen kennen beispielsweise das individuelle Sterberisiko nicht, sondern nur statistische Sterbewahrscheinlichkeiten für verschiedene Alters- und Krankheitsgruppen. Innerhalb der objektiven Risikoklassen erheben sie die gleichen Prämien unabhängig davon, ob es sich bei den Versicherten tatsächlich um schlechte oder gute Risiken handelt.

Bei dieser Konstellation haben die „schlechten Risiken" einen Anreiz, wesentliche Risikoinformationen zu verheimlichen. Sie zahlen geringere Prämien, als es ihrem echten Schadensrisiko entspricht. Weil sie die Kosten der Eigenvorsorge mit der Prämie vergleichen, reduzieren sie ihre Vorsorgeanstrengungen unter das Niveau, wie es bei der fairen Prämie zustande käme. Personen mit überdurchschnittlichem Schadensrisiko betreiben zu wenig Eigenvorsorge. Im Extremfall unterlassen sie jegliche Eigenvorsorge (V = 0 in Abb. IX.2). Anders ausgedrückt: Individuen mit überdurchschnittlichem Schadensrisiko sind überversichert. Durch mehr Eigenvorsorge könnten die gesamtwirtschaftlichen Kosten der Schadensbewältigung verringert werden. Personen mit unterdurchschnittlichem Schadensrisiko versichern sich dagegen nicht oder nur unvollständig. Sie betreiben zuviel Eigenvorsorge (mehr als V_1 in Abb. IX.2). Bei dem Versicherungsanbieter häufen sich die schlechten Risiken (adverse Selektion). Da er die Sachlage nicht von vornherein erkennt, kommt es in der Folgeperiode zu Verlusten, die ihn veranlassen, die Versicherungsprämien anzuheben. Dies fördert wiederum den Austritt guter Risiken aus der Versicherung und führt zur Fortsetzung des Finanzierungsproblems.

Wie wichtig sind die Phänomene des moralischen Risikos und der adversen Selektion im Versicherungswesen für den Fiskus? Das Hauptbeispiel für **moralisches Risiko** liefert die Krankenversicherung. Wer gegen Krankheiten voll versichert ist, hat einen Anreiz, weniger für seine Gesundheit zu tun und häufiger zum Arzt zu gehen, als wenn er für jeden Arztbesuch selbst zahlen müsste. Die Versicherungsgesellschaft kann im einzelnen Versicherungsfall nicht nachprüfen, ob die tatsächliche Schadenshäufigkeit der dem Vertrag zugrunde liegenden Schadensrisikobeurteilung entspricht. Moralisches Risiko im Gesundheitswesen führt zu einer ineffizienten Überbeanspruchung von Gesundheitsleistungen. Auch für die Kraftfahrzeugversicherung dürfte dieses Problem wichtig sein. Sie fördert eine weniger vorsichtige Fahrweise und Kraftfahrzeughaltung und erhöht deshalb das Unfall- und sonstige Schadensrisiko. Bei der Arbeitslosenversicherung steht der Versicherungsanbieter vor der Unsicherheit, ob eine Person, die arbeitslos wird, sich eher passiv verhält oder aktiv nach einem neuen Arbeitsplatz suchen wird. Die Versicherung schwächt den Anreiz zur Suche ab. Bei Versicherungen, die der Vorsorge gegen Unfall, Erwerbsunfähigkeit und Erwerbslosigkeit im Alter dienen, müsste der Versicherte mit seiner Gesundheit und seinem Leben spielen wollen, wenn er ein moralisches Risiko einginge. Weil Gesundheit und Leben zu den höchsten Gütern des Menschen zählen, wird es dazu kaum kommen.

Das Phänomen der **adversen Selektion** kann bei allen Versicherungen auftreten. Bei Abschluss einer Kranken-, Erwerbsunfähigkeits- oder Lebensversicherung mag es dem Versicherten gelingen, frühere Krankheiten zu verheimlichen. Genauso ist es bei der Kraftfahrzeugversicherung. Der Versicherer weiß bei Abschluss des Vertrages nicht, wie vorsichtig oder riskant das Fahrverhalten des Versicherungsnachfragers sein wird.

Wir stellen für die Realität fest, dass trotz moralischen Risikos und adverser Selektion private Versicherungen verbreitet sind und funktionieren. Ein triftiger Grund, **staatlichen Zwang** einzuführen, besteht nicht. Private Versicherungen haben eine Reihe von Möglichkeiten, mit ihren Informationsnachteilen umzugehen und Verzerrungen der Verträge zu begrenzen. Durch Risikoanalysen können sie sich Informationen beschaffen (sogenanntes **Screening**). Wesentliche Risikofaktoren sind objektiv feststellbar. Das gilt beispielsweise für frühere Krankheiten, für die Sicherheit eines PKW oder einer technischen Anlage. Die Versicherungen vereinfachen dabei meist das Verfahren, indem sie die Versicherungsnachfrager auffordern, alle Risikofaktoren bei Vertragsabschluss wahrheitsgemäß anzugeben. Bei fahrlässigem Verschweigen und Nachprüfbarkeit entfällt im Schadensfall der Versicherungsschutz wegen vertragswidrigen Verhaltens. Auch nachträglich – etwa bei Eintritt einer Krankheit – lässt sich ein Schaden manchmal objektiv auf frühere Faktoren – Krankheiten – zurückführen, so dass Vertragsbruch identifizierbar ist. Mit Abschluss eines Versicherungsvertrages verpflichtet sich der Versicherungsnehmer außerdem „schadenserhöhende Einflussfaktoren" anzuzeigen. Der Versicherte geht jetzt ein besonderes Risiko ein, wenn er die vereinbarte Eigenvorsorge unterlässt. Das Risiko, den Versicherungsschutz durch „Betrügen" zu verlieren, relativiert die Anreize zu moralischem Risiko und adverser Selektion wesentlich.

Bei der Darstellung des Phänomens der adversen Selektion wurde bisher nicht auf die Interessenlage der „guten Risiken" eingegangen. Diese Versicherungsnachfrager haben nicht nur einen Anreiz zur verstärkten Eigenvorsorge, sondern auch zur Offenlegung ihrer relativ günstigen Risikosituation (sogenanntes **Signalling**). Der Versicherungsanbieter erhält auf diese Weise indirekt auch Informationen über die schlechten Risiken und kann eine bessere Prämiendifferenzierung vornehmen. Für die Gesellschaft besteht allerdings das Problem der Kontrolle der Risikoangaben, denn letztlich möchten

alle Versicherten in den Genuss möglichst geringer Prämien kommen, und manche mögen sich deshalb zu falschen Angaben verleiten lassen.
Wichtige Selektionsinstrumente in der Versicherungswirtschaft sind Bonus-Malus-Systeme, die Selbstbeteiligung und Haftungsbegrenzungen. Kranken- und Kraftfahrzeugversicherungen leisten meist Beitragsrückvergütungen, wenn keine Schäden geltend gemacht werden. Dieser Bonus bietet einen Anreiz gegen moralisches Risiko. Das gleiche gilt für die Beitragshöherstufung im Schadensfall, wie man sie beispielsweise für die Kraftfahrzeugversicherung kennt. Außerdem werden Versicherungsverträge auf Zeit abgeschlossen. Wer sich für eine Versicherungsgesellschaft in einer Periode als schlechtes Risiko erweist, wird bei erneutem Vertragsabschluss in der Folgeperiode höher gestuft. Selbstbeteiligung und Haftungsbegrenzung wirken sowohl dem moralischen Risiko als auch der Verheimlichung subjektiver Risikofaktoren beim Vertragsabschluss entgegen. Wenn als Folge falscher Angaben oder von riskanterem Verhalten ein Schaden zu befürchten ist, der die Versicherungsgrenze überschreitet, muss der Versicherungsnehmer diesen Betrag selbst tragen. Bei der Selbstbeteiligung trägt er immer einen bestimmten Teil des gesamten „verheimlichten Schadens".

Der Staat hat zwei grundsätzliche Möglichkeiten gegen die dargestellten Ineffizienzen vorzugehen. Er schreibt entweder die Versicherungspflicht gesetzlich vor und überlässt die Durchführung der Versicherungen den privaten Unternehmen, oder er führt die Versicherung mit Hilfe öffentlich-rechtlicher Gesellschaften selbst durch. Beispiele für den ersten Fall liefern die gesetzlichen Haftpflichtversicherungen (beispielsweise Kfz-Versicherung) und für den zweiten Fall die gesetzlichen Sozialversicherungen, das heißt der Renten-, Kranken-, Pflege- und Arbeitslosenversicherung.

Betrachten wir zunächst die **Versicherungspflicht kombiniert mit privaten Märkten**. Die Pflicht, gegen Schadensrisiken (voll oder begrenzt) versichert sein zu müssen, nimmt den Versicherungsnachfragern die Möglichkeit, Eigenvorsorge als Alternative zur Versicherung frei abzuwägen und sich für eine Struktur zu entscheiden, die den individuellen Präferenzen am besten entspricht. Gesamtwirtschaftliche Effizienz zwischen Eigenvorsorge und Versicherung ist deshalb von vornherein nicht erreichbar. Die guten Risiken, die sich nicht oder nur eingeschränkt versichern wollen, können dies nicht. Für die Versicherungsgesellschaften entfällt zwar das Finanzierungsproblem als Folge adverser Selektion, dieser Vorteil wird aber mit

Ineffizienzen erkauft. Die anderen Probleme sind ähnlich wie auf dem freien Markt. Hinsichtlich der versicherungsmathematischen Prämienkalkulation stoßen die Gesellschaften wegen der Informationsdefizite vor und nach Vertragsabschluss auf gleiche Schwierigkeiten.

Die **gesetzlichen Sozialversicherungen** in der Bundesrepublik sind nicht nach versicherungsmathematischen Gesichtspunkte ausgestaltet. Die Beiträge richten sich nicht nach den individuellen Risiken, sondern nach dem Einkommen. Gegenüber dem freien Markt fehlt damit bereits die Möglichkeit einer nach Risikoklassen differenzierten Prämienkalkulation. Der Effizienzaspekt ist deshalb hier von vornherein ohne Belang. Das moralische Risiko tritt gegenüber den anderen beiden Systemen verstärkt auf, weil das Individuum in seinem Verhalten keinerlei Rücksicht auf Angaben zum Schadensrisiko bei Vertragsabschluss nehmen muss. Verzicht auf Eigenvorsorge ist risikolos.

Zusammenfassung und Übungen

1. Meritorische Güter sind Marktgüter, die der Konsument aufgrund „verzerrter Präferenzen" in zu geringem Umfang nachfragt. Die Bedürfnisse werden vom Gesetzgeber höher bewertet, als sie von den Individuen empfunden werden. Aufgabe des Staates ist es, für ein größeres privates Angebot zu sorgen. Demeritorische Güter werden dagegen von den Individuen überbewertet. Der Staat sollte aus Effizienzgründen das Marktangebot einschränken.

2. Falls wesentliche Ineffizienzen durch verzerrte individuelle Präferenzen zu erwarten sind, sollte der Staat im Sinne der liberalen Idee zunächst mit schonenden Maßnahmen eingreifen. Dazu zählt die Aufklärung des Bürger über hohe Risiken bestimmter Verhaltensweisen (Drogenkonsum, Rauchen, Krebs, Aids). Wenn diese Möglichkeiten erschöpft sind, steht ihm als Mittel die direkte Intervention in den Markt zur Verfügung. Gerechtfertigt werden in der Empirie auf diese Weise die Steuern auf Alkohol und Tabakerzeugnisse. Auch für die gesetzliche Kranken- und Rentenversicherung wird diese Begründung vorgebracht.

3. Private Versicherungsmärkte lassen den Individuen bei der Absicherung gegen Risiken die Wahlfreiheit zwischen Eigenvorsorge und Versicherung. Das ist positiv zu bewerten. Die Versicherungsgesellschaften besitzen Mittel

gegen moralisches Risiko und adverse Selektion. Wie die Realität zeigt, funktionieren Versicherungsmärkte durchaus befriedigend.

4. Staatliche Versicherungen stehen nicht nur vor gleichen Informationsproblemen wie private Anbieter, sondern sie sehen sich zusätzlichen Schwierigkeiten gegenüber.

5. Die gesetzlichen Versicherungen der Bundesrepublik verfolgen andere Ziele als die effiziente Allokation der Risikoabsicherung durch Eigenvorsorge und Versicherung. Die Haftpflichtversicherungen sollen gewährleisten, dass die Schadensregulierung nicht an Finanzierungsschwierigkeiten des Schädigers scheitert. Die gesetzlichen Sozialversicherungen sollen entweder allen Bürgern – unabhängig von ihrer Zahlungsfähigkeit im Schadensfall – einen Mindestschutz gegen Krankheits- und Pflegerisiken bieten, oder sie sollen einen gerechten Ausgleich zwischen den erwerbstätigen und den im Ruhestand befindlichen Generationen herbeiführen (Rentenversicherung). Es sind also verteilungspolitische Gründe, die für die Wahl und Ausgestaltung der gesetzlichen Versicherungen maßgebenden Einfluss haben.

Fragen:

1. Weiß der Staat besser als der Bürger, was für diese gut ist?
2. In welchem Verhältnis steht das Konzept der meritorischen/demeritorischen Güter zur Theorie öffentlicher Güter und zur Theorie externer Effekte?
3. Erklären Sie für den Versicherungsbereich das Konzept der Erwartungsnutzentheorie. Was bedeuten risikoneutrales und risikoscheues Verhalten?
4. Was versteht man unter effizienter Eigenvorsorge und effizientem Versicherungsschutz?
5. Was zeichnet eine faire Versicherungsprämie aus?
6. Wodurch unterscheiden sich moralisches Risiko und adverse Selektion?
7. Nennen Sie Beispiele für moralisches Risiko und adverse Selektion im Versicherungswesen.
8. Erklären Sie, wie es auf dem Versicherungsmarkt zu Ineffizienzen durch asymmetrische Information kommen kann.
9. Bietet die staatliche Versicherung Effizienzvorteile gegenüber der privaten Verscherung?
10. Aus welchen Gründen gibt es in der Bundesrepublik staatliche Versicherungen?

Aufgaben

1. Erläutern Sie am Beispiel des Marktes für Gebrauchtwagen, warum moralisches Risiko und adverse Selektion das Zustandekommen eines privaten Angebotes verhindern können.

Lösungshinweis:
Es liegt asymmetrische Information zwischen den Käufern und Verkäufern vor. Die Verkäufer weisen einen Informationsvorsprung auf. Sie kennen die Qualität der Gebrauchtwagen. Für die Nachfrager nehmen wir an, dass sie ihre Qualitätsvorstellung an den Preis koppeln. Mit den Preisverhandlungen beginnt nun ein Spiel zwischen den Besser- und Schlechterinformierten auf dem Markt für Gebrauchtwagen. Wir wollen annehmen, dass nach Auffassung der Käufer die Autoqualitäten stetig gleichverteilt sind und sie sich am Erwartungswert orientieren. Liegt die erste Preisforderung der Verkäufer etwa bei 4.000 €, dann wissen die Käufer, dass das angebotene Auto bessere und schlechtere Qualität aufweisen kann. Sie veranschlagen die Durchschnittsqualität der Autos mit einem Wert von 2.000 € und sind nur zu diesem Preis zum Kauf bereit. Die Verkäufer senken daraufhin ihre Preisforderung auf 2.000 €. Die Folge ist eine Verringerung der Zahlungsbereitschaft der Käufer auf 1.000 €. Dieser Prozess setzt sich fort. Die Angebotskurve (in Abhängigkeit von der Qualität) auf diesem Markt verläuft doppelt so steil wie die ebenfalls positiv verlaufende Nachfragekurve. Es findet keine Transaktion statt. Das Marktergebnis ist ineffizient. Sogar bei Wertschätzungen der Käufer, welche die der Verkäufer beispielsweise um 20% übersteigen, findet keine Markttransaktion statt. Dies ändert sich erst, wenn in unserem Beispiel die Wertschätzung der Käufer mindestens doppelt so hoch ist wie die der Verkäufer.

2. Welche Vorkehrungen können private Versicherer treffen, um sich gegen moralisches Risiko und adverse Selektion zu schützen

Lösungshinweis:
Das Informationsproblem lässt sich dadurch lösen, dass sich der Versicherer Informationen beschafft oder er Informationen verlangt (Signalling oder Screening). Für die Situation der adversen Selektion gilt, dass gute Risiken bereit sind, ihre Risikosituation offenzulegen, um Prämien einzusparen. Bei schlechten Risiken muss die Versicherungsgesellschaft auf „Screening-Methoden" zurückgreifen. Sie verlangt etwa bei Krankenversicherungen eine umfassende Auskunft über den Gesundheitszustand des Antragstellers. Werden lückenhafte Angaben gemacht, kann dies Leistungsausschlüsse zur Folge haben. Außerdem kann verlangt werden, dass ein Vertrauensarzt ein ärztliches Gutachten über den Versicherungsnehmer anfertigt. Gentechnischer Fortschritt ermöglicht in Zukunft vielleicht auch einen Gentest als Aufnahmebedingung, um Krankheitsverläufe genauer abschätzen zu können. Verträge können zudem sehr differenziert abgeschlossen werden, etwa indem verschiedene Leistungspakete genau spezifiziert angeboten und mit Prämien versehen werden.
Zur Vermeidung des moralischen Risikos können Bonus/Malus-Systeme eingeführt werden, etwa die Beitragsrückerstattung am Ende eines Kalenderjahres bei Krankenversicherung oder die Reduzierung des Schadenfreiheitsrabatts bei KFZ-

Haftpflichtversicherungen. Dadurch soll die Aufrechterhaltung privater Sorgfaltspflichten gewährleistet werden.

3. Welche Auswirkungen können asymmetrische Informationslagen auf dem Arbeitsmarkt haben?
Lösungshinweis:
Der Arbeitgeber kann die Qualifikation eines Bewerbers immer nur ungefähr abschätzen. Weniger qualifizierte Arbeitsuchende haben die Chance, höhere Fähigkeiten anzugeben, als sie tatsächlich besitzen. Gut qualifizierte Arbeitskräfte stehen vor dem Dilemma, dass sie ihre echten Fähigkeiten bei den Einstellungsgesprächen nicht vermitteln können. Die erste Gruppe wird bei der Einstellung zu hoch eingestuft, die zweite Gruppe zu niedrig. Dadurch entstehen Ineffizienzen.

Literatur

Akerlof, G. A. (1970): The market for 'Lemons': Quality Uncertainty and the Market Mechanism, Quarterly Journal of Economics, Vol. 84, S. 488-500.

Cansier, D. (1996): Umweltökonomie, 2., neubearbeitete Auflage, Stuttgart: Lucius & Lucius.

Musgrave, R. A., Musgrave, P. B. und L. Kullmer (1994): Die öffentlichen Finanzen in Theorie und Praxis, 1. Band, 6., aktualisierte Auflage, Tübingen: J. C. B. Mohr (Paul Siebeck).

Rosen, H. S. (2002): Public Finance, 6. Auflage, New York: McGraw-Hill Irwin.

Zweifel, P. und R. Eisen (2000): Versicherungsökonomie, Heidelberg u. a. O.: Springer.

Kapitel X: Effizienzkriterien und demokratische Entscheidung

Bei reinen privaten Gütern sorgt der Markt für die Offenlegung der individuellen Präferenzen. Die Preise signalisieren die Knappheiten. Für Aufgabenbereiche, bei denen staatliche Aktivitäten aus Effizienzgründen angezeigt erscheinen, gilt dies nicht. Das betrifft die Entscheidungen über Eingriffe als Folge öffentlichen Güter, externer Effekte, unvollkommener Information und natürlicher Monopole. Bei diesen Aufgaben muss über die „Mengen" kollektiv durch Parlament, Regierung und Verwaltung entschieden werden. Das zentrale Problem besteht in der Offenlegung der Präferenzen der Bürger. Eine Ausnahme bilden die meritorischen und demeritorischen Güter, bei denen die Politiker nach ihren Vorstellungen entscheiden müssen. In der individualistisch geprägten Public-Choice-Theorie fragt man sich, wie die Effizienzkriterien der normativen Theorie in der Demokratie tatsächlich umgesetzt werden können, bzw. wie alternative Entscheidungsregeln aus allokationstheoretischer Sicht zu beurteilen sind. Man beschränkt sich dabei auf die Betrachtung reiner öffentlicher Güter. Das soll auch hier geschehen.

Den Rahmen für die Entscheidungsprozesse bilden die direkte und die indirekte Demokratie. Bei der direkten Demokratie stimmen die Bürger selbst über Art, Menge und Finanzierung der öffentlichen Güter (über das Budget und seine Struktur) ab. Diese Verfahrensweise kommt in der Praxis selten zur Anwendung und dann auch nur für öffentliche Teilaufgaben. In der indirekten Demokratie werden die Bürger durch Parteien/Abgeordnete vertreten. Die Bürger haben nur auf indirekte Weise über den Wiederwahlmechanismus Einfluss auf die Budgetentscheidungen. Sowohl bei der direkten als auch bei der indirekten Demokratie erfolgt die Entscheidung über öffentliche Vorhaben bzw. über das Budget durch Abstimmungen. Bei der direkten Demokratie kann der Abstimmungsprozess unmittelbar den Willen der Bürger zum Ausdruck bringen. Es erscheint sinnvoll, als Grundlage zunächst von diesen Verhältnissen auszugehen, um deutlich zu machen, inwieweit überhaupt eine Offenlegung der individuellen Präferenzen auch unter „besten" Bedingungen möglich ist. Die Umsetzung des Bürgerwillens in der indirekten Demokratie ist aufgrund autonomer Entscheidungsspielräume der Volksvertreter begrenzt.

Bei Abstimmungen der Bürger oder ihrer Vertreter über öffentliche Leistungen vermischen sich zwangsläufig Aspekte der Effizienz und gerechten Verteilung. Nicht nur die Art der Finanzierung öffentlicher Leistungen durch Steuern kann zu ungleichen interpersonellen Effekte führen, sondern auch die öffentliche Leistungen selbst, weil sie für die einzelnen Bürger von unterschiedlichem Nutzen sind. In der theoretischen Betrachtung wollen wir den Aspekt der gerechten Verteilung vernachlässigen. Es soll eine bestimmte Verteilung der Steuerlasten gegeben sein. Außerdem wird unterstellt, dass die Ausgangslage der Versorgung mit Gütern gerecht ist und die Verteilungseffekte der Güter nicht relevant sind. Sinn dieser Betrachtung ist zu zeigen, dass ein Konflikt zwischen demokratischer finanzpolitischer Entscheidungsbildung und Allokationseffizienz besteht.

1. Präferenzoffenlegung durch Wahlsysteme in der direkten Demokratie

1.1 Allgemeine Regeln

Bürger und Politiker müssen sich bewusst sein, dass Staatsausgaben durch Steuern und sonstige Abgaben finanziert werden müssen. Die Ausgabenseite drückt den Nutzen öffentlicher Güter aus, die Finanzierung die Nutzeneinbußen für die Bürger. Jede öffentliche Leistung hat ihren Preis, den Verzicht auf private Güter. Der Bürger darf sich nicht der Illusion hingeben, dass öffentliche Güter kostenlos wären. Deshalb ist es notwendig, in einem Akt über öffentliche Güter und ihre Finanzierung abzustimmen (**Prinzip der simultanen Abstimmung**). Würde man beides trennen und zuerst über die Ausgaben entscheiden, wäre die Gefahr überhöhter Staatsausgaben groß. Die Entscheidungsträger stünden nicht unter dem Zwang, sich genau über die Opportunitätskosten Gedanken zu machen. In der Praxis ist das Prinzip der Simultanität anerkannt. Im Rahmen der öffentlichen Haushaltsplanung werden gleichzeitig die Einnahmen und Ausgaben festgelegt.

Um Pareto-Effizienz zu erreichen, bedarf es in der Regel des einstimmigen Votums der Bürger (**Prinzip der Einstimmigkeit**). Nehmen wir an, einige Bürger lehnen eine bestimmte öffentliche Maßnahme ab, weil sie ihnen einen negativen Nettonutzen stiftet, während die Mehrheit dafür ist. Sie werden dann beim Mehrheitswahlsystem überstimmt. Die Mehrheit wird zu Lasten der Minorität bessergestellt. Das Pareto-Kriterium wird verletzt. Bei der Einstimmigkeitsregel besitzt jeder Bürger ein Vetorecht. Lindahl hat zwar gezeigt, dass ein einstimmiges Urteil über öffentliche Güter prinzipiell möglich ist, sofern die Bürger Finanzierungsbeiträge entsprechend ihrer marginalen Zahlungsbereitschaft leisten (vgl. Kap. VI). Dieses Modell scheitert jedoch in der Realität. Die Bürger werden ihre echte Zahlungsbereitschaft nicht offen legen. In der Realität richtet sich denn auch die Steuerlastverteilung nach ganz anderen Kriterien (Einkommen, Umsatz und Konsum). Die Einstimmigkeitsregel würde politische Entscheidung weitgehend blockieren, denn es gibt meistens auch Verlierer. Deshalb wird diese Regel nur bei sehr wichtigen Entscheidungen (zum Beispiel im Sicherheitsrat der Vereinten Nationen) angewandt. Selbst Verfassungsänderungen verlangen nur eine qualifizierte Mehrheit.

Auch das Kaldor-Hicks-Kriterium ist in der Regel nur bei Einstimmigkeit erfüllbar. Jeder Bürger hat in der Demokratie eine Stimme. Es erfolgt bei Abstimmungen keine Gewichtung der Stimmen nach den jeweiligen Nutzenintensitäten. Eine großer Nutzenzuwachs bei Person A kann verhindert werden durch eine kleine Nutzeneinbußen bei Person B. Maximierung der Nutzen aller Bürger ist durch Mehrheitswahl dann nicht erreichbar.

1.2 Lösungen bei Mehrheitsabstimmung

Die Individuen haben unterschiedliche Präferenzen, die zu kollektiven Präferenzen zusammengeführt werden müssen. Durch die Aggregation soll eine gesellschaftliche Reihung der unterschiedlichen Allokationen erreicht werden. Erwünscht ist eine Aussage darüber, wie die Gesellschaft unterschiedliche Zustände im Verhältnis zueinander bewertet. Die wichtigste Möglichkeit der Aggregation individueller Präferenzen ist die Verwendung eines Abstimmungsverfahrens. Wir gehen hier von der einfachen Mehrheitswahl aus. Wir einigen uns darauf, dass beispielsweise der Zustand X gegenüber dem Zustand Y als „gesellschaftlich bevorzugt" gilt, wenn die Mehrheit der Individuen X gegenüber Y vorzieht. Wir wollen verschiedene Situationen betrachten, um aufzuzeigen, inwieweit eine sinnvolle Aggregation auf diese Weise zustande kommen kann.

Abstimmungen sind im Fall von zwei Wählern wenig interessant. Also werden wir annehmen, dass wir eine größere Anzahl von Entscheidern vorfinden. Wir gehen von drei Wählern W_1, W_2 und W_3 aus, um zu vermeiden, dass es zu einem unentschiedenen Ergebnis kommt. Wir können uns vorstellen, dass die Wähler über alternative Mengen eines öffentlichen Gutes abstimmen, beispielsweise über die Höhe der Ausgaben für Landesverteidigung oder auch über die Höhe des öffentlichen Budgets insgesamt. Dabei soll die Kostenaufteilung auf die Wähler von vornherein feststehen. Es soll paarweise über die Entscheidungsalternativen abgestimmt werden. Der paarweise Vergleich hat den Zweck, die individuellen Präferenzen möglichst vollständig offenzulegen. Es sollen ja in der kollektiven Präferenzstruktur bzw. der Mehrheitsalternative nicht nur die Erstpräferenzen der Individuen zum Ausdruck kommen. Wir können auch sagen, dass keine Nutzenbewertung verloren gehen soll. Eine Person, die zum Beispiel die Präferenzstruktur X > Y > Z hat, soll nicht nur zum Ausdruck bringen können, dass für sie X am besten ist, sondern auch dass sie Y höher bewertet als Z. Die abzuleitende kollektive Präferenzstruktur soll alle individuellen Präferenzabstufungen enthalten.

1.2.1 Eindeutige kollektive Präferenzen –
Eingipfeliges Präferenzschema

Die drei Wahlalternativen seien: X (geringes Budget), Y (mittleres Budget) und Z (hohes Budget). Die drei Wähler weisen folgende Präferenzstrukturen auf:

W_1:   X > Y > Z   Das kleine Budget wird präferiert.
W_2:   Y > Z > X   Das mittlere Budget wird präferiert.
W_3:   Z > Y > X   Das große Budget wird präferiert.

Die Präferenzstrukturen sind in Abb. X.1 grafisch dargestellt. Es handelt sich um ein sogenanntes eingipfeliges Präferenzschema. Wir lassen jetzt wählen. Im ersten Wahlgang konfrontieren wir die Alternativen X und Y miteinander und stellen fest, dass hier Y gegenüber X gewinnt. Beim zweiten Wahlgang lassen wir über die Alternativen Y und Z abstimmen. Auch hier gewinnt die Alternative Y. Sie stellt die endgültige Gewinnalternative dar. Zum gleichen Ergebnis gelangt man, wenn man in anderer Reihenfolge abstimmen lässt, zum Beispiel zuerst über die Alternativen X und Z und dann über Z und Y. Die **kollektive Präferenzstruktur**, die sich aus der Mehrheitswahl ergibt, lautet: Das mittlere Budget wird dem großen Budget vorgezogen und dieses wiederum dem kleinen Budget: Y > Z > X. Hierbei handelt es sich um die Präferenzstruktur des Medianwählers W_2. Die eine Hälfte der Wähler möchte ein größeres Budget und die andere Hälfte ein kleineres Budget als der Medianwähler. Die Aussage ist intuitiv einsichtig: Wenn mehr als eine Hälfte mehr (weniger) für das öffentliche Gut ausgeben wollte, würde sie für mehr (weniger) stimmen. Daher liegt das einzig mögliche gleichgewichtige Abstimmungsergebnis dort, wo die Stimmen für Erhöhung und Senkung der Ausgaben gerade ausgeglichen sind.

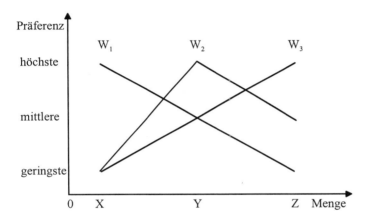

Abb. X.1 Eingipfeliges Präferenzschema. Ein Gipfel wird definiert als ein Punkt, zu dem alle benachbarten Punkte niedriger liegen. Wähler 1 hat bei X einen Gipfel, Wähler 2 bei Y und Wähler 3 bei Z.

Wie ist dieses Ergebnis aus der Sicht der **Effizienzkriterien** zu beurteilen? Um eine Aussage bezüglich es Pareto-Kriteriums zu machen, müssen wir die angenommene Präferenzstruktur etwas konkretisieren. In einem ersten Fall sollen die Alternativen X, Y und Z allen Wählern einen positiven Nutzen gegenüber dem gedachten Ausgangszustand ohne staatliches Budget stiften. (Plausibler mag es an dieser Stelle sein, die Alternativen als geringe, mittlere und große Zunahme des Budgets in einem Jahr gegenüber dem Vorjahr zu definieren.) Dann führt die gewählte Alternative Y zu einer paretooptimalen Verbesserung. Die Mehrheitswahl ermöglicht ein effizientes Ergebnis. Anders kann es sich verhalten, wenn Alternativen von den Wählern negativ bewertet werden. Nehmen wir an, für den Wähler W_3 sind die Alternativen Y und X mit einem negativen Nutzen verbunden. Die individuelle

Steuerlast mag für ihn höher sein als der Nutzen aus den öffentlichen Ausgaben. Stimmenthaltung bei der Abstimmung sei nicht zulässig. Dann führt die Wahl des mittleren Budgets zu einer Schlechterstellung von W_3 und ist nicht pareto-effizient.

Hinsichtlich des Effizienzkriteriums nach Kaldor-Hicks ist folgendes festzustellen: Die Wähler konnten nur ihre Präferenzstrukturen zum Ausdruck bringen, nicht die Nutzenintensitäten, was möglicherweise eine andere Menge des öffentlichen Gutes als effizient ausweist (vgl. Tab. X.1):

	W_1	W_2	W_3	Σ
X	100	10	5	115
Y	40	40	10	90
Z	20	30	60	110

Tab. X.1 Effizienz nach dem Kaldor-Hicks-Kriterium. W_1 ist durch die Alternative X gegenüber Y um 60 Einheiten bessergestellt und könnte W_2 und W_3 kompensieren.

Nach dem Kaldor-Hicks-Kriterium schneidet die Alternative X am besten ab. Bei X ist der Nutzen von W_1 gleich 100 von W_2 gleich 10 und von W_3 gleich 5. W_2 ist gegenüber der Alternative Y um 30 Einheiten schlechter gestellt und W_3 um 5 Einheiten. W_1 ist durch die Alternative X gegenüber Y um 60 Einheiten bessergestellt, könnte also W_2 und W_3 kompensieren. Mehrheitswahl und demokratisches Prinzip (Jeder Wähler hat eine Stimme.) gewährleisten somit Effizienz im Sinne der Nutzensummenmaximierung.

1.2.2 Nichteindeutige kollektive Präferenzen – Wahlparadoxon

Für W_1 und W_2 gelten die bisherigen Präferenzen. W_3 soll jetzt die Präferenzstruktur Z > X > Y aufweisen. Er hält das große Budget für das beste, zieht andererseits aber das kleinere Budget dem mittleren vor. Es handelt sich um eine ausgefallene Präferenzstruktur. Man kann auch sagen, der Wähler präferiert die Extreme. In der grafischen Darstellung weist jetzt die Präferenzstruktur von W_3 zwei Gipfel auf, nämlich bei den Alternativen X und Z (Abb. X.2).

Erste Wahlreihenfolge: Im ersten Wahlgang lassen wir über die Alternativen A und B abstimmen. Die Alternative X gewinnt: Beim zweiten Wahlgang stellen wir X und Z gegenüber. Es siegt die Alternative Z. Es findet sich also eine Mehrheit mit der kollektiven Präferenzstruktur Z > X > Y.

Zweite Wahlreihenfolge: Zuerst lassen wir über Y und Z abstimmen. Es gewinnt Y. In der Gegenüberstellung im zweiten Wahlgang mit der Alternative X siegt die Alternative X. Nun besteht eine Mehrheit für die kollektive Präferenzstruktur X > Y > Z. Vergleichen wir beide kollektiven Präferenzstrukturen, so gilt zwar in beiden Fällen, dass Alternative X der Alternative Y vorgezogen wird. Aus dem Rahmen fällt jedoch die Bewertung von Z. Z wird einmal höher und einmal geringer als X und Y eingestuft. Solche Präferenzen nennt man **intransitiv**. Bei transitiven Präferenzen gilt, dass, wenn etwa X der Alternative Y vorgezogen wird und diese besser beurteilt wird als Z, Alternative Z auch schlechter eingestuft wird als Alternative X.
Dritte Wahlreihenfolge: Im ersten Wahlgang vergleichen wir die Alternativen X und Z. Es gewinnt Z. Im zweiten Wahlgang stellen wir Z der Alternative Y gegenüber und es gewinnt Y. Es findet sich also jetzt eine Mehrheit für die kollektive Präferenzstruktur Y > Z > X.

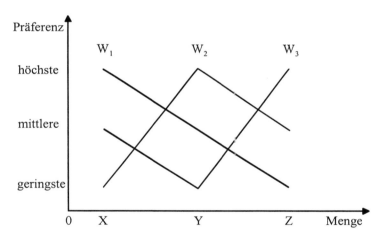

Abb. X.2 Zweigipfeliges Präferenzschema. Wähler 3 liebt die Extreme: Z>X>Y.

Je nach der Wahlreihenfolge stellt sich also eine andere kollektive Präferenzstruktur und eine andere Mehrheitsalternative ein. Es gibt keine beste Alternative. Welches Ergebnis die Gesellschaft wählt, hängt von der Reihenfolge ab, in der abgestimmt wird. Jede Alternative kann gewinnen. Es gibt keine stabile Lösung. Der Wahlausgang kann durch geschickte Organisation des Wahlvorganges manipuliert werden. Es gilt auch die Medianwählerregel nicht mehr. Man spricht bei dieser Abhängigkeit des Wahlergebnisses von der Wahlreihenfolge bzw. bei dieser Unbestimmtheit des Wahlergebnisses vom **Wahlparadoxon**. Die Abstimmung gemäß den Präferenzen kann zu beliebigen Ergebnissen führen, bietet also keine Gewähr für die Erreichung von Allokationen, die dem Pareto-Kriterium oder dem Kaldor-Hicks-Kriterium entsprechen (Unmöglichkeitstheorem von Arrow).

Von praktischem Interesse ist, wie häufig mit dem Wahlparadoxon zu rechnen ist. In unserem Beispiel sind wir von verschiedenen Mengen eines öffentlichen Gutes bzw. unterschiedlichen Niveaus des öffentlichen Budgets ausgegangen. In diesem Fall dürfte es sich tatsächlich um eine ausgefallene Präferenzstruktur handeln, wenn das größte Budget zwar besser als das kleinste eingestuft wird, aber das kleinste höher bewertet wird als das mittlere Budget. Da diese Einschätzung eher die Ausnahme bildet, dürfte das Wahlparadoxon bei Mengenentscheidungen nicht von Bedeutung sein. Wir können in unserem Beispiel die Alternativen aber auch anders definieren, und zwar bspw. als Ausgaben für Verteidigung (X), innere Sicherheit und Ordnung (Y) und für den Straßenbau (Z). Dann ist es keineswegs extrem, wenn unser Wähler W_3 die Ausgaben für den Straßenbau den Ausgaben für die Verteidigung und diese denen für die innere Sicherheit und Ordnung vorzieht: $Z > X > Y$. Die Konsequenz ist: Das Wahlparadoxon wird bei Entscheidungen über die Budgetstruktur auftreten.

1.3 Andere Abstimmungsregeln
Single-Vote-Kriterium: Bei diesem Verfahren gibt es nur einen Wahlgang. Jeder Wähler hat eine Stimme. Die Alternative mit den meisten Stimmen gewinnt. Es werden zwar Alternativen zur Wahl gestellt, aber die Wähler haben nur die Chance, ihre Erstpräferenz zum Ausdruck zu bringen. In unseren Beispielen stellt sich jeweils eine Patt-Situation ein. Wähler W_1 votiert für X, W_2 für Y und W_3 für Z. Keine Alternative findet eine Mehrheit. Die Übereinstimmung im zweiten Fall ist zufällig. Grundsätzlich führt diese Regel zu einem anderen Ergebnis als der paarweise Vergleich.
Abstimmung mit Reihung (Rangziffernsystem): Jeder Wähler reiht die zur Abstimmung stehenden Alternativen nach seinen Präferenzen und gibt ihnen eine Zahl, die den Rang in seiner Reihung angibt, zum Beispiel eine 1 für die beste Alternative, eine 2 für die zweitbeste usw. Dann summiert man die Punkte jeder Alternative über alle Personen und ermittelt für jede Alternative die aggregierte Punktzahl. Ein Ergebnis wird dann gegenüber einem

anderen als sozial bevorzugt angesehen, wenn es eine geringere Punktzahl aufweist. Die Alternative mit der geringsten aggregierten Rangzahl gewinnt. Es gibt nur einen Wahlvorgang. In unserem ersten Beispiel erhalten wird dann für X: 7, für Y: 5 und für Z: 6. Das heißt, die kollektive Präferenzstruktur hat die Gestalt Y > Z > X. Die Alternative Y wird gewählt. Für das zweite Beispiel gilt (Wahlparadoxon): Alle Alternativen erhalten 6 Stimmen. Es besteht eine Patt-Situation. Eine Mehrheitsbildung ist nicht möglich.

Punktwahlsystem: Jeder Wähler erhält eine bestimmte Punktezahl zugeteilt, die er frei auf die Alternativen verteilen kann. Die Alternative mit der höchsten Punktzahl gewinnt. Nehmen wir etwa an, dass 10 Punkte zu vergeben sind und dass die Punkte folgendermaßen verteilt werden:

W_1:   X = 8, Y = 2, Z = 0
W_2:   Y = 5, Z = 3, X = 2
W_3:   Z = 6, Y = 3, X = 1.

Die Punktesummen betragen für X = 11, Y = 10 und Z = 9. Die kollektive Präferenzstruktur entspricht also dieser Reihung. Die Alternative X wird bevorzugt (anders als beim paarweisen Vergleich).

Das Punktwahlsystem weist die besondere Eigenschaft auf, dass die Wähler in begrenztem Maße Nutzenintensitäten zum Ausdruck bringen können. Im Wahlverhalten von W_1 beispielsweise schlägt sich nicht nur nieder, dass er X gegenüber Y bevorzugt, sondern auch dass er X viermal so hoch bewertet wie die Alternative Y. Grundsätzlich sind Ergebnisse zu erwarten, die näher an der effizienten Lösung liegen als bei Abstimmung über die Präferenzstrukturen. Das Wahlparadoxon ist hier nicht relevant. In der Praxis kommt dieses Verfahren nur selten zur Anwendung.

1.4 Strategisches Verhalten

Bei all diesen Abstimmungen wurde angenommen, dass die Wähler entsprechend ihren echten Präferenzen abstimmen. Sie können sich aber auch strategisch verhalten. Sie können beispielsweise der zweitbesten Lösung ihre Stimme geben, weil sie glauben, dass ihre erste Präferenz sowieso keine Chance hat. Sie antizipieren das Wahlverhalten der anderen. Dann fehlt jede Mechanik der Erreichung einer effizienten Lösung. Die einzelnen Wahlverfahren sind unterschiedlich anfällig für strategisches Verhalten. Besonders ungünstig schneidet das Punktwahlsystem ab. Ein Wähler kann beispielsweise seine ganze Punktezahl auf eine einzige Alternative setzen. Strategisches Verhalten kann insbesondere bei Entscheidungen in kleinen Gruppen (Beispiel Gemeinderat) eine Rolle spielen.

Die Tatsache, dass bei Abstimmung über die Präferenzstrukturen die individuellen Unterschiede in der Nutzenintensität der Wahlalternativen nicht zum Ausdruck kommen, eröffnet die Möglichkeit für einen **Stimmentausch (Logrolling)**. Wir wollen das an unserem ersten Beispiel für die beiden Wähler W_2 und W_3 veranschaulichen. Es galten ja die Präferenzstrukturen für W_2: Y > Z > X und für W_3: Z > Y > X. Wir wissen, dass bei paarweiser Abstimmung die Alternative Y gewählt wird. Jetzt könnte aber folgende Situation vorliegen: Der Wähler 3 schätzt Z wesentlich höher ein als Y. W_2 hält dagegen Z nur für geringfügig schlechter als Y. Deshalb könnte W_3 versuchen, W_2 zu gewinnen, für die Alternative Z zu stimmen. Dafür müsste er ihm allerdings eine Kompensation in Aussicht stellen. Diese könnte darin bestehen, dass W_3 in anderen (umgekehrten) Fällen W_2 bei der Wahl unterstützt. Es könnte also nach dem Prinzip verfahren werden: „Wenn du für mein Projekt stimmst, votiere ich für deines."

Der Stimmentausch erhöht den Nutzen der daran beteiligten Wähler (hier W_2 und W_3). Er muss jedoch nicht unbedingt zu einer Besserstellung aller Wähler führen. In unserem Beispiel ist W_1 durch die Alternative Z gegenüber der Alternative Y schlechter gestellt, und er erhält von W_3 keine Kompensation. Allerdings können die Nutzen aus Z für W_3 so überwältigend sein, dass er auch W_1 kompensieren könnte. Dann würde Logrolling nach dem Kaldor-Hicks-Kriterium zu einer effizienteren Faktorallokation führen. In Tab. X.2 ist ein Beispiel für ein wohlfahrtssteigerndes Logrolling dargestellt. Annahmen sind: 1) Jedes Projekt stiftet einen positiven Gesamtnutzen, wäre also für die Gesellschaft insgesamt nach dem Kaldor-Hicks Kriterium von Vorteil. 2) Bei einer Abstimmung findet kein Projekt die Mehrheit, denn niemand wird für ein Projekt stimmen, das er negativ bewertet. Durch Stimmenhandel lässt sich die Situation folgendermaßen verbessern: Wenn W_1 damit einverstanden ist, für die Bücherei zu stimmen, sofern W_2 verspricht, für das Krankenhaus zu votieren, dann erhalten bei einer getrennten Abstimmung über alle Projekte diese beiden Alternativen eine Mehrheit. W_1 hat einen Nutzenzuwachs von 160 und W_2 von 100. Ihrem Gesamtnutzen von 260 steht ein Nutzenentgang von 85 bei W_3 gegenüber.

Für alle zusammen ergibt sich eine Nutzensteigerung gegenüber dem Zustand der Untätigkeit von 175. W_1 wird mit W_3 keinen Stimmenhandel eingehen, weil dann sein Gesamtnutzen nur 80 beträgt. Ebenso wird W_2 nicht mit W_3 kooperieren, weil dann sein Gesamtnutzen nur 90 beträgt. Stimmenhandel ist also möglich bei stark unterschiedlicher Nutzenbewertung verschiedener Projekte durch die Wähler. Er ist aber nicht nur positiv zu bewerten. Wenn beispielsweise für W_3 die Nutzeneinbuße größer als 260 wäre, ergäbe sich insgesamt ein negativer Effekt.

Projekt/Wähler	Nutzen			Gesamtnutzen
	W_1	W_2	W_3	
Krankenhaus	200	- 50	- 55	95
Bücherei	- 40	150	- 30	80
Schwimmbad	- 120	- 60	400	220

Tab. X.2 Stimmenhandel zwischen W_1 und W_2. W_1 hat einen Nutzenzuwachs von 160 und W_2 von 100. Ihrem Gesamtnutzen von 260 steht ein Nutzenentgang von 85 bei W_3 gegenüber.

2. Präferenzoffenlegung in der indirekten Demokratie

Die Effizienzorientierung der politischen Entscheidungsträger stößt in der indirekten Demokratie zusätzlich dann an Grenzen, wenn Regierung, Abgeordnete und Bürokraten eigennützig handeln. Selbstverständlich können politische Vertreter und ihre Agenten in der Verwaltung eigennutzorientiertes Handeln nicht völlig unsanktioniert und losgelöst von den Interessen der Wählerschaft ausleben. Der politische Wettbewerb schränkt diese Möglichkeit ebenso ein wie Verfassungsvorschriften, Gesetze, Verwaltungsverordnungen, Kontrollinstanzen (oberste Gerichte und Rechnungshöfe) und private Institutionen wie Medien, Verbände und Bürgerinitiativen. Dennoch bestehen für Regierung und Verwaltung in der Regel autonome Entscheidungsspielräume.

2.1 Politischer Wettbewerb

Im politischen Wettbewerb stehen sich Parteien gegenüber, die um die Gunst der Wählerstimmen streiten. Ihr Ziel ist aus ökonomischer Sicht, die auf sie entfallenden Wählerstimmen zu maximieren, um die Regierungsverantwortung zu erlangen. Dazu bieten sie unterschiedliche Wahlprogramme an. Über die Wahl können die Bürger ihre Präferenzen für die von der Regierung zu übernehmenden Aufgaben zum Ausdruck zu bringen. Sobald eine Partei gewählt worden ist, bietet sie die im Wahlprogramm versprochenen öffentlichen Leistungen an, in manchen Fällen aber auch nicht. Nach Ablauf der Legislaturperiode unterziehen sich Regierung und Opposition einer Überprüfung durch die Wahlbevölkerung. „Schlechte" Regierungsparteien werden abgewählt, „schlechte" Oppositionsparteien müssen weiterhin Opposition betreiben. Dagegen haben „gute" Parteien die Möglichkeit, an der Regierung zu bleiben oder neu mit ihr betraut zu werden.

Einzelne Politikmaßnahmen stehen in einer indirekten Demokratie im allgemeinen nicht zur Wahl. Vielmehr bieten Parteien nur ganze **„Pakete"** von Maßnahmen in Wahlprogrammen an, denen nur insgesamt zugestimmt oder die nur als Ganzes verworfen werden können. Deshalb findet beim Wähler kein Abwägungsprozess über die Vor- und Nachteile der einzelnen Elemente der Parteiprogramme statt, bevor er ein Votum für die eine oder andere Partei abgibt. Aus ökonomischer Sicht sind „Paketlösungen" grundsätzlich ineffizient, da keine hundertprozentige Präferenzerfüllung der Wählerschaft zustande kommt.

Polit-ökonomische Modelle bestätigen den in der Realität erkennbaren Trend des „Kampfes um die Mitte". Parteiprogramme konzentrieren sich im einfachsten Fall eines Zwei-Parteien-Systems darauf, die Stimme des **Medianwählers** zu umwerben, weil er als „Zünglein an der Waage" eine Minderheit in eine Mehrheit verwandeln kann. Für die restliche Wählerschaft wird angenommen, dass deren Präferenzen hinreichend stabil sind und ein Wechsel von Partei A zu B nicht stattfindet. Dies stellt eine sehr kritische Annahme der Modelltheorie dar, zeigen doch gerade jüngste Wahlen in der Bundesrepublik sehr starke Schwankungen in der Präferenz der Wahlbürger gegenüber den einzelnen Parteien. Die Umwerbung des Medianwählers kann deshalb ineffizient sein, weil es auf seine Stimme letztlich gar nicht ankommt.

Grundsätzlich ist zu erwarten, dass die Regierung ihr Wahlprogramm umsetzen will. Sie ist dabei aber auf die **Verwaltung** angewiesen und beauftragt diese mit dem Vollzug der Politikmaßnahmen. Dabei tritt ein „**Prinzipal-Agenten-Problem**" auf. Die Regierung muss sicherstellen, dass der Agent im Sinne des Prinzipals handelt. Wenn die Verwaltung eigene Wege geht, so wird das Politikdefizit im allgemeinen nicht der Verwaltung, sondern der Regierungspartei angelastet und deren Wiederwahl gefährdet. Eine Nachfolgeregierung steht allerdings vor dem gleichen Problem, so dass in einer solchen Volkswirtschaft das einzig Stetige der regelmäßige Regierungswechsel sein wird. Damit langfristige Politik im Sinne der regierenden Parteien möglich ist, muss deshalb die Verwaltung auf eine Linie mit der jeweiligen Regierung gebracht werden.

2.2 Eigenmächtiges Verhalten der öffentlichen Verwaltung
Wir nehmen an, dass die Regierung bestrebt ist, die Präferenzen der Bevölkerung umzusetzen, die öffentliche Verwaltung jedoch genügend Ermessensspielräume besitzt, um ihre eigenen Interessen im Sinne der individuellen Nutzenmaximierung zu verfolgen. In unserer Modellwelt verhandelt eine einzige öffentliche Verwaltung mit der Regierung. Es geht nur um die Bereitstellung einer einzigen öffentlichen Leistung. Beziehungen zwischen Verwaltungen werden ebenso ausgeblendet wie hierarchische Strukturen. Die Bürokratie nimmt gegenüber der Regierung eine dominante Stellung ein. Es liegt ein **bilaterales Monopol** vor, in dem Verhandlungslösungen die Regel sind. Der Grund für diese Annahme ist, dass die Regierung nur die Zahlungsbereitschaftsfunktion der Wahlbevölkerung kennt, während die Verwaltung auch über Wissen über die Angebotsseite (die Kostensituation) verfügt. Für die Regierung sei die Kontrolle der Leistungserstellung durch die öffentliche Verwaltung mit prohibitiv hohen Kosten verbunden. Somit verfügt die Verwaltung als Agent der Regierung über einen Informationsvorsprung, den sie auch auszunutzen bestrebt sein wird.

Eine Bereitstellungsmenge gilt als **produktionseffizient**, wenn die staatliche Verwaltung bei gegebenem technischen Wissen die mengenmäßigen Produktionsmöglichkeiten voll ausschöpft, bzw. wenn bei gegebenen Faktorpreisen zu Minimalkosten produziert wird. Die angebotsseitig zu interpretierende Produktionseffizienz gibt verschiedene mögliche Outputniveaus an. Sie berücksichtigt nicht, welche Präferenzen die Wahlbevölkerung für die öffentliche Leistung aufweist. Deshalb ist zusätzlich die **Allokationseffizienz** zu berücksichtigen. Eine allokationseffiziente Menge des öffentlichen Gutes X zeichnet sich dadurch aus, dass die Konsumentenrente der Wahlbevölkerung, $KR(X) = ZB(X) - K(X)$, maximiert wird. Für die **Kostenfunktion** gelte $dK(X)/dX > 0$ und $d^2K(X)/dX^2 > 0$ (progressiver Anstieg), für die **Zahlungsbereitschaftsfunktion** $dZB(X)/dX = MZB(X) > 0$

und $d^2ZB(X)/dX < 0$ (degressiver Anstieg). Ein Maximum wird erreicht, wenn sich für den Umfang der öffentlichen Leistung X Grenzkosten der Bereitstellung und Grenznutzen ausgleichen. Die Regierung gibt der Verwaltung den Auftrag zur produktionseffizienten Bereitstellung der allokationseffizienten Menge X_0.

2.2.1 Das Niskanen-Modell

Niskanen formulierte im Rahmen seiner „**Budgetmaximierungshypothese**" die wohl bekannteste Begründung für ineffizientes bürokratisches Bereitstellungsverhalten.[1] Folgende zusätzliche Annahmen wurden von ihm benötigt: Die bürokratischen Ziele bestehen aus einem Bündel sämtlicher arbeitsbedingter monetärer Zahlungen, dem öffentlichen Ansehen, der Macht, der einfachen Arbeitsbewältigung und leicht zu vollziehenden Neuerungen. Das Ziel „ease of managing the bureau" (einfache Arbeitsbewältigung) konfligiert mit den anderen Ziele, weil sich diese nur durch Budgetausweitungen erreichen lassen. Niskanen geht bei seiner Modellierung davon aus, dass die Argumente (bis auf das vorletzte) positiv in die Nutzenfunktion der Bürokraten eingehen. Für die bürokratische Nutzenfunktion gilt dann die Annahme des fallenden Grenznutzens für alle Einzelargumente des Gesamtbündels: $\partial U/\partial \cdot > 0$; $\partial^2 U/\partial \cdot^2 < 0$. Die bürokratischen Ziele lassen sich nach Niskanen am besten erreichen, wenn die Bürokratie das ihnen zur Verfügung zu stellende Budget maximiert: $B(X) \to max!$ Als Verhaltensmaxime gilt deshalb für die Bürokraten: „Maximiere das Gesamtbudget bei gegebener Nachfrage- und Kostensituation unter der Nebenbedingung, dass das Budget beim Gleichgewichtsoutput größer oder gleich den minimalen Gesamtkosten der Leistungsbereitstellung ist."

Der politisch-bürokratische Interaktionsprozesses vollzieht sich etwa wie folgt: Bürokraten werden das größtmögliche Budget im Verhandlungsprozess von der Regierung fordern. Die Regierung gewährt ihnen solange das benötigte Budget, wie die Kosten der Bereitstellung die Zahlungsbereitschaft der Wahlbevölkerung nicht übersteigt. Annahmegemäß nimmt mit zunehmendem Budget der Nutzen der Bürokraten zu, deshalb besteht die einzige **gleichgewichtige Lösung** in der Angebotsmenge X_{max}. Dort stim-

---

[1] Vgl. Niskanen, W. A. (1971): Bureaucracy and representative government, Chicago: Aldine Atherton.

men aggregierte Zahlungsbereitschaft und Bereitstellungskosten überein: ZB(X) = K(X). Die effiziente Menge beträgt dagegen X_0. Die Überlegungen sind in Abb. X.3 grafisch dargestellt.

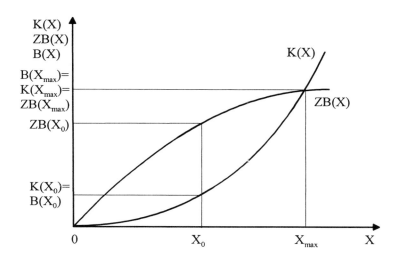

Abb. X.3 Gleichgewichtige Budget-Output-Kombination im Niskanen-Modell.
Es kommt zu einer ineffizienten Bereitstellungsmenge X_{max} und einer von der Bevölkerung nicht gewünschten Ausweitung des öffentlichen Budgets auf $B(X_{max})$.

Wie ist das Ergebnis des Modells von Niskanen zu beurteilen? Die Bürokratie bietet die von der Regierung geforderten Leistungen grundsätzlich produktionseffizient an. Eine Abweichung von der Minimalkostenkombination würde für sie auf jeden Fall mit einer Nutzeneinbuße einhergehen, was in Widerspruch zu ihrem Maximierungskalkül steht. Der produktionseffiziente Leistungsumfang erfüllt allerdings die Präferenzen der Wahlbevölkerung nicht: Er ist überoptimal. Die Bürokratie schöpft die gesamte Konsumentenrente der Wahlbevölkerung für sich ab, um damit die Überproduktion der öffentlichen Leistung zu finanzieren und ihr Nutzenniveau zu steigern.

2.2.2 Das Modell von Migué und Bélanger

Die einfache Sichtweise des Basismodells von Niskanen vermag zwar grundsätzlich Ineffizienzen bürokratischen Bereitstellungsverhaltens zu erklären, sie wurde jedoch massiv kritisiert, vor allem wegen des völlig überhöhten Leistungsumfangs. **Migué und Bélanger** entwickelten in der Folge ein modifiziertes politisch-bürokratisches Interaktionsmodell.[2] Sie versuchten vor allem den Aspekt des Strebens nach einem einfache Leben bei der Arbeitsausführung der öffentlichen Verwaltung stärker in den Vordergrund zu rücken. Niskanen-Bürokraten stehen aus ihrer Sicht vor folgendem Dilemma: Mit zunehmender Zuweisungshöhe steigt zwar der Nutzen der Bürokraten, sie müssen dann aber auch mehr arbeiten, weil sie im Vergleich zur (allokations)effizienten Menge eine zu große Menge produktionseffizient bereitstellen. Dies steht in Widerspruch zur einfachen Arbeitsbewältigung.

Neben der Maximierung des Outputs spielt bei Migué und Bélanger eine zweite Größe, nämlich das „fiskalische Residuum" bzw. das „budgetary slack" (Z), eine wesentliche Rolle bei der Ableitung des Bereitstellungsvolumens der öffentlichen Verwaltung. Diese Größe ist definiert als Z(X) = B(X) − K(X), wobei B(X) das von der Regierung bewilligte Budget bezeichnet. Die Annahmen für die Zahlungsbereitschafts- und Kostenfunktion gelten wie im Niskanen-Modell weiter. Das „budegtary slack" kann nur innerhalb der Büros der Verwaltung verwendet werden, zum Beispiel indem das Personal aufgestockt wird (also de facto pro-Kopf weniger gearbeitet werden muss), neues Bürointerieur angeschafft wird oder gewisse aufwendige Arbeiten an externe Gutachter, Sachverständige etc. ausgelagert werden. Die zu **maximierende Nutzenfunktion** der Bürokraten stellt sich unter den Annahmen eines streng quasi-konkaven Verlaufs mit dazu korrespondierenden streng konvexen Präferenzen sowie der Additivität und der Separabilität der Argumente der Nutzenfunktion folgendermaßen dar:

(X.1) $\quad U = U(X, Z) = U(X, B(X) - K(X))$.

Über die partiellen Ableitungen der Nutzenfunktion der Bürokraten in diesem Modell finden sich in der Literatur sehr konträre Auffassungen. **Moene** geht davon aus, dass die Angestellten der öffentlichen Verwaltung die gleichen Präferenzen aufweisen, die auch die Akteure im Niskanen-Modell ausgezeichnet haben.[3] Die Zielrealisierung der Bürokraten nimmt mit steigender Outputmenge zu. Das zu diesem Ziel konfliktäre fiskalische Residuum

---

[2] Vgl. Migué, J.-L., and G. Bélanger (1974): Toward a general theory of managerial discretion, Public Choice, Vol. 17, S.27-43.
[3] Vgl. Moene, K. O. (1986): Types of bureaucratic interaction, Journal of Public Economics, Vol. 29 , S.333-345.

2. Präferenzoffenlegung in der indirekten Demokratie

verhindert jedoch, dass das im vorigen Modell erreichte Outputniveau X_{max} erreicht wird. Es gilt:

(X.2) $\quad \dfrac{\partial U(X,Z)}{\partial X} > 0 \quad$ und $\quad \dfrac{\partial U(X,Z)}{\partial Z} > 0$.

Im Gegensatz dazu sehen Migué/Bélanger sowie im deutschen Schrifttum **Arnold** das Ziel des einfachen Lebens während der Arbeit in vielen Fällen als dominant gegenüber dem Ziel des fiskalischen Residuums an. Bürokraten seien arbeitsscheu.[4] Für die partiellen Ableitungen der bürokratischen Nutzenfunktion gilt dann:

(X.3) $\quad \dfrac{\partial U(X,Z)}{\partial X} < 0 \quad$ und $\quad \dfrac{\partial U(X,Z)}{\partial Z} > 0$.

Der Interaktionsprozess zwischen Bürokratie und Regierung wird durch folgende allgemeine Merkmale beschrieben: In einem nicht-kooperativen, sequentiellen one-shot Spiel treffen zwei Akteure mit unterschiedlicher Informationslage aufeinander. Die Bürokratie wird den ersten Zug unternehmen, bei dem allerdings sämtliche Alternativen des Gegenspielers Regierung Berücksichtigung finden. Für die Regierung bleibt im zweiten Zug nur die Möglichkeit, auf Grundlage der Vorgaben der Bürokratie ein lokales Nutzenmaximum zu erzielen. Die allokations- und produktionseffiziente Menge der öffentlichen Leistung wird dabei in der Regel nicht erreicht. Eine Lösung, die aus diesem Interaktionsprozess folgt, stellt ein **Nash-Gleichgewicht** dar. Jeder Akteur reagiert auf die Strategie des anderen Akteurs mit der bestmöglichen eigenen Alternative und dieses Vorgehen wird von der jeweils anderen Partei in den Entscheidungskalkül einbezogen.

Exemplarisch lassen sich in Abhängigkeit von den beiden Grundeinstellungen der Bürokraten, Gleichung (X.2) und (X.3), im Rahmen von Abb. X.4 die Outputmengen der Bürokratie qualitativ verdeutlichen.[5]

Man erkennt den jeweiligen trade-off zwischen Outputmenge und fiskalischem Residuum. Ein maximales fiskalisches Residuum wird bei der allokationseffizienten Menge X_0 erreicht. Diese wird aber in beiden Fällen nicht produktionseffizient bereitgestellt: Um sich das fiskalische Residuum anzu-

---

[4] Vgl. Arnold, V. (1992): Theorie der Kollektivgüter, München: Vahlen.
[5] Exakte Ableitungen für die unterschiedlichen Zielfunktionen finden sich bei Migué/Bélanger und Moene. Arnold gibt einen umfassenden Überblick für „arbeitsscheue" Bürokraten, der sich leicht auf arbeitsfreudige übertragen lässt.

eignen, sind die Bürokraten gezwungen, überhöhte Kosten der Bereitstellung an die Regierung zu übermitteln. Diese werden gerade so bemessen, dass die ausgehandelte Menge bereitgestellt wird und das überhöhte Budget sich an der Zahlungsbereitschaft der Wahlbevölkerung orientiert. Die Bürokraten schöpfen die gesamte Konsumentenrente der Bereitstellung der öffentlichen Leistung ab.

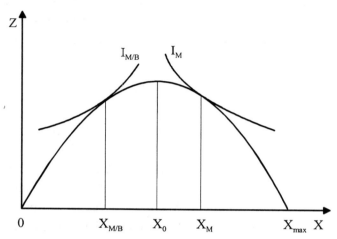

Abb. X.4 Bereitstellungsmengen der öffentlichen Leistung bei arbeitsfreudigen und arbeitsscheuen Bürokraten. Es besteht ein Zielkonflikt zwischen Outputmenge X und fiskalischem Residuum Z. I_M und $I_{M/B}$ symbolisieren jeweils eine Indifferenzkurve der Nutzenfunktionen von Moene und Migué/Bélanger.

Für das tatsächliche Outputniveau müssen die beiden Einstellungen zur Arbeit berücksichtigt werden. Arbeitsfreudige Bürokraten verfügen zwar bei X_0 über das maximale fiskalische Residuum, allerdings ziehen sie auch Nutzen aus der Bereitstellung an sich (Arbeitsfreude). Bei X_{max} maximieren sie ihren Nutzen aus der Arbeitsfreude. Allerdings reduziert sich mit zunehmendem Output das fiskalische Residuum. Eine Bereitstellungsmenge zwischen X_0 und X_{max} ist zu erwarten, beispielsweise X_M in Abb. X.4. Im Gegensatz dazu können wir auch von arbeitsscheuen Bürokraten ausgehen. Den maximalen „Arbeitsnutzen" erzielt die Verwaltung, wenn sie gar keine öffentliche Leistung anbietet. Dann erhält sie aber auch kein fiskalisches Residuum. Deshalb wird im allgemeinen eine Menge zwischen 0 und X_0 angeboten, etwa $X_{M/B}$ in Abb. X.4.

Ein stabiles **politisch-bürokratisches Gleichgewicht** wird in beiden Fällen erreicht: (1) Das der Bürokratie für eine beliebige Bereitstellungsmenge X bewilligte Budget bemisst sich in Höhe der Zahlungsbereitschaft für diese Menge. Dazu gibt die Bürokratie falsche Kosten der Leistungserstellung an die Regierung weiter. (2) Die Bürokraten maximieren ihre zweidimensionale Nutzenfunktion, indem der Aktivitätsparameter „Leistungsbereitstellung" variiert wird. Als „Restgröße" erzielen sie in der jeweiligen Situation ein größtmögliches fiskalisches Residuum. (3) Die Konsumentenrente der Wahlbevölkerung aus der Bereitstellung der öffentlichen Leistung wird vollständig von der Bürokratie abgeschöpft.

Im Hinblick auf die Beurteilung der Produktionseffizienz ist hier zwischen den Sichtweisen der Wahlbevölkerung und der Sichtweise der Bürokratie zu unterscheiden. Um bei gegebenen durchschnittlichen Präferenzen über ein möglichst großes fiskalisches Residuum verfügen zu können, sind die Bürokraten gezwungen, die öffentliche Leistung intern produktionseffizient zu erstellen. Aus Sicht der Wahlbürger ist die Leistungserstellung allerdings wegen der Angabe überhöhter Kosten produktionsineffizient. Die Finanzierung des öffentlichen Leistungsumfangs X verursacht Kosten in Höhe ihrer tatsächlichen Zahlungsbereitschaft. Daraus resultieren Nutzeneinbußen für die Bevölkerung. Die Beurteilung der Allokationseffizienz ist dagegen eindeutig. In beiden dargestellten Fällen führt die überhöhte Kostenangabe der Bürokratie zur Aneignung der gesamten Konsumentenrente bei der Bereitstellung des Outputniveaus X. Das Ergebnis ist **allokationsineffizient**. Entweder wird aus Sicht der Regierung – gemessen am allokationseffizienten Leistungsniveau X_0 – zu viel oder zu wenig produziert.

Zusammenfassung und Übungen

1. Effizienz im Sinne des Pareto- oder Kaldor-Hicks-Kriteriums lässt sich bei demokratischer Abstimmung der Bürger über öffentliche Leistungen in der Regel nur bei Einstimmigkeit realisieren. Demokratieprinzip und theoretische Effizienzvorstellungen stehen miteinander in Widerspruch.

2. Aufgrund des Wahlparadoxons kann der demokratische Abstimmungsprozess zu willkürlichen Ergebnissen führen und lassen sich Wahlen manipulieren.

3. Die simultane Abstimmung über alle relevanten Alternativen ist für die finanzpolitische Praxis untypisch. Es wird den Bürgern/dem Parlament ein einziger Budgetentwurf zur Abstimmung vorgelegt. Wenn dieser die Mehrheit findet, bleiben alternative Budgets ungeprüft, obwohl sie möglicherweise den Bürgerpräferenzen besser entsprechen.

4. Strategisches Verhalten (in kleinen Gruppen, etwa auf kommunaler Ebene) kann das Abstimmungsergebnis verbessern oder verschlechtern.

5. Die Bürokratie wird von der Regierung/Wahlbevölkerung beauftragt, eine bestimmte Aufgabe punktgenau zu erfüllen. Diese Aufgabe wird im allgemeinen über den Einsatz von Inputs gesteuert. Hierüber kann die Verwaltung relativ frei entscheiden, sie besitzt ein zum Teil erhebliches Gestaltungspotential. Bei Eigennutzorientierung der Bürokratie besteht eine Tendenz weg vom allokationseffizienten Leistungsvolumen. In der Realität steht der Bürokratie jedoch aufgrund von Verfassungsvorschriften (Gesetzmäßigkeit der Verwaltung) und Verwaltungsverordnungen nicht das ganze Handlungsspektrum zur Verfügung. Abweichungen von den Regierungsvorgaben können außerdem durch die Regierung schnell sanktioniert werden. Die Ineffizienzen durch die Verwaltung werden daher von den Modellen überbetont.

6. Der autonome Handlungsspielraum der Verwaltung wird auch wesentlich durch die früher genannten Budgetgrundsätze eingeschränkt (vgl. Kap. IV). Die Gefahren durch Eigenmächtigkeiten der Verwaltungen und daraus resultierende Ineffizienzen für die Bevölkerung lassen sich als Grund für die weitreichenden rechtlichen Beschränkungen ansehen, denen Verwaltungen in modernen Demokratien unterliegen.

Wiederholungsfragen

1. Warum ist eine effiziente Lösung in Abb. X.1 bei Mehrheitswahl möglich?
2. Wie ändert sich das Urteil nach 1. beim Wahlparadoxon?
3. Was versteht man unter transitiven und intransitiven Präferenzen?
4. Wann führt die Mehrheitswahl zu einer pareto-optimalen Allokationsverbesserung und wann nicht?
5. In welcher Verbindung stehen demokratische Wahl und Kaldor-Hicks-Kriterium?
6. Konstruieren Sie ein Beispiel für Logrolling.
7. Können durch Wettbewerb der Parteien die Präferenzen der Bürger in die Politik umgesetzt werden?
8. Wie leitet sich die Budgetmaximierungsthese nach Niskanen ab?

9. Wie ändern sich die Aussagen, wenn man annimmt, dass die Bürokraten a) arbeitsfreudig und b) arbeitsscheu sind?
10. In welchem Zusammenhang stehen die Budgetgrundsätze von Kap. IV mit den Aussagen der Bürokratiemodelle?

Aufgaben

1. In einer Volkswirtschaft, in der drei Wirtschaftssubjekte W_1, W_2 und W_3 leben, steht die Abstimmung über drei Projekte (A, B und C) an. Die Abstimmung erfolgt gemäß des Single-vote-Kriteriums. Zwei der drei Projekte, die alle gleich viel kosten, sind finanzierbar. „Logrolling" wird zwischen den einzelnen Wirtschaftssubjekten praktiziert. Untersuchen Sie anhand der beiden nachfolgenden Beispiele, wer mit wem koalieren wird und welche Auswirkungen sich gegebenenfalls durch die Projektrealisierung auf die einzelwirtschaftliche und die gesamtwirtschaftliche Wohlfahrt ergeben.
(a) W_1 bewertet Projekt A mit 70, Projekt B mit 60 und Projekt C mit -200. W_2 misst Projekt A einen Nutzenwert von -190 bei, Projekt B 85 und Projekt C 65. W_3 empfindet bei Realisierung von Projekt A eine Nutzeneinbuße von 150, Projekt B stiftet ihm einen positiven Nutzen von 60 und Projekt C einen von 90.
(b) W_1 bewertet Projekt A mit -30, Projekt B mit 40 und Projekt C mit -20. W_2 misst Projekt A einen Nutzenwert von 80, Projekt B -30 und Projekt C -40 bei. W_3 empfindet bei Realisierung von Projekt A eine Nutzeneinbuße von -20, Projekt B stiftet ihm einen positiven Nutzen von -40 und Projekt C einen von 50.

Lösung:
(a)

Projekt/Wähler	Nutzen			Gesamtnutzen
	W_1	W_2	W_3	
A	70	-190	-150	-270
B	60	85	60	205
C	-200	65	90	-45

Man erkennt, dass W_2 und W_3 koalieren und die Projekte B und C realisiert werden. Die gesamte Wohlfahrt in der Volkswirtschaft steigt um 160 Einheiten, wobei die Realisierung von Projekt C die gesamtwirtschaftliche Wohlfahrt um 45 senkt.

(b)

Projekt/Wähler	Nutzen			Gesamtnutzen
	W_1	W_2	W_3	
A	-30	80	-40	+10
B	40	-30	-20	-10
C	-20	-40	50	-10

In diesem Fall koalieren W_1 und W_3, was zur Realisierung der Projekte B und C führt. Die beiden Koalitionäre stellen sich aus individueller Sicht besser im Vergleich zur Situation, in der nur ein oder kein Projekt realisiert wird. Allerdings reduziert sich die gesamtwirtschaftliche Wohlfahrt im Vergleich zur Nichtbereitstellung irgendeines Projektes um 20. Das einzige Projekt, das einen positiven Beitrag zur Gesamtwohlfahrt aufweist, Projekt A, wird nicht realisiert! Logrolling kann also Ineffizienzen bei der staatlichen Bereitstellung auslösen.

2. Stellen Sie Ihre folgenden Überlegungen für eine Stadt an, in der eine Million Menschen leben. 60 % der Bevölkerung wäre bereit, jeweils maximal einen US-$ für Umweltschutzmaßnahmen zu bezahlen. Der reichere Rest der Bevölkerung wäre sogar bereit, jeweils maximal 100 US-$ für die Ergreifung von Reinigungsmaßnahmen zu bezahlen. Die Umweltschutzmaßnahmen verursachen Gesamtkosten in Höhe von 2.000.000 US-$. Es wird vorgeschlagen, dass die Finanzierung des Umweltschutzes über eine Kopfsteuer erfolgt, bei der jeder Bürger die gleiche Finanzierungslast trägt. (a) Erhält dieser Vorschlag bei einer Mehrheitswahl die Mehrheit? (b) Wäre dieser Vorschlag aus Sicht des Pareto-Kriteriums wünschenswert? (c) Wie stellt sich der Sachverhalt aus Sicht des Kaldor-Hicks-Kriteriums dar?[6]

Lösungshinweis:
(a) 60% der Bevölkerung weisen eine Zahlungsbereitschaft in Höhe von 1 US-$ für Reinigungsmaßnahmen auf. Bei gleicher Belastung über eine Kopfsteuer müssten aber 2 US-$ bezahlt werden. Bei Anwendung der Mehrheitswahl werden deshalb Reinigungsmaßnahmen unterlassen.
(b) 60 % der Bevölkerung würden bei Einführung der Kopfsteuer durch die Reinigungsmaßnahmen schlechter gestellt werden, was einen Verstoß gegen das Pareto-Prinzip darstellt.
(c) Die gesamtwirtschaftliche Zahlungsbereitschaft für die Reinigungsmaßnahme beträgt 40.600.000 US-$. Dies übersteigt die Kosten der Maßnahme um den Betrag von 38.600.000 US-$, so dass ein beträchtlicher Nettonutzen verbleibt. Nach dem Kaldor-Hicks-Effizienzkriterium sollte die Reinigungsmaßnahme durchgeführt werden. Ob und in welcher Höhe die Gewinner die Verlierer im Anschluss an die Realisierung der Maßnahme tatsächlich kompensieren, bleibt offen.

3. Drei Städte A, B und C bewerben sich bei einem Gremium um die Austragung einer großen Sportveranstaltung. Das Komitee hat 11 Mitglieder. Die Präferenzordnung der Mitglieder des Komitees ist wie folgt gegeben: 5 Mitglieder präferieren A vor C und C vor B (A>C>B). 4 Mitglieder ziehen B A vor und A C (B>A>C). Die letzten zwei Mitglieder präferieren C vor B und B vor A (C>B>A). Die Entscheidung fällt durch Abstimmung der Komiteemitglieder. Wie muss das Entscheidungsverfahren ausgestaltet sein, damit A, B oder C die Abstimmung gewinnt?[7]

Lösungshinweis:
A gewinnt bei einfacher Mehrheitswahl (5:4:2). B gewinnt bei einer zweistufigen Wahlentscheidung, wenn im ersten Wahlgang der Bewerber mit den wenigsten Stimmen ausscheidet und im zweiten Wahlgang der Kandidat mit den meisten Stimmen gewinnt. C gewinnt bei einem zweistufigen Wahlgang, in dem paarweise Vergleiche zunächst zwischen A und C durchgeführt werden und danach zwischen B und C abgestimmt wird.

---

[6] Nach Kolstad, C. D. (2000): Environmental Economics, New York und Oxford: Oxford University Press, S. 46.
[7] Nach Schäfer, H.-B. und C. Ott (2000): Lehrbuch der ökonomischen Analyse des Zivilrechts, 3., überarbeitete und erweiterte Auflage, Berlin u. a. O.: Springer, S. 53.

4. Zur Diskussion stehen die Bürokratiemodelle: (a) Warum besteht für die Bürokraten im Niskanen-Modell – im Gegensatz zu den Modellen von Moene und Migué/Bélanger – kein Anreiz, der Regierung überhöhte Kosten der Bereitstellung öffentlicher Leistungen mitzuteilen? (b) Warum weisen die Indifferenzkurven bei Migué/Bélanger-Bürokraten eine positive Steigung auf (vgl. Abb. X.4)?

Lösungshinweis:
(a) Die Angabe einer überhöhten Kostenfunktion führt zur Reduktion des möglichen Outputs und somit zur Reduzierung des zugewiesenen Budgets. Die Bürokraten agieren zielinkonform, wenn sie überhöhte Kosten an die Regierung weitergeben. Dagegen besteht in den Modellen von Moene und Migué/Bélanger über die Angabe erhöhter Kostenfunktionen die Möglichkeit, ein fiskalisches Residuum zu erzielen, das bei Niskanen-Bürokraten keine Rolle spielt. (b) Die Steigung der Indifferenzkurven im (X,Z)-Raum ist gegeben als $dZ/dX = -(\partial U/\partial X)/(\partial U/\partial Z)$. Annahmegemäß sind Bürokraten arbeitsscheu, das heißt $\partial U/\partial X < 0$. Der Grenznutzen durch Ausweitung des fiskalischen Residuums ist im relevanten Bereich definitionsgemäß positiv, so dass die Indifferenzkurven im relevanten Bereich eine positive Steigung im (X,Z)-Raum aufweisen.

Literatur

Arnold, V. (1992): Theorie der Kollektivgüter, München: Vahlen.

Brümmerhoff, D. (2001), Finanzwissenschaft, 8., völlig überarbeitete und stark erweiterte Auflage, München und Wien: Oldenbourg.

Downs, A. (1957): An Economic Theory of Democracy, New York: Harper.

Kirsch, G. (1997): Neue Politische Ökonomie, 4., überarbeitete und erweiterte Auflage, Düsseldorf: Werner.

Niskanen, W. A. (1971): Bureaucracy and representative government, Chicago: Aldine Atherton.

Rosen, H. S. (2002): Public Finance, 6. Auflage, New York: McGraw-Hill Irwin.

Stiglitz, J. E. (1988): Economics of the Public Sector, 2. Auflage, New York und London: W. W. Norton & Company.

Kapitel XI: Nutzen-Kosten-Analyse

1. Abgrenzungen

Bund und Länder sind angehalten, für öffentliche Investitionen Nutzen-Kosten-Analysen anzustellen. Diese Analysen sollen die Planungsgrundlage für staatliche Entscheidungen bilden und dadurch ein rationales Investitionsverhalten der Regierung/des Gesetzgebers fördern. Die Vor- und Nachteile einer Investition sollen im Sinne der Steigerung der gesellschaftlichen Wohlfahrt gegeneinander abgewogen werden. Die Analysen werden von Experten durchgeführt. Diese nehmen eine Abschätzung der Erträge und Kosten des betreffenden Projektes vor. Dabei spielen Abstimmungen der Bürger über das Projekt keine Rolle. Die Analysen gehen vom üblichen allokationstheoretischen Rahmen aus. Aspekte der gerechten Verteilung spielen in der Regel keine Rolle. Die Nutzen und Kosten werden saldiert. Das Kaldor-Hicks-Kriterium wird angewendet.

Die Nutzen-Kosten-Analyse ist eine Geldrechnung. Mit der Bewertung in Geld soll erreicht werden, dass die Vor- und Nachteile eines öffentlichen Projektes in vergleichbarer Weise erfasst werden. Da es für öffentliche Leistungen in der Regel keine Marktpreise gibt, die der Bewertung der Erträge zugrunde gelegt werden könnten, muss man mit speziellen Methoden versuchen, die Wertschätzung der Bürger zu erfahren. Geeignete Methoden zu finden, stellt das erste Problem für den Ökonomen im Rahmen von Nutzen-Kosten-Analysen dar. Öffentliche Investitionen haben außerdem eine lange Lebensdauer. Die Nutzen und Kosten verteilen sich in der Regel über viele Jahre. Für die Planung ist es aber nicht gleich, wann die Erträge und Kosten anfallen. Die Größen müssen aus Gründen der Vergleichbarkeit auf einen einheitlichen Zeitpunkt, typischerweise den Zeitpunkt der Planung, bezogen werden. Dies geschieht durch die Diskontierung. Es stellt sich deshalb für den Ökonomen als zweite grundlegende Frage, wie im Rahmen von Nutzen-Kosten-Analysen diskontiert werden sollte. Die Berücksichtigung des intertemporalen Aspektes macht ein dynamisches Planungsverfahren erforderlich. Man verwendet im allgemeinen die Kapitalwertmethode. Der Kapitalwert einer Investition entspricht dem Barwert der erwarteten Nettoerträge E (Erträge minus Kosten) abzüglich (des Barwertes) der Investitionsausgaben

I_0 (mit i als Diskontierungsrate). Eine Investition ist vorteilhaft, wenn der Kapitalwert größer oder gleich null ist:

(XI.1) $\quad KW = E_1/(1+i) + \cdots + E_n/(1+i)^n - I_0 \geq 0$.

2. Bewertung der Erträge
2.1 Preis- und Nutzenansatz

Es gibt zwei grundsätzliche Ansätze, den Wert einer öffentlichen Leistung zu ermitteln. Entweder man ermittelt einen (fiktiven) Preis für die Leistungen und multipliziert damit die Bereitstellungsmenge (Preisansatz) oder man ermittelt den Nettonutzen (Nutzenansatz). Die prinzipiellen Unterschiede beider Methoden seien anhand von Abb. XI.1 dargestellt. Abgebildet ist ein vollkommener Markt für ein privates Gut. Die Nachfragekurve bringt die marginale Zahlungsbereitschaft (MZB) der an dem Gut Interessierten zum Ausdruck. Sie ist monetärer Indikator für den Grenznutzen der Nachfrager. Die Angebotsfunktion bringt die Grenzkosten der Produktion des Gutes zum Ausdruck. Durch das Spiel von Angebot und Nachfrage bildet sich der Gleichgewichtspreis p* heraus. Der Markt bewertet die Menge X* als Produkt von Preis und Menge: p*·X* (**Preisansatz**). Dieser Betrag stimmt nicht mit dem Wert überein, die alle Beteiligten zusammen der Menge beimessen. Die Nachfrager erlangen einen Bruttonutzen entsprechend der Fläche a + b + c. Weil in Höhe der Fläche c Kosten bei den Anbietern entstehen, entspricht der Nettonutzen für Anbieter und Nachfrager zusammen der Fläche a + b. Fläche a bildet die Summe der realisierten **Konsumentenrenten**. Die Nachfrager wären bereit, für geringere Mengen als X* einen höheren Preis zu zahlen, als sie tatsächlich müssen. Sie sparen diesen Betrag ein (Konsumentenrente). Fläche b stellt den Gewinn der Unternehmer bei Vernachlässigung von fixen Produktionskosten dar. Man bezeichnet diesen Gewinn auch als **Produzentenrente**. Der Nettonutzen der Menge X* ergibt sich aus der Summe von Konsumenten- und Produzentenrente (**Nutzenansatz**). Preis- und Nutzenansatz führen also zu unterschiedlichen Werten. Der Preisansatz erfasst zwar die Produzentenrente, aber auch die Produktionskosten. Insofern fällt die Bewertung von X* aus wohlfahrtstheoretischer Sicht zu hoch aus. Nicht berücksichtigt wird dagegen die Konsumentenrente. Nur wenn Konsumentenrente und Kosten übereinstimmen, führen Preis- und Nutzenansatz zum gleichen Ergebnis. Diese Übereinstimmung wäre aber zufällig. Systematisch richtig erfolgt die Bewertung der Wohlfahrtsverbesserung nur durch den Nutzenansatz.

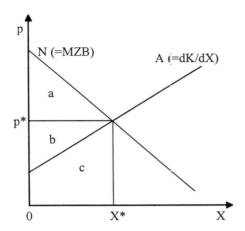

Abb. XI.1 Bewertung nach dem Preis- und Nutzenansatz. Die Bewertung der Menge des privaten Gutes X* kann entweder nach dem Marktwert (p*·X*) oder nach der Summe aus Konsumenten- und Produzentenrenten (Fläche a+b) erfolgen.

Genauso wie für das private Gut können wir uns vorstellen, dass die Bevölkerung zunehmenden Mengen eines öffentlichen Gutes einen unterproportional steigenden Nutzen beimisst und die Produktionskosten überproportional zunehmen. Die Bewertung kann dann nach den gleichen Ansätzen erfolgen. Ein fiktiver Preis lässt sich ermitteln, indem man die Nachfrager nach dem Gut befragt, welchen Geldbetrag sie für eine zusätzliche Menge des öffentlichen Gutes über die in Frage stehende Angebotsmenge hinaus zu zahlen bereit wären. Beim Nutzenansatz muss man die Zahlungsbereitschaft für die gesamte Menge des öffentlichen Gutes schätzen.

Die Nutzen-Kosten-Analyse soll Entscheidungen des Staates zugunsten wohlfahrtserhöhender öffentlicher Investitionen fördern. Deshalb sollte für die Bewertung möglichst der Nutzenansatz herangezogen werden. Man sollte versuchen, alle Bruttonutzen und Kosten für die Bevölkerung zu ermitteln und den Nettowert ermitteln. Dies ist aber kompliziert. Einfacher zu handhaben, aber auch ungenauer ist der Preisansatz. Aus Praktikabilitätsgründen greifen empirische Nutzen-Kosten-Analysen meist auf diese Bewertungsmethode zurück. Dafür spricht auch, dass es für die meisten Inputgüter von öffentlichen Investitionen (Einsatz von Materialien, Anlagen und Arbeitskräften) Marktpreise gibt. Für diese müssten ja die entgangenen Nutzen geschätzt werden, um bei der Bewertung der Erträge und Kosten öffentlicher Investitionen einheitlich vorzugehen. Das wäre mühsam und kostenintensiv.

2.2 Outputmessung durch Rückgriff auf Marktdaten

Manche öffentliche Leistungen beeinflussen die Angebots- Nachfragebedingungen auf den Märkten. Dann kann man auf Marktdaten für die Bewertung zurückgreifen. Außerdem besteht die Möglichkeit, die Wertschätzung durch Befragung der Zahlungsbereitschaft der Bürger abzuschätzen. Wir wollen diese beiden Methoden genauer betrachten und dabei zwischen der Preis- und Nutzenbewertung unterscheiden.

1. Fall: Öffentliche Leistungen als Vorleistungen der privaten Produktion

In den Fällen, in denen öffentliche Leistungen einen Produktionsfaktor für die Wirtschaft darstellen, kann man die Auswirkungen auf Angebot und Nachfrage auf den Gütermärkten abschätzen. Küstenschutz- oder Umweltschutzmaßnahmen tragen beispielsweise zur Steigerung der land-, forst- und fischereiwirtschaftlichen Produktion oder zur Verbesserung der Trinkwasserversorgung bei. Die Wirkungen sollen für einen Wettbewerbsmarkt näher bestimmt werden (Abb. XI.2). Der Preis fällt wegen der durch das öffentliche Gut hervorgerufenen Kostensenkung auf p_1 und die Produktionsmenge wird auf X_1 ausgedehnt. Es treten folgende Effekte auf:

- Die Konsumenten erhalten eine zusätzliche Konsumentenrente in Höhe von p_0BCp_1.
- Die Produzentenrente betrug im Ausgangszustand p_0BE und beläuft sich nach der Bereitstellung des öffentlichen Gutes auf p_1CF. Die Differenz zwischen der neuen und der alten Produzentenrente (Gewinnsteigerung) beträgt $EDCF - p_0BDp_1$.
- Die Summe der zusätzlichen Konsumenten- und Produzentenrenten entspricht der schraffierten Fläche EBCF.

Richtig wiedergegeben werden die Nutzen einer öffentlichen Leistung durch die Summe der zusätzlichen Konsumenten- und Produzentenrenten (Nutzenansatz). Vereinfacht kann man als Wert auch den zusätzlichen Output $X_1 - X_0$ multipliziert mit einem Durchschnittspreis ansetzen. Dieser Wertansatz ist geringer. Damit korrespondiert aber auch der geringere Ansatz für den Wertverlust bei den Inputgütern. Als Marktdaten stehen für die Bewertung nur Preis und Menge vor Bereitstellung des öffentlichen Gutes zur Verfügung. Alle anderen Faktoren – insbesondere auch der Effekt des öffentlichen Gutes auf die Produktionsbedingungen – sind auf der Grundlage von Hypothesen zu schätzen.

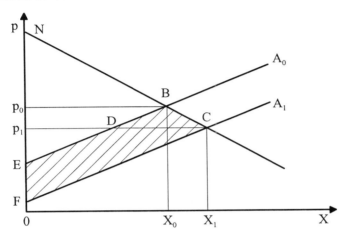

Abb. XI.2 Zusätzliche Konsumenten- und Produzentenrenten als Wohlfahrtsmaß. Die gestrichelte Fläche entspricht dem Wohlfahrtsgewinn durch ein öffentliches Gut, das die Produktionsbedingungen für ein privates Gut verbessert.

2. Fall: Verminderte Lebens- und Gesundheitsrisiken durch Reduktion von Verkehrsunfällen

Durch Ausbau einer Straße möge sich das Unfallrisiko vermindern. Die Anzahl der Todes- und Krankheitsfälle gehe zurück. Nach dem Preisansatz ermittelt man die Zunahme des Sozialprodukts, die bei einer Verringerung der Anzahl der Todes- bzw. Krankheitsfälle möglich ist. Nehmen wir an, es wird eine Person im Alter von 40 Jahren gerettet, die nun noch 25 Jahre im Erwerbsprozess steht. Man schätzt dann den Sozialproduktsbeitrag dieser Person über die Zeit (typischerweise pauschal nach dem durchschnittlichen Sozialprodukt pro Kopf der Bevölkerung) und ermittelt den Barwert der Sozialproduktsgewinne. Schwierigkeiten tauchen bei der Behandlung nicht berufstätiger Personen auf (Erwerbsunfähige, Alte und Kinder). Eine andere Möglichkeit besteht darin, die vermiedenen Aufwendungen für die Heilung von Krankheiten zu schätzen. Nach dem Preisansatz erhält man einen unteren Wert für die öffentliche Leistung.

Es wird in empirischen Untersuchungen teilweise auch versucht, die Nutzen abzuschätzen. Dann nimmt man eine Bewertung anhand der Einkommensunterschiede für unterschiedlich riskante Berufe vor. Man ermittelt die Sterbe-/Gesundheitsrisiken in unterschiedlich gefährlichen Berufen sowie die dazugehörigen Einkommensdifferentiale (vgl. Abb. XI. 3). Dabei geht man folgendermaßen vor: Man identifiziert Berufe mit unterschiedlichem Lebensrisiko. Dann bereinigt man mit statistischen Methoden die betreffenden Lohnsätze um alle nicht risikorelevanten Bestimmungsfaktoren (Ermittlung der risikoimpliziten Löhne). Man schätzt die Verringerung der Sterbehäufigkeit durch die öffentliche Maßnahme, setzt diese mit einer entsprechenden Verringerung der Berufsrisiken gleich und ermittelt den Lohnsatz, auf den die Menschen bei dem geringeren Risiko zu verzichten bereit sind. Die Rechnung wird über alle durch die staatliche Maßnahme potentiell Begünstigten aggregiert. Für die USA gibt es Berechnungen, die zu dem Ergebnis kommen, dass für die Zunahme des Sterberisikos um 0,01 durchschnittlich das Jahreseinkommen um 6.700 US-$ zunimmt (Stand 1986). Diese Einkommensdifferenz kann als Kompensation für das höhere Risiko verstanden werden. Umgekehrt lässt sich die Zahl so interpretieren, dass die Menschen für die Verringerung des Sterberisikos um 0,01 durchschnittlich den Betrag von 6.700 US-$ zu zahlen bereit wären.

3. Fall: Messung des Freizeit- und Erholungsnutzens von Naherholungsgebieten und Naturschutzparks – Reisekostenmethode

Es soll ein Naherholungsgebiet bewertet werden (vgl. Tab. XI.1). Dieses wird von Menschen aus verschiedenen Orten genutzt. Wer die Einrichtung besucht, tätigt auch Aufwendungen (Reisekosten und ähnliches). Man fragt die Besucher nach diesen Ausgaben und erhält in der Summe eine Mindestbewertung der öffentlichen Einrichtung (Preismethode). Diese beträgt in unserem Beispiel 1000 €.

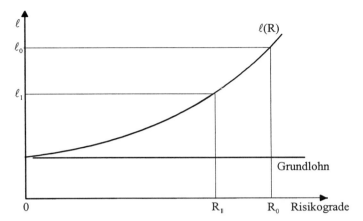

Abb. XI.3: Bewertung reduzierter Sterberisiken durch eine öffentliche Maßnahme anhand von Einkommensdifferentialen. R steht für die Sterbewahrscheinlichkeit je Jahr in verschiedenen Berufsgruppen. Für die Minderung des Sterberisikos von R_0 auf R_1 sind die Individuen bereit, einen Lohnabschlag von $\ell_0 - \ell_1$ hinzunehmen. Dies entspricht ihrer Zahlungsbereitschaft.

Dem Besucher sind die Leistungen im allgemeinen mehr wert, als er an Kosten auf sich nimmt. Nach der Nutzenmethode möchte man deshalb auch die Konsumentenrenten ermitteln. Dies geschieht durch Befragung. Dabei bildet man Zonen, die sich in der Entfernung vom öffentlichen Gut unterscheiden, und ordnet ihnen jeweils die spezifischen Reisekosten mit der zugehörigen Anzahl von Besuchen zu. Der Einfachheit halber soll aus jeder Zone nur eine Person anreisen. Um die Konsumentenrenten zu ermitteln, verwendet man die **Clawson-Knetsch-Methode**. Sie geht davon aus, dass Besucher mit gleichem Einkommen, gleichem Alter, gleichem Familienstand und Geschlecht etc. die gleiche Zahlungsbereitschaft für das öffentliche Gut aufweisen: Die Besucher, die aus verschiedenen Zonen kommen, würden auf eine fiktive Variation der spezifischen Reisekosten in gleicher Weise reagieren. Wenn zum Beispiel für den Anreisenden aus der Zone E die Reisekosten nicht 5 €, sondern 20 € betrügen, würde er genauso wie der Besucher aus B das öffentliche Gut zehnmal aufsuchen.

Indem man einen Eintrittspreis fingiert und mit der Annahme gleicher Nachfragefunktionen unterstellt, dass die Reaktion auf Preisänderungen den Besuchsdifferenzen als Folge der beobachteten Reisekostenunterschiede entspricht, kann man auch eine Gesamtnachfragekurve ableiten. In Tab.

XI.2 sind die Nachfragemengen bei alternativen Eintrittspreisen angegeben. Beim Preis von 0 € entstehen den Besuchern nur Reisekosten, und ihre Nachfrage entspricht den empirischen Werten (mit der Summe 100). Gäbe es einen Preis in Höhe von 5 €, würden sich die Nutzerkosten für die Besucher um diesen Betrag erhöhen, so dass die Nachfrage zurückgeht – von E auf 30, von D auf 20, von C auf 10 und von B auf 0 (mit der Summe 60 etc.). Die Tabellenwerte sind in Abb. XI. 4 grafisch dargestellt. Der Nettowert des Mediums lässt sich als Fläche unter dieser Kurve ermitteln (750 €). Der Gesamtwert beläuft sich auf 1.750 €.

Zonen	spez. Reisekosten (€)	Besuchshäufigkeit
A	25	0
B	20	10
C	15	20
D	10	30
E	5	40

Tab. XI.1 Zahlenbeispiel zur Reisekostenmethode. Aus den Orten B bis E reist jeweils eine Person zum Naherholungsgebiet an, wobei die Reisekosten unterschiedlich hoch sind.

Preis in Euro	Zone					Besuchshäufigkeit insgesamt
	E	D	C	B	A	
0	40	30	20	10	0	100
5	30	20	10	0		60
10	20	10	0			30
15	10	0				10
20	0					0

Tab. XI.2 Fingierte Preise und Besuchshäufigkeiten. Unterstellt man etwa einen Preis in Höhe von 10 €, so wird ein Individuum aus Zone D den See genau 10 mal besuchen. Er verhält sich dann wie eine Person aus Zone B, die keinen Eintrittspreis zu bezahlen hätte.

Diese Überlegungen betrafen die Bewertung eines bereits existierenden Naherholungsgebietes. Bei der Nutzen-Kosten-Analyse geht es jedoch um die Bewertung geplanter Projekte. Dann müssen alle genannten Daten ex ante geschätzt werden. Dabei kann man unter Umständen auf vergleichbare bereits existierende Infrastruktureinrichtungen an anderen Orten zurückgreifen, oder man nimmt Befragungen vor.

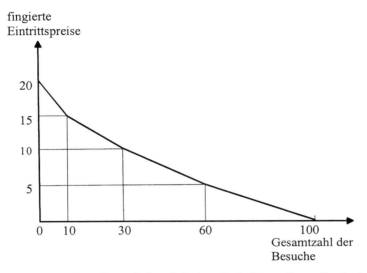

Abb. XI.4 Aggregierte Besuchshäufigkeiten bei alternativen fingierten Preisen. Übertragung der Werte von Tab. XI.2 in eine Grafik.

Der grundsätzliche Einwand gegen diese Methode richtet sich gegen die Annahme der gleichen Zahlungsbereitschaftsfunktion der Besucher. Selbst bei gleichen Einkommen etc. kann man nicht davon ausgehen, dass unterschiedliche Haushalte ein Konsumgut gleich bewerten. Die Präferenzen sind unterschiedlich. Deshalb ist die Ermittlung der Nachfragefunktion bzw. Konsumentenrenten fragwürdig. Technische Schwierigkeiten verbinden sich auch mit der statistischen Analyse (Datenermittlung und multiple Regressionsanalyse). Die Besuchshäufigkeit ist nicht nur eine Funktion der Reisekosten und der Präferenzen, sondern auch zahlreicher anderer Faktoren, deren Einfluss eliminiert werden muss.

4. Fall: Verbesserung des Wohnwertes als Folge von Straßenbaumaßnahmen – Immobilienwertmethode

Der Preis einer Immobilie hängt neben Standard und Größe auch von der Qualität des Wohnumfelds ab. Dieses wird durch die öffentliche Infrastruktur beeinflusst. Wenn sich dieser Faktor wiederum aus der Vielzahl der preisbestimmenden Faktoren isolieren lässt, bietet sich die Möglichkeit, aus Marktreaktionen Informationen über den Nutzen zu erhalten, den die Individuen einer Verbesserung der Infrastruktur beimessen. Für die Messung kann man die Mieten oder die Kaufpreise heranziehen. Da ein geplantes Projekt bewertet werden soll, müssen alle Marktdaten geschätzt werden, was auf der Grundlage von Befragungen von Fachleuten oder durch Rückgriff auf Daten von vergleichbaren bereits existierenden Infrastruktureinrichtungen an anderen Orten geschehen kann.

Für die Wohnungen/Häuser werden zunächst die nachfragerelevanten Merkmale festgelegt, insbesondere Größe, Ausstattung und Alter sowie Qualität des Wohnumfelds. Der Preis der Wohnung wird dann aufgelöst in einzelne den Merkmalen zugeordnete implizite Preise, welche die Wertschätzung der Nachfrager für diese Eigenschaften widerspiegeln. Die Miete selbst lässt sich als Verknüpfung dieser impliziten Preise darstellen. Stellen wir uns nun vor, dass es eine Vielzahl von Wohnungen gibt, die bis auf die Infrastruktur völlig identisch sind. Je besser die Infrastruktur ist, um so höher werden auch die Mieten sein. Ermittelt man diese impliziten Preise für mehrere beobachtbaren Niveaulagen der Infrastruktur, so ergibt sich die Kurve der hedonischen Preise. Ausgehend vom Gesetz des fallenden Grenznutzens ist eine unterproportionale Zunahme der Mieten mit steigender Wohnqualität zu erwarten. Findet man viele Grundstücke mit nur wenig divergierender Infrastruktur vor, so kann die hedonische Preisfunktion durch eine differenzierbare Funktion angenähert werden (Abb. XI.5). Die partielle Ableitung der hedonischen Preisfunktion ergibt den impliziten Preis für eine marginale Erhöhung der Infrastrukturqualität bei alternativen gegebenen Ausgangsqualitätsniveaus: $p = dM/dQ$. Dieser Preis fällt mit steigendem Qualitätsniveau.

Nach der Preismethode schätzt man die durch eine geplante öffentliche Investition gesteigerte Wohnqualität und multipliziert sie mit dem relevanten (durchschnittlichen) impliziten Preis. Bei der Nutzenmethode folgt ein weiterer Schritt. Man versucht die Nachfragefunktion nach Infrastruktur zu schätzen. Man kann den impliziten Preis, den ein Haushalt tatsächlich zahlt, als Schnittpunkt seiner Nachfragekurve (N_a und N_b für zwei Standorte mit unterschiedlicher Qualität der Infrastruktur in Abb. XI.6) mit der Kurve der impliziten Preise dM/dQ deuten. Dieser Preis beträgt für Q_a in Abb. XI.6 p_a. Bei einem höheren Preis hätte er einen Standort mit geringerer Infrastrukturqualität gewählt und bei einem geringeren Preis einen Standort mit höherer Qualität. Wenn wir annehmen, dass die Haushalte völlig frei zwischen verschiedenen Qualitäten entscheiden können und sie dies auch in rationaler

2. Bewertung der Erträge

Weise tun, dann müssen wir davon ausgehen, dass die jeweils gewählten Standorte angesichts der geforderten Mieten und der gegebenen individuellen Nachfragefunktion die beste Entscheidung verkörpern. Bei der getroffenen Wahl entspricht der implizite Preis genau der marginalen Zahlungsbereitschaft. Das ist die Bedingung für das Nutzenmaximum. Die Zahlungsbereitschaften sind aber nicht bekannt. Eine Spezifizierung ist nur über bestimmte Annahmen möglich. Wir kennen nur einen einzigen Punkt auf der jeweiligen individuellen marginalen Zahlungsbereitschaftskurve. Es bleibt wiederum nur die Clawson-Knetsch-Methode. Wir nehmen an, dass alle Haushalte (an den verschiedenen Standorten) die gleiche marginale Zahlungsbereitschaftsfunktion für die öffentliche Infrastruktur haben. In diesem Fall muss die implizite Preisfunktion mit dieser Funktion übereinstimmen, denn die implizite Preisfunktion ist ja als Menge der Schnittpunkte mit den individuellen Zahlungsbereitschaftskurven zu interpretieren.

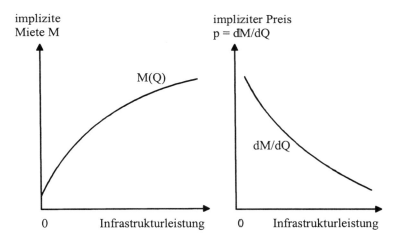

Abb. XI.5 (links) Hedonische Preisfunktion, (rechts) Implizite Preise für unterschiedliche Mengen/Qualitäten der öffentlichen Infrastruktur. Die Verläufe unterstellen eine unterproportionale Zunahme des Nutzens mit steigender Menge des öffentlichen Gutes. Anmerkung: Der auf der Ordinate abgetragene Maßstab der linken und rechten Grafik stimmen nicht miteinander überein.

Hinsichtlich der Bewertung des öffentlichen Projektes gelangt man dann zu folgender Aussage: Der Wert der Infrastruktur mit der Qualität Q_a entspricht dem Integral unter der Preisfunktion innerhalb der Grenzen 0 bis Q_a aggregiert über alle betreffenden Haushalte. Beispielsweise wird als Wert einer

Verbesserung der Infrastrukturqualität am Standort A auf das Niveau von Q_b ein aggregierter Betrag nach Maßgabe des Integrals unter der Preisfunktion in den Grenzen Q_a und Q_b ausgewiesen. Es kommt in diesem Fall zu einer Überschätzung des tatsächlichen Nutzenzuwachses. (Wenn die tatsächlichen Nachfragefunktionen flacher als die fingierte Nachfragefunktion verlaufen, kommt es zu einer Unterschätzung des Nutzeneffektes.)

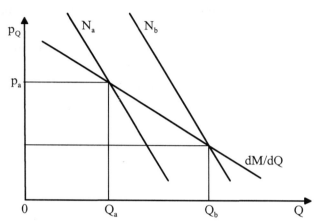

Abb. XI.6 Implizite Preise und marginale Zahlungsbereitschaften für Infrastrukturleistungen.

Die grundsätzlichen Einwände gegen diese Methode sind bereits bekannt. Sie beziehen sich vor allem auf die Annahme gleicher marginaler Zahlungsbereitschaften der Mieter für das öffentliche Gut und auf statistische Schwierigkeiten. Zusätzlich ist herauszustellen, dass der Wohnungs- und Grundstücksmarkt typischerweise keinen vollkommenen Markt darstellt, wie er Voraussetzung für die exakte Offenlegung der Nutzen ist. Nehmen wir beispielsweise an, dass der Wohnungsmarkt stark angespannt ist, die Nachfrage also das Angebot übersteigt (Ungleichgewicht bei konstantem Mietniveau), dann schlagen Käuferpräferenzen für die Infrastruktur nicht auf die Preise durch. Das gleich gilt bei gesetzlich gebundenen Mieten. Einen Unvollkommenheitsfaktor bilden auch die hohen Umzugs- und Suchkosten. Wenn es in einem Gebiet zu einer Qualitätsverbesserung kommt, dämpfen die Umzugskosten den Preisanstieg für die Immobilien. Der Nutzen ist größer, als die Preissteigerung angibt. Bewohner in ruhigen/sauberen Gebieten zahlen dann relativ niedrige Mieten, weil der Nachfragesog fehlt.

An den anderen Orten sind dagegen die Mieten – im Verhältnis zur Infrastrukturqualität – zu hoch.

2.3 Direkte Erfragung der Zahlungsbereitschaft

Bei dieser Methode versucht man, die Zahlungsbereitschaft für ein öffentliches Gut durch Befragung unter kontrollierten Bedingungen (**kontingente Methode**) zu ermitteln. Man befragt die Bevölkerung oder man nimmt Laborexperimente vor. Dabei macht man genaue Vorgaben, vermittelt Informationen über die Eigenschaften und Wirkungen der staatlichen Maßnahme und versucht den Sachverhalt so plastisch wie möglich darzustellen. Das gelingt mit Hilfe von Interviews besser als mit schriftlichen Befragungen. Bei der Preismethode fragt man nach den Geldbeträgen (den Preisen), welche die Bürger bei einem gegebenen zu bewertenden Leistungsniveau für eine zusätzliche Menge zu zahlen bereit wären. Nach der Nutzenmethode erfragt man dagegen die Zahlungsbereitschaft für die Gesamtmenge des öffentlichen Gutes.

Der prinzipielle Vorteil der kontingenten Zahlungsbereitschaftsmethode liegt in der Anwendungsmöglichkeit auf alle denkbaren öffentlichen Leistungen. Andererseits sieht sich diese Methode vielfältigen Schwierigkeiten gegenüber, die ihre Praktikabilität stark einschränken. Für die Bürger/Probanden ist es schwierig, sich den Nutzen öffentlicher Güter konkret vorzustellen und diese Vorstellung in einen Geldbetrag zu übersetzen (Abstraktionsproblem). Außerdem sind die Bürger nur unvollkommen über die Guteigenschaften informiert. Diese Schwierigkeiten versucht die Methode dadurch zu überwinden, dass sie die Interviews in besonderer Weise strukturiert. Die Fragen werden möglichst anschaulich und konkret formuliert. Es gibt eine Reihe von Techniken, mit denen die Vorstellungskraft der Befragten verbessert werden kann. Auf zwei Techniken sei hier hingewiesen: Beim **Einkreisungsverfahren** wird dem Probanden für eine öffentliche Leistung (bzw. Umweltqualitätsverbesserung) ein Zahlungsbereitschaftsintervall (zum Beispiel 100 bis 1000 €) vorgegeben. Zunächst wird gefragt, ob seine Zahlungsbereitschaft in diesem Intervall liegt. Wenn er bereit ist, 100 € zu zahlen, nicht aber 1.000 €, wird die Bandbreite eingeengt, etwa auf 200 bis 900 €. Die sukzessive Einengung des Intervalls wird solange fortgeführt, bis die Ja- bzw. Nein-Antworten gegen einen bestimmten Geldbetrag konvergieren. Beim **Budgetierungsverfahren** simuliert man eine Kaufentscheidung. Dem Probanden wird ein Budget vorgegeben, das er so auf alternative Verwendungsmöglichkeiten aufteilen soll, dass sein Nutzen maximiert wird. Als positiv an dieser Methode ist hervorzuheben, dass die Testperson veranlasst wird, in seiner Entscheidung für eine bestimmte Menge des öffentlichen Gutes die Opportunitätskosten zu berücksichtigen.

3. Diskontierung zukünftiger Nutzen und Kosten
3.1 Diskontierungsmotive

Die Erträge und Kosten einer öffentlichen Investition verteilen sich auf unterschiedliche Perioden. Sie haben deshalb eine unterschiedliche Qualität. Um sie vergleichbar zu machen, bezieht man die Beträge einheitlich auf den Planungszeitpunkt des öffentlichen Projektes. Die Diskontierung geht davon aus, dass die zukünftigen Beträge nicht in voller Höhe in Gegenwartsgrößen transformiert werden und deshalb nicht mit ihrem ganzen Betrag in die Planung eingehen. Dass die Vorteilhaftigkeitsentscheidung kritisch von der Höhe der Diskontierungsrate abhängt, veranschaulicht folgendes Beispiel:

	Periode										
	0	1	2	3	4	5	6	7	8	9	10
E-A (in €)	−400	−20	−20	−20	50	100	100	100	100	100	100
BW $i = 10\%$	−400	−18,2	−16,3	−15,0	34,2	62,1	56,5	51,3	46,7	42,4	38,6
$i = 5\%$	−400	−19,1	−18,1	−17,3	41,1	78,4	74,6	71,1	67,7	64,5	61,4

Tab. XI.3 Zahlenbeispiel zur Diskontierung. Man erhält als Kapitalwerte: KW($i = 10\%$) = −117,88 (Das Projekt ist nicht vorteilhaft), KW($i = 5\%$) = +195,76 (Das Projekt ist vorteilhaft); E–A bezeichnet den Saldo der periodenspezifischen Ein- und Auszahlungen und BW steht für den Barwert, mit dem der Betrag in die Nutzen-Kosten-Analyse aus heutiger Sicht eingeht.

Die gesellschaftliche Diskontierungsrate leitet sich aus den Diskontierungsmotiven der Individuen ab. Als wichtigste Gründe sind zu nennen:
1. Gegenwärtige Bedürfnisse werden von den Haushalten (ausgehend vom repräsentativen Wirtschaftssubjekt) höher bewertet als zukünftige Bedürfnisse **(reine Zeitpräferenz)**. Man verfügt ceteris paribus lieber heute über ein bestimmtes Bündel von Konsumgütern als irgendwann in der Zukunft. Die Menschen haben eine Präferenz für die Gegenwart. Als

3. Diskontierung zukünftiger Nutzen und Kosten

Hauptgründe nennt die Theorie hierfür die menschliche Ungeduld und Kurzsichtigkeit (Myopie). Die gesellschaftliche marginale Zeitpräferenzrate (MZPR) gibt das Ausmaß der Minderschätzung des Konsums in der Periode t + 1 gegenüber der Periode t an. Für ein und dieselbe Konsummenge heute (C_0) und morgen (C_1) gilt: $U(C_0) > U(C_1)$ bzw. für marginale Änderungen bei gleichem Ausgangsniveau $dU/dC_0 > dU/dC_1$. Bei einem Verhältnis der Grenznutzen beispielsweise von 1,1 beträgt die marginale Zeitpräferenz 10 %. Eine zusätzliche Konsumeinheit heute stiftet danach den gleichen Nutzen wie 1,1 Konsumeinheiten morgen. Damit ein bestimmter zusätzlicher Konsum morgen den gleichen Nutzen bietet wie ein zusätzlicher Konsum heute, muss er höher sein. Das Ausmaß der notwendigen Höherbewertung wird durch die MZPR angegeben (hier 10%). Wenn $dC_{t+1}*$ einen bestimmten zusätzlichen Konsum in Periode t+1 darstellt, dann entspricht dies bei MZPR = 10% einem nutzengleichen zusätzlichen Konsum von dC_t in Periode t:

(XI.2) $\qquad dC_{t+1}* = (1 + 0{,}1) \cdot dC_t \quad$ bzw. $\quad dC_t = \dfrac{dC_{t+1}}{1+0{,}1}.$

Ein geringerer zusätzlicher Konsum in Periode t reicht aus, um den gleichen Nutzen in t wie dC_1* in t+1 zu liefern. Die MZPR bewirkt die nutzengleiche Umrechnung zukünftiger (zusätzlicher) Konsumgrößen in Gegenwartskonsum. Dies ist der Zweck der Diskontierung. Man nimmt im allgemeinen an, dass die intertemporale Bewertung von Periode zu Periode die gleiche ist, verwendet also für alle Nutzungsperioden einer öffentlichen Investition die gleiche Diskontierungsrate.

2. Die Individuen erwarten, dass sie später reicher sein werden und bewerten deshalb einen gegebenen zusätzlichen Konsum in der Zukunft geringer als in der Gegenwart (**wachstumsbedingte Zeitpräferenz**). Voraussetzungen sind hierbei ein steigendes Pro-Kopf-Einkommen und Gültigkeit der Hypothese vom fallenden Grenznutzen des Konsums mit steigendem Einkommen. Diese Zeitpräferenzrate bestimmt sich nach der Wachstumsrate des Pro-Kopf-Einkommens und dem Ausmaß der Verringerung des Grenznutzens mit steigendem Konsum (Elastizität des Grenznutzens des Konsums).

3. Wenn der Staat X € für ein öffentliches Projekt einsetzt, dann werden unter Umständen in diesem Umfang private Investitionen verdrängt. Die-

se Investitionen wären mit einer bestimmten privaten Ertragsrate r verbunden gewesen. Auf diese Ertragsrate wird verzichtet. Die so entgangenen Erträge stellen die **Opportunitätskosten** des öffentlichen Projektes dar. Deshalb verwendet man auch die private Ertragsrate von Investitionen als Diskontierungsrate bei öffentlichen Vorhaben. Wenn die Gesellschaft beispielsweise 1 € privat investiert (Nutzungsdauer des Projektes 1 Jahr), so verfügt sie nach einer Periode bei einer Ertragsrate von r (**Opportunitätskostenrate**) über eine zusätzliche Konsummöglichkeit von 1 + r €. Entweder sie konsumiert heute 1 € oder 1 + r € eine Periode später. Einem Konsum von beispielsweise 220 € in einem Jahr entspricht also bei einer Ertragsrate der Investition von 10 % eine Investition (bzw. einem Verzicht auf Konsum) von 200 € in der Gegenwart. Diskontiert man 220 € mit dem Faktor 1 + r, so erhält man den Konsumbetrag, auf den man aktuell zugunsten des Sparens/Investierens verzichten könnte, um die 220 € später zu erlangen. Man transformiert bei dieser Diskontierung alle zukünftigen Größen des öffentlichen Projektes in fiktive (entgangene) private Investitionen in der Gegenwart (Ermittlung konsumäquivalenter Investitionsbeträge in der Gegenwart). Wenn die entgangenen privaten Investitionen geringer sind als der Betrag der öffentlichen Investition, so ist die öffentliche Investition vorteilhaft. Sie steigert dann über die Zeit die Konsummöglichkeiten.
4. Als Diskontierungsgrund wird in der Literatur teilweise auch die Unsicherheit der zukünftigen Größen angeführt. Zukünftige Erträge und Kosten sind unsicherer als gleiche Beträge in der Gegenwart. Die Unsicherheit der Effekte nimmt von Periode zu Periode zu. Die unterschiedlich unsicheren Größen müssen vergleichbar gemacht werden. Das geschieht durch Anwendung der Erwartungsnutzentheorie. Man kann für die monetär bewerteten Effekte Erwartungswerte schätzen und diese mit einer Risikorate diskontieren, wobei diese Rate den Grad der Risikoaversion des Entscheiders angibt. Genauer als diese pauschale Methode ist es, von den Perioden-Erwartungswerten des öffentlichen Projektes einen Risikoabschlag vorzunehmen und die Unsicherheit somit im Zähler und nicht im Nenner der Nutzen-Kosten-Analyse zu erfassen.

Zu diskontieren sind monetäre Werte. Diese sind entweder nach dem Preis- oder dem Nutzenansatz zu ermitteln.

3.2 Richtige Diskontierung

Für die Klärung der Frage der richtigen Diskontierung ist es wichtig zu wissen, ob die öffentliche Investition zu Lasten des privaten Konsums oder der privaten Investition geht.

1. Fall: Das Projekt produziert Konsumleistungen und durch die Projektkosten wird privater Konsum verdrängt. Für die Diskontierung ist die MZPR heranzuziehen (z). In der üblichen Einnahmen-Ausgaben-Terminologie erhalten wir folgende Kapitalwertformel für unser öffentliches Projekt:

$$(XI.3) \quad KW = -I_0 + \frac{E_1 - A_1}{1+z} + \frac{E_2 - A_2}{(1+z)^2} + \ldots + \frac{E_n - A_n}{(1+z)^n}.$$

Die Erträge E stehen für öffentliche Leistungen mit konsumtivem Charakter C. In Höhe der Investitionsausgaben I und der laufenden Ausgaben A soll privater Konsum verdrängt werden (C*). Die Gesamtrechnung erfolgt also in Konsumwerten. Die Differenz E – A bzw. C – C* für die einzelnen Perioden kürzen wir ab mit $\overline{C}$. Dann können wir die Kapitalwertformel in Konsumwerten folgendermaßen schreiben:

$$(XI.4) \quad KW = -C_0^* + \frac{\overline{C_1}}{1+z} + \ldots + \frac{\overline{C_n}}{(1+z)^n}.$$

Die Investition ist vorteilhaft, wenn der Kapitalwert größer oder gleich 0 ist. Mit Hilfe der Diskontierung wird ein Gegenwartskonsumwert ermittelt, der den zeitverteilten zukünftigen Konsumwerten unter Berücksichtigung der Gegenwartspräferenz nutzenäquivalent ist. Bei einem positiven Kapitalwert ruft das Projekt mehr Konsumwerte hervor, als es Konsumwerte verdrängt, so dass insgesamt der gesellschaftliche Nutzen zunimmt.

Der Zinssatz für risikolose längerfristige Staatsanleihen gilt als guter Indikator für die marginale Zeitpräferenzrate: Der Haushalt braucht einen Anreiz zum Sparen (Verzicht auf Gegenwartskonsum). Diesen liefert der Zinssatz. Die Zinsen ermöglichen später einen höheren Konsum. Der Zinssatz muss mindestens die Geringerbewertung des Nutzens aus dem Konsum in einer späteren Periode kompensieren. z entspricht der geforderten Mindestprämie für das Sparen und der Zinssatz der tatsächlich gezahlten Prämie. Gleichgewicht herrscht, wenn beide Größen übereinstimmen. Nehmen wir an, ein Individuum schätzt einen zusätzlichen Konsum in einem Jahr von 105 €

genauso hoch ein wie einen zusätzlichen Konsum von 100 heute. Bei diesen Beträgen entsteht also der gleiche Nutzen (Nutzenäquivalenz). Dann beträgt die Zeitpräferenzrate 5 Prozent. Erhält man auf dem Kapitalmarkt einen Zins in dieser Höhe, dann ist es für das Individuum gleich, ob es heute für 100 € konsumiert oder diesen Betrag eine Periode spart und dann den Betrag von 105 € konsumiert.

2. Fall: Die öffentliche Investition produziert Konsumleistungen und durch sie werden privater Konsum und private Investitionen verdrängt. Die verdrängten Investitionen hätten gemäß ihrer Ertragsrate r in den späteren Perioden die Bereitstellung von Konsumgütern ermöglicht. Deshalb müssen den Investitionsbeträgen entsprechende **Konsumäquivalente** ermittelt werden. Die verdrängten Investitionen werden bei dieser Methode in entgangenen Konsum umgerechnet. Verschiedene Verfahren werden in der Literatur vorgeschlagen. Eine gute einfache Methode stammt von **William Cline** (Annuitätenmethode):[1] Man schätzt zunächst für die einzelnen Nutzungsperioden des geplanten öffentlichen Investitionsprojektes die mögliche Investitionsverdrängung und die Ertragsraten dieser Investitionen. Dann ermittelt man für die jeweils verdrängten Investitionen die Annuitäten. Damit wird unterstellt, dass in den einzelnen Nutzungsperioden der Investition ein Betrag in Höhe der Annuität konsumiert worden wäre. Die Annuität für eine Investition mit den Anschaffungsausgaben I beträgt:

$$(XI.5) \quad A = I \cdot a = I \cdot \frac{r(1+r)^n}{(1+r)^n - 1}.$$

Der Bruch in Gleichung (XI.5) stellt den Annuitätsfaktor (a) dar. Bei einem Investitionsbetrag von 6.000 €, einer Ertragsrate r von 6 % und einer Lebensdauer der Investition n von 4 Jahren errechnet sich beispielsweise eine Annuität von 1.731,55 €. Im nächsten Schritt errechnet man den Barwert der Annuität bezogen auf den Zeitpunkt der Investitionsverdrängung. Dabei verwendet man die marginale Zeitpräferenzrate. Man erhält das **Konsumäquivalent der Investition (KÄ)**:

$$(XI.6) \quad KÄ = I \cdot a \cdot \frac{(1+z)^n - 1}{z(1+z)^n}.$$

---

[1] Vgl. Cline, W. R. (1992): The Economics of Global Warming, Washington D. C.: Institute for International Economics, S. 243-274.

Für die Werte z = 3 % und r = 6 % erhält man beispielsweise als Konsumäquivalent einen Betrag von 6.436,34 €. Die verdrängte Investition von 6.000 € ist also in Konsumeinheiten diesen höheren Betrag wert. Dieser ist in der Rechnung anzusetzen, und zwar in der Periode, in der die Investition verdrängt wird. Im letzten Schritt zinst man alle in Konsumeinheiten ausgedrückten Kosten und Erträge auf den Planungszeitpunkt der öffentlichen Investition mit der Zeitpräferenzrate z ab.

3. Fall: Das öffentliche Projekt verdrängt private Investitionen und privaten Konsum und produziert sowohl Leistungen für die Haushalte als auch für die Unternehmen (etwa beim Straßenbau). Gegenüber dem 2. Fall kommt neu hinzu, dass Vorleistungen an die private Produktion (Gewinnerhöhungen) von den Unternehmen nicht konsumiert, sondern für Investitionen verwendet werden können. Dann sind diese Investitionsbeträge ebenfalls in Konsumäquivalente umzurechnen.

Insgesamt ist festzuhalten:

- Als Diskontierungsrate sollte die marginale Zeitpräferenzrate verwendet werden. Außerdem sollte die Berechnung mit Hilfe von Konsumäquivalenten durchgeführt werden. Die Umrechnung in Konsum erübrigt sich wenn MZPR und Opportunitätskostenrate übereinstimmen, was aber in der Realität nicht der Fall ist. Die Ertragsrate ist höher.
- Die Erträge der verdrängten Investitionen (Opportunitätskosten) gehen in der Rechnung nicht verloren. Sie werden bei den zu diskontierenden Größen als negativer Wert in Ansatz gebracht.
- Öffentliche Investitionen können auch private Investitionen nach sich ziehen. Dann ist eine analoge Umrechnung in Konsumäquivalente vorzunehmen.
- Der Zinssatz für langfristige Staatsanleihen gilt als guter Indikator für die gesellschaftliche marginale Zeitpräferenzrate.

3.3 Intergenerationelle Diskontierung

Projekte wie Straßenbau, Stadtsanierung oder Klimaschutz haben langfristige Auswirkungen. Sie berühren auch Generationen, die heute noch nicht leben. Von den Kosten und Nutzen sind **unterschiedliche Menschen** betroffen. Die Vorliebe für die Gegenwart kann ein Individuum nur für sich selbst empfinden bzw. ableiten. Sie ist „personenbezogen". Dritte Menschen tauchen in dem Diskontierungsmotiv der reinen Zeitpräferenz nicht auf. Deshalb darf man den Konsum zukünftiger Generationen aus heute geplanten Projekten nicht mit der Zeitpräferenzrate der heute Lebenden diskontieren. Das wäre ein Bruch mit der Logik. Aus reinen Zeitgründen ist es nicht gerechtfertigt, diesen Nutzen später lebender Menschen geringer anzusetzen als den Nutzen der heute lebenden Menschen. Wenn man eine Diskontierung vornimmt, dann misst man den zukünftigen Generationen einen geringeren ethischen Rang bei als den heutigen Menschen. Diese Vorgehensweise verstößt gegen das Gleichbehandlungsgebot der liberalen individualistischen Staatsauffassung.

Allerdings gibt es ein zutreffendes Argument für die Diskontierung des Konsums zukünftiger Generationen: Zukünftige Generationen sind möglicherweise wohlhabender als die heutigen Menschen. Nach dem Gesetz vom fallenden Grenznutzen würden sie dann den zusätzlichen Nutzen aus einem zusätzlichen Konsum geringer veranschlagen, als es die heutigen Generationen bei dem gleichen zusätzlichen Konsum tun würden. Den gleichen zusätzlichen Nutzen hätten die heutigen Generationen bereits bei einem geringeren zusätzlichen Konsumbetrag. Um diesen zu ermitteln, müsste man zusätzliche Konsumbeträge, die späteren Generationen zugute kommen, diskontieren (**wachstumsbedingte Diskontierung**). Diese Diskontierung lässt sich aber nur dann rechtfertigen, wenn tatsächlich hinreichende Gründe für ein Wachstum der Pro-Kopf-Wohlfahrt über lange Zeit sprechen. Dabei kommt es dann nicht nur auf die Versorgung mit Gütern des Sozialproduktes an, sondern auch auf die Entwicklung anderer wohlfahrtsbestimmender Faktoren, wie insbesondere der Umweltqualität.[2]

Zusammenfassung und Übungen

1. Nutzen-Kosten-Analysen zur Beurteilung der Vorteilhaftigkeit staatlicher Investitionen erfordern die vollständige Bewertung aller auftretender Effekte während der Planungsperiode.

2. Die Nutzen-Kosten-Analyse ist eine Geldrechnung. Mit der Bewertung in Geld soll erreicht werden, dass die Vor- und Nachteile eines öffentlichen Projektes in vergleichbarer Weise erfasst werden. Da es für öffentliche Leis-

---

[2] Vgl. zur Vertiefung Bayer, S. (2000): Intergenerationelle Diskontierung am Beispiel des Klimaschutzes, Marburg: Metropolis.

tungen in der Regel keine Marktpreise gibt, die der Bewertung der Erträge zugrunde gelegt werden könnten, muss man mit speziellen Methoden versuchen, die Wertschätzung der Bürger zu erfahren.

3. Der Wert einer öffentlichen Leistung entspricht dem Nettonutzen dieser Leistung für die Gesellschaft (Nutzenansatz). Weil dieser Wert schwierig zu ermitteln ist, greift man in empirischen Nutzen-Kosten-Analysen meist auf einen einfacheren, aber auch ungenaueren Wertmaßstab zurück: Man ermittelt einen (fiktiven) Preis für die Leistung und multipliziert damit die Menge des bereitgestellten öffentlichen Gutes.

4. Für die Bewertung stehen eine Fülle von Methoden zur Verfügung. Dabei wird zum einen indirekt versucht, über Marktdaten die Wertschätzung der Bürger für bestimmte Leistungen abzuleiten. Zum anderen werden direkte Verfahren angewendet, die Zahlungsbereitschaften oder Kompensationserfordernisse erfragen.

5. Die monetäre Bewertung sämtlicher Effekte lässt sich nicht immer zweifelsfrei durchführen. Die Bewertung des menschlichen Lebens stellt den Ökonomen vor Probleme, weil ökonomische Verfahren immer nur Teilaspekte des menschlichen Lebens erfassen können. Des weiteren stellen sich methodische Probleme bei der Bewertung natürlicher Ressourcen, die in der Zukunft möglicherweise nicht mehr vorhanden sind. Auch die Bewertung des gesamten Leistungsspektrums des „Ökosystems" Erde verursacht Schwierigkeiten. Trotz dieser Probleme hat sich die ökonomische Forschung in den letzten Jahren erfolgversprechend weiterentwickelt.

6. Da die Planung (oft) weit in die Zukunft reicht, müssen zukünftige und heutige Effekte über die Diskontierung vergleichbar gemacht werden. Die ausgewiesene Vorteilhaftigkeit hängt sehr stark von der gewählten Diskontierungsrate und dem zugrunde gelegten Verfahren ab. Schon marginale Variationen führen zu völlig unterschiedlichen Aussagen über die Projektrealisierung. Die Verwendung einer Daumenregel birgt die Gefahr von Willkürentscheidungen.

7. Weisen staatliche Investitionen intergenerationelle Effekte auf, verkompliziert sich die Diskontierung nochmals, da dann zusätzliche methodische Probleme gelöst werden müssen. Die Verwendung des momentan bestehenden Marktzinssatzes greift zu kurz, intergenerationelle Spezifika können über ihn nicht erfasst werden.

Wiederholungsfragen:

1. Wodurch unterscheiden sich privates und staatliches Investitionskalkül?
2. Was versteht man unter Konsumenten- und Produzentenrenten, und wodurch unterscheiden sich die Produzentenrenten vom Gewinn?
3. Vergleichen Sie Preis und Wert (Nutzen) eines Gutes.
4. Welche Größen muss man schätzen, wenn man bei der Bewertung eines öffentlichen Gutes auf Marktdaten abstellt?
5. Welche Rolle spielt bei der Bewertung die Clawson-Knetsch-Methode und wie ist sie zu beurteilen?
6. Was versteht man unter kontingenter Bewertung?
7. Worin bestehen die Opportunitätskosten einer öffentlichen Investition? Gehen Sie von einem konkreten Beispiel aus.
8. Leiten Sie an einem Beispiel die marginale individuelle Zeitpräferenzrate ab.
9. Warum steht die marginale individuelle Zeitpräferenzrate in Verbindung zum risikolosen Zinssatz für Staatspapiere?
10. In einem prominenten Modell zum globalen Klimaschutz (Nordhaus) mit einer Reichweite von mehr als 100 Jahren wird als Diskontierungsrate eine Zeitpräferenzrate von 3% angenommen. Nehmen Sie zu dieser Vorgehensweise Stellung.

Aufgaben

1. (a) Zur Diskussion stehe ein Projekt mit Anschaffungsausgaben von 100.000 € und jährlichen Einzahlungen in Höhe von 30.000 € über eine Laufzeit von fünf Jahren. Am Ende des fünften Jahres fallen „Verschrottungskosten" in Höhe von 20.000 € an. Sollte dieses Projekt bei einer Diskontierungsrate von (a1) 0 %, (a2) 10 % und (a3) 15 % durchgeführt werden? (b) Nehmen Sie nun an, es bestehe Unsicherheit über die tatsächliche Höhe der „Verschrottungskosten". Mit jeweils 50 % Wahrscheinlichkeit betragen diese entweder 10.000 € oder 30.000 €. Inwiefern verändert sich durch diese Unsicherheit das Nutzen-Kosten-Kalkül, falls die Regierung (b1) risikoneutral oder (b2) risikoavers ist? (c) Jetzt unterstellen wir, dass es in der Volkswirtschaft zwei unterschiedliche Bevölkerungsgruppen gibt. Jede Gruppe beteiligt sich in gleichem Ausmaß an den Projektkosten, aber zwei Drittel der Nettoeinzahlungen fließt der reicheren Gruppe zu. Welche Auswirkungen hat diese Konstellation auf die Nutzen-Kosten-Analyse? Unter welchen Umständen wird die Entscheidung, das Projekt zu realisieren, verändert?[3]

Lösungshinweis:

(a1) 30.000 € (Projekt sinnvoll); (a2) 1.305,18 € (Projekt sinnvoll); (a3) –9.378,88 € (Projekt nicht sinnvoll). (b1) Risikoneutralität: Orientierung am Erwartungswert: E(K) = 20.000 €. Bei Risikoneutralität ändert sich am Kalkül aus (a) nichts, da schon Verschrottungskosten in Höhe von 20.000 € berücksichtigt sind. (b2) Risikoaversion: Abweichungen vom Mittelwert werden unterschiedlich gewichtet, das heißt die Verschrottungskosten in t = 5 setzen sich additiv aus dem Erwartungswert und einem (positiven) Risikozuschlag zusammen. Fazit: Bei Diskontierungsraten

---

[3] Übersetzt und leicht abgeändert entnommen aus Stiglitz, J. E. (1988): Economics of the Public Sector, New York und London: W. W. Norton & Company, S. 278-279.

von 0 und 15 % ergeben sich keine Änderungen mit Blick auf die Vorteilhaftigkeit des Projekts. Beim Diskontierungssatz von 10% kann ein „kritischer Risikozuschlag" in Höhe von etwa 2.100 € ermittelt werden, bei dem das Projekt von vorteilhaft auf nicht vorteilhaft umschlägt. (c) Differenzierung in der Nutzen- und Kostenstruktur: DR = 0: KW_R = 40.000 €, KW_A = −10.000 €. DR = 10%: KW_R = 19.606,52 €; KW_A = −18.301,35 €. DR = 15%: KW_R = 12.071,33 €; KW_A = −21.450,22 €. Bei Diskontierungsraten von 0 und 10% sind Kompensationsleistungen von R an A möglich, bei 15% nicht mehr.

2. Im Gemeinderat steht die Entscheidung über den Bau einer Kläranlage an, die eine Nutzungsdauer von 50 Jahren aufweist. Die Vertreter der A-Partei setzen bei der Nutzen-Kosten-Analyse zur Beurteilung der Vorteilhaftigkeit einer solchen Maßnahme die Opportunitätskostenrate r zur Diskontierung an, die Vertreter der B-Partei wollen unbedingt mit der Zeitpräferenzrate z diskontieren. Es gilt: r > z. Wer hat unter welchen Umständen Recht? Halten Sie die jeweiligen Szenarien für realistisch?
Lösungshinweis:
Wenn durch das Projekt ausschließlich Konsumbeträge im privaten Bereich verdrängt werden, so hat die B-Partei recht. Werden nur Investitionsbeträge verdrängt, liegt die A-Partei richtig. In der Regel führt die Finanzierung einer Kläranlage jedoch zur Verdrängung sowohl von Investitionen als auch Konsum. Deshalb muss entweder ein gewichtetes Mittel beider Raten verwendet werden, oder die Investitionsbeträge müssen in Konsumäquivalente umgerechnet und die Summe aus beidem dann mit der Zeitpräferenzrate diskontiert werden.

3. Im Rahmen einer Nutzen-Kosten-Analyse, die in Konsumeinheiten durchgeführt wird, soll die Vorteilhaftigkeit eines Projektes mit einer Laufzeit von 30 Jahren ermittelt werden. (a) Für eine Investition im Zeitpunkt t = 3, die eine Investitionsauszahlung in Höhe von 200.000 € verursacht und über die Planungsdauer von 14 Jahren eine interne Rendite von 8 % aufweist, soll auf Basis einer Zeitpräferenzrate in Höhe von z = 5% deren Konsumäquivalent berechnet werden (Cline-Methode). Wie ändert sich die Sachlage, wenn z (a1) auf 3 % sinkt, (a2) auf 8 % steigt und (a3) auf 12 % steigt? (b) Mit welchem Barwert geht diese Investition in die NKA aus Sicht des Planungsbeginns ein?
Lösungshinweis:
(a) Konsumäquivalent (KÄ) nach Cline für I_0 = 200.000 €, n = 14 Jahre, r = 8% und z = 5% beträgt 240.000 €. (a1) z = 3%: KÄ = 274.042,74 €; (a2) z = 8%: 200.000 €; (a3) z = 12%: 160.799,36 €. (b) Zur Ermittlung des Barwertes in der Planungsperiode müssen die in (a) ermittelten Beträge nochmals drei Perioden mit der Zeitpräferenzrate abgezinst werden: Es ergeben sich folgende Werte: KÄ(z=5%): 207.321,02 €; KÄ(r=3%): 250.787,93 €; KÄ(r=8%): 158.766,45 €; KÄ(r=12%): 114.453,81 €.

4. Ein staatliches Klimaschutzprogramm sieht vor, dass in einem Zeitraum von 20 Jahren jährlich 500 Geldeinheiten zur Finanzierung des Klimaschutzprogramms benötigt werden ($-C_0 = -C_1 = ... = -C_{19}$ = 500 €). Nutzen fallen erst mit Beginn der

Periode 30 an, dann jedoch in Höhe von 2000 € und über unendlich lange Zeit. (a) Würden Sie ein solches Klimaschutzprogramm als Referent des Bundesfinanzministeriums Ihrem Minister empfehlen, wenn Sie wissen, dass für solche Maßnahmen eine Diskontierungsrate in Höhe von 6 % anzuwenden ist? (b) Ändert sich am Sachverhalt etwas, wenn die Diskontierungsrate auf 5,5 % abgesenkt würde? (c) Sollte das Projekt realisiert werden, wenn nach 25 Jahren die Diskontierungsrate von 6 auf 5,5 % sinkt?

Lösungshinweis:
(a) Diskontierungsrate 6 %. Auf der **Nutzenseite** wird ab Periode 30 eine unendliche Rente in Höhe von 2.000 € jährlich erreicht. Deren Barwert in t = 30 beträgt 33.333,33 €. Bezogen auf den Planungszeitpunkt t = 0 entspricht dies einem Betrag von 5.803,67 €. **Kostenseite**: Von t = 0 bis t = 19 fallen 20 Jahre lang Kosten in Höhe von 500 € an. Die geometrische Reihe weist einen Barwert in Höhe von 6.079,06 € auf. Damit ergibt sich ein negativer Kapitalwert von 275,39 € und die Klimaschutzmaßnahme wird nicht ergriffen. (b) Die Diskontierungsrate sinkt auf 5,5 %. Der Nutzenbarwert steigt auf 7.296,15 €, der Kostenbarwert beträgt 6.303,83 €, so dass ein positiver Kapitalwert in Höhe von 992,32 € resultiert: Die Klimaschutzmaßnahme ist effizient. (c) Hier ergibt sich ein positiver Kapitalwert in Höhe von 403,68 €, die Klimaschutzmaßnahme bleibt effizient.

5. Lassen sich eindeutige Aussagen über den jeweils resultierenden Nutzenwert beim Kauf eines Joghurts ableiten? Sind Ihre Aussagen auch auf andere private Güter verallgemeinerbar? Welche zusätzlichen Probleme sind bei der Bewertung öffentlicher Güter zu erwarten?

Lösungshinweis:
Generell lässt sich folgern, dass der Joghurt dem Käufer mindestens den Marktpreis an Nutzen stiftet. Wie groß die Konsumentenrente tatsächlich ist, weiß immer nur der jeweilige Käufer selbst. Pauschale Aussagen über die allgemeine Gesamtnutzenhöhe beim Joghurtkauf sind deshalb nicht möglich. Dies gilt im übrigen für alle privaten Güter. Bei öffentlichen Gütern kommt erschwerend hinzu, dass für sie in der Regel keine Marktpreise existieren, über die ein Mindestnutzen abgeschätzt werden könnte.

Literatur

Bayer, S. (2000): Intergenerationelle Diskontierung am Beispiel des Klimaschutzes, Marburg: Metropolis.
Cansier, D. (1996): Umweltökonomie, 2., neubearbeitete Auflage, Stuttgart: Lucius & Lucius.
Layard, R. und Glaister, S. (Hrsg.) (1994): Cost-Benefit Analysis, 2. Auflage, Cambridge: Cambridge University Press.
Rosen, H. S. (2002), Public Finance, 6. Auflage, New York: McGraw-Hill Irwin.
Stiglitz, J. E. (1988): Economics of the Public Sector, 2. Auflage, New York und London: W. W. Norton & Company.

Kapitel XII: Theorie des Fiskalföderalismus

Die öffentlichen Aufgaben verteilen sich in demokratischen Staaten auf mehrere politische Ebenen, in der Bundesrepublik auf Bund, Länder und Gemeinden. Die jeweiligen Hoheitsrechte beziehen sich entweder auf das gesamte Staatsgebiet oder auf größere und kleiner Teilgebiete. Aus der Sicht der politischen Theorie dient der Föderalismus dem Schutz des Bürgers vor Machtmissbrauch der Regierung. Im föderativen Staat ist die Staatsmacht aufgeteilt und damit eingeschränkt. Die Finanzverfassungen sind historisch gewachsen. Für die Kompetenzverteilung spielen auch ökonomische Kriterien eine wichtige Rolle. Für die ökonomische Theorie stellt sich die Frage, welche staatlichen Aufgaben zentral wahrgenommen werden sollten und welche dezentral.

Es lassen sich reine und gemischte staatliche Organisationsformen unterscheiden. Bund, Länder und Gemeinden können Aufgaben jeweils getrennt wahrnehmen, sie können aber auch miteinander kooperieren, sei es, dass eine gemeinsame Aufgabenwahrnehmung gesetzlich verankert ist oder dass sie durch Vereinbarung ad hoc zustande kommt. Wenn dezentrale Körperschaften Kompetenzen erhalten, bedeutet dies, dass sie über Finanzautonomie verfügen und sie sowohl die Entscheidungen über die Leistungen treffen als auch die Kosten tragen.

1. Gesamtstaatliche Grundaufgaben

Grenzen sind der Dezentralisierung von vornherein durch die Einbindung der Körperschaften in den Gesamtstaat gezogen. Die Staatsvertragstheorie sagt uns, dass der Staat eine Gründung der Menschen zur Regelung ihres Zusammenlebens ist. Die Grundnormen und Grundregeln sind Ergebnis einer allgemeinen Übereinkunft. Sie sind für alle Bürger gleich wichtig und einheitlich. Freiheit und Gerechtigkeit im politischen und wirtschaftlich-sozialen Bereich müssen überall gesichert sein. Das betrifft den rechtlichen Rahmen für innere Sicherheit und Ordnung und für das marktwirtschaftliche System, ebenso wie die Landesverteidigung und ein in den Grundinhalten einheitliches Bildungssystem. Es handelt sich bei diesen Leistungen um **nationale öffentliche Güter** im Sinne der Allokationstheorie.

Aber auch die Aufgabe der sozialen Gerechtigkeit soll der Staat im Interesse der ganzen Bevölkerung wahrnehmen. Allen Menschen soll ein gewisses Mindesteinkommen sicher sein, jeder soll gleiche Chancen in Wirtschaft und Gesellschaft erhalten, und allen soll ein gewisser Mindestschutz gegen Krankheiten zukommen. Auch sollen aus diesen Gründen die Lebensbedingungen in den verschiedenen Regionen nicht zu unterschiedlich sein. Das erfordert eine gewisse räumliche Einheitlichkeit der Ausstattung mit staatlicher Infrastruktur. Regionen mit geringer Steuerkraft sollen nicht sich selbst überlassen bleiben. Wenn man mit den Utilitaristen oder mit Rawls argumentiert und eine gewisse Umverteilung der Einkommen zwischen den Erwerbstätigen für gerechtfertigt hält, so bezieht sich diese Forderung immer auf das ganze Staatsvolk. Die Aufgaben verlangen eine staatliche **Umverteilungspolitik,** die in ihren Kernelementen einheitliche Regelungen für das Staatsgebiet vorsieht.

Die Staatszwecke der Freiheit und Gerechtigkeit finden in allgemeiner Form ihren Niederschlag in der Verfassung eines Staates. Sie sind das Ergebnis eines Konsenses in der Bevölkerung. Die Grundwerte sind durch Gesetze umzusetzen, sei es durch eine Zentralinstanz oder durch Kooperation dezentraler Körperschaften (Bundesländer). Kooperationen sind in der Abstimmung der Einzelinteressen schwierig und aufwendig, und möglicherweise muss ein Freifahrerverhalten überwunden werden. Deshalb sollte die Entscheidungskompetenz über die staatlichen Grundfunktionen in der Regel bei der zentralen Körperschaft liegen. Eine einheitliche Mindestausstattung mit den gesellschaftlichen Grundgütern Freiheit und Sicherheit ist durch sie zu gewährleisten.

Eine gesamtstaatliche Dimension weist auch die Bekämpfung von allgemeiner Arbeitslosigkeit und Inflation auf (**stabilisierungspolitische Funktion**).[1] Verhinderung von Inflation ist vor allem Aufgabe der Geldpolitik. Die Finanzpolitik kann einen ergänzenden Beitrag liefern, indem sie durch Steuererhöhung oder Kürzung der Staatsausgaben zu einer Dämpfung der gesamtwirtschaftlichen Nachfrage im Boom beiträgt. Allgemeine Arbeitslosigkeit geht auf konjunkturelle und strukturelle Faktoren zurück. Die Fi-

---

[1] Vgl. zur Beeinflussung von Konjunktur, Wirtschaftswachstum und Wirtschaftsstruktur durch die Finanzpolitik Zimmermann, H. und K.-D. Henke (2001): Finanzwissenschaft. Eine Einführung in die Lehre von der öffentlichen Finanzwirtschaft, 8., völlig überarbeitete Auflage, München: Vahlen.

nanzpolitik kann auf drei Ebenen für eine Politik der Vollbeschäftigung eingesetzt werden: 1) Sie hilft, durch vorübergehende Steuersenkung oder Ausgabenerhöhung Rezessionsphasen schnell zu überwinden. 2) Sie fördert durch investitionsfreundliche Gestaltung des Steuersystems und durch Ausgaben für die Forschung und Entwicklung das Wirtschaftswachstum. 3) Sie ergreift selektive arbeitsmarktpolitische Maßnahmen zur Förderung der Wiedereingliederung von Arbeitslosen (insbesondere finanzielle Förderung von Umschulungsmaßnahmen, Gewährung von Lohnbeihilfen an Unternehmen zur Einstellung von Arbeitslosen und Unterhaltung eigener staatlicher Ausbildungsstätten).

Die Politik ist in allen diesen Fällen gesamtwirtschaftlich ausgerichtet. Es müssen konjunkturelle Schwankungen der volkswirtschaftlichen Gesamtnachfrage begrenzt, das gesamtwirtschaftliche Produktionspotential gesteigert und überall selektive Beschäftigungsmaßnahmen ergriffen werden. Auch diese Aufgabe sollte in der Verantwortung der zentralen Gebietskörperschaft liegen. Wenn eine regionale oder lokale Gebietskörperschaft Maßnahmen zur allgemeinen wirtschaftlichen Stabilisierung ergreifen wollte, würden die Wirkungen überwiegend außerhalb der eigenen Hoheitsgrenzen auftreten. Die Gebietkörperschaft selbst hätte wenig davon. Eine kooperative Lösung wäre zwar möglich, wenn sich alle Bundesländer und Gemeinden auf eine gemeinsame Politik einigten, aber diese Vorgehensweise ist nicht praktikabel. Andererseits wäre es unsinnig, alle Staatsausgaben und Steuern in den Dienst der Stabilisierungspolitik zu stellen und einen Zentralstaat zu fordern. Wenn man davon ausgeht, dass grundsätzlich eine föderative Staatsorganisation erwünscht ist, dann muss sich die Stabilisierungspolitik diesen Gegebenheiten anpassen. Sinnvoll erscheint dann die Kooperation der verschiedenen Staatsebenen mit führender Rolle der Zentralebene. Die öffentlichen Haushalte müssen in ihrer Gesamtheit auf die Konjunkturlage abgestimmt werden. Eine konjunkturgerechte Politik allein der Zentralinstanz droht durch prozyklisches Budgetverhalten der dezentralen Körperschaften konterkariert zu werden und nützt dann nichts. Durch Absprachen und pekuniäre Anreize lassen sich Kooperationen herbeiführen. In der Bundesrepublik werden in diesem Sinne als Instrumente eingesetzt 1) die Gewährung von Investitionszuschüssen an Gemeinden und Bundesländer in der Rezession durch den Bund, 2) die Förderung eines abgestimmten Verhaltens der Gebietskörperschaften im Konjunkturrat, den das Stabilitätswesengesetz vorsieht und 3) die Beteiligung des Bundes an gesamtwirtschaftlich bedeutsamen Investitionen der Länder und Gemeinden (Finanzhilfen nach Art. 104 a Abs. 4 GG und Gemeinschaftsaufgaben nach Art. 91 a Abs. 1).

> **Ziele der Stabilisierungspolitik nach dem Stabilitätswesengesetz:** § 1 Gesetz zur Förderung der Stabilität und des Wachstums der Wirtschaft (1967): Bund und Länder haben bei ihren wirtschafts- und finanzpolitischen Maßnahmen die Erfordernisse des gesamtwirtschaftlichen Gleichgewichts zu beachten. Die Maßnahmen sind so zu treffen, dass sie im Rahmen der marktwirtschaftlichen Ordnung gleichzeitig zur Stabilität des Preisniveaus, zu einem hohen Beschäftigungsgrad und außenwirtschaftlichen Gleichgewicht bei stetigem und angemessenem Wirtschaftswachstum beitragen."

2. Dezentralisierbare Aufgaben

Neben den Grundleistungen gibt es staatliche Aufgaben, die eine regionale Differenzierung zulassen:

1) Der Begriff der Grundleistungen bezieht sich nicht auf die Staatsausgaben, sondern auf die dadurch bereitzustellenden Dienstleistungen für den Bürger. Die Durchsetzung innerer Sicherheit und Ordnung sowie sozialer Gerechtigkeit findet in den einzelnen Regionen unterschiedliche Bedingungen vor, die es möglicherweise angeraten erscheinen lassen, Teilkompetenzen dezentralen Körperschaften zu überlassen (unterschiedliche regionale „Produktionsbedingungen").

2) Die Forderung nach einheitlicher Mindestausstattung mit Grundgütern schließt einen besseren Versorgungsgrad mit diesen Gütern nicht aus, wobei die Menschen in den einzelnen Regionen unterschiedliche Vorstellungen über das erwünschte Ausmaß an zusätzlicher Sicherheit und zusätzlichen Sozialleistungen haben können.

3) Dem Staat obliegen auch Aufgaben, die nicht dem gesellschaftlichen Grundbedarf dienen.

Zentrale und dezentrale Entscheidungsebenen konkurrieren bei diesen Leistungen. Deshalb stellt sich die Frage, wer die Entscheidungskompetenz erhalten soll. Antworten liefert uns die **Allokationstheorie**:

- Die unterschiedliche Geschichte der Volksstämme in den einzelnen Regionen und die unterschiedlichen natürlichen Gegebenheiten dort prägen die

Menschen. Sie bewerten deshalb öffentliche Leistungen nicht immer gleich. Die staatliche Kompetenzverteilung sollte den unterschiedlichen regionalen und lokalen Präferenzen der Bevölkerungen Rechnung tragen. Das ist das klassische Argument für den Föderalismus.

- Manche öffentliche Güter haben einen regionalen oder lokalen Einzugsbereich, so dass nur Teilbereiche der Bevölkerung in den Genuss der Güter kommen. Auch dieser Sachverhalt spricht für eine dezentrale Aufgabenwahrnehmung.
- Es treten immer dann Ineffizienzen auf, wenn der Entscheider über öffentliche Leistungen nicht in den vollen Genuss der Leistungen kommt bzw. nicht die vollen Kosten zu tragen hat. Der Kreis der Nutznießer und Kostenträger sollte möglichst übereinstimmen (**Prinzip der fiskalischen Äquivalenz**). Divergenzen treten bei dezentralen staatliche Körperschaften auf, die regionale oder lokale öffentliche Leistungen anbieten, deren Einzugsbereich das Hoheitsgebiet überschreitet (räumliche externe Effekte bzw. Spillover-Effekte). Durch Verminderung des Dezentralisierungsgrades lassen sich diese Effizienzeinbußen verringern. Dies kann durch Bildung größerer dezentraler Einheiten (Zusammenlegung von Gemeinden und Bundesländern) oder durch Kooperation dezentraler Körperschaften – eventuell einschließlich der Zentralinstanz – geschehen. Diesen Spillover-Effekten lässt sich im weiteren Sinne auch das Argument des ruinösen Standortwettbewerbs beim Föderalismus zuordnen.
- Der Theorie des natürlichen Monopols ist die Idee zu entnehmen, dass die Produktion eines Gutes bei langfristigen Kostendegressionsvorteilen am besten durch einen Alleinanbieter anstatt durch mehrere Anbieter erfolgen sollte. Dieses Argument spricht für eine Zentralisierung staatlicher Aufgaben.

Dass bei Gütern mit **hohem nationalen Öffentlichkeitsgrad** auch Kooperationslösungen sinnvoll sein können, zeigt ein Blick auf die deutschen Verhältnisse. Staatliche Aufgaben mit starkem gesamtstaatlichen Bezug wie Polizei und Rechtspflege, Schul- und Hochschulwesen werden in wesentlichem Maße von den Bundesländern wahrgenommen: Der Bund liefert die einheitliche Rahmenordnung. Die Bundesländer stimmen sich in der Wahrnehmung der elementaren Aufgaben ab. Ihnen verbleiben dann noch Freiheiten, die es ihnen gestatten, auf regionale Präferenzen und Kostenbedingungen Rücksicht zu nehmen.

Im Sozialbereich könnten einzelne Länder oder Gemeinden besonders großzügig mit Zusatzleistungen sein, falls die Präferenzen der Bevölkerung in diese Richtung gehen sollten. Selbständige dezentrale Verteilungspolitik stößt aber wegen der relativ hohen Mobilität der Bevölkerung auf enge Grenzen. Innerhalb eines Staates können die Bürger ihren Wohnsitz frei wählen. Die Leistungen sind deshalb prinzipiell allen Bedürftigen zugänglich (Öffentlichkeit der Sozialleistungen). Insbesondere zwischen benachbarten Gebietskörperschaften besteht hohe Mobilität. Die Körperschaften müssen damit rechnen, dass arme Menschen aus anderen Gebieten zuwandern und Unternehmen und wohlhabende Bürger wegen der relativ hohen lokalen Besteuerung abwandern. Schon geringe Leistungsdifferenzen können beträchtliche Migrationen auslösen. Das eigentliche Ziel der Politik, die Lage der eigenen Bedürftigen zu verbessern, lässt sich dann kaum erreichen. Weniger Steuereinnahmen stehen einem wachsenden Kreis von Bedürftigen gegenüber.

Bei **regionalen oder lokalen öffentlichen Leistungen** können die **unterschiedlichen Präferenzen** der Bevölkerungen durch dezentrale Bereitstellung erfasst werden. Eine zentrale Körperschaft ist dazu nicht in der Lage. Im Bundestag entscheidet die Mehrheit der Gesamtbevölkerung und damit die bundesweit durchschnittliche Präferenz. Zentralen Entscheidungen haftet der Mangel der Uniformität an. Das ist unvermeidlich bei nationalen öffentlichen Gütern, vermeidbar aber bei öffentlichen Gütern mit regionalem und lokalem Einzugsbereich. Wegen der Nähe zu den Bürgern sind Landesregierungen und Landesparlamente bzw. Bürgermeister und Gemeinderäte auch besser über die regionalen/lokalen Präferenzen informiert als Bundesregierung und Bundestag.

Der Vorteil einer dezentralen Bereitstellung lokaler öffentlicher Güter lässt sich am Beispiel zweier Gemeinden A und B demonstrieren (Abb. XII.1). In Bezug auf ein bestimmtes öffentliches Gut Ö sei die Summe der Grenznutzen der Einwohner von A für alternative Bereitstellungsmengen $Ö_A$ durch die Kurve $dU/dÖ_A$ gekennzeichnet. Die Grenzkosten der Bereitstellung von Ö seien $dK/dÖ$. Diese seien konstant und für beide Gebietskörperschaften gleich hoch. Die effiziente Bereitstellungsmenge von $Ö_A$ wird dann realisiert, wenn $dU/dÖ_A = dK/dÖ$ gilt. Dies trifft für $Ö_0^A$ zu. Entsprechend bestimmt sich das effiziente Bereitstellungsniveau für die Gebietskörperschaft B. Wir gehen davon aus, dass die jeweils lokal optimalen Bereitstellungsmengen so differieren, dass gilt: $Ö_0^B > Ö_0^A$. Nehmen wir nun an, die Zentralinstanz würde beschließen, landesweit eine einheitliche Menge des lokalen öffentlichen Gutes bereitzustellen, wobei sie annahmegemäß durchschnittliche lokale Präferenzen (also $dU/dÖ_M$) zugrundelegt. Damit würde die Zentralinstanz in beiden Gebietskörperschaften das einheitliche Niveau $Ö_0^M$ des lokalen öffentlichen Gutes bereitstellen. Da diese Menge über bzw. unter den jeweils lokal effizienten Mengen liegt, ergibt sich im Vergleich zur dezentralen Bereitstellung ein Wohlfahrtsverlust in Höhe der Flächen abc (bei A) und cde (bei B). Für die Bewohner von A wird zu viel vom öffentlichen Gut bereitgestellt. Die marginale Zahlungsbereitschaft im Bereich $Ö_0^A < Ö < Ö_0^M$ liegt unterhalb der Grenzkosten der Bereitstellung: Mit jeder zusätzlichen Mengeneinheit Ö, die über $Ö_0^A$ hinausgeht, resultiert für die Bewohner von A ein Wohlfahrtsverlust. Analoges gilt für die Bewohner von B, die mit dem öffentlichen Gut unterversorgt sind. Das Präferenzenargument spricht für die dezentrale Bereitstellung öffentlicher Güter.

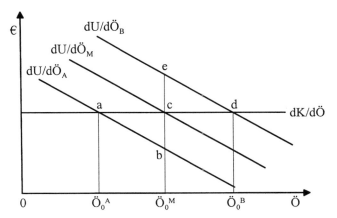

Abb. XII.1 Effizienzvorteil einer dezentralen Bereitstellung. Die einheitliche Versorgung mit öffentlichen Gütern bei unterschiedlichen regionalen Präferenzen führt zu Effizienzverlusten – hier für Gemeinde A in Höhe der Fläche abc und für Gemeinde B in Höhe der Fläche cde.

In der Bundesrepublik sind den Bundesländern nach den Kriterien des regionalen/lokalen öffentlichen Gutes und der räumlich unterschiedlichen Präferenzen die Aufgaben der regionalen Wirtschaftsförderung, des Naturschutzes, des Straßenbaues (Landstraßen), des regionalen Gewässerschutzes und der kulturellen Angelegenheiten zuzuordnen. Den Gemeinden sind die Aufgaben des örtlichen Verkehrswesen, der Versorgung der Haushalte mit Wasser, Strom, Gas, des Abfall- und Abwasserwesens, des Feuerschutzes, der kulturellen Angelegenheiten (Ausstattung von Schulen, Theatern, Kindergärten, Sportzentren und Naherholungsgebieten) und Teilbereiche des Gesundheitswesens zuzurechnen.

Gegen eine zu starke Dezentralisierung von Leistungen nach Maßgabe der regionalen Präferenzen sprechen die Kriterien der Spillover-Effekte, der Kostendegression und des ineffizienten Standortwettbewerbs:

Leistungen der Bundesländer und der Gemeinden, die aufgrund der Zuordnung nach den Kriterien der „öffentlichen Güter" und „regionalen/lokalen Präferenzen" erfolgen, beschränken sich in ihren Wirkungen häufig nicht auf die Bevölkerungen in den eigenen Gebietsgrenzen. Beispiele für die Bundesrepublik sind die von den einzelnen Bundesländern wahrgenommenen Aufgaben der Verbrechensbekämpfung, des Schul- und Hochschulwesens und des Straßenbaues. Die vorhandene räumliche Abgrenzung der Gebietskörperschaften richtet sich nicht nach der räumlichen Streuung der Leistungen. Dadurch kommt es zu **Spillover-Effekten**. Die Entscheidung einer Körperschaft hat positive oder negative Auswirkungen auf andere Gebietkörperschaften. Diese interessieren den auf Wohlfahrtsmaximierung für die eigene Bevölkerung bedachten Entscheider nicht. Das Verhalten ist unter Effizienzgesichtspunkten grundsätzlich korrekturbedürftig.

Die Spillover-Effekte lassen sich internalisieren, wenn bestimmte Aufgaben der übergeordneten staatlichen Ebene zugewiesen werden. Das liegt bei ausgeprägter regionaler bzw. nationaler öffentlicher Gutseigenschaft nahe. Bei weniger ausgeprägten Spillover-Effekten liefern Kooperationen zwischen Gemeinden, Bundesländern und Staaten (im internationalen Kontext) eine Lösung. Kooperationen können beinhalten, dass die Beteiligten gegenseitig auf externe Belastungen verzichten. Gemeinden sehen beispielsweise davon ab, ihre Mülldeponien an die Grenze zur Nachbargemeinde zu verlegen. Kooperationen können auch Ausgleichszahlungen vorsehen. Dazu wollen wir ein Beispiel betrachten. Gemeinde A stellt ein öffentliches Gut Ö bereit, von dem auch Gemeinde B profitiert (vgl. Abb. XII.2). Sie interessiert sich nur für ihre Nutzen ($dU/dÖ_A$) und setzt deshalb bei individueller Nutzenmaximierung die Menge mit D fest. Um die gesamtwirtschaftlich effiziente Menge bereitzustellen E, müsste jedoch auch der positive externe Effekt berücksichtigt werden, und zwar in Höhe des Grenznutzens, den die Gemeinde B aus der Externalität zieht. Um die Gemeinde A zu veranlassen, die effiziente Menge bereitzustellen, könnte sich die Gemeinde B bereit erklären, sich mit einer Zuweisung in Höhe ihres Grenznutzens an der Finanzierung zusätzlicher Mengen zu beteiligen. Damit würden die für die Gemeinde A in diesem Bereich anfallenden Grenzkosten auf $dK/dÖ - dU/dÖ_B$ abnehmen. Beide Gemeinden können sich auf die Menge E einigen. Gemeinde B zahlt dann einen Preis (eine Grenzzuweisung) in Höhe von HF. Gemeinde A erzielt einen Erlös in Höhe von HF·DE, der ihr nach Abzug der zusätzlichen Kosten Gewinn entsprechend der Fläche a bringt. Gemeinde B verbessert sich um den Betrag b. Bei der Menge E ist Effizienz im Sinne des Pareto-Kriteriums erfüllt.

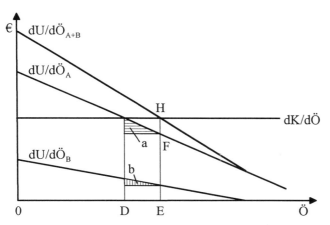

Abb. XII.2 Kooperation bei interregionaler Externalität. Es bedeuten: $dU/dÖ_A$ = Grenznutzen der Gemeinde A, $dK/dÖ$ = Grenzkosten, die von A aufzubringen sind, $dU/dÖ_B$ = Grenznutzen der Gemeinde B. Durch Kooperation lässt sich für Gemeinde A ein Gewinn in Höhe von Fläche a realisieren und für Gemeinde B in Höhe der Fläche b.

Eine weitere Möglichkeit, Spillover-Effekte zu begrenzen, besteht darin, die Hoheitsrechte der staatlichen Körperschaften nicht gebiets-, sondern funktionenbezogen zu definieren (**funktionale Kompetenzverteilung**). Die einzelnen regionalen oder lokalen Leistungen haben unterschiedliche räumliche Einzugsbereiche, die mit einer einheitlichen Gebietsabgrenzung nicht erfasst werden. Die Internalisierung der Effekte wird möglich, wenn für jede wesentlich unterschiedliche Staatsleistung ein eigener staatlicher Entscheidungsträger bestimmt wird. Dann müssen die Entscheider immer die ganzen Kosten und Nutzen ihrer Politik berücksichtigen (Sicherung der fiskalischen Äquivalenz). Die Idee der Funktionenorientierung finden sich in der Praxis teilweise in Form von Kooperationen zwischen dezentralen Einheiten, insbesondere von Gemeinden (zum Beispiel Abwasserverbände). Auch Gebietsreformen wie die Zusammenlegung von Bundesländern und Gemeinden gehen in Richtung dieser Internalisierungsidee.

Kooperationen zwischen benachbarten Körperschaften bieten sich auch bei Leistungen an, bei deren Produktion **Kostendegressionsvorteile** ausnutzbar sind. Gemeint ist, dass die Stückkosten mit zunehmender öffentlicher Leistungsmenge über einen großen Mengenbereich fallen (vgl. Kap. VIII). Statt eine bestimmte Menge eines Gut durch mehrere kleine staatliche Einheiten produzieren zu lassen, ist es kostengünstiger, diese zusammenzufassen und die Vorteile der Großproduktion (Economies of Scale) auszunutzen. Geringere Stückkosten bedeuten für die Bevölkerung eine geringere Abgabenbelastung pro Kopf. Als wichtige Beispiele für die Ausnutzung von Kostendegressionsvorteilen sind zu nennen: 1) die Vereinigung kleiner Gemeinden oder Bundesländer zur Senkung der Verwaltungskosten. In diesem Fall treten Konflikte mit dem Präferenzenkriterium auf. 2) die Kooperation der Bundesländer in der Verbrechensbekämpfung. 3) die Kooperation der Gemeinden in der Abwasser- und Abfallwirtschaft (Gemeindeverbände, Zusammenarbeit im Landkreis). Dazu findet sich in Abb. XII.3 ein Beispiel. 4) der Anschlusszwang für alle Anliegergrundstücke an die örtliche Wasserversorgung und Abwasserentsorgung.

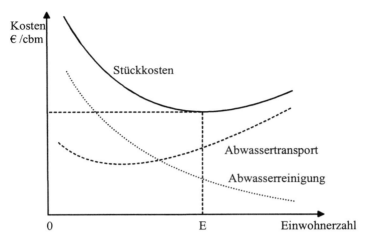

Abb. XII.3 Kostendegressionsvorteile im Abwasserbereich. Die Stückkosten der Abwasserreinigung sinken mit steigender Betriebsgröße (gemessen an der angeschlossenen Einwohnerzahl). Die Kosten des Abwassertransports erhöhen sich mit zunehmender Kapazität einer Gemeinschaftskläranlage, weil immer entfernter gelegene Haushalte und Betriebe angeschlossen werden müssen. E gibt dann die optimale Größe einer Gemeinschaftskläranlage an.

Wenn die Kompetenz bei den dezentralen Entscheidungseinheiten – insbesondere den Gemeinden – liegt, mag es zu einem **ineffizienten Standortinsbesondere Steuerwettbewerb** kommen, der letztlich alle beteiligten Körperschaften schlechter statt besser stellt. Nach der These vom ruinösen Standortwettbewerb ist jede Gebietskörperschaft darauf bedacht, die wirtschaftliche Entwicklung in ihren Grenzen zu fördern und bietet dafür Unternehmen gezielt günstige Konditionen an, insbesondere Steuerermäßigungen und Subventionen. Dabei wird Finanzautonomie der Körperschaften unterstellt. Unternehmen aus anderen Gebieten sollen anregt werden, sich innerhalb der eigenen Grenzen niederzulassen. Die Körperschaft will mit ihrer Politik das Steueraufkommen erhöhen, um den Wohlstand der eigenen (originären) Bevölkerung zu steigern. Dabei besteht für sie das Risiko, dass die anderen Gebietskörperschaften Abwehrmaßnahmen ergreifen und selbst aktive Abwerbung betreiben. Ineffizient ist dieser Wettbewerb, wenn die Steuereinnahmen insgesamt ab- und die Mehrbelastungen des öffentlichen Haushaltes zunehmen, so dass weniger Mittel für öffentliche Ausgaben zum Wohl der originären Bevölkerung übrig bleiben. Die Körperschaften befinden sich nach dieser These in der Situation des Gefangenendilemmas (vgl.

Kap. VI). Betrachten wir dazu das Beispiel in Tabelle XII.1. Zwei Gemeinden A und B sehen die Möglichkeiten für sich, entweder ihre Steuersätze zu senken $-\Delta t$ oder die Steuern konstant zu halten $\bar{t}$. A geht von folgenden Erwartungen aus: Wenn er die Steuern senkt, lässt B die Steuern entweder konstant oder senkt sie. Beide Verhaltensweisen des B gelten für A als gleich wahrscheinlich. A erwartet bei einer Steuersenkung entweder eine Verminderung oder Erhöhung seines Steueraufkommens (–60 oder 100). Lässt er die Steuersätze konstant, rechnet er mit Aufkommenseinbußen von –100 oder 0. Für die Gemeinde B sollen die gleichen Bedingungen gelten. Für beide Gemeinden ist dann die Senkung der Steuersätze die dominante Strategie. Dies Lösung ist ineffizient. Beide Gemeinden wären bei Konstanz der Steuersätze besser gestellt.

	$-\Delta t_B$	$\bar{t}_B$
$-\Delta t_A$	–60 / –60	100 / –100
$\bar{t}_A$	–100 / 100	0 / 0

Tab. XII.1 Ruinöser Steuerwettbewerb zwischen den Gemeinden A und B. Die Steuern zu senken, ist dominante aber ruinöse Strategie.

Die Gefahr eines ineffizienten Steuerwettbewerbs wird bei Kooperation der Körperschaften gebannt. Wenn in unserem Beispiel die Gemeinde A die sichere Erwartung hat, dass Gemeinde B die Steuern senken wird, wenn sie selbst dies tut und wenn auch Gemeinde B so denkt, dann bildet die Politik des gegenseitigen Verzichtes auf Steuersenkungen die dominante und effiziente Strategie. Dies lässt sich nach Tab. XII.1 leicht erkennen. Weil es in der Bundesrepublik nur eine geringe Anzahl von Bundesländern gibt, kann man sich vorstellen, dass Kooperation zwischen diesen zustande kommen kann. Auch zwischen benachbarten Gemeinden erscheint dies plausibel.

Es wurde bisher unterstellt, dass die agierende Körperschaft ihre Steuereinnahmen durch Steuersenkung bei Konstanz der Steuersätze in den anderen Gebieten erhöhen kann. Das ist aber nicht selbstverständlich. Wie sich die Steuereinnahmen entwickeln werden, hängt von zwei Effekten ab: Zu einem Steuermehraufkommen tragen neue Betriebe gemäß ihrer Gewinn- und Umsatzentwicklung bei. Zu einer Verringerung kommt es, weil Steuersatzsenkungen den altansässigen Firmen nicht vorenthalten werden können. Wenn die Einnahmen abnehmen, schrumpft der Finanzierungsspielraum für öffentliche Investitionen. Für ansiedlungswillige Unternehmen ist aber die Infrastrukturausstattung ebenfalls ein wichtiger Bestimmungsfaktor für die Standortwahl. Die Körperschaft benötigt sogar höhere Steuereinnahmen, denn die Ansiedlung neuer Betriebe verursacht zusätzliche Ausgaben. Diese Ausgaben setzen ein Minimum an Einnahmensteigerung voraus, denn es soll ja der Wohlstand der originären Bevölkerung gesteigert werden, sei es durch bessere Versorgung mit öffentlichen Gütern und Sozialleistungen oder sei es durch Senkung der Haushaltssteuern. Eine Körperschaft wird wegen des Steueraufkommensrisikos zurückhaltend mit Steuersenkungen agieren bzw. wird einen in Gang befindlichen Prozess der Steuersenkung bremsen, wenn sie erkennt, dass die Steuereinnahmen abnehmen.

Hintergrundinformation: Standortwettbewerb der Gemeinden um die Wohnbevölkerung - Das Tiebout-Modell

Von dem Ökonomen Charles M. Tiebout stammt das prominente Modell des „voting by feet" durch die Bevölkerung. Tiebout hatte bei der Entwicklung seines Ansatzes die Verhältnisse in den USA vor Augen. Dort weist die Bevölkerung eine hohe räumliche Mobilität auf. Tiebout geht davon aus, dass die Bürger ihren Wohnort nach Nutzen-Kosten-Erwägungen wählen und dabei völlig frei von Restriktionen sind. Gemeinden bieten „Leistungen gegen Preise" an. Die Bürger richten sich bei ihrer Wohnortwahl nach den Preis-Leistungsverhältnissen und entscheiden sich für diejenige Kommune, die ihre Präferenzen am besten erfüllt. Die Gemeinden konkurrieren also um die Wohnbevölkerung. Dies führt bei Tiebout nicht nur zu einem **effizienten Angebot an Gemeindedienstleistungen**, sondern auch zu einer **effizienten Gemeindestruktur**. Gemeinden spezialisieren sich auf bestimmte „Nachfrager". Die Bevölkerung reagiert mit Wanderungen auf das Angebot der einzelnen Gemeinden. Es kommt zu einer nutzen-kosten-basierten „Abstimmung mit den Füßen", welche die Kommunen als Anbieter von Wohnraum zu effizienten Steuer-Leistungspaketen zwingt. Abweichungen vom effizienten Angebot führen automatisch zu Migrationen (Aus- und Einwanderungen).

Zur modelltheoretischen Ableitung der Tiebout-Hypothese werden sehr restriktive Prämissen benötigt:
1. Die Bürger sind Konsumenten kommunaler Güter und Dienstleistungen. Sie maximieren ihren Nettonutzen bei vollständiger Information über die ihnen angebotenen Alternativen.
2. Die Gemeinden verhalten sich im Wettbewerb als Gewinnmaximierer.

> 3. Die Finanzierung erfolgt über Zugangspreise (Äquivalenzabgaben). Es gibt keine echten Steuern ohne Zweckbindung.
> 4. Es treten keine grenzüberschreitenden Spillover-Effekte auf.
> 5. Die Konsumenten haben keinerlei Mobilitätskosten (Transaktionskosten).
> 6. Die Bürger beziehen ausschließlich Dividendeneinkommen, so dass sie unter dem Gesichtspunkt der Einkommenserzielung keinen Grund haben, einen bestimmten Wohnsitz einem anderen vorzuziehen.
> 7. Die Zahl der Gemeinden, unter denen die Bürger auswählen können, ist hinreichend groß.
>
> Trotz der restriktiven Prämissen gewährt das Tiebout-Modell Einblick in vielschichtige Probleme. Eine Lockerung der Annahmen ist in der Literatur seit der Arbeit von Tiebout (1956) geschehen.[2] In allen Modifikationen wird jedoch – gleichsam als Basishypothese – davon ausgegangen, dass Gebietskörperschaften wie gewinnmaximierende Unternehmen auf Märkten agieren.
> Vgl. Tiebout, Ch. M. (1956): A Pure Theory of Local Expenditures, Journal of Political Economy, Vol. 64, S. 416-424.

Zusammenfassung und Übungen

1. Freiheit und Gerechtigkeit zu sichern, sind Aufgaben des Staates, an denen alle Bürger ein gleiches Interesse haben. Eine einheitliche Mindestausstattung mit diesen gesellschaftlichen Grundgütern ist sicherzustellen. Dies betrifft die Bereiche der inneren Sicherheit und Ordnung, der äußeren Sicherheit, der Chancengleichheit und der Existenzsicherung Bedürftiger und geschieht am besten durch die staatliche Zentralinstanz.

2. Allgemeine Arbeitslosigkeit und Inflation sind gesamtwirtschaftlich bedingte Phänomene und verlangen eine gesamtwirtschaftliche Ausrichtung der Politik. Die öffentlichen Haushalte müssen in ihrer Gesamtheit auf die Konjunkturlage abgestimmt werden. In der Bewältigung dieser Aufgabe sollten die verschiedenen staatlichen Ebenen unter der Führung der zentralen Körperschaft zusammenarbeiten.

3. Günstige Bedingungen für die effiziente Dezentralisierung öffentlicher Leistungen liegen vor, wenn die Güter einen regionalen/lokalen Einzugsbe-

---

[2] Vgl. Wellisch, D. (2000): Theory of Public Finance in a Federal State, Cambridge: Cambridge University Press und Oates, W. E. (1999): An Essay on Fiscal Federalism, Journal of Economic Literature, Vol. 37, S. 1120-1149.

reich haben, die regionalen Präferenzen unterschiedlich sind, keine/nur geringe Spillover-Effekte auftreten – also politisches Hoheitsgebiet und Einzugsbereich der öffentlichen Güter weitgehend übereinstimmen - und keine Kostenvorteile der Großproduktion bestehen.
4. Mit einer bestimmten Kompetenzverteilung verbinden sich in der Regel nicht nur Vorteile, sondern auch Nachteile. Für die Bestimmung einer institutionellen Regelung bedarf es deshalb der Abwägung der verschiedenen Aspekte. Es ist die Lösung mit dem überwiegenden Vorteil zu wählen.
5. Bei Sachverhalten, die eine gewisse Zentralisierung der Kompetenzen angeraten erscheinen lassen, sollte zunächst geprüft werden, ob nicht kooperative Lösungen der ausschließlichen Entscheidungszuweisung an die jeweils höhere staatliche Ebene vorzuziehen sind, weil auf diese Weise den regionalen Präferenzen besser Rechnung getragen werden kann.
6. Für Belange, die mehrere dezentrale Körperschaften betreffen, sollten Regelungen geschaffen werden, die Kooperationen fördern.
7. Der Aspekt des ruinösen Standortwettbewerbs ist nicht so gewichtig, als dass er andere Vorteile der dezentralen staatlichen Entscheidungszuweisung ausgleichen und eine Verneinung von Föderalismus rechtfertigen könnte. Für dezentrale Körperschaften ist Steuerwettbewerb außerdem eine risikoreiche Strategie, von der nur zurückhaltend Gebrauch gemacht wird.

Wiederholungsfragen

1. Welche Schlussfolgerungen leiten sich aus der Staatsvertragstheorie für den Föderalismus ab?
2. Wie beurteilen Sie Kooperationen zwischen den Bundesländern zur Bereitstellung des Gutes äußere Sicherheit?
3. Was besagt das Kriterium der fiskalischen Äquivalenz, und was wären die Konsequenzen der strikten Anwendung dieses Kriteriums?
4. Wie sollte die staatliche Kompetenz für den geplanten Großflughafen in Berlin ausgestaltet sein?
5. Nennen Sie Beispiele für unterschiedliche Präferenzen der Bürger in den verschiedenen Gemeinden und Bundesländern.
6. Nennen Sie Beispiele für Staatsaufgaben mit Kostendegressionsvorteilen.
7. Welche Effizienznachteile treten bei unterschiedlichen regionalen Präferenzen und zentraler Güterbereitstellung auf und unter welchen weiteren Bedingungen gilt dies?
8. Welche Effizienznachteile treten bei Spillover-Effekten von Kommunen auf?
9. Was spricht für und gegen Steuerwettbewerb zwischen a) Gemeinden, b) Bundesländern und c) Staaten?

Aufgaben

1. Analysieren Sie das Freifahrer-Problem für ein nationales öffentliches Gut, wenn dezentrale Gebietskörperschaften (Bundesländer) die Bereitstellung übernehmen sollen.

Lösungshinweis:

Es soll vom Beispiel der nationalen Verteidigung ausgegangen werden. Die Bundesländer könnten in Absprache miteinander diese Aufgabe übernehmen. Sie würden die nationale Verteidigung gemeinschaftlich organisieren. Dazu würden sie eine (ständige) Einrichtung schaffen, in deren Rahmen sie über Verteidigungsetat und Art der Verteidigungsanstrengungen kooperativ entscheiden. Kostennachteile der Bereitstellung tauchen hier gegenüber der zentralen Aufgabenwahrnehmung durch den Bund nicht auf. Auch der Informationsstand über Notwendigkeit und Art der Schutzmaßnahmen muss nicht schlechter sein. Das Interesse an äußerer Sicherheit besteht zwar weitgehend einheitlich in der Gesamtbevölkerung, jedoch schließt dies gewisse Unterschiede nicht aus, die bei kooperativer Entscheidung dezentraler Einheiten besser zur Geltung kommen könnten als bei zentraler Aufgabenwahrnehmung. Die Präferenzen sind nicht vollständig identisch. Auch die Bewertung äußerer Risiken durch die Menschen ist nicht völlig gleich. Die Pluralität der Bewertungen kommt bei Entscheidungen zwischen Gruppen besser zum Ausdruck als bei Einheitsbetrachtung der Bevölkerung. Unterschiedliche Bedürfnisse hängen auch mit der unterschiedlichen Gefährdungslage der Wohnorte der Menschen zusammen. Großstädte sind beispielsweise bei kriegerischer Auseinandersetzung stärker gefährdet als ländliche Gebiete. Diese und andere Unterschiede könnten durch Kooperation dezentraler Einheiten besser berücksichtigt werden als durch die zentrale Instanz.

Es müsste eine Einigung nicht nur über die Verteidigungsanstrengungen, sondern auch über die Aufteilung der Finanzierungskosten erzielt werden. Hier liegt der neuralgische Punkt dieser Lösung. Die ökonomische Theorie verweist uns auf das Gefangenendilemma. Die Bundesländer könnten eine Freifahrerposition einnehmen, so dass die Aufgabenwahrnehmung scheitert. Allerdings ist die Zahl der Bundesländer in der Bundesrepublik gering, so dass anders als in der allgemeinen Theorie, die auf Kooperationsschwierigkeiten zwischen einer Vielzahl von Menschen abstellt, gemeinsames Handeln keineswegs unwahrscheinlich sein muss. Dafür sprechen auch folgende Gründe: Die Bundesländer kennen sich, sie kommunizieren und verhandeln miteinander. Sie treffen ihre Entscheidung nicht getrennt voneinander (wie im klassischen Gefangenendilemma). Sie sind sich als Glieder des Gesamtstaates solidarisch verbunden. Sie verhalten sich nicht, wie ein einzelner Unternehmer oder ein einzelner Haushalt völlig eigennützig. Sie wissen, dass ihr defektives Verhalten Rückwirkung auf das Verhalten der anderen Bundesländer haben wird und kalkulieren dies ein. Sie können erkennen, dass ihr Defektieren die schlechteste Alternative wäre. Ein Konsens wird deshalb durchaus zustande kommen. Jedoch wird Freifahrerverhalten nicht völlig verschwinden. Kein Bundesland wird es sich leisten können, überhaupt keinen Finanzierungsbeitrag zu leisten. Manche werden aber versuchen, ihren Beitrag gering zu halten. Aus der Theorie wird man deshalb ableiten können, dass die Kooperation zwar nicht völlig versagt, aber sie dazu führt, dass tendenziell weniger Verteidigungsanstrengungen unternommen werden, als den Bedürfnissen der Menschen entspricht.

2. Zwei benachbarte Gemeinden A und B überlegen sich, ob sie sich eine Gemeinschaftskläranlage einrichten sollten. Welche Gesichtspunkte spielen für die Entscheidung bei A und B eine Rolle? Worin besteht der Kooperationsanreiz? Wie teilt man die Kosten auf?

Lösungshinweis:
Ein Anreiz zur Kooperation besteht für beide Gemeinden, wenn sie ihre Kosten verringern können. Die Möglichkeit dafür eröffnet sich, bei Ausnutzbarkeit von Größenvorteilen der Abwasserreinigung. Davon soll hier ausgegangen werden. Die beiden Gemeinden (A und B) seien unterschiedlich groß, weisen also unterschiedliche Mengen an Abwasser auf (vgl. untenstehende Abbildung). Jede Gemeinde könnte ihre eigene Kläranlage installieren. Gemeinde A hätten dann Durchschnittskosten in Höhe von DKT_A und Gemeinde B von DKT_B. Die Gemeinschaftskläranlage müsste eine Kapazität von X_A plus X_B gleich X_G haben. Die Durchschnittskosten belaufen sich jetzt auf DKT_G. Zu regeln ist zwischen beiden Gemeinden die Kostenaufteilung. Eine naheliegende und sicherlich faire Lösung besteht darin, dass jede Gemeinde für ihre Mengen die Durchschnittskosten trägt. Dann realisiert Gemeinde A einen Kooperationsgewinn in Höhe der Fläche a + b und Gemeinde B in Höhe der Fläche b + c.

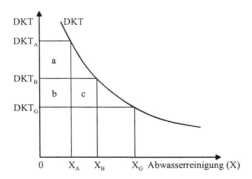

3. Weisen Sie nach, dass eine untergeordnete Gebietskörperschaft durch freie Zuweisungen größere Wohlfahrtseffekte erzielen kann als bei zweckgebundenen Zuweisungen.

Lösungshinweis:
Die optimale Aufteilung der Ausgaben von zwei öffentlichen Gütern im Bundesland XY führt zu einem nutzenmaximalen Punkt A auf I_0 und der ursprünglichen Budgetgeraden. In dieser Situation werden dem Land zusätzliche Mittel zugewiesen. (a) Erhöhung der Zuweisungen ohne Zweckbindung: Das „Gesamteinkommen" des Landes steigt an, die Budgetrestriktion verschiebt sich parallel nach rechts außen auf die neue durchgezogene Budgetgerade. Gemessen in Gut 1-Einheiten nimmt das Einkommen um die Differenz der Abszissenabschnitte der neuen und der ursprünglichen Budgetgerade zu. Ein neues Optimum ergibt sich im Punkt B auf der Indifferenzkurve I_1, die ein höheres Nutzenniveau als das bisherige

repräsentiert. (b) Erhält das Land die höheren Zuweisungen unter der Auflage, ausschließlich mehr von Gut 1 anzubieten, so tritt neben einem Einkommenseffekt auch ein Substitutionseffekt auf, der Zusatzlasten verursacht. Um eine gleiche Budgetausweitung unterstellen zu können, muss die gedrehte Budgetgerade im Punkt C diejenige des Falles (a) schneiden. In diesem Punkt weist die tangierende Indifferenzkurve I_2 jedoch ein niedrigeres Nutzenniveau auf. Dies liegt an dem Substitutionseffekt. Das mit dem Nutzenniveau I_2 korrespondierende Budget bei einer freien Zuweisung wäre niedriger, was durch die gestrichelte Budgetgerade zum Ausdruck kommt.

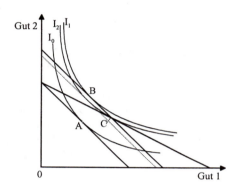

Literatur

Oates, W. E. (1999): An Essay on Fiscal Federalism, Journal of Economic Literature, Vol. 37, S. 1120-1149.

Rosen, H. S. (2002): Public Finance, 6. Auflage, New York: McGraw-Hill Irwin.

Siebert, H. (Hrsg.) (1996), Steuerpolitik und Standortwettbewerb, Tübingen: J. C. B. Mohr (Paul Siebeck).

Stiglitz, J. E. (1988): Economics of the Public Sector, 2. Auflage, New York und London: W. W. Norton & Company.

Wellisch, D. (2000): Theory of Public Finance in a Federal State, Cambridge: Cambridge University Press.

Zimmermann, H. und K.-D. Henke (2001), Finanzwissenschaft. Eine Einführung in die Lehre von der öffentlichen Finanzwirtschaft, 8., völlig überarbeitete Auflage, München: Vahlen.

Kapitel XIII: Finanzausgleich in der Bundesrepublik

1. Aufgaben- und Ausgabenverteilung

Die öffentlichen Aufgaben werden in der Regel durch Gesetz festgelegt. Die Aufgabenverteilung folgt der Verteilung der Gesetzgebungskompetenz. Der Vollzug der Gesetze impliziert Ausgaben, die auch bei der dem Gesetzgeber nachgeordneten Gebietskörperschaft liegen können. In diesem Fall muss der Auftraggeber die durchführende Ebene mit den notwendigen Finanzmitteln ausstatten. Die Gesetzgebung liegt hauptsächlich beim Bund. Länderkompetenzen bestehen zum Beispiel für das Kommunal- und Polizeirecht und für den Bereich der kulturellen Angelegenheiten (Schulwesen, Wissenschaft und Kunst). Der Bund besitzt

- die ausschließliche Gesetzgebung über wichtige allgemeine und das ganze Bundesgebiet betreffende Aufgaben. Art. 73 GG nennt etwa auswärtige Angelegenheiten, Verteidigung und Zivilschutz, Freizügigkeit, Zusammenarbeit des Bundes und der Länder im Rahmen der Kriminalpolizei und beim Verfassungsschutz. Bei diesen Gütern handelt es sich um nationale öffentliche Güter.

- das konkurrierende Gesetzgebungsrecht, sofern ein Bedürfnis nach bundesgesetzlicher Regelung besteht, weil (1) eine Angelegenheit durch die Gesetzgebung einzelner Länder nicht wirksam geregelt werden kann, (2) die Regelung einer Angelegenheit durch ein Landesgesetz die Interessen anderer Länder oder der Gesamtheit beeinträchtigen könnte oder (3) die Wahrung der Rechts- oder Wirtschaftseinheit, insbesondere die Wahrung der Einheitlichkeit der Lebensverhältnisse, über das Gebiet eines Landes hinaus sie erfordert (Art. 72 Abs. 2 GG). Angesichts der engen technisch-wirtschaftlich-gesellschaftlichen Verflechtungen in der Bundesrepublik sind die meisten Aufgaben von überregionaler Bedeutung, so dass der Bund sein Gesetzgebungsrecht ausübt. Dies geschieht auch durch Rahmengesetze (beispielsweise Hochschulrahmengesetz), die den Bundesländern einen eigenen gesetzlichen Gestaltungsspielraum lassen, so dass sie regionale Präferenzen umsetzen können.

Wie sich die Ausgaben auf Bund und Länder verteilen, folgt aus der Kompetenzverteilung über den Vollzug der Gesetze (Verwaltung). Nach Art. 104a Abs. 1 GG tragen Bund und Länder gesondert die Ausgaben, die sich aus der Wahrnehmung ihrer Aufgaben ergeben, soweit das Grundgesetz nichts anderes bestimmt. Die Verbindung von Ausgabenkompetenz und Aufgabenwahrnehmung auf einer Gebietskörperschaftsebene wird auch als Lastenverteilungsgrundsatz oder **Konnexitätsprinzip** bezeichnet. Danach folgt die Finanzierungszuständigkeit der Verwaltungszuständigkeit. Die Ausgaben trägt also die jeweilige Verwaltungsinstanz. Sie muss dafür auch die Mittel aufbringen. Im Hinblick auf die Verwaltungskompetenzen haben die Länder Vorrang vor dem Bund. Länder sind nicht nur für den Vollzug der Landesgesetze (Art. 30 GG) zuständig, sondern auch für die Ausführung von Bundesgesetzen, soweit das Grundgesetz nichts anderes vorsieht. Die Befugnisse zur bundeseigenen Verwaltung sind nach Art. 87 und Art. 87b GG beschränkt auf die Bereiche Auslandsbeziehungen, Verteidigung, Bundesbahn, Bundeswasserstraßen, Bundesfinanzverwaltung, Sozialversicherungsträger (zum Beispiel Bundesversicherungsanstalt für Angestellte) sowie die Bundesgrenzschutzbehörde und bestimmte zentrale Informationsstellen.

Ausnahmen vom Konnexitätsprinzip sieht das Grundgesetz in folgenden Fällen vor:

Bundesauftragsverwaltung nach Art. 104a Abs. 2 GG: Die Auftragsverwaltung ist ausdrücklich für spezielle Tätigkeiten im Grundgesetz vorgeschrieben, beispielsweise für die Bereiche Verteidigung, Kernenergie, Luftverkehr, Verwaltung der Autobahnen und sonstigen Bundesfernstraßen sowie Finanzverwaltung. Der Bund trägt hier die Kosten. Er muss den Ländern die notwendigen Mittel zur Verfügung stellen.

Geldleistungsgesetze nach Art. 104a Abs. 3 GG: Gesetze wie das Wohngeld-, Wohnungsbau- oder Sparprämiengesetz enthalten Vorschriften darüber, in welchem Umfang Bund und Länder an den Kosten aus diesen Gesetzen beteiligt sind. Beim Wohngeld übernehmen beide Ebenen die Kosten zu gleichen Teilen. Wohnungsbau- und Sparprämien werden zu 100% vom Bund aufgebracht. Geldleistungsgesetze sind Bundesgesetze.

Finanzhilfen nach Art. 104a Abs. 4 GG: Der Bund kann den Ländern Finanzhilfen für besonders bedeutsame Investitionen der Länder und Gemeinden gewähren, die zur Abwehr einer Störung des gesamtwirtschaftlichen Gleichgewichts oder zum Ausgleich unterschiedlicher Wirtschaftskraft im Bundesgebiet oder zur Förderung des wirtschaftlichen Wachstums erforderlich sind. Als ökonomische Rechtfertigung für den Verzicht auf die Anwendung des Konnexitätsprinzips lässt sich die Vorteilhaftigkeit der zentralstaatlichen Aufgabenwahrnehmung bei verteilungs-, stabilisierungs- und wachstumspolitischen Zielen anführen. Zu den verteilungs- und wachstumspolitisch relevanten Investitionen zählen beispielsweise die Stadtsanierung und Stadtentwicklung, Ausbau von Verkehrswegen der Gemeinden, Wohnungsmodernisierung und Energieeinsparung sowie Investitionen zur Verbesserung der Wirtschaftskraft einzelner Bundesländer.

Neben den in Art. 104a geregelten Ausnahmen der Konnexität von Ausgaben- und Aufgabenkompetenz lassen sich noch die in Art. 91a Abs. 1 GG geregelten drei **Gemeinschaftsaufgaben** anführen: 1. Ausbau und Neubau von Hochschulen, einschließlich Hochschulkliniken, 2. Verbesserung der regionalen Wirtschaftsstruktur. In diesen beiden Fällen trägt der Bund die Hälfte der Ausgaben. 3. Verbesserung der Agrarstruktur und des Küstenschutzes. Hier übernimmt der Bund mindestens die Hälfte der Kosten. Es handelt sich bei den Gemeinschaftsausgaben um Länderaufgaben, bei deren Erfüllung der Bund – wegen der gesamtstaatlichen Bedeutung – durch Beteiligung an der Rahmenplanung und Finanzierung mitwirkt. Im Unterschied zu den „Finanzhilfen" kann der Bund mit der Bund-Länder-Rahmenplanung Einfluss darauf nehmen, welche Vorhaben gefördert werden sollen. Er behält sich also als wesentlicher Geldgeber vor, über die Projekte mitzuentscheiden. Durch Bundesgesetz, das der Zustimmung der Länder bedarf, werden die Gemeinschaftsaufgaben näher bestimmt. Die Ausführung der Aufgaben obliegt den Ländern.

Die Gemeinschaftsaufgaben und die damit einhergehende „Mischfinanzierung" werden in verschiedener Hinsicht kritisiert. Die Länder würden verleitet, Projekten den Vorrang einzuräumen, die vom Bund mitfinanziert werden: Die Beteiligung an einem Investitionsvorhaben durch den Bund bei voller Verfügbarkeit der Länder über die Erträge führt zu einer Steigerung der internen Rendite mischfinanzierter Projekte in den Ländern und damit zu einer tendenziellen Verzerrung der Entscheidungsstruktur zugunsten mischfinanzierter Projekte. Eigenfinanzierte Projekte werden ohne wirtschaftlichen Grund zurückgedrängt. Da sich die Bundesbeteiligung in der Regel nur auf die Investitionskosten bezieht, würde sich außerdem das Problem der ungenügenden Berücksichtigung der Folgekosten verschärfen. Darüber hinaus verringert sich durch die Gemeinschaftsaufgaben der Einfluss der Länderparlamente.

Ein Beispiel soll die Problematik der Mischfinanzierung verdeutlichen. Eine Kommune hat die Möglichkeit, entweder die Modernisierung der Kinderspielplätze ausschließlich aus den kommunalen Einnahmen zu finanzieren oder den Vorplatz der Galerie neu zu gestalten, wozu das Land 500 € zu den Investitionsausgaben zuschießt. Beide Projekte verursachen Investitionsausgaben in der Planungsperiode von insgesamt 5.000 €. Sie induzieren einen gemeindlichen Nettonutzen über sechs Jahre: Bei der Spielplatzsanierung jährlich 1.200 €, bei der Galeriengestaltung 900 € pro Jahr. Aus Sicht der Kommune ergibt sich für das Spielplatzprojekt ein Nutzenbarwert (bei einem Zinssatz von 6%) von 712,11 €. Die mischfinanzierte Galerievorplatzgestaltung führt dagegen aus gemeindlicher Sicht zu einem Nutzenbarwert von 1.534,85 € (Investitionsausgaben der Gemeinde von 4.500 €, Ertragswert der Investition 5.325,59 € sowie Zins- und Zinseszins inklusive Tilgung der eingesparten und zu 6% angelegten 500 € in Höhe von 709,26 €). Hätte die Gemeinde die Investition vollständig selbst finanzieren müssen, ergäbe sich dagegen nur ein Nutzenbarwert von 325,59 €. Die Landesbeteiligung führt dazu, dass die aus gemeindlicher Sicht wohlfahrtsinferiore Investition durchgeführt wird.

Hintergrundinformation: Die Stellung der Kommunen im Rahmen der Ausgaben- und Aufgabenverteilung

Die bundesdeutschen Gemeinden sind Teil der Bundesländer. Sie nehmen einen herausragenden Platz im Verwaltungsaufbau der Bundesrepublik ein: Dies gründet sich auf das in Art. 28 Abs. 2 GG verankerte **kommunale Selbstverwaltungsrecht**, „alle Angelegenheiten der örtlichen Gemeinschaft im Rahmen der Gesetze in eigener Verantwortung zu regeln". Bei diesen Aufgaben stützt sich die Kompetenzzuweisung auf das Präferenzenargument. Manche örtlichen Aufgaben lassen sich aber wegen des Kostendegressionseffektes am billigsten durch gemeinschaftliches Vorgehen mehrerer Gemeinden bewerkstelligen. Aufgaben, wie zum Beispiel die Abwasserreinigung oder die Errichtung und der Betrieb einer Mülldeponie, werden deshalb auch von Gemeindeverbänden oder vom Landkreis wahrgenommen. Die Gemeindeautonomie zeigt sich in der eigenen Rechtsetzung, in der eigenen Verwaltung und in den eigenen Haushaltsbefugnissen, einschließlich des Rechts gewisse Zwangsabgaben zu erheben.

2. Einnahmenverteilung

Der Ausgaben- und Aufgabenverteilung auf Bund, Länder und Gemeinden muss eine entsprechende Einnahmenverteilung gegenüberstehen. Wer bestimmte Ausgaben zu tätigen hat, muss auch über die notwendigen Finanzmittel verfügen. In der Theorie unterscheidet man zwei idealtypische Einnahmensysteme, das freie oder gebundene Trennsystem und das Zuweisungssystem.

2.1 Trenn- und Verbundsystem

Beim **freien Trennsystem** (Konkurrenzsystem) kann jede Gebietskörperschaft Art und Höhe der Steuer frei wählen. Es besteht völlige Einnahmenautonomie (reiner Föderalismus), weil die drei Elemente der Steuerhoheit – Aufkommenshoheit, Verwaltungshoheit und Gesetzgebungshoheit – jeder Gebietskörperschaft zustehen. Jede Ebene kann Steuern in Art und Höhe erheben, wie sie den Effizienz-, Gerechtigkeits- und sozialpolitischen Vorstellungen der eigenen Bevölkerung entspricht. Länder und Gemeinden, die eine Präferenz für hohe öffentliche Leistungen haben, können hohe Steuern erheben. Andere mögen sich mit niedrigen Steuern begnügen.

Wesentliche Nachteile dieses Systems sind: 1) Der hier unterstellte Staat ähnelt mehr einem Staatenbund als einem Bundesstaat. Es besteht nur ein lockerer gesellschaftlicher Zusammenhang zwischen den Menschen. Dies widerspricht der individualistischen Gründungsidee des Staates, nach der der Staat als ein gemeinsames Unternehmen der Menschen zur Verbesserung ihrer Lebensbedingungen verstanden wird. 2) Wegen der unterschiedlichen Wirtschaftskraft variieren die Einnahmen oder Steuerbelastungen in den einzelnen Bundesländern und Gemeinden stark. Die Position wirtschaftsschwacher Regionen wird durch die geringe Versorgung mit öffentlichen Gütern und/oder durch die Abschreckung privater Investoren zusätzlich verschlechtert. In den wirtschaftsstarken Gebieten verhält es sich umgekehrt. Gefördert werden uneinheitliche Lebensverhältnisse im Gesamtstaat. 3) Es kann zu einer Mehrfachbesteuerung ein und derselben Quelle durch Bund, Bundesländer und Gemeinden kommen. Dies wäre der Fall wenn zum Beispiel jede staatliche Ebene die fiskalisch ergiebige Umsatzsteuer erheben würde Die Folgen wären Ineffizienzen und Ungerechtigkeiten.

Beim **gebundenen Trennsystem** werden den verschiedenen staatlichen Ebenen durch die Verfassung bestimmte eigene Steuern zugewiesen. Die Gesetzgebung liegt entweder beim Bund oder bei den Empfängerkörperschaften. Die Autonomie der dezentralen Institutionen ist hier zugunsten der zentralen Institution in unterschiedlichem Ausmaß eingeschränkt: Es lassen sich gebundene Trennsysteme mit und ohne Gestaltungsmöglichkeiten des Einnahmenempfängers unterscheiden.

Beim **Zuweisungs-, Verbund- oder Quotensystem** werden die Einnahmen von der zentralen Gebietskörperschaft gesetzlich festgelegt und nach einem bestimmten Schlüssel auf Bund, Bundesländer und Gemeinden aufgeteilt. Die Einnahmen aus einer Steuer stehen allen Gebietskörperschaften zu bestimmten Anteilen zu. Nachteil dieses Systems ist die fehlende Einnahmenautonomie der untergeordneten Gebietskörperschaften. Zuweisungen von der Zentralinstanz lassen den untergeordneten Gebietskörperschaften – insbesondere den Gemeinden – keinen Spielraum, die Höhe ihrer Ausgaben nach den regionalen Präferenzen zu bestimmen. Eigene Steuerquellen der untergeordneten Gebietskörperschaften gelten aber als wesentliches Element des Föderalismus (Art. 28 GG). In der Bundesrepublik werden die aufkommensstarken Steuern im Rahmen eines Steuerverbundes erhoben und an die einzelnen Gebietskörperschaften verteilt.

2.2 Regelungen in der Bundesrepublik

Das Steuersystem der Bundesrepublik ist ein Mischsystem. Neben den Bundes-, Landes- und Gemeindesteuern gibt es gemeinschaftliche Steuern. Dazu gehören die aufkommenswichtigsten Steuern. Die Gesetzgebungshoheit liegt fast ausnahmslos beim Bund, wobei die Bundesländer über den Bundesrat beteiligt sind.

2.2.1 Vertikale Steuerverteilung (Verteilung des Steueraufkommens nach Art. 106 GG)
Steuern nach dem Trennsystem
Bundessteuern: spezielle Verbrauchsteuern mit Ausnahme der Biersteuer, also insbesondere die Mineralöl-, Strom-, Tabak-, Kaffee-, Schaumwein- und Versicherungsteuer, das Branntweinmonopol und die Zölle (die an die Europäische Union abzuführen sind).

Landessteuern: Schenkung- und Erbschaft-, Kraftfahrzeug-, Grunderwerb-, Bier- und Feuerschutzsteuer, die Rennwett- und Lotteriesteuer sowie die Spielbankenabgabe.

Gemeindesteuern: Gewerbesteuer (ohne Gewerbesteuerumlage), Grundsteuern (Typ A und B) und die örtlichen Verbrauch- und Aufwandsteuern (Getränke-, Hunde-, Schankerlaubnis-, Vergnügungs-, Verpackung- sowie die Zweitwohnungsteuer).

Gemeinschaftsteuern

Einkommensteuer: Das Aufkommen aus der Einkommensteuer steht zu jeweils 42,5 % Bund und Ländern und zu 15 % den Gemeinden zu. Die Beteiligungssätze werden durch **Bundesgesetz** geregelt. Die Körperschaftsteuer geht je zu Hälfte an Bund und Länder.[1]

Umsatzsteuer: Vorab an den Bund abzuführen sind seit 2000 5,63 % des Umsatzsteueraufkommens als Folge der Erhöhung des Umsatzsteuernormalsatzes von 15 % auf 16 % zum 1. April 1998 (Erhöhung des Bundeszuschusses an die gesetzliche Rentenversicherung). Von dem verbleibenden Aufkommen erhalten die Gemeinden vorab 2,2 % als Kompensation für den Wegfall der Gewerbekapitalsteuer zum 1. Januar 1998. An dem danach verbleibenden Aufkommen werden die Länder im Jahre 2002 mit 50,4 % und der Bund mit 49,6 % beteiligt. Die letztgenannten Quoten werden jährlich zwischen Bund und Ländern ausgehandelt. Die erhebliche Reduzierung des Bundesanteils im Laufe der Zeit ist Folge der Ausweitung des Familienlasten- bzw. Familienleistungsausgleichs in den letzten Jahren.

Gewerbesteuerumlage: Art. 106 Abs. 6 GG stellt fest, dass Bund und Länder durch eine Umlage an der Gewerbesteuer beteiligt werden können, was in der Bundesrepublik umgesetzt wird. In der letzten Steuerschätzung vom November 2002 wird prognostiziert, dass sich das Gesamtgewerbesteueraufkommen im Verhältnis 7,9 % : 18,0 % : 74,1 % auf Bund, Länder und Gemeinden verteilt. Bei der Gewerbesteuerumlage gilt im Kalenderjahr 2001 (2002) für die **alten** Länder ein „Gesamtvervielfältiger" in Höhe von 91 Punkten (102). Davon entfallen auf den Bund und die (alten) Länder jeweils 24 (30), auf den Fonds Deutsche Einheit 8 (7), auf den Solidarpakt 29 (29) und auf die Länder infolge der Abschaffung der Gewerbekapitalsteuer

---

[1] Ausnahmen von den Regeln sind: Die Kapitalertragsteuer wird hälftig zwischen dem Bund und den Ländern aufgeteilt. Für die Aufteilung der Einnahmen aus der Zinsabschlagsteuer gilt der Schlüssel von 44 % (Bund): 44 % (Länder): 12 % (Gemeinden).

6 (6) am Gesamtvolumen der Gewerbesteuerumlage. In den **neuen** Ländern wurden zunächst nur Bundes- und Länderanteile erhoben (jeweils 19), 1997 konnten die Kommunen ihr gesamtes Gewerbesteueraufkommen für sich behalten, 1998 wurde nur 7 für den Wegfall der Gewerbekapitalsteuer erhoben, ab 1999 wird wieder eine „richtige" Umlage mit Bundes- und Länderanteilen wie in den alten Ländern erhoben: In 2001 (2002) beträgt der Gesamtvervielfältiger 54 (66) Punkte. Davon erhalten Bund und Länder jeweils 24 (30) Punkte der „Normalumlage", zusätzlich entfallen weitere 6 (6) Punkte auf die Länder für den Wegfall der Gewerbekapitalsteuer. Weiterhin von der Finanzierung der deutschen Wiedervereinigung freigestellt sind die Kommunen der neuen Bundesländer, so dass der Gesamtvervielfältiger in den neuen Ländern unter dem der alten Länder liegt.

Historisch wurde die Gewerbesteuerumlage als Ausgleich für die Beteiligung der Gemeinden an der Einkommensteuer im Zuge der Gemeindefinanzreform 1969 zunächst als vorübergehende Maßnahme eingeführt, um die Einnahmeausfälle bei Bund und Ländern durch die Ausweitung des Steuerverbundes auf die Gemeinden zu kompensieren.

Hintergrundinformation: Gewerbesteuerumlage

Die Umlage bemisst sich nach einem Grundbetrag multipliziert mit einem per Bundesgesetz festgelegten Multiplikator:

(XIII.1)   Gewerbesteuerumlage = Grundbetrag × Multiplikator.

Der Grundbetrag ergibt sich durch Division des Gewerbesteueraufkommens mit dem gemeindeindividuellen Hebesatz und entspricht dem Steuermessbetrag. Damit kann Gleichung (XIII.1) umgeschrieben werden zu:

(XIII.2)   Gewerbesteuerumlage =

$$\frac{\text{Gewerbesteueraufkommen}}{\text{Hebesatz}} \times \text{Multiplikator} =$$

$$\frac{\text{Steuermeßbetrag} \times \text{Hebesatz}}{\text{Hebesatz}} \times \text{Multiplikator} =$$

Steuermeßbetrag × Multiplikator .

der Gewerbesteuerumlage: Weder Erhöhungen noch Absenkungen haben Auswirkungen auf die abzuführende Gewerbesteuerumlage (Hebesatzneutralität). Selbst bei einem Hebesatz von null fällt die Gewerbesteuerumlage an.

Die effektive Gewerbesteuerumlagenquote aus Sicht der Kommunen gemessen am gesamten Gewerbesteueraufkommen ermittelt sich wie folgt:

$$\text{(XII.3)} \quad \frac{\text{Gewerbesteuerumlage}}{\text{Gewerbesteuer}} = \frac{\dfrac{\text{Gewerbesteuer}}{\text{Hebesatz}} \times \text{Multiplikator}}{\text{Steuermeßbetrag} \times \text{Hebesatz}} = \frac{\textbf{Multiplikator}}{\textbf{Hebesatz}}.$$

Für eine Gemeinde in den alten Bundesländern mit einem Hebesatz von beispielsweise 400 % ergibt sich für das Jahr 2001 eine effektive Gewerbesteuerumlagequote von 22,75 %. Befände sich diese Kommune in den neuen Ländern, betrüge die Gewerbesteuerquote 54/400 = 13,5 %. Es zeigt sich: Je höher der gemeindeindividuelle Hebesatz angesetzt wird, desto niedriger wird ceteris paribus die effektive Gewerbesteuerumlagequote.

Ein (fiktives) Beispiel: Eine Kommune in den alten Ländern nimmt im Veranlagungszeitraum 2001 800 Mio. € Gewerbesteuer ein, der Hebesatz beträgt 425 %. Damit ergibt sich ein Grundbetrag in Höhe von 188,2 Mio. € (= Steuermessbetrag). Der Multiplikator für das Jahr 2001 beträgt 91 %, so dass die Kommune insgesamt 171,26 Mio. € an Gewerbesteuerumlage abzuführen hat. Bezogen auf das gesamte Gewerbesteueraufkommen ergibt sich damit eine „Umlagequote" von 171,26/800 = 21,4 %. Die etwa 171 Millionen teilen sich auf die einzelnen Empfänger wie folgt auf (leichte Rundungsdifferenz):

Bund (24 %)	45,17 Mio. €
Länder (24 %)	45,17 Mio. €
Fonds Deutsche Einheit (8 %)	15,06 Mio. €
Solidarpakt (29 %)	54,58 Mio. €
Länder (Gewerbekapitalsteuer) (6 %)	11,29 Mio. €.

2.2.2 Horizontale Verteilung der Steuereinnahmen zwischen den Ländern

Für die Aufteilung der Einnahmen auf die einzelnen Bundesländer gilt der Grundsatz des örtlichen Aufkommens. In Art. 107 Abs. 1 GG heißt es: „Das Aufkommen der Landessteuern und der Länderanteil am Aufkommen der Einkommensteuer und der Körperschaftsteuer stehen den einzelnen Ländern insoweit zu, als die Steuern von den Finanzbehörden in ihrem Gebiet vereinnahmt werden (örtliches Aufkommen)." Maßgebend für die Einnahmenaufteilung sind der Wohn- bzw. Geschäftssitz des Steueranfalls.

Jedoch sind auch hier umfangreiche Ausnahmen eingeführt worden: Die Aufteilung des Aufkommens der **Körperschaftsteuer** auf die Länder erfolgt nach dem Betriebsstättenprinzip. Gegenüber dem Geschäftssitzprinzip ergibt sich dadurch ein räumlich ausgleichender Effekt. Der Länderanteil an der **einbehaltenen Lohnsteuer** wird nach dem Wohnsitzland der Arbeitnehmer verteilt (also nicht nach dem Geschäftssitz der Unternehmung, die die Lohnsteuer abführt). Auch bei der **Umsatzsteuer** wird vom Prinzip des örtlichen Aufkommens abgewichen. Art. 107 Abs. 1 GG sieht folgende Regelung vor: „Der Länderanteil am Aufkommen der Umsatzsteuer steht den einzelnen Ländern nach Maßgabe ihrer Einwohnerzahl zu; für einen Teil, höchstens jedoch für ein Viertel dieses Länderanteils können durch Bundesgesetz, das der Zustimmung des Bundesrates bedarf, Ergänzungsanteile für die Länder vorgesehen werden, deren Einnahmen aus den Landessteuern und aus der Einkommensteuer und der Körperschaftsteuer je Einwohner unter dem Durchschnitt der Länder liegen." Die Aufteilung der Umsatzsteuer unter den Ländern soll gleichzeitig einen gewissen Ausgleich zwischen finanzschwachen und finanzstarken Ländern herbeiführen (**Umsatzsteuervorwegausgleich**). Die konkrete Regelung sieht folgendermaßen aus:

- 75 % des Länderanteils werden nach dem Anteil der Einwohnerzahl aufgeteilt (indirekt ausgleichende Wirkung),
- bis zu 25 % dienen dazu, an die finanzschwachen Länder Ergänzungsanteile bis zu 92 % der durchschnittlichen Finanzkraft der Länder zu leisten (direkt ausgleichende Komponente). Der danach noch verbleibende Betrag wird im Verhältnis der Einwohnerzahl an die finanzstarken Länder verteilt, deren Steuereinnahmen über dem Länderdurchschnitt liegt. Reicht das Finanzvolumen der 25 % nicht aus, um alle Länder auf 92 % der durchschnittlichen Finanzkraft der Länder anzuheben, wird die Zuweisung an alle finanzschwachen Länder linear gekürzt. Die Aufschlüsselung nach der Einwohnerzahl hat gegenüber der Verteilung nach dem örtlichen Aufkommen einen ausgleichenden Effekt zwischen finanzstarken und finanzschwachen Ländern, weil die Einwohner gleichmäßiger räumlicher verteilt sind als die Unternehmen.
- Insgesamt werden auf diesem Wege Umverteilungen im Umfang von etwa 7,8 Mrd. € vorgenommen (Stand: 1999).

	Wichtige Steuereinnahmen	**Wichtige Aufgaben**
Gemeinden	- Anteil an Lohn- und Einkommensteuer (inkl. Zinsabschlag) - Anteil an Umsatzsteuer - Gewerbesteuer (abzüglich Gewerbesteuerumlage) - Grundsteuer - Kleinere eigene Steuern, etwa Hunde-, Jagd- und Fischereisteuer	- Versorgung: Wasser- und Energie, öffentlicher Nahverkehr, Grünanlagen, Kanalisation, Müllabfuhr - Kindergärten, Schulbau - Sozialhilfe - Baugenehmigungen, Meldewesen
Länder	- Anteil an Lohn- und Einkommensteuer (inkl. Zinsabschlag- und Kapitalertragsteuer) - Anteil an Körperschaft- und Umsatzsteuer - Gewerbesteuerumlage - Anteil an nicht veranlagten Steuern vom Ertrag - Erbschaft-, Kraftfahrzeug-, Grunderwerb-, Rennwett- und Lotteriesteuer, Spielbankabgabe	- Kultur - Schulen, Universitäten - Polizei, Rechtspflege - Gesundheitswesen - Wohnungsbauförderung - Steuerverwaltung
Bund	- Anteil an Lohn- und Einkommensteuer (inkl. Zinsabschlag- und Kapitalertragsteuer) - Anteil an Körperschaft- und Umsatzsteuer - Gewerbesteuerumlage - Anteil an nicht veranlagten Steuern vom Ertrag - Solidaritätszuschlag, Mineralölsteuer, Stromsteuer, Versicherungsteuer, Tabak-, Branntwein-, Kaffee-, Schaumwein- und Zwischenerzeugnissteuer	- Soziale Sicherung (insbesondere Renten- und Arbeitslosenversicherung) - Auswärtige Angelegenheiten, Verteidigung - Verkehrswesen - Geldwesen - Sektorale Wirtschaftsförderung - Forschung (Großforschungseinrichtungen)

Tab. XIII.1 **Steuer- und Aufgabenverteilung in der Bundesrepublik.** Die wichtigsten Steuereinnahmen sind den wichtigsten Aufgaben der einzelnen Gebietskörperschaftsebenen gegenübergestellt.

Zwei Stufen des in der Bundesrepublik vollzogenen Finanzausgleichs sind mit der Darstellung der verfassungsgemäßen Verteilung der Einnahmen und dem Umsatzsteuervorwegausgleich damit schon abgehandelt worden. Die noch fehlenden Stufen des Finanzausgleichssystems – der Länderfinanzausgleich im engeren Sinne und die Bundesergänzungszuweisungen – sind Gegenstand des folgenden Abschnitts.

> **Hintergrundinformation: Grundsätzliche Bemerkungen zu den Einnahmen der Gemeinden**
> Den Gemeinden stehen nach Art. 106 Abs. 5, Abs. 5a und Abs. 6 GG eigene Steuereinnahmen zu. Gemeindesteuern sind die Realsteuern (Gewerbe- und Grundsteuer) und die örtlichen Verbrauch- und Aufwandsteuern. Wichtig ist zu beachten, dass es für diese Steuern keine „Bestandsgarantie" gibt. Es könnten also auch andere Gemeindesteuern eingeführt werden.
> Die Länder tragen die Hauptverantwortung für die Finanzausstattung der Gemeinden. Deshalb müssen sie Finanzzuweisungen leisten, wenn die genannten Steuereinnahmen für die kommunale Aufgabenerfüllung nicht ausreichen (kommunaler Finanzausgleich nach Art. 106 Abs. 7 GG).

3. Finanzausgleich im engeren Sinne

3.1 Länderfinanzausgleich

Die Aufgabe des Länderfinanzausgleichs (LFA) nach Art. 107 Abs. 2 GG besteht darin, „die Unterschiede in der Finanzkraft der einzelnen Länder angemessen auszugleichen". Hintergrund ist die verteilungspolitische Norm des Grundgesetzes, möglichst einheitliche Lebensverhältnisse in der Bundesrepublik zu schaffen. Zur Konkretisierung von Art. 107 Abs. 2 GG hat der Bundesgesetzgeber das Gesetz über den Finanzausgleich zwischen Bund und Ländern vom 28. August 1969 erlassen, das mittlerweile mehrmals geändert worden ist, zuletzt mit dem Solidarpaktfortführungsgesetz vom 20. Dezember 2001 (vgl. unten). Finanzschwache Länder haben laut Verfassung einen „Anspruch", finanzstarke Länder sind „verpflichtet". Der LFA wird wie folgt vollzogen:

- Es findet ein Vergleich von Finanzkraft und „Finanzbedarf" (= bundesdurchschnittliche Finanzkraft der Länder) statt.
- Bei der Finanzkraft wird – anders als beim Umsatzsteuervorwegausgleich – nicht an den Pro-Kopf-Steuereinnahmen der Länder angesetzt, sondern an der Finanzkraftmesszahl (FKM). In diese gehen die Ländersteuern, die Anteile an den Gemeinschaftssteuern nach Zerlegung und Umsatzsteuervorwegausgleich, die bergrechtlichen Förderabgaben sowie die Hälfte der (modifizierten) Gemeindesteuern ein. Verzerrt wird die so ermit-

telte FKM durch die unsystematische Einbeziehung von Bedarfselementen. So reduzieren „Seehafenlasten" die Steuerkraft einiger Länder.[2]

- Der Finanzbedarf wird mit Hilfe der Ausgleichsmesszahl (AMZ) ermittelt. Dabei wird prinzipiell davon ausgegangen, dass der Finanzbedarf je Einwohner in allen Ländern gleich ist. Allerdings werden nicht die tatsächlichen Einwohnerzahlen verwendet, sondern ein davon abweichender Einwohnerschlüssel: (a) Die Ländersteuereinnahmen der Flächenstaaten gehen mit der Einwohnerwertung von 100 % in die AMZ ein. (b) Die Einwohner der Stadtstaaten werden „veredelt": Jeder Stadtstaatenbewohner geht mit dem Gewicht von 135 % in die hypothetische Einwohnerberechnung ein. Dadurch wird den drei Stadtstaaten (Berlin, Hamburg und Bremen) im Rahmen des LFA eine um 35 % erhöhte Einwohnerzahl zugewiesen. An dieser Regelung wird seit geraumer Zeit heftig Kritik geübt. (c) Die ausgleichsrelevanten Einnahmen der Gemeinden werden ebenfalls einwohnerbezogen gewichtet: Von den ersten 5.000 Einwohnern, die mit dem Faktor 1 gewichtet werden, steigt der Gewichtungsfaktor für die eine Million übersteigenden Kommunen auf 130 % an. Zusätzlich erhalten Gemeinden mit mehr als 500.000 Einwohnern Zuschläge zwischen 2 % und 6 %, die sich in Abhängigkeit der Bevölkerungsdichte bemessen.
- Der Vergleich von FKM und AMZ zeigt an, ob ein Land ausgleichsberechtigt (AMZ > FKM) oder zum Ausgleich verpflichtet ist (FKM > AMZ). Angestrebt wird die Anhebung der Finanzkraft der einzelnen ausgleichsberechtigten Länder auf mindestens 95 % der durchschnittlichen Finanzkraft.
- Die Abschöpfung der überschießenden Finanzkraft bei den finanzstarken Ländern erfolgt über einen progressiven Tarif. Der Teil der Finanzkraft, der den Finanzbedarf um einen Prozentpunkt übersteigt (100-101 % der durchschnittlichen Finanzkraft), wird mit 15 %, die nächsten 9 Punkte mit 66 % (102–110 % der durchschnittlichen Finanzkraft) und darüber hinausgehende Überschüsse zu 80 % abgeschöpft (> 110 % der durchschnittlichen Finanzkraft). Der Umverteilungstarif ist somit stark progressiv ausgestaltet.

---

[2] Bremen, Hamburg, Niedersachsen und Mecklenburg-Vorpommern kommen in den Genuss der Abzugsmöglichkeit von Pauschalbeträgen während unerklärlicherweise Schleswig-Holstein keine Seehafenlasten steuerkraftsenkend in Anrechnung bringen kann. Mit Blick auf die in den letzten Jahren zunehmende Bedeutung von (Groß-)Flughäfen wäre eine analoge Abzugsmöglichkeit etwa für Hessen ebenfalls zu erwägen.

Durch das System des Länderfinanzausgleichs kann und darf sich die Reihenfolge der Finanzkraft der Länder nicht ändern. Außerdem darf keines der Zahlerländer unter die durchschnittliche Finanzkraft absinken, und keines der Empfängerländer darf unter 95 % des Durchschnitts zurückbleiben (Ländersteuergarantie). Insgesamt wurden im Jahre 1999 im Rahmen des horizontalen Länderfinanzausgleichs 7,5 Mrd. € von finanzstarken an finanzschwache Länder übertragen.

3.2 Bundesergänzungszuweisungen

Im Anschluss an die 95-prozentige Auffüllung durch den Länderfinanzausgleich lösen die Bundesergänzungszuweisungen (BEZ) eine nochmalige Anhebung der durchschnittlichen Finanzkraft der Länder auf mindestens 99,5 % aus. Es sind zu unterscheiden:

Fehlbetrags-BEZ: Hierbei handelt es sich um die Fortsetzung des (horizontalen) Länderfinanzausgleichs mit anderen Mitteln. Zielsetzung ist die Anhebung der Finanzkraft auf 99,5 %, also eine weitgehende Nivellierung der Finanzkraft der einzelnen Länder (§11 Abs. 2 Finanzausgleichsgesetz (FAG)). 1998 wurden insgesamt 3,0 Mrd. € an Fehlbetrags-BEZ in erster Linie an die neuen Länder übertragen. Die Gewährung von Fehlbetrags-BEZ verändert die Finanzkraftreihenfolge der Länder nicht.

Sonderbedarfs-BEZ: In diese Kategorie fallen vier verschiedene BEZ. (1) Seit 1988 werden Sonderbedarfs-BEZ wegen überdurchschnittlicher Kosten der politischen Führung und der zentralen Verwaltung gewährt (§ 11 Abs. 3 FAG). Bis auf Hamburg erhalten diese Art der BEZ alle Länder mit weniger als vier Millionen Einwohnern. Insgesamt werden 0,8 Mrd. € für einen Ausgleich der „Kosten der Kleinheit" gewährt. (2) Sonderbedarfs-BEZ werden zum Abbau teilungsbedingter Sonderbelastungen der neuen Bundesländer und für den Ausgleich unterproportionaler kommunaler Finanzkraft gezahlt (§ 11 Abs. 4 FAG). Insgesamt werden 7,2 Mrd. € an die neuen Bundesländer transferiert, um deren Wirtschafts- und Finanzkraft zu stärken. (3) „Übergangs-BEZ" in einer Gesamthöhe von 482 Mio. € (§ 11 Abs. 5 FAG) erhalten fünf Bundesländer: Bremen, Niedersachsen, Rheinland-Pfalz, Saarland und Schleswig-Holstein. Zweck dieser BEZ ist die Abfederung der Lasten, die durch die Einbeziehung der neuen Länder in den LFA verursacht wurden. Bei den genannten Ländern handelte es sich vor der Neuregelung des LFA selbst um finanzschwache Länder. (4) BEZ zur Haushaltssanierung

(§ 11 Abs. 6 FAG) an Bremen und das Saarland. Die Zahlungen sind zur Schuldentilgung zweckgebunden. Eingesparte Zinsausgaben sind investiv und somit zur Stärkung der Wirtschafts- und Finanzkraft der beiden Länder zu verwenden. Nur bei den Sanierungshilfen wurde vorgesehen, sie über die Zeit abzuschmelzen: Sie sinken von 1,5 Mrd. € im Jahre 1999 über 1 Mrd. € in 2002 auf null im Jahre 2005.

Der ursprünglich subsidiäre Charakter der BEZ ist insbesondere aufgrund der Sonderbedarfs-BEZ zum Abbau der teilungsbedingten Sonderbelastungen und für den Ausgleich unterproportionaler kommunaler Finanzkraft verloren gegangen. Im Kalenderjahr 1998 überstiegen die BEZ in der Summe das Volumen des Länderfinanzausgleichs um fast das doppelte: Es wurden 13,1Mrd. € vom Bund an die Länder transferiert. Die Sonderbedarfs-BEZ führten in den letzten Jahren dazu, dass sich die Rangfolge der Finanzkraft vor und nach Durchführung des gesamten Finanzausgleichssystems verändert hat.

Insgesamt kann festgehalten werden: (1) Das gesamte Finanzausgleichssystem gleicht die Finanzkraft der einzelnen Länder stark an. (2) Das System führt dazu, dass Länder, die vor Umverteilungsmaßnahmen an der Spitze der Finanzkraft der Länder lagen, nach Durchführung aller Stufen auf hintere Plätze der Finanzkraft je Einwohner abrutschen, etwa Baden Württemberg (Bayern) vom dritten (vierten) auf den 11. (12.) Platz. Dagegen verbessern sich Berlin bzw. Bremen vom neunten bzw. sechsten auf den dritten bzw. ersten Platz der Finanzkraft. Die neuen Länder rücken von den letzten Plätzen ins Mittelfeld auf (Plätze sechs bis zehn).

Nachfolgende Tab. XIII.2 stellt die Situation vor und nach allen Finanzausgleichsmaßnahmen einander gegenüber. Dabei werden auch die Sonderbedarfsergänzungszuweisungen berücksichtigt, um die Rangfolgenverschiebungen der Finanzkraft vor und nach Finanzausgleich zu belegen.

Länder	Tatsächliche Finanzkraft vor Finanzausgleich*	Finanzausgleich						Tatsächliche Finanzkraft+ nach Finanzausgleich 1+7
		Umverteilung durch Ergänzungsanteile	Beiträge und Zuweisungen im LFA	Summe 2+3	Fehlbetrags-BEZ	Sonderbedarfs-BEZ	Summe 4+5+6	
	1	2	3	4	5	6	7	8
Nordrhein-Westf.	6.028	-269	-122	-391	0	0	-391	5.637
Bayern	6.262	-269	-308	-577	0	0	-577	5.685
Baden-Württemb.	6.424	-269	-370	-638	0	0	-638	5.786
Niedersachsen	5.221	-138	141	3	207	40	250	5.471
Hessen	7.139	-269	-885	-1.153	0	0	-1.153	5.986
Sachsen	3.064	1.194	522	1.716	209	820	2.745	5.809
Rheinland-Pfalz	5.170	-269	194	-75	209	124	258	5.428
Sachsen-Anhalt	2.922	1.303	531	1.835	208	895	2.938	5.860
Schleswig-Holst.	5.318	-269	129	-140	185	110	155	5.473
Thüringen	2.901	1.281	539	1.820	208	887	2.915	5.816
Brandenburg	3.175	1.110	486	1.595	208	826	2.629	5.804
Meckl.-Vorp.	3.045	1.167	549	1.717	208	918	2.843	5.888
Saarland	4.601	99	307	405	209	1.169	1.783	6.384
Berlin	5.197	-269	1.630	1.362	278	851	2.491	7.688
Hamburg	8.933	-269	-645	-913	0	0	-913	8.020
Bremen	5.803	-269	1.315	1.047	248	2.679	3.974	9.777

Tab. XIII.2 Wirkungen des gesamten Finanzausgleichssystems auf die Bundesländer (Pro-Kopf Beträge). Berücksichtigt werden der Umsatzsteuervorwegausgleich, der Länderfinanzausgleich und die Bundesergänzungszuweisungen. * Finanzkraft der Länder vor Umsatzsteuerausgleich, Länderfinanzausgleich, Fehlbetrags-Bundesergänzungszuweisungen und Sonderbedarfs-Bundesergänzungszuweisungen, einschließlich 100 % des Gemeindeanteils an Gemeindesteuern, Konzessionsabgaben des Jahres 1998, ohne Abzug von Seehafenlasten. + Finanzkraft der Länder nach Umsatzsteuerausgleich, Länderfinanzausgleich, Fehlbetrags-Bundesergänzungszuweisungen und Sonderbedarfs-Bundesergänzungszuweisungen, einschließlich 100 % des Gemeindeanteils an Gemeindesteuern, Konzessionsabgaben des Jahres 1998, ohne Abzug von Seehafenlasten. *Quelle*: Sachverständigenrat zur Begutachtung der gesamtwirtschaftlichen Entwicklung (2001), Für Stetigkeit – Gegen Aktionismus, Stuttgart: Schaeffer & Poeschel, S. 336 und eigene Berechnungen.

4. Konflikt zwischen Verteilung und Effizienz

Grundlegende Norm für den Finanzausgleich ist das verteilungspolitische Postulat der Schaffung einheitlicher Lebensverhältnisse in der Bundesrepublik. Effizienzaspekte müssen sich dem unterordnen. Es besteht ein Konflikt zwischen dem Verteilungspostulat und den Leistungsanreizen der Länder. Der Konflikt ist um so ausgeprägter, je egalitaristischer das Postulat der Einheitlichkeit der Lebensverhältnisse ausgelegt wird: Finanzschwache Länder müssen dann relativ stark „angehoben" werden und finanzstarke Länder relativ viel „abgeben". Länder, die besondere Anstrengungen der Wirtschaftsförderung unternehmen und dadurch ihre Finanzkraft steigern, müssen einen Teil der zusätzlichen Einnahmen an finanzschwächere Länder abführen. Sie tragen zwar die Kosten, ziehen aber nur teilweise Nutzen daraus. Das schwächt die Leistungsanreize. Die scharfe Progression im Länderfinanzausgleich führt zu deutlichen disincentives mit Blick auf die Förderung und Pflege von im Land befindlichen Steuerquellen. Die marginalen Abschöpfungsquoten einer zusätzlich im Land verdienten Mark betragen – unter Berücksichtigung der Gemeindesteuern – zwischen 60% (Nordrhein-Westfalen) und knapp 100% im Saarland, in Bremen, Hamburg und den neuen Ländern (einschließlich Berlin). Länder, die finanzschwach sind, unterlassen Maßnahmen zur Wirtschaftsförderung, weil sie befürchten, geringere Finanztransfers von den anderen Ländern und vom Bund zu erhalten. Der Ausfall dieser Transfers stellt in ihrem Kalkül Kosten dar. Empfängerländer „gewöhnen" sich an die weitgehende Unabhängigkeit von eigenen Steuereinnahmen („Empfängermentalitäten"), was dynamische Anreize unterminiert.

Geringere Leistungsanreize der Bundesländer bedeuten für den Gesamtstaat zum einen eine Abschwächung des Wirtschaftswachstums verbunden mit geringeren Steuereinnahmen und zum anderen eine Beeinträchtigung der

Effizienz der Steuerverwaltung. Es kommt zu Steuerausfällen durch mangelnde Bekämpfung der Steuerhinterziehung.

5. Reformnotwendigkeit des Finanzausgleichs

Von wissenschaftlicher Seite wird das System des Finanzausgleichs schon seit langem kritisiert. Die wesentlichen Einzelkritikpunkte betreffen folgende Aspekte:

Umsatzsteuervorwegausgleich: Grundsätzlich kommt die einwohnerbezogene Zerlegung der Umsatzsteuer dem Prinzip der Verteilung nach dem regionalen Aufkommen sehr nahe und kann deshalb aus theoretischer Sicht nicht kritisiert werden. Kritisiert wird aber, dass sie „... ein systemfremdes Element im Verfahren der horizontalen Steuerverteilung [darstellt]. Diese soll sich im Prinzip an der regionalen Steuerleistung ausrichten, nicht an Bedarfsgesichtspunkten."[3] Seit der Einbeziehung der neuen Länder in den Finanzausgleich hat der Umsatzsteuervorwegausgleich erheblich an Bedeutung gewonnen. Trotzdem könnte der gleiche Effekte etwa über garantierte Bundeszuweisungen mit geringerem Aufwand erreicht werden.

Länderfinanzausgleich: Die „Bemessungsrundlage" des Länderfinanzausgleichs, Finanzkraftmesszahl und Ausgleichsmesszahl, basieren nicht auf objektiv nachvollziehbaren Tatbeständen. So ist etwa die Einwohnerveredelung und Höherbewertung der Einwohner in den Stadtstaaten ökonomisch schwer begründbar. Letztlich handelt es sich um eine willkürliche Begünstigung der Stadtstaaten sowie der großen und dicht besiedelten Gemeinden. Die kommunale Finanzkraft geht mit zu geringem Gewicht ein (50 %).

Bundesergänzungszuweisungen: Eine ökonomische Begründung für die Notwendigkeit der Fehlbetrags-BEZ lässt sich nur schwer finden, da sich der „Fehlbetrag" auf ein Ausgleichsniveau von mindestens 95 % bezieht. Ähnliches gilt für die Sonderbedarfs-BEZ, ausgenommen die Förderung des wirtschaftlichen Aufbaus in den neuen Ländern. Hierbei handelt es sich um eine Bundesaufgabe, die aber eher über direkte Transfers außerhalb des Finanzausgleichs geregelt werden sollte. Auch bedarf der Ausgleich unterproportionaler kommunaler Steuerkraft keiner BEZ. Eine volle Einbeziehung der kommunalen Steuerkraft in den Länderfinanzausgleich hätte den glei-

---

[3] Peffekoven, R. (1994): Reform des Finanzausgleichs – eine vertane Chance, Finanzarchiv N.F., Bd. 51, S. 281-311., hier S. 294.

chen Effekt. Ein weiterer Konstruktionsfehler liegt darin, dass mit Ausnahme der Sanierungshilfen die BEZ zeitlich nicht befristet wurden. Das birgt die Gefahr einer verzögerten Anpassung an veränderte Verhältnisse in sich (Übernivellierung). Zudem fehlt den BEZ in der Regel eine Zweckbindung. Dadurch wird faktisch eine reine Subventionierung strukturschwacher Regionen statt ihrer Sanierung durchgeführt (Ausnahme: Sonderbedarfs-BEZ zur Haushaltssanierung).
Nicht zuletzt aufgrund dieser Kritikpunkte entschlossen sich die drei finanzstarken Länder Hessen, Baden-Württemberg und Bayern das bestehende System auf seine Verfassungsmäßigkeit hin überprüfen lassen. Das Bundesverfassungsgericht beschied am 11.11.1999, dass die jetzigen Regelungen des Finanzausgleichssystems unvereinbar mit der Verfassung seien. Der Gesetzgeber wurde aufgefordert, bis zum 1.1.2003 ein „Maßstäbegesetz" vorzulegen, in dem allgemein anerkannte objektive Umverteilungstatbestände festgelegt sind. Auf dieser Basis muss dann bis zum 1.1.2005 ein neues Gesetz zum Finanzausgleich verabschiedet werden.
Die im Maßstäbegesetz vom 12.9.2001 festgelegten „objektiven Maßstäbe" wurden vom Gesetzgeber im Solidarpaktfortführungsgesetz vom 20.12.2001 umgesetzt, das zum 1.1.2005 in Kraft treten soll. Einige der Kritikpunkte und Reformvorschläge aus wissenschaftlicher Sicht wurden dabei aufgenommen, andere zum Teil wesentliche Punkte wurden nicht berücksichtigt. Grundsätzlich sollen die Anreize sowohl bei den Geber- wie auch bei den Nehmerländern zur Aktivierung und Pflege eigener Steuerquellen gestärkt werden, ohne die Solidarität zwischen alten und neuen Ländern in Frage zu stellen.[4] Im einzelnen sind folgende Regelungen vorgesehen:
(1) Beim **Umsatzsteuervorwegausgleich** (horizontale Umsatzsteuerverteilung) werden die Umsatzsteuerergänzungsanteile vor allem zugunsten der neuen Länder verstärkt. Eine fixe Anhebungsgrenze – die bisher gewährten 92 % der Finanzkraft aller Länder – entfällt. Der Tarif ist in Abhängigkeit des Abstandes der Steuerkraft der Empfängerländer zum Länderdurchschnitt (von anfänglich 60 % auf einen Höchstsatz von 95 %) ausgestaltet.

---

[4] Den Finanzausgleich nur mittelbar betreffend wird im Solidarpaktfortführungsgesetz die Abwicklung des Fonds „Deutsche Einheit" neu geregelt. Ab dem 1.1.2005 übernimmt der Bund die Verbindlichkeiten des Fonds vollständig. Dessen völlige Auflösung wird zeitlich bis zum Jahre 2019 gestreckt, was die Länder jährlich in Höhe von ca. 1,3 Mrd. € entlastet.

(2) Auch der **Finanzausgleich unter den Ländern** wurde anreizkompatibler ausgestaltet und teilweise vereinfacht. Grundsätzlich wurde nach dem „Tax-cut-cum-base-broadening"-Prinzip verfahren. Entfallen sind unter anderem die Berücksichtigung von Sonderbedarfen („Hafenlasten"). Den Küstenländern werden dafür außerhalb des Länderfinanzausgleichs auf gesetzlicher Grundlage Beträge für Hafenlasten in einer Größenordnung von insgesamt 75 Mio. DM jährlich gewährt. Außerdem wurden die folgenden Einzelpunkte gesetzlich fixiert:

- **Tarifverlauf:** Die auf Empfängerseite garantierte Vollauffüllung auf 95 % der durchschnittlichen Finanzkraft aller Länder wird abgeschafft. Auf Zahlerseite wird die bisherige Spitzenbelastung von 80 % (ab 110 % der Durchschnittsfinanzkraft) auf 75 % abgesenkt, die erst ab 120 % greift. Außerdem wird eine Deckelung für die durchschnittliche Abschöpfung der Überschüsse der Geberländer in Höhe von 72,5 % eingeführt. Dadurch erhalten die Geberländer faktisch einen Rechtsanspruch auf einen Teil ihrer Überschüsse.

- **Bemessungsgrundlage:** Die kommunale Finanzkraft wird nicht mehr nur zu 50 %, sondern zu 64 % in die Ermittlung der Finanzkraft der Länder einbezogen. Dies kommt in erster Linie den neuen Ländern zu Gute.

- **Einwohnerwertung:** Die „Einwohnerveredelung" in den Stadtstaaten bleibt bestehen. Dagegen wird die kommunale Einwohnerwertung völlig neu konzipiert. In Zukunft betrifft sie nur noch die drei Stadtstaaten sowie besonders dünn besiedelte Flächenstaaten Mecklenburg-Vorpommern, Sachsen-Anhalt und Brandenburg. Der Gesetzgeber unterstellt dabei, dass auch in dünn besiedelten Flächenstaaten ein abstrakter Mehrbedarf besteht, dem so Rechnung getragen wird.

- Das **Prämienmodell** stellt eine völlig neue Regelung im Rahmen des Systems dar. Es soll zusätzliche Anreize zur Aktivierung und Pflege eigener Steuerquellen schaffen: Länder, die überproportionale Steuerzuwächse je Einwohner erzielen (gemessen gegenüber dem Vorjahr), dürfen diesen überproportionalen Teil im Land behalten. Er wird bei der Ermittlung der Länderfinanzkraft und damit bei der Berechnung der Ausgleichsverpflichtung bzw. Ausgleichsberechtigung nicht berücksichtigt.

(3) **Bundesergänzungszuweisungen:** Die Fehlbetrags-BEZ werden in Zukunft Allgemeine-BEZ genannt und nur noch den Ländern gewährt, deren Finanzkraft nach Länderfinanzausgleich unter 99,5 % statt wie bisher unter 100 % liegt. Außerdem wird die Ausgleichsintensität von bisher 90 % auf 77,5 % reduziert. Sonderbedarfs-BEZ werden weiterhin gewährt, allerdings nur noch für die beiden Sonderbedarfe Abbau der teilungsbedingten Sonderlasten und „Kosten der Kleinheit".

Die Neuregelung des Finanzausgleichssystems in der Bundesrepublik ist – ähnlich wie andere im wesentlichen verteilungspolitisch motivierte Regelungen – mit erheblichen Problemen verbunden. Bestandsschutz und Nichtverschlechterung gegenüber einem einmal erreichten Niveau stellen häufig die praktischen Leitlinien dar, an denen sich die Reformvorschläge messen lassen müssen. Eine rein effizienzorientierte Reform schied deshalb von vornherein aus. Stärkungen der Anreizkompatibilität, beispielsweise die Abschaffung der absoluten Auffüllungsquoten auf allen Stufen, die Verbreiterung der Bemessungsgrundlage, die Absenkung des Abschöpfungstarifs und das neue Prämienmodell, stehen Kritikpunkte am „neuen" System gegenüber. Statt der Abschaffung der Einwohnerveredelung wurde hier eine Ausweitung auch auf dünn besiedelte Gebiete eingeführt. Auch hätte eine stärkere Berücksichtigung der kommunalen Finanzkraft im Rahmen des Länderfinanzausgleichs es ermöglicht, die Sonderbedarfs-BEZ für die teilungsbedingten Sonderlasten noch weiter zu senken.

Hervorzuheben bleibt, dass der Gesetzgeber sowohl das neue Finanzausgleichsgesetz (Solidarpaktfortführungsgesetz) als auch das Maßstäbegesetz befristet hat. Beide verlieren im Jahr 2019 ihre Gültigkeit. Im Lichte der bis dahin gesammelten Erfahrungen und tatsächlichen Entwicklungen kann dann ein neues dauerhaftes Finanzausgleichsgesetz konzipiert werden.

6. Kommunaler Finanzausgleich

Beim kommunalen Finanzausgleich handelt sich um Transfers der Länder an ihre Gemeinden. Verfassungsrechtlich sind die Länder dazu verpflichtet. Die Aufgabe des kommunalen Finanzausgleichs besteht darin:
- die Finanzkraft der Gemeinden insgesamt zu erhöhen, weil die kommunalen Steuereinnahmen nicht zur Deckung des gemeindlichen Finanzbedarfs ausreichen,

- die Unterschiede in der Finanzkraft der Gemeinden untereinander zu verringern.

Danach haben die Länder einen bestimmten Anteil ihres Aufkommens an den Gemeinschaftsteuern an die Gemeinden und Gemeindeverbände weiterzuleiten. Der Landesgesetzgeber selbst bestimmt die Höhe des Anteilsatzes und ob bzw. inwieweit das Aufkommen der reinen Landessteuern ebenfalls den Gemeinden und Landesverbänden zufließen soll. Der kommunale Finanzausgleich ist von Land zu Land unterschiedlich geregelt. Man unterscheidet folgende Zuweisungsarten:

- **Allgemeine und zweckgebundene Zuweisungen.** Die allgemeinen Zuweisungen stehen der Gemeinde ohne Verwendungsauflagen zur Verfügung. Die zweckgebundenen Zuweisungen nennt man auch spezielle Zuweisungen.
- Die allgemeinen Zuweisungen werden unterteilt in **Schlüssel- und Bedarfszuweisungen.** Schlüsselzuweisungen erfolgen nach bestimmten Schlüsseln, die einen Ausgleich zwischen Finanzbedarf und Steuerkraft ermöglichen. Bedarfszuweisungen werden für außerordentliche Bedarfe (Härtefälle) gewährt.
- Die zweckgebundenen Zuweisungen werden gewährt als Kostenerstattung für Auftragsangelegenheiten, als Zuweisungen für bestimmte Aufgabengebiete und als Zuweisungen für Vorhaben auf Antrag.

Die Schlüsselzuweisungen stellen das Kernstück des kommunalen Finanzausgleichs dar. Durch sie soll die Differenz zwischen einem nach bestimmten Kriterien normierten Finanzbedarf und der Steuerkraft der einzelnen Gemeinden ausgeglichen werden. Der Finanzbedarf einer Gemeinde soll angeben, was die Gemeinde typischerweise an Ausgaben je Einwohner zu leisten hat. Dabei wird unterstellt, dass die Pro-Kopf-Ausgaben um so höher sind, je größer die Gemeinde ist. Die Indexzahl, die diesen Zusammenhang ausdrückt, nennt man „Hauptansatz". Der Finanzbedarf ergibt sich dann aus der Einwohnerzahl gewichtet mit dem Index. Die Überproportionalitätsannahme ist in der Finanzwissenschaft umstritten. Daneben können auch Kriterien, die den Nebenansätzen zuzuordnen sind, berücksichtigt werden. Besondere bedarfsteigernde Tatbestände können etwa sein: Schüler- und Studentenzahlen, Arbeitslose oder die Eigenschaft eines Kurortes.

Die Steuerkraft ermittelt sich nach folgenden Überlegungen: Indikator ist die sogenannte Steuerkraftmaßzahl. Sie ergibt sich aus dem Aufkommen der Gewerbesteuer, der Grundsteuer und dem Gemeindeanteil an der Einkommensteuer. Bei der Gewerbesteuer und Grundsteuer wird mit einem normierten Hebesatz gerechnet (Nivellierungshebesätze). Die Einnahmen aus der Steuer werden um Hebesatzunterschiede bereinigt. Die Zahlen werden also so umgeformt, als ob alle Gemeinden den selben Hebesatz angewendet hätten. Dadurch soll erreicht werden, dass die Steuerkraft bei gleicher Steueranspannung Grundlage der Bemessung von Schlüsselzuweisungen ist. Es wird vermieden, dass eine Gemeinde durch Absenkung der Steuer in den Genuss höherer Schlüsselzuweisungen gelangen kann.

Wenn für eine Gemeinde die Finanzbedarfsmesszahl über der Steuerkraftmesszahl liegt, erhält sie Schlüsselzuweisungen, und zwar in Höhe eines bestimmten Prozentsatzes bezogen auf die Differenz zwischen den beiden Größen. Dieser Prozentsatz wird Ausschüttungsquote genannt. Diese Quote liegt in den meisten Bundesländern bei 50 %. Es wird also die Hälfte der Differenz zwischen Finanzbedarf und Steuerkraft ausgeglichen.

Die Schlüsselzuweisungen sind aus theoretischer Sicht positiv zu beurteilen. Die Gemeinden können die Mittel frei für diejenigen Zwecke einsetzen, denen sie die höchste Priorität beimessen. Sie sind besser als die Landesregierung in der Lage zu beurteilen, welche Aufgaben für die Gemeindebevölkerung am wichtigsten sind.

Zusammenfassung und Übungen

1. Der Finanzföderalismus in der Bundesrepublik drückt sich sowohl in einer Fülle spezieller Aufgabenzuweisungen an Bund, Bundesländer und Gemeinden als auch in differenzierten Finanzierungsregelungen aus, die getrennte und gemeinschaftliche Steuern und Hilfen für finanzschwache Bundesländer und Gemeinden vorsehen.

2. Das Finanzausgleichssystem baut auf der Solidarität der Gebietskörperschaften auf und soll helfen, das Verfassungsgebot einheitlicher Lebensverhältnisse in der Bundesrepublik zu erfüllen. Dieses Verteilungsziel hat Vorrang vor Effizienzaspekten. Dennoch dürfen die Leistungsanreize der Gebietskörperschaften nicht so stark beschnitten werden, dass die Leistungskraft des Gesamtstaates darunter empfindlich leidet. Geringere Leistungsan-

reize der Bundesländer bedeuten für den Gesamtstaat zum einen eine Abschwächung des Wirtschaftswachstums verbunden mit geringeren Steuereinnahmen und zum anderen eine Beeinträchtigung der Effizienz der Steuerverwaltung.

3. Die Neuregelungen im Finanzausgleichsystem (Solidarpaktfortführungsgesetz) berücksichtigen einerseits ökonomische Forderungen nach mehr Effizienz (insbesondere die Reduktion der Progression, das „Prämienmodell" sowie das langfristige Abschmelzen der Bundesergänzungszuweisungen), andererseits bleiben Regelungen, die von Ökonomen kritisiert werden, weiterhin bestehen bzw. verschärfen sich sogar noch (insbesondere die Fortexistenz der Einwohnerveredelung, jetzt sogar ausgeweitet auf „dünn besiedelte" Regionen).

4. Im Rahmen des kommunalen Finanzausgleichs leisten die Bundesländer Transfers an ihre Gemeinden. Dadurch soll die Finanzkraft der Gemeinden insgesamt erhöht werden, weil die kommunalen Steuereinnahmen nicht zur Deckung des gemeindlichen Finanzbedarfs ausreichen. Außerdem sollen die Unterschiede in der Finanzkraft der Gemeinden untereinander zu verringert werden. Den Kern bilden die Schlüsselzuweisungen, die nicht zweckgebunden geleistet werden und deshalb die Ausrichtung der kommunalen Ausgaben an der Präferenzen der örtlichen Bevölkerung ermöglichen.

Wiederholungsfragen

1. Wie beurteilen Sie die Gesetzgebungsverteilung in der Bundesrepublik vor dem Hintergrund der Theorie des Finanzföderalismus?
2. Was besagt das Konnexitätsprinzip?
3. Aus welchen Stufen besteht das Gesamtsystem des Finanzausgleichsgeflechts in der Bundesrepublik?
4. Was versteht man unter einer „Mischfinanzierung"?
5. Wie verteilt sich das Umsatzsteueraufkommen auf die einzelnen „Empfänger"?
6. Warum spricht man bei der Gewerbesteuerumlage von einer hebesatzneutralen Regelung?
7. Bei welchen Steuern in der Bundesrepublik findet das Trennsystem Anwendung, welche werden nach dem Verbundsystem erhoben?
8. Was sind die Bemessungsrundlagen (a) für den Umsatzsteuervorwegausgleich und (b) für den Länderfinanzausgleich im engeren Sinne?
9. „Die Einwohnerveredelung beim Länderfinanzausgleich sollte abgeschafft werden." Welche Gründe lassen sich dafür und dagegen anbringen? Für welche Bundesländer könnte diese Regelung vernünftig sein?

10. Die Sonderbedarfsergänzungszuweisungen an die Länder Bremen und Saarland zur Sanierung ihres Haushalts sind zweckgebunden zur Schuldentilgung zu verwenden. Wie beurteilen Sie als Ökonom zweckgebundene Zuweisungen?

Aufgaben

1. Auszüge aus dem Finanzausgleichsgesetz (FAG):
§ 2 (1) Der Länderanteil an der Umsatzsteuer wird zu 75 vom Hundert im Verhältnis der Einwohnerzahl der Länder und zu 25 vom Hundert nach den Vorschriften des Absatzes 2 verteilt." (2) ¹Die Länder, deren Einnahmen aus der Einkommensteuer, der Körperschaftsteuer, der Gewerbesteuerumlage und aus den nach §7 Abs. 1 ermittelten Landessteuern je Einwohner unter 92 vom Hundert des Länderdurchschnitts liegen, erhalten aus dem Länderanteil an der Umsatzsteuer Ergänzungsanteile in Höhe der Beträge, die an 92 vom Hundert des Länderdurchschnitts fehlen. ²Der restliche Länderanteil an der Umsatzsteuer wird nach dem Verhältnis der Einwohnerzahlen der Länder verteilt. ³Betragen die Ergänzungsanteile nach Satz 1 insgesamt mehr als ein Viertel des Gesamtanteils an der Umsatzsteuer, so sind die Ergänzungsanteile entsprechend herabzusetzen.

Die Bundesrepublik Deutschland bestehe nur aus den Ländern A, B, C und D mit den in der folgenden Tabelle zusammengestellten Daten. Das gesamte Umsatzsteuer-Aufkommen der Länder beträgt 50 Mrd. €.

Land	Ländereinnahmen gemäß §2, Abs. 2 Satz 1 FAG [Mrd. €]	Einwohnerzahl [Mio.]
A	37	10
B	43	10
C	110	20
D	210	40

(a) Berechnen Sie die Umsatzsteuer-Anteile der vier Länder.
(b) Warum bewirken die oben zitierten Vorschriften eine horizontale Angleichung der Steuereinnahmen, verglichen mit einer Verteilung der Steuereinnahmen, die sich an der örtlichen Verteilung der Bemessungsgrundlage orientiert?[5]

Lösungshinweis:
a) Die Anwendung der Vorschriften führt zu folgender Verteilung (in Mio. €):

Land	Länderanteile (Abs. 1)	Ergänzungsanteile (Abs. 2, Satz 1)	Restverteilung (Abs. 2, Satz 2)	Summe
A	4.687,5	9.000	62,5	13.750
B	4.687,5	3.000	62,5	7.750
C	9.375	–	125	9.500
D	18.750	–	250	19.000
Summe	37.500	12.000	500	50.000

b) Mit einem Blick auf die Lösungstabelle zu Aufgabenteil a) erkennt man sofort den nivellierenden Effekt des Umsatzsteuervorwegausgleichs. Zudem streut die Bevölkerung im Raum wesentlich gleicher als die Konsumausgaben, was zu einem (indirekten) Nivellierungseffekt führt. Würde man die Verteilung der Umsatzsteuer am örtlichen (Pro-Kopf)Verbrauch bemessen, bestünden teilweise erhebliche Dis-

---

[5] In Anlehnung an Gaube, Th., Nöhrbaß, K.-H. und R. Schwager (1996): Arbeitsbuch Finanzwissenschaft, Heidelberg: Physica, S. 210 ff.

krepanzen, verursacht beispielsweise durch überregionale Versandhäuser etc. Durch die einwohnerbezogene Verteilung werden Länder mit niedrigem Pro-Kopf Konsum relativ zu denen mit höherem Konsum je Einwohner besser gestellt.

2. „Das gesamte Finanzausgleichssystem fördert Ineffizienzen und Ungerechtigkeiten in allen Bereichen der gesamten Bundesrepublik." Nehmen Sie Stellung zu dieser These.

Lösungshinweis:
Auf Geberseite reduziert die hohe Abschöpfungsquote den Anreiz, durch wirtschaftspolitische Maßnahmen steuerkräftige Unternehmen ins Land zu locken. Mit der Anwerbung solcher Unternehmen sind im allgemeinen Aufwendungen verbunden, die über zukünftig höhere Steuereinnahmen und zusätzliche Arbeitsplätze letztlich auch die Wiederwahl der Politiker sichern sollen. Da von jedem zusätzlichen Euro sehr hohe Abführungen an die Kommunen und vor allem an die anderen Bundesländer verbunden sind, sieht das Nutzen-Kosten-Verhältnis häufig negativ aus. Das Land erzielt ohne die Steuereinnahmen eines sich neu ansiedelnden Großunternehmens ein ähnlich hohes Gesamtsteueraufkommen nach Finanzausgleich wie mit diesem Unternehmen.

Auch auf der Nehmerseite bestehen nur wenige Anreize, durch aktive Wirtschaftspolitik die Unternehmensansiedlung in den eigenen Grenzen zu fördern. Zusätzliche Steuereinnahmen erhöhen die eigene Finanzkraft und reduzieren zugleich den Ausgleichsanspruch. Bei hohen Abschöpfungsquoten verbessert sich die Landessituation kaum, insbesondere wenn die Aufwendungen für die Gewerbeansiedlungen als Kosten gegengerechnet werden.

Darüber hinaus sinkt die gesamte Steuermoral in der Bundesrepublik. Zu einem effektiven Vollzug der Steuergesetze gehört auch die Bekämpfung der Steuerhinterziehung. Jedoch hat diese für ein Land (fast) nur Nachteile: Zusätzliche Steuergelder fließen zu großen Teilen über das Finanzausgleichssystem aus den finanzstarken Ländern heraus und kommen weder der dortigen Bevölkerung noch den Unternehmen zu Gute. Außerdem können Unternehmen mit Abwanderung drohen, falls weiterhin im Gegensatz zu anderen Ländern Steuerhinterziehung massiv bekämpft wird. Dies hätte etwa Arbeitsplatzverluste etc. zur Folge und gefährdet die Wiederwahl der Landesregierung. Bei finanzschwachen Ländern stellt sich ähnliches ein: Dort reduzieren eigene Anstrengungen zur Bekämpfung der Steuerhinterziehung die Zuweisungen aus dem Ausgleichssystem und Unternehmen können mit Abwanderung in weniger „scharfe" Länder drohen. In beiden Fällen stellt sich die Nichtbekämpfung der Steuerhinterziehung als dominante Strategie heraus. Wohlinformierte Private können diese Strategie durchschauen und ihre Strategie an die Rahmendaten anpassen, so dass die Steuermoral in der gesamten Bundesrepublik als Folge des Finanzausgleichsystems sinkt.

3. Eine Kommune erzielt ein Gewerbesteueraufkommen in Höhe von 25 Mio. €. Der gemeindliche Hebesatz der Gewerbesteuer betrage 350%. (a) Wieviel muss sie über die Gewerbesteuerumlage an den Bund und die Länder im Jahr 2002 abführen? (b) Dem Stadtkämmerer ist der abzuführende Betrag zu hoch. Da die Kommune über ein ausreichendes Aufkommen aus der Einkommen-, der Umsatz- und der Grundsteuer verfügt und Unternehmungen in die Gemeinde locken möchte,

schlägt er dem Gemeinderat vor, den Hebesatz auf null abzusenken, um die lästige Gewerbesteuerumlage einzusparen. Was halten Sie von diesem Vorschlag? (c) In Anlehnung an (b): Welchen Hebesatz wird der Kämmerer nach der Gemeinderatssitzung auf alle Fälle beibehalten wollen?
Lösungshinweis:
(a) Es ergibt sich ein Grundbetrag (Gewerbesteueraufkommen dividiert durch Hebesatz (Steuermessbetrag)) in Höhe von 7.142.857,14 €, was bei einer Umlage von 102 Punkten zu einer Gewerbesteuerabführung von 7.285.714,28 € führt. Davon erhält der Bund 2.142.857,14 €, und die Länder insgesamt 5.142.857,14 €. Für die betrachtete Kommune errechnet sich eine effektive Gewerbesteuerumlagequote von 29,1 %, das heißt, fast dreißig Prozent des Gewerbesteueraufkommens muss an Bund und Länder abgeführt werden. (b) Auch wenn der Stadtkämmerer den kommunalen Hebesatz auf null absenkt, bleibt die Gewerbesteuerumlage in voller Höhe von 7.285.714,28 € bestehen. Die Kommune verfügt de facto über ein Gewerbesteueraufkommen von Null. Sie alleine ist aber dafür verantwortlich, denn sie hätte ja – wie es der Steuermessbetrag (=Grundbetrag) in Höhe 7.142.857,14 € zeigt, ein Gewerbesteueraufkommen erzielen können. Die Gewerbesteuerumlage muss aus anderen Einnahmen der Stadt finanziert werden. (c) Der Kämmerer wird nach der Gemeinderatssitzung, bei der er die **Hebesatzneutralität** der Gewerbesteuerumlage kennen gelernt hat, dafür plädieren, mindestens die Gewerbesteuerumlage aus der Gewerbesteuer finanzieren zu lassen, so dass er einen Mindesthebesatz von 102 % im Jahre 2002 festlegen wird.

4. Mit dem Verfassungsgerichtsurteil vom 11.11.1999 wurde der Politik genau vorgeschrieben, dass bis zum 31.12.2002 ein objektives Maßstäbegesetz zur verabschieden ist, auf dessen Basis bis zum 31.12.2004 ein neues Finanzausgleichsgesetz geschaffen werden muss. Gelingt dies nicht, wird die bisherige Gesetzeslage zum 1.1.2005 außer Kraft gesetzt. Beschreiben und erläutern Sie, ob Sie diese rechtliche Vorschrift grundsätzlich für konsensfördernd oder eher für konsensschädlich halten.
Lösungshinweis:
Grundsätzlich lassen sich zwei Gruppen innerhalb der Bundesländer unterscheiden: Diejenigen, die mit der bisherigen Regelung zufrieden sind und diejenigen, die sie möglichst schnell reformieren möchten. Zu letzteren gehören die Klägerländer Baden-Württemberg, Bayern und Hessen, zu ersteren vor allem die strukturell finanzschwachen neuen Länder. Eine Lösung könnte darin bestehen, dass kein Konsens zwischen den beiden Gruppen zustande kommt. Dann würden die bisherigen Regelungen zum 1.1.2005 wegfallen und jedes Land könnte seine Steuereinnahmen nach den jeweiligen individuellen Präferenzen verausgaben, ohne Ausgleichsmaßnahmen finanzieren zu müssen. An einer solchen Situation haben die finanzschwachen Länder selbstverständlich keine Interesse. Um diesen für sie worst-case zu vermeiden, werden Sie zu Zugeständnissen bereit sein. Insofern profitieren die Geberländer von der Verfassungsrechtsprechung. Es lässt sich festhalten, dass das Verfassungsgerichtsurteil den Geberländern einen Anreiz bietet, eine Totalverweigerungsrolle einzunehmen.
Warum haben sie diesen ökonomischen Anreiz nicht in die Tat umgesetzt? Mit der Schaffung der Bundesrepublik als föderalem Bundesstaat und insbesondere der

Wiedervereinigung hat man sich klar zu den Vorteilen dieser Staatsform bekannt. Diesen grundsätzlichen Konsens kann man 15 Jahre später nicht völlig in Frage stellen. Aus Fairnessgründen konnten die Geberländer nicht die Karte der Totalverweigerung spielen. Sicherlich hätte auch der Bund ein solches Verhalten verhindert. Im Zusammenhang mit der Neugestaltung des Finanzausgleichs zeigt sich also, dass trotz eindeutiger incentives eigennütziges Verhalten der Länder hinter Fairnessvorstellungen zurücktreten kann.

Literatur

Huber, B. und K. Lichtblau (2000): Ein neuer Finanzausgleich, Reformoption nach dem Verfassungsgerichtsurteil, Köln (Institut der deutschen Wirtschaft).

Sachverständigenrat zur Begutachtung der gesamtwirtschaftlichen Entwicklung (2001): Für Stetigkeit – Gegen Aktionismus, Stuttgart: Schaeffer & Poeschel.

Zimmermann, H. (1999): Kommunalfinanzen. Eine Einführung in die finanzwissenschaftliche Analyse der kommunalen Finanzwirtschaft, Baden Baden: Nomos.

Zimmermann, H. und Henke, K.-D. (2001), Finanzwissenschaft. Eine Einführung in die Lehre von der öffentlichen Finanzwirtschaft, 8., völlig überarbeitete Auflage, München: Vahlen.

Kapitel XIV: Verteilungsnormen im System der Sozialen Sicherung der Bundesrepublik

Die Ausgaben für die soziale Sicherung dominieren die Tätigkeit des Fiskus in der Bundesrepublik. Allein der Haushalt der gesetzliche Sozialversicherung ist fast doppelt so groß wie der des Bundes (vgl. Tab. XIV.1 und Tab. II.5). Entscheidend für die Maßnahmen der sozialen Sicherung sind verteilungspolitische Ziele. Effizienzaspekte spielen eine untergeordnete Rolle. Die Verteilungsziele sollen in diesem Kapitel deutlich gemacht werden. Das fällt nicht leicht und ist auch nur unvollkommen möglich, weil es eine Vielzahl von Einzelregelungen gibt und häufig genaue Begründungen des Gesetzgebers fehlen.

Alle sozialpolitischen Regelungen müssen sich an Art. 3 GG ausrichten, der die grundlegende Verteilungsnorm vorgibt. Darauf greift auch die Definition von sozialer Gerechtigkeit des Sozialgesetzbuches zurück: „Das Recht des Sozialgesetzbuchs soll zur Verwirklichung sozialer Gerechtigkeit und sozialer Sicherheit Sozialleistungen einschließlich sozialer und erzieherischer Hilfen gestalten. Es soll dazu beitragen, ein menschenwürdiges Dasein zu sichern, gleiche Voraussetzungen für die freie Entfaltung der Persönlichkeit, insbesondere auch für junge Menschen, zu schaffen, die Familie zu schützen und zu fördern, den Erwerb des Lebensunterhalts durch eine frei gewählte Tätigkeit zu ermöglichen und besondere Belastungen des Lebens, auch durch Hilfe zur Selbsthilfe, abzuwenden oder auszugleichen." (§ 1 Abs. 1 SGB I).

1. Sozialhilfe und andere Transferleistungen

Die **Sozialhilfe** soll einen Mindestlebensstandard sichern. Ihre Aufgabe ist es, „... dem Empfänger der Hilfe die Führung eines Lebens zu ermöglichen, das der Würde des Menschen entspricht." (§ 1 Abs. 2 Bundessozialhilfegesetz in Verbindung mit Art. 1 Abs. 1 GG). Wer in Not gerät, soll dennoch ein menschenwürdiges Leben führen können. Es spielt grundsätzlich keine Rolle, ob die Notlage selbst verursacht worden ist oder nicht. Die „Hilfe zum Lebensunterhalt" sieht für den Haushaltsvorstand im Kalenderjahr 2002 einen bundesdurchschnittlichen Regelsatz von 284 € vor. Die Ehepartner erhalten 80% des Regelsatzes und die Kinder je nach Altersklasse zwischen 50 % und 90 % dieses Betrags. Damit jeder Empfängerhaushalt gleichermaßen über Unterstützung in genau diesem Umfang verfügt, werden die eigenen (Rest-) Einkommen des Haushalts nahezu voll angerechnet. Die Festlegung relativ einheitlicher Sätze, die sich am Existenzminimum eines abstrakten Durchschnittsmenschen ausrichten, bereitet nicht unerhebliche Probleme. Zu hohe Zuweisungen ermöglichen „Luxus" und lösen negative Anreizeffekte aus. Zu niedrige Beträge erlauben kein menschenwürdiges Leben. Die genaue Festlegung ist überaus schwierig.

	Beitragseinnahmen (inkl. sonstige Einnahmen), Bundeszuschüsse (2000)	Gesamtausgaben (2000)
Rentenversicherung	164,8 Mrd. €, 49,9 Mrd. €[1]	214,0 Mrd. €
Arbeitslosenversicherung	49,6 Mrd. €, 0,9 Mrd. €[2]	50,5 Mrd. €
Krankenversicherung	133,8 Mrd. €[3]	133,8 Mrd. €[4]
Pflegeversicherung	16,6 Mrd. €[5]	16,7 Mrd. €[6]
Unfallversicherung	1,4 Mrd. €[7]	1,4 Mrd. €
Summe	417 Mrd. €	416,4 Mrd. €

Tab. XIV.1 Einnahmen und Ausgaben der gesetzlichen Sozialversicherungsträger. *Quellen*: Verband deutscher Rentenversicherungsträger (VDR) (http://www.vdr.de/), Geschäftsbericht der Bundesanstalt für Arbeit (http://www.arbeitsamt.de/), Statistisches Taschenbuch Gesundheit, Zur Finanzentwicklung der Sozialen Pflegeversicherung (http://www.bmgesundheit.de/themen/pflege/finanz/ergebnisse.htm), Geschäfts- und Rechnungsergebnisse 2000 des Bundesverbandes der Unfallversicherungen (http://www.unfallkassen.de/index2.html).

---

[1] Die Einnahmen übersteigen im Kalenderjahr 2000 die Ausgaben der Rentenversicherungsträger. Eine Begründung wird leider nicht angegeben.
[2] Hier werden alle Einnahmen der Bundesanstalt für Arbeit aufgeführt. Neben den Beitragseinnahmen, die ca. 93,5% der Gesamteinnahmen ausmachen, fallen noch Einnahmen aus der Wintergeldumlage, der Umlage für das Insolvenzgeld, Einnahmen aus dem Europäischen Sozialfonds (ESF), Verwaltungskostenerstattungen sowie sonstige Einnahmen an. Vgl. Geschäftsbericht der Bundesanstalt für Arbeit für das Geschäftsjahr 2000, S. 97ff.
[3] Einnahmen aus dem Risikostrukturausgleich sind nicht aufgeführt.
[4] Ausgaben im Rahmen des Risikostrukturausgleichs sind nicht aufgeführt.
[5] Neben den Beitragseinnahmen, die 98,6% der Gesamteinnahmen ausmachen, weist die Pflegeversicherung noch geringe sonstige Einnahmen auf.
[6] Die Pflegeversicherung schloss das Kalenderjahr 2000 mit einem Defizit von 102,3 Mio. € ab, das aus stillgelegten Überschüssen der Vorperioden gedeckt werden konnte.
[7] Der Ausgleich von Einnahmen und Ausgaben wird über die Beitragsanpassung immer erreicht – streng genommen aber erst mit einer Periode Verzögerung.

Über die Gewährung der Regelsätze hinaus werden besondere einmalige Leistungen wie Winterjacke, Bett, Kleiderschrank etc. nach vorheriger Prüfung durch das Sozialamt gewährt („Hilfe in besonderen Lebenslagen").
Neben der Sozialhilfe sind als wichtige Transferleistungen das Wohngeld, das Kindergeld, Ausbildungsbeihilfen und Förderungen des Sparens zu nennen. Die **Wohngeldzahlungen** nach dem Wohngeldgesetz (WoGG) stellen sicher, dass Bürger trotz unzureichender eigener Einkünfte einen minimalen Wohnstandard erreichen können. Bedingung für den Wohngeldbezug ist, dass die monatlichen Mietzahlungen die wirtschaftliche Leistungsfähigkeit der Haushalte übersteigen. Die Zuschüsse sind zunächst an die Höhe des Gesamteinkommens vor Steuer gekoppelt. Die Förderung der Haushalte soll nur gemäß eines angemessenen Bedarfs erfolgen (Mindestsicherung). Der effektive Förderbetrag ergibt sich dann aus dem tatsächlichen Gesamteinkommen (welches unter einer Maximalgrenze liegen muss) und der tatsächlichen Belastung des Mieters bzw. Eigentümers (die maximal bis zu einer vorgegebenen Mietgrenze berücksichtigt wird). Wohngeldzahlungen erfolgen unabhängig davon, ob Wohngeldempfänger zur Miete oder in Eigentumswohnungen bzw. in eigenen Häusern wohnen. Darüber hinaus wird die Anzahl der im Haushalt lebenden Menschen bei der Wohngeldbemessung berücksichtigt.
Für die **Förderung von Familien** ist das Kindergeld von zentraler Bedeutung. Die Regelung ist mit der Einkommensteuer verknüpft. Nach dem Einkommensteuergesetz sind Einkommen der Eltern in Höhe des Existenzminimums und bestimmter pauschalierter Betreuungs- und Ausbildungskosten der Kinder von der Steuer freigestellt. Es wird angenommen, dass diese Einkommensteile keine steuerliche Leistungsfähigkeit der Eltern begründen, weil sie für Unterhalt und Ausbildung der Kinder notwendig sind. Diese Regelung ist Ausdruck des Prinzips der gerechten Besteuerung nach dem Leistungsfähigkeitsprinzip. Ihr liegt kein Fördermotiv zugrunde. Die Eltern sollen gerecht im Rahmen der progressiven Einkommensteuer besteuert werden. Durch die finanzielle Entlastung wird die Familie aber indirekt gefördert. Der Freibetrag bewirkt eine Steuerersparnis. Diese ist in einem gewissen Steuertarifbereich – bis zu einem kritischen Steuersatz - geringer als der Betrag des Kindergeldes. Der Fehlbetrag wird durch eine Gutschrift ausgeglichen. Dieser Aufstockungsteil dient ausdrücklich der Förderung der Familie. Für Eltern mit höherem Einkommen als dem kritischen Steuersatz

kommt nur das Prinzip der gerechten Besteuerung zum Tragen. Die Steuerersparnis übersteigt hier das Kindergeld. Dies entspricht der Gerechtigkeitslogik der progressiven Einkommensteuer: Weil zusätzliche Einkommen bei hohen Einkommen hoch besteuert werden, müssen auch Abzüge zu hohen Steuerminderungen führen. Stellt man auf die finanzielle Entlastung der Familien ab, so bewirkt die Kombination von Kinderfreibetrag und Kindergeld, dass alle Eltern die gleiche Mindestunterstützung (in Höhe des Kindergeldes) erhalten.

Familien werden außerdem in den ersten Jahren der Kindererziehung gefördert. Dies geschieht zum einen durch Erziehungsgelder. Die erziehungsbedingte **Unterbrechung der Erwerbstätigkeit** in den ersten zwei Lebensjahren eines Kindes wird – wenn bestimmte Einkommensgrenzen nicht überschritten werden – durch den Bund unterstützt. In manchen Bundesländern wird darüber hinaus ein Landeserziehungsgeld gewährt. Zum anderen gelten Regelungen bezüglich der **Beschäftigung** der Eltern sowohl für die Zeit **vor** der Geburt von Kindern (Mutterschutz) als auch **nach** der Geburt (Elternzeit). Der Mutterschutz beinhaltet einen Kündigungsschutz, Beschränkungen der Beschäftigung, Fortzahlung des Lohns bei Beschäftigungseinschränkung, Mutterschaftsgeld als zusätzliche Förderung sowie ärztliche Leistungen. Während der Elternzeit gilt ebenfalls Kündigungsschutz sowie die Möglichkeit der Teilzeitbeschäftigung oder des Erziehungsurlaubs. Eine weitere Förderung stellt die Kinderkomponente bei der Eigenheimzulage dar. Familien, die eine Wohnung oder ein Haus bauen oder kaufen, werden durch eine Zulage zum normalen Kindergeld gefördert. Zusätzlich wird die Familie durch die beitragsfreie Mitversicherung von Geringverdienenden bei der gesetzlichen Kranken- und Pflegeversicherung gefördert. Grundsätzlich handelt es sich bei der Familienförderung um verteilungspolitisch motivierte Staatseingriffe, welche die besonderen Härten bei der Geburt und der Erziehung von Kindern im Sinne von Art. 6 Abs. 1 GG (Besonderer Schutz von Ehe und Familie) ausgleichen sollen.

Die Förderung der **Ausbildung** durch Beihilfen des Bundes lässt sich in drei Bereiche einteilen: (1) Berufsausbildungsbeihilfen (BAB, Träger ist die Bundesanstalt für Arbeit), (2) Schüler-BAföG und (3) Studierenden-BAföG. Bei den BAB wird ein Gesamtbedarf aus dem Lebensunterhalt, den sonstigen Aufwendungen der Ausbildung und den Fahrkosten unter Anrechnung der eigenen Ausbildungsvergütungen sowie des elterlichen Einkommens gewährt. Grundsätzlich werden höhere Bedarfssätze als bei der Sozialhilfe angewendet. Die monatlichen Regelbedarfssätze variieren von 192 € bis 443 €. Für die sonstigen Aufwendungen werden für die Arbeitskleidung 11 €, für Lernmittel 8 € sowie für die Kinderbetreuung 130 € zusätzlich ausbezahlt. Bei den Fahrkosten gilt der Grundsatz der Erstattung der Kosten für ÖPNV-Ausweise. Damit werden Berufsausbildungen möglich, die den Präferenzen der Auszubildenden entsprechen, weil beispielsweise auch ausbildungsorientierte Wohnsitzverlagerungen trotz geringer Ausbildungsvergütungen ohne finanzielle Lasten der Eltern möglich werden.

Beim „Schüler-BAFöG" werden in Abhängigkeit von einer vorherigen Berufsausbildung und unter Berücksichtigung des Tatbestandes, ob der/die Schüler/in bei den Eltern oder in einer eigenen Wohnung wohnt, die Leistungen vollständig als Zuschuss bezahlt. Der Regelfall eines Schülers an einer weiterführenden allgemeinbildenden Schule, Berufsfachschule, Fach- oder Fachoberschule ohne abgeschlossene Berufsausbildung wird nicht gefördert, wenn der Schüler noch bei den Eltern wohnt. Ansonsten variieren die Zuschussbeträge für noch bei den Eltern wohnende Schüler von 247 € bis 409 € sowie bei nicht mehr bei den Eltern wohnenden Schülern von 467 € bis 562 €. Von den genannten Höchstsätzen werden in Abhängigkeit des eigenen Einkommens und Vermögens sowie desjenigen der Eltern Abschläge vorgenommen. Außerdem werden der Familienstand sowie die Kinderzahl berücksichtigt.

BAFöG-Bedarfssätze für Studierende werden in der Regel zur Hälfte als Zuschuss und zur anderen Hälfte als unverzinsliches Darlehen gewährt. Der Regelsatz für bei den Eltern wohnende Studierende beträgt 432 €. Für nicht mehr bei den Eltern wohnende Studierende werden 585 € gewährt. Auch hier gilt für die Bemessung der tatsächlichen BAFöG-Leistungshöhe der Grundsatz der Anrechnung von eigenem Einkommen und Vermögen sowie desjenigen der Eltern. Verheiratete Studierende sowie solche mit Kindern erhalten zusätzliche Leistungen. Beide BAFöG-Leistungen sowie die BAB sollen sicherstellen, dass auch Schüler aus einkommensschwachen Familien die Möglichkeit besitzen, sich weiterzubilden. Staatliche Fördermaßnahmen zielen auf die Verwirklichung von Chancengleichheit bei der Aus- und Weiterbildung ab.

Die **Förderung der Vermögensbildung** bei Arbeitnehmern durch den Bund erfolgt auf unterschiedliche Weise.[8] Arbeitnehmer können durch ihren Arbeitgeber Teile von Lohn und Gehalt oder auch zusätzliche, tarifvertraglich vereinbarte vermögenswirksame Leistungen in bestimmte Anlageformen einzahlen lassen. Diese Anlageformen (Bausparverträge, bestimmte Beteiligungen) werden durch den Staat gefördert. Er zahlt den Arbeitnehmern eine begrenzte Sparzulage, wenn bestimmte Einkommensgrenzen nicht überschritten werden. Außerdem wird Arbeitnehmern eine Steuer- und Beitragsbefreiung für Einkünfte aus Beteiligungen am Unternehmen des Arbeitgebers eingeräumt. Die Einkünfte gelten zwar als Arbeitslohn, werden aber durch § 19a des EStG in einem bestimmten Rahmen steuerfrei gestellt. Mit der „Riester-Rente" besteht ab 1. Januar 2002 außerdem die Möglichkeit des Aufbaus eines staatlich geförderten privaten Kapitalstocks zur Alterssicherung.

Die Aufzählung der Transfers erhebt keinen Anspruch auf Vollständigkeit. Es ließen sich leicht weitere Leistungen nennen. Deutlich wurde aber, dass der Staat in der Bundesrepublik in mannigfaltiger Weise Transferpolitik mit dem Ziel der Umverteilung betreibt. Die wichtigsten **verteilungspolitischen Vorstellungen** sind dabei:

(1) Allen Menschen soll ein Lebensstandard ermöglicht werden, der ein menschenwürdiges Leben sichert. Dieser Schutz gilt auch bei selbstverschuldeter und selbstgewählter Erwerbslosigkeit. Für liberale Ökonomen geht diese Regelung zu weit. Sie befürchten, dass selbstverursachte Arbeitslosigkeit gefördert wird.

(2) Hinsichtlich der Förderung der Familie steht die Bedeutung der Kinder für die Gesellschaft im Vordergrund. Die Familie hat verschiedene wichtige Funktionen, die der Fiskus aus gesellschaftlichen Gründen unterstützen kann: (a) Die Reproduktionsfunktion stellt auf die Anzahl von Kindern ab. Damit Staat und Gesellschaft auf Dauer fortbestehen können, muss sich die Bevölkerung laufend regenerieren. Ein (drastischer) Bevölkerungsrückgang sollte deshalb vermieden werden. Eine eindeutige Vorschrift, ab welcher Fertilitätsrate oder bei welcher Bevölkerungszahl staatliche Familienförderung angezeigt erscheint, lässt sich nicht angeben. (b) Die Sozialisations-

---

[8] Neben diesen Förderungsformen können Arbeitnehmer auch andere Maßnahmen in Anspruch nehmen, etwa die Eigenheimzulage und die Steuerfreiheit von Kapitalerträgen aus Lebensversicherungen.

funktion verlangt von den Eltern, ihre Kinder zu erziehen, auszubilden und sie in die Lage zu versetzen, eigenständige Gesellschaftsmitglieder zu werden. Sozialisation zielt in erster Linie auf die qualitative Ausstattung der Kinder mit Humankapital ab. Dieses umfasst nicht nur fachspezifisches Wissen, sondern auch das Wissen um die Bedeutung gesellschaftlicher Normen und Konventionen. Staatliche Familienförderung kann hier subsidiär eingreifen. Sowohl bei der Reproduktions- als auch bei der Sozialisationsfunktion richtet sich staatliches Handeln an einer intratemporalen Gerechtigkeitsvorstellung aus. Heutige Lasten, die Familien mit Kindern tragen, sollen über staatliche Leistungen zumindest teilweise kompensiert und von den Bürgern ohne Kinder finanziert werden. (c) Intertemporale Gerechtigkeitsaspekte spielen bei der Solidaritätssicherungsfunktion eine Rolle. Solidarität bedeutet, dass die heutigen und die zukünftigen erwerbstätigen Generationen ein Zusammengehörigkeitsgefühl empfinden und füreinander einstehen wollen. Ohne jungen, leistungsstarken Nachwuchs kann soziale Sicherung dauerhaft nicht praktiziert werden. Am besten verdeutlichen lässt sich dieser Aspekt anhand des „Generationenvertrages" bei der Altersversorgung. Ein für alle Betroffenen als gerecht empfundenes Beitrags-Leistungspaket lässt sich nachhaltig nur bei einem einigermaßen konstanten Verhältnis von Jungen zu Alten in der Bevölkerung umsetzen. Fehlt der Nachwuchs, so werden entweder die heute Beitragspflichtigen oder die heutigen Rentner benachteiligt. Die Solidaritätssicherungsfunktion kann dauerhaft nur erfüllt werden, wenn sowohl über die Reproduktionsfunktion als auch über die Sozialisationsfunktion Kinder in ausreichender Quantität und Qualität zur Verfügung stehen.
(3) Allen Menschen sollen gleiche Chancen eingeräumt werden, sich in der Gesellschaft nach ihren Fähigkeiten frei zu entfalten. Die soziale Lage der Eltern soll kein Hemmnis für den Zugang zu einer zeitgemäßen Ausbildung sein. Die Beträge der Ausbildungsförderung bieten den Auszubildenden dafür genügend materielle Chancen.
(4) Sowohl durch die Förderung der Vermögensbildung bei den unteren und mittleren Einkommensschichten als auch durch Einkommensgrenzen bei anderen Reglungen und durch degressive Staffelung von Förderbeträgen leistet die soziale Sicherung - über die Mindestsicherungen hinaus - einen Beitrag zu Verminderung der interpersonalen Einkommens- und Vermögensunterschiede. Welche Gerechtigkeitsvorstellung dieser Umverteilungs-

politik zugrunde liegt, ist unklar. Als allgemeines Ziel wird die Sicherung des sozialen Friedens genannt. Im Sinne von Hobbes ließe sich dies interpretieren als Verhinderung gesellschaftlicher Unruhen (vgl. Kap. V). Man könnte auch auf eine Begründung nach Rawls zurückgreifen. Weniger Ungleichheit der Einkommen, als sie mit dem Markt verbunden ist, mag im Sinne des Differenzprinzips als erwünscht gelten: Durch moderate Umverteilung würden Wirtschaftswachstum und Beschäftigung nicht leiden, so dass die Position der Geförderten tatsächlich verbessert werden kann, ohne wesentliche Nachteile für die oberen Einkommensschichten in Kauf zu nehmen.

2. Die gesetzliche Sozialversicherung

Das Sozialversicherungssystem schützt Individuen gegen die wichtigsten Grundrisiken des Lebens: Krankheit, Unfall, Invalidität, Erwerbslosigkeit im Alter, Pflegebedürftigkeit, Mutterschaft und Arbeitslosigkeit. Diese Risiken ließen sich meist auch durch private Versicherungen erfassen. Bei diesen erfolgt der Abschluss eines Versicherungsvertrages freiwillig (Individualprinzip). Die Beiträge bemessen sich nach den individuellen Risiken der Versicherungsnachfrager (Äquivalenzprinzip). Besonders krankheitsgefährdete Menschen (vor allem chronisch Kranke, Behinderte und Alte) zahlen höhere Prämien als gesunde Menschen. Leistungen (Beiträge) und Gegenleistungen (Versicherungsschutz) sollen sich dem Betrage nach entsprechen. Die von den Versicherungsnehmern zu zahlenden Prämien können deshalb stark differieren. Manche Menschen müssten ihren Lebensstandard deutlich einschränken, um die Prämien zahlen zu können, andere müssten eventuell überhaupt auf Versicherungsschutz verzichten. Dagegen ist das gesetzliche System nach einem Sozialprinzip ausgestaltet. Jedem Bürger soll eine Mindestsicherung gewährt werden, die für alle finanzierbar ist. Die zentralen Elemente dieser Norm sind:

(1) Die Prämien bemessen sich nicht nach den erwarteten Individualschäden, sondern nach dem damit weitgehend unkorrelierten Indikator „Bruttoeinkommen". Bei gleichen Risiken führen unterschiedliche Einkommen zu unterschiedlichen Beitragszahlungen, unterschiedliche Risiken bei gleichen Einkommen dagegen zu gleichen Prämien. Chronisch Kranke unterscheiden sich also beitragsmäßig nicht von Gesunden mit gleichem Einkommen.

Darüber hinaus kann ihnen der Versicherungsschutz nicht verwehrt werden (sogenannter **Kontrahierungszwang**).

(2) Es besteht Versicherungszwang für Arbeitnehmer bis zu bestimmten Höchsteinkommen (die Beitragsbemessungsgrenzen). Damit sozial vertretbare Prämien erhoben werden können, ist es unumgänglich, möglichst viele Menschen an das System zu binden (Verhinderung von adverser Selektion). Ansonsten wäre ein Risikoausgleich zwischen guten und schlechten Risiken über eine große Gruppe (Risk-Pooling) nicht möglich. Durch die guten Risiken werden Prämien für alle Versicherten möglich, die unter denen liegen, welche die schlechten Risiken bei Orientierung an Erwartungsschäden bezahlen müssten. Zwischen diesen Risikogruppen erfolgt eine Umverteilung. Die guten Risiken helfen solidarisch den schlechten Risiken.

(3) Wer ein Einkommen oberhalb der Beitragsmessungsgrenze bezieht, kann sich privat versichern oder kann freiwillig in der gesetzlichen Versicherung bleiben. Selbständige und „Freiberufler" können wählen, ob sie sich dem System freiwillig anschließen oder Individualverträge abschließen. Gerechtfertigt werden die Beitragsbemessungsgrenzen damit, dass die gesetzliche Versicherung nur einen Mindestschutz gegen Risiken zu sozial vertretbaren Beiträgen gewährleisten soll. Für Höherverdienende wird unterstellt, dass sie sich private Versicherungen „leisten" können und sie zur Optimierung ihres individuellen Risikoschutzes auch den Wunsch dazu haben. Die Idee der Konsumentensouveränität schlägt hier durch. Für weniger gut verdienende Arbeitnehmer vermutet der Gesetzgeber außerdem, dass sie dazu tendieren, persönliche Zukunftsrisiken zu unterschätzen und sie „deshalb zu ihrem Glück gezwungen werden müssen" (Meritorik). Wer freiwillig in der gesetzlichen Versicherung bleibt, wenn sein Einkommen die Beitragsbemessungsgrenze übersteigt, zahlt auf die darüber hinausgehenden Einkommen keine Beiträge. Dadurch soll ein Anreiz geschaffen werden, in der gesetzlichen Versicherung zu bleiben.

(4) Die Beiträge werden zur Hälfte jeweils von den Arbeitnehmern und ihren Arbeitgebern aufgebracht. Diese Regelung stellt eine zentrale soziale Komponente des Systems dar. Sie ist nur bei gesetzlichem Zwang möglich. Bei privaten Versicherungen zahlt der Versicherte die ganze Prämie. Die Arbeitgeber können sich allerdings freiwillig bereit erklären, Teile der Beiträge zu übernehmen. Wegen der Konkurrenz der gesetzlichen Versicherung

um Arbeitnehmer, die nicht pflichtversichert sind, bleibt ihnen auch keine andere Wahl.

(5) Die Leistungen des Sozialversicherungssystems an den einzelnen werden nicht über einen individuell zu akkumulierenden Kapitalstock finanziert (**Kapitaldeckungsverfahren**), sondern über das allgemeine Beitragsaufkommen aller gleichzeitig sozialversicherungspflichtigen Beschäftigten (**Umlageverfahren**). Das Beitragsaufkommen wird in der gleichen Periode zur Finanzierung der Ausgaben verwendet. Insbesondere bei der gesetzlichen Rentenversicherung – aber auch bei der Arbeitslosenversicherung – tritt bei Defiziten der Bund auf den Plan und finanziert Leistungen über allgemeine Steuern. Damit wird die ganze Bevölkerung zur Finanzierung der Leistungen des Sozialversicherungssystems herangezogen.

> **Hintergrundinformation: Geschichte der gesetzlichen Sozialversicherung in Deutschland:**
> Die deutsche Sozialversicherung hat eine lange Tradition. Ihre Ursprünge liegen in der Mitte des 19. Jahrhunderts mit der im Jahr 1845 verabschiedeten Preußischen Gewerbeordnung und dem aus dem Jahr 1854 stammenden preußischen Reichsknappschaftsgesetz. Die Blütezeit der Sozialgesetzgebung lag in den letzten Jahren der Bismarck-Ära: 1883 wurde eine gesetzliche Krankenversicherung eingeführt, gefolgt von der gesetzlichen Unfallversicherung 1884 und der gesetzlichen Invaliditäts- und Alterssicherung 1889. Die soziale Entwicklung und politische Machtfaktoren haben zu diesen Reformen geführt. Die soziale Entwicklung im 19. Jahrhundert ließ mit der Auflösung der traditionellen Sicherungsgemeinschaft der Bauern und Handwerker die Arbeiterschaft entstehen, die auf Lohn angewiesen war, der bei Krankheit, Unfall und Erwerbsunfähigkeit im Alter und bei Invalidität wegfällt und deshalb Ersatz notwendig machte. Die tiefgreifenden sozialen Umwälzungen wurden von Kaiser und Kanzler als Bedrohung der konstitutionellen Monarchie angesehen. Entscheidendes machtpolitisches Motiv für die Reformen war deshalb, die Arbeiterschaft mit dem Staat zu versöhnen. Die Unternehmer befürworteten die Gesetze und ihren Finanzierungsanteil an den Beiträgen. Dabei hat die Angst vor Verstaatlichungen eine wesentliche Rolle gespielt.
> Kernelemente der Gesetze waren bereits der Versicherungszwang für bestimmte Arbeitnehmergruppen, Beitragsbemessungsgrenzen, das Umlageverfahren und die Mitfinanzierung der Beiträge durch Arbeitgeber und teilweise durch den Staat. Die wichtigsten Merkmale der gesetzlichen Invaliditäts- und Alterssicherung bestanden beispielsweise in folgendem: Versicherungspflichtig waren alle

Arbeiter nach vollendetem 16. Lebensjahr mit bis zu 2000 Mark Jahresverdienst. Arbeitgeber und Arbeitnehmer teilten sich die Beiträge hälftig. Das Deutsche Reich schoss einen bestimmten Betrag zur Finanzierung der Renten zu. Rentenansprüche erwuchsen den Versicherten auf zweierlei Weise: Bei Erwerbsunfähigkeit (Ein Arbeiter galt als erwerbsunfähig, wenn er nicht mehr als 16 % eines vergleichbaren Arbeiters verdienen konnte.), allerdings nur dann, wenn der Versicherte mindestens fünf Jahre lang Beiträge gezahlt hat (Wartefrist) oder wenn das siebzigste Lebensjahr vollendet wurde und mindestens dreißig Jahre lang Beiträge ins System abgeführt wurden („Altersrente"). Leistungsbezieher waren ausschließlich die Versicherten selbst, Witwen- und Waisenrenten gab es noch nicht. Die Rente sollte eine „Zubuße" zum verminderten Verdienst oder zu sonstigen Einkommen sein.

Erst 1927 wurde die gesetzliche Arbeitslosenversicherung eingeführt. Mit der Gründung der Bundesrepublik im Jahre 1949 wurden die einzelnen Systeme laufend den aktuellen Anforderungen angepasst. Durch die Reform von 1957 wurden die ehemals betraglich festen Renten „dynamisiert" und jährlich im Ausmaß der Bruttolohnsteigerung angepasst. Als fünfte und letzte Säule des Sozialversicherungssystems wurde 1995 die gesetzliche Pflegeversicherung eingeführt.

2.1 Die gesetzliche Rentenversicherung
2.1.1 Ausgestaltung

Die gesetzliche Rentenversicherung (GRV) ist vom Finanzvolumen her der größte Sozialversicherungszweig in der Bundesrepublik. Die Träger sind als selbstverwaltete Körperschaften des öffentlichen Rechts organisiert. Angestellte werden bei der Bundesversicherungsanstalt für Angestellte in Berlin versichert, Arbeiter bei den jeweiligen Landesversicherungsanstalten der Länder. Die knappschaftliche Rentenversicherung, die Rentenversicherung für Landwirte und die Alterssicherungssysteme der kammerfähigen freien Berufe versichern ihr jeweiliges Klientel. Versicherungspflichtig sind generell Arbeitnehmer, wenn sie mehr als geringfügig beschäftigt sind (sogenannte 325 €-Grenze pro Monat: Geringfügigkeitsgrenze). Der Beitragssatz liegt 2002 bei 19,1% des Bruttoentgelts. Die Beitragsbemessungsgrenze (BBG) bewirkt eine absolute Obergrenze der jährlichen Beitragsbelastung. Sobald abhängig Beschäftigte mehr als die BBG (ab 1.1.2002 in den alten Ländern 54.000 € pro Jahr/4.500 € pro Monat und in den neuen Ländern 45.000 € pro Jahr/3.750 € pro Monat) verdienen, bleibt der darüber hinausgehende Teil rentenversicherungsfrei. Die Beiträge bringen Arbeitnehmer und -geber jeweils zur Hälfte auf. Neben den Beitragseinnahmen kann die GRV auf Bundeszuschüsse zurückgreifen. Beispielsweise wurde die Erhöhung des Umsatzsteuernormalsatzes von 15 auf 16 % zum 1.4.1998 zur Stabilisierung des Rentenversicherungssystems durchgeführt. Auch das Aufkommen der seit dem 1.4.1999 in Kraft getretenen „Ökosteuer" wird nahezu ausschließlich für die Erhöhung des Bundeszuschusses zur Rentenversicherung verwendet.

Die Aufgaben der GRV sind vielfältig: (a) Erhaltung, Besserung und Wiederherstellung der Erwerbsfähigkeit der Versicherten, (b) Ersatz ausgefallener Erwerbseinkommen, (c) Zahlung von Hinterbliebenenrenten sowie (d) Zahlung von Erziehungsrenten. Neben diesen „originären" Aufgaben wurden im Zuge der deutschen Wiedervereinigung eine Fülle von Aufgaben auf die GRV übertragen, die von vielen Ökonomen als versicherungsfremd eingestuft werden. Hierunter fallen beispielsweise die Finanzierung von Kriegsfolgelasten und die Gewährung von Anrechnungszeiten und Altersrenten vor dem eigentlichen Renteneintritt. Die „versicherungsfremden Leistungen", die der Allgemeinheit zugute kommen, aber nur vom Versichertenkreis aufgebracht werden, belaufen sich in der Summe auf etwa 57,8 Mrd. €. Davon ist der Bundeszuschuss in Abzug zu bringen, der etwa 50 Mrd. € ausmacht (2000).

Die Leistungen der GRV – normale und vorgezogene Altersrenten, Erwerbsunfähigkeitsrenten und Hinterbliebenenrenten – bemessen sich nach der **„Rentenformel"**. Die Monatsrente ermittelt sich als Produkt von persönlichen Entgeltpunkten (EP), Rentenartfaktor (RAF) und aktuellem Rentenwert (AR):

(XIV.1) $\quad MR = EP \cdot ZF \cdot RAF \cdot AR$.

Die **individuellen Entgeltpunkte** (EP) errechnen sich, indem das Bruttoeinkommen eines Versicherten ins Verhältnis zum Durchschnittseinkommen aller Versicherten der Periode gesetzt wird. Verdient ein Arbeitnehmer genau das Durchschnittseinkommen, erwirbt er einen Entgeltpunkt. Die Entgeltpunkte werden über das gesamte Erwerbsleben aufsummiert und setzen sich zusammen aus der Summe der Entgeltpunkte für vollwertige Beitragszeiten, der Summe der Entgeltpunkte für beitragsfreie Zeiten und der Summe der Entgeltpunkte für beitragsgeminderte Zeiten. Gewichtet

2. Die gesetzliche Sozialversicherung

werden die EP mit dem **persönlichen Zugangsfaktor** (ZF), der einen Auf- bzw. Abschlagfaktor darstellt. Bei verzögertem Renteneintritt erhöht sich die monatliche Altersrente je Monat verzögertem Renteneintritt um 0,005 % (jährlich 6 %), bei vorzeitigem Renteneintritt werden für jeden Monat 0,003 % in Abzug gebracht (jährlich 3,6 %). Maximal kann der Renteneintritt um drei Jahre vorgezogen werden.

Der **Rentenartfaktor** (RAF) fungiert ebenfalls als Gewichtungsfaktor unterschiedlicher gesetzlich festgelegter Rentenarten. Für den „Regelrentenfall", die normale Altersrente, beträgt der Rentenartfaktor 1,0. Hinterbliebenenrenten wird der Faktor 0,55 („große Witwen- und Witwerrente") zugewiesen und Vollwaisenrenten (Halbwaisenrenten) erhalten den Faktor 0,2 (0,1).

Der **aktuelle Rentenwert** (AR) bewirkt eine Dynamisierung der Monatsrenten. Er schreibt Rentenansprüche der Anspruchsberechtigten rekursiv im Ausmaß des Anstiegs der Erwerbseinkünfte fort. Er beträgt im Kalenderjahr 2002 25,31406 € (alte Länder) bzw. 22,06224 € (neue Länder). Über den AR wird sichergestellt, dass die rentenpolitische Zielsetzung (beispielsweise eine „Eckrentenhöhe" von 70% bezogen auf den letzten Nettolohn) umgesetzt wird. Die Formel für den aktuellen Rentenwert im Jahre 2002 lautet:[9]

$$(XIV.2) \qquad AR_t = AR_{t-1} \cdot \frac{BE_{t-1}}{BE_{t-2}} \cdot \frac{1 - AVA_{t-1} - RVB_{t-1}}{1 - AVA_{t-2} - RVB_{t-2}}.$$

Dabei bezeichnet BE die durchschnittliche Bruttolohn- und -gehaltssumme aller beschäftigten Arbeitnehmer in der Volkswirtschaft. AVA steht für den Altersvorsorgeanteil und gibt den Anteil des staatlich geförderten Altersvorsorgesparens am durchschnittlichen Bruttoeinkommen an (kapitalgedeckte Altersvorsorge: „Riester-Rente"). Im Jahre 2002 beträgt er 1 % und steigt im zweijährigen Abstand um jeweils einen weiteren Prozentpunkt bis 2008 an, wo er seinen Maximalbetrag in Höhe von 4 % erreicht. RVB bezeichnet den Rentenversicherungsbeitragssatz und t das jeweilige Kalenderjahr. Im

---

[9] Sie gilt für die Jahre 2001 bis 2010. Ab 2010 reduziert sich der Basiswert von 1 auf 0,9.

Ergebnis richtet sich die jährliche Rentenanpassung an einem modifizierten Bruttoeinkommen aus: Man spricht vom „modifizierten Bruttoprinzip".[10]
Die erstmalige Höhe des aktuellen Rentenwertes wird unter Zugrundelegung eines politisch vorgegebenen Eckrentenniveaus festgelegt: Nach 45 Versicherungsjahren mit durchschnittlichem Entgelt (45 Entgeltpunkte) sowie einem Zugangsfaktor und einem Rentenartfaktor von eins soll sich beispielsweise eine monatliche Rente in Höhe von 70 % des letzten Nettolohnes ergeben. Daraus lässt sich anhand der Rentenformel eindeutig die notwendige Höhe des aktuellen Rentenwertes AR ermitteln, auf den sich zukünftige Fortschreibungen der Rentenleistungen beziehen. Das „Eckrentenniveau" in der gesetzlichen Rentenversicherung ermittelt sich wie folgt:

(XIV.3) Monatsrente = Summe aller Entgeltpunkte · Zugangsfaktor ·
· Rentenartfaktor · aktueller Rentenwert
= 45 Entgeltpunkte · 1,0 · 1,0 · 25,31406 € (alte Länder)
[22,06224 € (neue Länder)]
= 1.139,13 € (alte Länder) [992,80 € (neue Länder)].

Hintergrundinformation: Beamtenversorgung
Die Beamtenversorgung ist grundsätzlich anders geregelt als die gesetzliche Rentenversicherung. Sie wird ausschließlich aus Steuermitteln finanziert. Die aktiven Beamten beteiligen sich aber insofern an ihrer Alterversorgung, als sie Bruttolohnabschläge im Vergleich zu gleichqualifizierten Angestellten im öffentlichen Dienst in Kauf nehmen. Im Regelfall wird das Ruhegehalt mit Vollendung des 65. Lebensjahres gezahlt und beträgt maximal 75 % der ruhegehaltsfähigen Bezüge. Das Witwen- und Witwergeld beträgt 60 %, Halbwaisen erhalten 12 % und Vollwaisen 20 % des Ruhegehalts, das der Verstorbene erhalten hat oder erhalten hätte.

2.1.2 Verteilungsvorstellungen
Die Ausgestaltung der gesetzlichen Rentenversicherung richtet sich nach unterschiedlichen verteilungspolitischen Vorstellungen:

---

[10] In der jüngeren Vergangenheit ist wiederholt zwischen Brutto- und Nettolohnanpassung gewechselt worden: Bis zum RRG 1992 war das Bruttoeinkommen maßgeblich, von 1992 bis 1999 das Nettoeinkommen, danach wurde diskretionär verfahren und ab 2002 wird für die Fortschreibung ein modifiziertes Bruttoeinkommen zugrunde gelegt.

2. Die gesetzliche Sozialversicherung

- Ähnlich der Sozialhilfe soll allen Versicherten ein gewisses Mindesteinkommen im Alter zukommen. Dieser Norm entspricht insbesondere die „Rente nach Mindesteinkommen". Sie impliziert eine Umverteilung zwischen den Versicherten.
- Ein leistungsbezogene Komponente der Verteilung folgt aus dem Sachverhalt, dass der individuelle Rentenanspruch positiv von der Höhe der insgesamt im Erwerbsleben gezahlten Beiträge abhängt. Der Anspruch steigt mit zunehmender Versicherungsdauer und zunehmendem Einkommen an. Beides führt über die Erhöhung der periodischen Entgeltpunkte zu einem größeren Multiplikator bei der Rentenermittlung. Auch über den Zugangsfaktor wird die Dauer der Beschäftigung mit der Höhe des Renteneinkommens gekoppelt, wobei man hier eine Begünstigung der frühzeitig aus dem Erwerbsleben ausscheidenden Erwerbstätigen kritisieren mag.[11] Auf diese Weise wird die Rente des einzelnen an seinen Lebensstandard während der Erwerbszeit gekoppelt. Der Abschlag gegenüber dem früheren Nettolohn rechtfertigt sich sowohl durch die im Alter wegfallenden Beiträge zur gesetzlichen Sozialversicherung als auch durch die geringeren Bedürfnisse.
- Die gut verdienenden freiwilligen Mitglieder der GRV tragen mit ihrem relativ hohen Arbeitseinkommen zu einer Erhöhung der Rentenansprüche bei (über den aktuellen Rentenwert). Hierbei handelt es sich nicht um ein leistungsbezogenes Rentenelement. Die Mehrausgaben müssen durch einen höheren Beitragssatz der Erwerbstätigen oder durch höhere Bundeszuschüsse finanziert werden.
- Die Anrechnung beitragsfreier Zeiten für Ausbildung und Erziehung führt unter den Rentnern zu nicht leistungsbezogenen Einkommensdifferenzierungen. Die Anrechung von Ausbildungszeiten dient vor allem dem Ziel der Chancengleichheit. Durch die Anrechung der Erziehungszeiten soll ein Beitrag zur Stabilisierung des Rentenversicherungssystems geleistet werden. Ohne Kinder kann die Generationenabfolge nicht gesichert und das Umlagesystem nicht dauerhaft aufrecht erhalten werden. Im Grunde genommen setzt das System sogar eine ununterbrochene Generationenfolge voraus, in der die jeweils junge Generation entweder mindestens die gleiche Mächtigkeit wie die alte aufweist oder sie die geringere Bevölkerungshöhe über ei-

---

[11] Vgl. Börsch-Supan, Axel (2000): Was lehrt uns die Empirie in Sachen Rentenreform?, Perspektiven der Wirtschaftspolitik, Band 1, Heft 4, S. 431-451.

nen Anstieg der Verteilungsmasse pro Kopf (Bruttosozialprodukt) ausgleicht. Fehlen in dieser Generationenkette junge Beschäftigte, so können auch die einmal erworbenen Rentenansprüche nicht mehr über Beitragsleistungen junger Beschäftigter finanziert werden. Wenn der Staat in einer solchen Situation nicht interveniert, können erworbene Ansprüche nicht oder nicht in adäquatem Umfang befriedigt werden. Die Anrechnung von Erziehungszeiten kann somit als „Internalisierung" positiver Verbundeffekte verstanden werden (vgl. Kapitel VII).

- Die rein verteilungspolitisch motivierten Leistungen wie die Anrechnung von Kindererziehungszeiten sind systemfremde Komponenten in einem Renten**versicherungs**system. Die Versichertengemeinschaft, die nicht die gesamte Wohnbevölkerung in der Bundesrepublik umfasst, erbringt Leistungen auch für Nichtversicherte. Diese Leistungen werden als „versicherungsfremd" bezeichnet. Indem der Bund der GRV Mittel zur Finanzierung dieser Leistungen zukommen lässt, werden alle Steuerzahler zumindest teilweise an den Lasten beteiligt.

- Die Dynamisierung der Rente soll sicherstellen, dass sich die reale Einkommensposition der Rentner gegenüber den Erwerbstätigen im Wirtschaftswachstum und bei Inflation nicht verschlechtert. Ihr Lebensstandard und ihre Position in der interpersonalen Einkommensverteilung soll gesichert werden. Im Ausmaß der Lohnsteigerungen der Erwerbstätigen werden die Rentenzahlungen einmal jährlich prozentual und – in der Regel – automatisch angehoben. Private Versicherungen vermögen diese Leistungen nicht anzubieten. Es gibt auch keine privaten Rentenverträge, die das Inflationsrisiko abdecken.

- Der gesetzlichen Rentenversicherung liegt die Vorstellung zugrunde, Gerechtigkeit zwischen den aufeinanderfolgenden Generationen herzustellen. Idealtypisch soll für alle im Zeitablauf lebenden Arbeitnehmer – mit gleichen Strukturmerkmalen – das gleiche Verhältnis von Beitragssatz zu Rentensatz gelten, also beispielsweise für den Eckrentner 30% zu 70%. Diese Forderung läuft auf langfristige Konstanz von Beitrags- und Rentensatz hinaus. Bei Gründung des Umlagesystems wird allerdings die ältere Generation automatisch zum Nettoempfänger ohne jemals Beiträge geleistet zu haben. Damit der Generationenvertrag mit konstanten Sätzen funktioniert, müssen immer ausreichend junge Menschen die bestehenden Rentenansprü-

2. Die gesetzliche Sozialversicherung

che der Alten bedienen können. Wir wollen dies anhand der Budgetrestriktion der Rentenversicherungsträger verdeutlichen:

(XIV.4) $\quad BS \cdot DE \cdot BZahler + BZ = R \cdot DR.$

Auf der linken Einnahmenseite steht BS für den Beitragssatz, der auf das Durchschnittseinkommen DE angewendet wird und von BZahler Beitragzahlern (versicherungspflichtigen Beschäftigten) bezahlt wird. Zusätzlich erhalten die Rentenversicherungsträger einen Bundeszuschuss BZ zu ihrer Aufgabenbewältigung. Auf der rechten Ausgabenseite steht die Anzahl der Rentner R, die die Durchschnittsrente DR erhalten. Löst man Gleichung (XV.4) nach dem Beitragssatz BS auf, so ergibt sich:

(XIV.5) $\quad BS = \dfrac{R \cdot DR - BZ}{DE \cdot BZahler}.$

Steigt ceteris paribus das Durchschnittseinkommen, die Zahl der Beitragszahler oder der Bundeszuschuss, so ist der Beitragssatz zu senken. Nehmen diese Größen dagegen ab, so muss BS steigen. Erhöhen sich die Rentnerzahlen oder erhöht sich das Durchschnittsrentenniveau, so muss auch der Beitragssatz ansteigen. Nehmen diese Größen ab, so kann auch der Beitragssatz gesenkt werden. Auf der Einnahmenseite stehen die Belastungen der heute lebenden Beitragzahler, auf der Ausgabenseite die Tilgungen der impliziten Schuld über die Auszahlung von Rentenleistungen an die Anspruchsberechtigten. Zu steigenden Beitragszahlungen kann es sowohl aufgrund von Datenänderungen innerhalb der beitragszahlenden Generation (Abnahme des Durchschnittseinkommens, der Beitragzahler oder des Bundeszuschusses) als auch aufgrund veränderter Rahmendaten bei den Rentnern (Zunahme der Rentenempfänger sowie die Erhöhung des Rentenniveaus) kommen. Die Anhebung der Durchschnittsrenten geht somit ebenso grundsätzlich zu Lasten der momentanen Beitragzahler wie die Zunahme der Rentnerzahl.

Die Bundesrepublik läuft momentan Gefahr, den Verpflichtungen aus dem Generationenvertrag in Zukunft nicht mehr nachkommen zu können. Die Entwicklung des Rentner- oder Altersquotienten verdeutlicht, dass immer mehr Rentner von einem versicherungspflichtigen Beschäftigten zu versorgen sind („Rentnerquotient": Anzahl der Rentenbezieher im Verhältnis zu den beitragspflichtig Beschäftigten) bzw. allgemein immer mehr alte Menschen immer weniger jungen Menschen gegenüberstehen („Altenquotient"; beispielsweise werden die über 65-jährigen ins Verhältnis zur Gesamtbevölkerung im erwerbsfähigen Alter gesetzt). In Tab. XIV.2 werden mittlere Prognosen für den Rentner- und den Altenquotienten angegeben:

	2000	2015	2030	2045
Rentnerquotient	etwa 58 %	etwa 62 %	etwa 84 %	etwa 88 %
Altenquotient 65*	etwa 26 %	etwa 32 %	etwa 44 %	etwa 48 %

Tab. XIV.2 Alters- und Rentnerquotienten. *Die unter 65-jährigen werden ins Verhältnis zu den über 65-jährigen gesetzt. *Quelle:* Wissenschaftlicher Beirat beim Bundesministerium für Wirtschaft (1998): Grundlegende Reform der gesetzlichen Rentenversicherung (Gutachten des wissenschaftlichen Beirats), Bonn, S. 6.

Die Einführung der „**Riester-Rente**" ab dem Jahr 2002 als staatlich bezuschusstes Kapitaldeckungselement stellt einen Reformschritt zur Stützung des reformbedürftigen Umlageverfahrens bei der strukturellen Verschiebung der Altersklassen in der Bundesrepublik dar. Mit dieser Lösung wird das „eherne" Gebot der paritätischen Finanzierung der gesetzlichen Sozialversicherungsbeiträge aufgegeben, da sich nur Arbeitnehmer und der Fiskus an der Kapitalbildung beteiligen. Gefördert werden Sparleistungen bis zu 4 % des Jahresbruttoeinkommens entweder über einen Sonderausgabenabzug oder durch direkte Transfers im Rahmen der Einkommensteuerveranlagung. Das Finanzamt übernimmt dabei – in Analogie zur Kindergeld- bzw. Kinderfreibetragsregelung – die Günstigkeitsprüfung für die Steuerpflichtigen und wendet die für den Steuerpflichtigen günstigste Regelung an. Über den Aufbau einer privaten Säule bei der Altersvorsorge wird Reformdruck von der GRV genommen. Wie stark dieser mittlerweile geworden ist, sieht man daran, dass trotz der kontinuierlichen Anhebung der „Ökosteuer" der Rentenversicherungsbeitrag im Jahr 2002 nur konstant gehalten werden konnte (19,1 %), obwohl er – laut Plänen des Bundesfinanzministeriums – um (mindestens) 0,2-Prozentpunkte hätte abgesenkt werden sollen.[12]

---

[12] Auch die Konstanthaltung des Beitragssatzes gelang nicht ohne „Trick": Die eigentlich anstehende Anhebung des Beitragssatzes von 19,1 % auf 19,2 % wurde von der Bundesregierung nicht durchgeführt; stattdessen wurde die gesetzliche Schwankungsreserve so reduziert, dass der Beitragssatz konstant gehalten werden konnte („implizite Beitragssatzerhöhung").

Zulagen	2002/2003	2004/2005	2006/2007	ab 2008
Grundzulage (§ 84 EStG)	38.-	76.-	114.-	154.-
Kinderzulage (§ 85 EStG)	46.-	92.-	138.-	185.-
Sonderausgabenabzug (§ 10a EStG)	525.-	1.050.-	1.575.-	2.100.-
Mindesteigenbeitrag* (§ 86 EStG) - abzüglich Zulagen* -	1 %	2 %	3 %	4 %
Sockelbetrag* (§ 86 EStG)				
Keine Kinderzulage	45.-		90.-	
Ein Kind	38.-		75.-	
Zwei oder mehr Kinder	30.-		60.-	

Tab. XIV.3 Die Riester-Rente – Basisdaten (alle Angaben in €). *Bezogen auf die im vorangegangenen Kalenderjahr erzielten beitragspflichtigen Einnahmen im Sinne des SGB VI, das heißt maximal bis zur Beitragsbemessungsgrenze, jedoch nicht mehr als der Sonderausgabenabzugsbetrag abzüglich der Zulagen gemäß §§ 84, 85 EStG. ** Wenn der Sockelbetrag höher als der Mindesteigenbeitrag ist, gilt er als Mindesteigenbeitrag. *Quelle:* Sachverständigenrat zur Begutachtung der gesamtwirtschaftlichen Entwicklung (2001): Für Stetigkeit – gegen Aktionismus, Jahresgutachten 2001/2002, Stuttgart: Metzler-Poeschel, S. 149.

Der Wechsel von gesetzlichen Beiträgen zu freiwilligem Sparen ändert an dem grundsätzlichen Problem der Überalterung der Bevölkerung durch mangelndes Bevölkerungswachstum nichts. Es werden lediglich Aufwendungen von der einen in die andere Form verschoben. Die Belastungen durch Altersvorsorge erhöhen sich für das Individuum in jedem Fall. Neues Element ist die Entlastung der Arbeitgeber von zusätzlichen Lohnnebenkosten, die auf sie mit einer Anhebung der Beitragssätze zugekommen wären. Die Reform sollte dazu beitragen, die internationale Wettbewerbsfähigkeit der heimischen Wirtschaft zu erhalten und zusätzliche Arbeitslosigkeit zu verhindern.

2.2 Die gesetzliche Arbeitslosenversicherung

Die gesetzliche Arbeitslosenversicherung ist ebenfalls als selbstverwaltete Körperschaft des öffentlichen Rechts organisiert. Gesteuert werden die Aktivitäten über eine Zentralinstanz, die Bundesanstalt für Arbeit in Nürnberg (BA). Auf Länderebene nehmen die jeweiligen Landesarbeitsämter ihre Aufgaben wahr. Als Ansprechpartner vor Ort sind die Arbeitsämter zuständig. Arbeitslosenversicherungspflichtig sind grundsätzlich alle Personen, die gegen Entgelt oder zu ihrer Berufsausbildung beschäftigt sind. Auch hier gilt die Geringfügigkeitsgrenze in Höhe von 325 € monatlich sowie die Beitragsbemessungsgrenze in Höhe von 54.000 € jährlich (alte Länder) bzw. 45.000 € jährlich (neue Länder). Der Beitragssatz beträgt einheitlich 6,5 % des Bruttoeinkommens. Die Beiträge teilen sich Arbeitgeber und Arbeitnehmer paritätisch.

Wesentliche Aufgaben der Arbeitslosenversicherung sind die Zahlung von Arbeitslosengeld und Arbeitslosenhilfe. An die Zahlung sind bestimmte Bedingungen geknüpft (etwa die Arbeitslosigkeitsmeldung beim örtlichen Arbeitsamt, Erfüllung einer Anwartschaftszeit). Die Höhe variiert mit der Kinderzahl und die Länge des maximalen Arbeitslosengeldbezugs mit dem Alter und der Beschäftigungsdauer vor der Arbeitslosigkeit. Neben der Funktion der teilweisen Einkommenskompensation sowie der Arbeitsplatzvermittlung übernimmt die Arbeitslosenversicherung weitere Aufgaben wie die Förderung von Umschulung und Fort- und Weiterbildung sowie Maßnahmen der Arbeitsbeschaffung.

Die Grundmaxime sozialpolitischen Handelns, nämlich benachteiligten gesellschaftliche Gruppen ein menschenwürdiges Dasein zu ermöglichen, wird in der gesetzlichen Arbeitslosenversicherung über das äquivalenzorientierte Arbeitslosengeld vom Grundsatz her erfüllt. In Abhängigkeit ihres Alters und der Dauer der Beschäftigung erhalten Arbeitslose 67 % des letzten Nettolohnes, wenn mindestens ein Kind zu versorgen ist, ansonsten 60 %. Damit erfolgt auch eine Ankoppelung an den bisherigen Lebensstandard. Nach Wegfall des Anspruchs auf Arbeitslosengeld erhalten Arbeitslose Zahlungen aus der Arbeitslosenhilfe (57 %, wenn mindestens ein Kind zu versorgen ist, ansonsten 53 % des letzten Nettolohnes), die Beitragsleistungen nur noch indirekt voraussetzt, vom Bund finanziert wird und sich auf einem Niveau zwischen Arbeitslosengeld und Sozialhilfe bewegt. Darüber hinaus erhalten Arbeitslose Hilfe zur Wiedereingliederung ins Berufsleben: Kostenlose Arbeitsplatzvermittlung, Berufsberatungen, Mobilitätshilfen, ABM-Angebote, Fort- und Weiterbildungsmaßnahmen, Umschulungsangebote etc.

Die Arbeitslosenversicherung lässt sich unter Effizienzgesichtspunkten sicherlich verbessern – etwa in den Bereichen Vermittlungseffektivität, Versorgungsniveau oder unter dem Blickwinkel der Wirksamkeit einzelner Maßnahmen –, aus verteilungspolitischer Sicht wurde aber ein Auffangsystem geschaffen, das in hohem Maße zur sozialen Sicherheit in der Bundesrepublik beiträgt. Bei einem auf dem Individualprinzip basierenden Arbeitslosenversicherungssystem würden chronisch Kranke, Behinderte oder Leistungsschwache kaum eine Chance haben, sich eine Versicherung leisten zu können. Man denke auch an die fehlende Beteiligung der Arbeitgeber an den Prämien. Häufig und längere Zeit Kranke würden durch das soziale Netz fallen. Mit Vorstellungen eines freiheitlichen Staates wäre dies nicht vereinbar. Fraglich ist außerdem, ob es überhaupt eine wirksame private Arbeitslosenversicherung bei allgemeiner Arbeitslosigkeit, wie sie Folge von Konjunktur- und Wachstumsschwächen ist, geben kann. Private Versicherungen haben nicht die Möglichkeit, durch Zwang gute Risiken als Ausgleich für schlechte Risiken an sich binden, was bei Massenarbeitslosigkeit zu einem besonderen Problem wird. Außerdem sind die Einzelrisiken nicht von einander unabhängig, weil in Rezessionszeiten gleichzeitig viele Menschen arbeitslos werden.

2.3 Die gesetzliche Krankenversicherung
2.3.1 Ausgestaltung

Die gesetzlichen Krankenversicherungen sind als selbstverwaltete Körperschaften des öffentlichen Rechts organisiert. Im Gegensatz zur Renten- und Arbeitslosenversicherung findet im Krankenversicherungsbereich Wettbewerb zwischen unterschiedlichen Anbietern eines relativ homogenen Produktes „Krankenversicherung" statt. Es konkurrieren Ortskrankenkassen, Betriebskrankenkassen, Innungskrankenkassen, landwirtschaftliche Krankenkassen, Ersatzkassen sowie die Seekrankenkasse und die Bundesknappschaft. Nachdem sich die einzelnen Krankenkassen „geöffnet" haben, steht es allen Pflichtversicherten frei, die für sie günstigste Krankenkasse auszuwählen. Die Beitragssätze schwanken bei sehr ähnlichen Versicherungsumfängen erheblich. Zwischen den Krankenversicherungsunternehmen bestehen sehr weitreichende gesetzlich festgelegte Finanzausgleichsregelungen „zur Vermeidung unfairen Wettbewerbs" (**Risikostrukturausgleich**). Beitragssatzunterschiede, so wird argumentiert, sind Folge der Konzentration ungünstiger Risiken bei einigen Krankenkassen. Krankenkassen mit günstiger Risikostruktur ihrer Versicherten können über niedrige Tarife gute Risiken (also junge, gesunde und einkommensstarke Mitglieder) von den Konkurrenten abwerben und diese dann in immer größere finanzielle Schwierigkeiten bringen (adverse Selektion). Deshalb hat der Gesetzgeber vorgeschrieben, übermäßige Härten über ein Finanzausgleichssystem unter den

Krankenkassen auszugleichen. Jedoch wird dadurch auch ein nicht zu unterschätzender Wettbewerbsdruck von „teuren" Kassen genommen, billiger anzubieten.

Krankenversicherungspflichtig sind grundsätzlich alle Arbeitnehmer, welche die Beitragsbemessungsgrenze in Höhe von 75 % der BBG der Renten- und Arbeitslosenversicherung nicht übersteigen: 3.375 € monatlich (bundeseinheitlich). Die Geringfügigkeitsgrenze in Höhe von 325 € gilt auch für die Krankenversicherung. Versichert sind außerdem Auszubildende, Rentner, Studierende, Landwirte, Künstler, Publizisten und Arbeitslose. Im Vergleich zu den privaten Konkurrenten bieten die gesetzlichen Krankenkassen eine beitragsfreie Mitversicherung sämtlicher Familienmitglieder an, deren Verdienst unterhalb der Geringfügigkeitsgrenze liegt. Die Einnahmen der gesetzlichen Krankenkassen bestehen aus den Beiträgen der Arbeitgeber und Arbeitnehmer – im Jahr 2002 etwa 14 v.H. bundesdurchschnittlich –, den Beiträgen der Rentner, Studenten, Schüler etc. und den Beiträgen der Arbeitslosen, welche die Bundesanstalt für Arbeit entrichtet. Wie bei den beiden bisher beschriebenen Systemen teilen sich auch bei der gesetzlichen Krankenversicherung Arbeitgeber und Arbeitnehmer die Beitragslast jeweils zur Hälfte.

Die Aufgaben der gesetzlichen Krankenversicherung lassen sich in sechs Kategorien einteilen: Leistungen zur Krankheitsverhütung (Vorsorge) inklusive Früherkennung, Leistungen zur Behandlung von Krankheiten, Einkommenshilfen (Krankengeld), Mutterschaftshilfe und Mutterschaftsgeld, Fahrtkostenübernahme und Sterbegeld.

Ein wesentliches Element im gesetzlichen Krankenversicherungswesen stellen die Kassenärztlichen Vereinigungen (KV) dar. Die Krankenkassen rechnen nicht direkt mit den behandelnden Ärzten die Behandlungskosten ab, sondern die KV schließen im Auftrag der niedergelassenen Kassenärzte mit den Krankenkassen Verträge ab, in denen sich die KV verpflichten, „eine gleichmäßige, ausreichende [und] zweckmäßige Versorgung der Kassenmitglieder sicherzustellen"[13]. Dafür erhalten die KV im Gegenzug Gesamtvergütungen, die sie nach einem mit den Verbänden der Krankenkassen vereinbarten Schlüssel auf die einzelnen Kassenärzte aufteilen (Punktesys-

---

[13] Lampert, H. und J. Althammer (2001): Lehrbuch der Sozialpolitik, 6., überarbeitete Auflage, Berlin u. a. O.: Springer, S. 241.

tem). Je mehr Punkte ein Kassenarzt im Jahresverlauf „ansammelt", desto größer wird sein prinzipieller Vergütungsanspruch. Allerdings wird der monetäre Gegenwert eines Punktes erst am Jahresende bestimmt, wenn die Gesamtzahl aller Punkte bekannt ist und das verfügbare „Budget" durch die Gesamtzahl der Punkte dividiert werden kann. Deshalb herrscht für die einzelnen Kassenärzte relativ lange Unklarheit über ihre tatsächliche Einkommenssituation.

Auch das gesetzliche Krankenversicherungssystem ist reformbedürftig. Den Hauptgrund dafür bildet die Kostenexplosion im Gesundheitswesen, die vielerlei Ursachen – etwa den medizinisch-technischen Fortschritt, die erhöhte Anzahl niedergelassener Kassenärzte und die extensive Inanspruchnahme von Gesundheitsleistungen durch die Versicherten (moralisches Risiko) – hat. Soweit die Ursachen Reflex veränderter Präferenzen sind, besteht kein staatlicher Interventionsbedarf. Staatseingriffe sind aber angezeigt, wenn (a) deutlich mehr als der politisch gewollte Mindestschutz von den Krankenkassen finanziert werden muss oder wenn (b) die beteiligten Akteure im Gesundheitsbereich verschwenderisch mit den ihnen anvertrauten Mitteln umgehen. Der Anstieg der Kosten lässt sich zwar relativ leicht nachweisen, die Ursachen dafür sind jedoch vielschichtig und schwer identifizierbar. So stiegen beispielsweise die Gesundheitsausgaben im Verhältnis zum Bruttosozialprodukt von 10,2 % im Jahre 1970 auf etwa 14 % im Jahre 2000. Die Ausgaben der gesetzlichen Krankenversicherung gemessen am Bruttosozialprodukt erhöhten sich im gleichen Zeitraum von 3,7 % auf knapp 7 %.[14] Reformvorschläge reichen von einer Begrenzung der Leistungen über differenzierte Versicherungsverträge, der Einführung bzw. Erhöhung von Selbstbehalten, Positivlisten von Pharmazeutika, Gesundheitschecks bei Neuverträgen (in Analogie zu den privaten Krankenversicherungen), generelles Herausnehmen bestimmter Risikosportarten aus dem Normalleistungskatalog bis hin zu mehr Eigenverantwortung über Bonus/Malus-Systeme bei besonders riskanten Lebensstilen.

---

[14] Vgl. Pimpertz, Jochen (2002): Leitlinien zur Reform der gesetzlichen Krankenversicherung. Von der fiskalischen Reaktion zur Ordnungspolitik des Gesundheitswesens, Institut der deutschen Wirtschaft Köln, Beiträge zur Wirtschafts- und Sozialpolitik, Band 271, Köln: Deutscher Instituts-Verlag.

2.3.2 Verteilungsvorstellungen

Die soziale Ausgestaltung des Versicherungswesens findet in der Krankenversicherung ihren deutlichsten Niederschlag. Äquivalenztheoretische Merkmale finden sich nur wenige (zum Beispiel die Berechnung des Krankentagegeldes gemäß des vorherigen Bruttoverdienstes). Es dominieren die Umverteilungskomponenten. So bezahlen beispielsweise unterschiedlich Kranke mit gleichem Einkommen den gleichen Beitrag. Gleich Kranke mit unterschiedlichen Einkommen werden dagegen unterschiedlich belastet. Auf diese Weise wird ermöglicht, dass sich auch „schlechte Risiken" zu vertretbaren Prämien versichern können. Eine weitere soziale Komponente besteht in der beitragsfreien Mitversicherung von Familienangehörigen (Ehepartner und Kinder), solange diese nur Einkommen unterhalb der Geringfügigkeitsgrenze aufweisen. Die als Kostendämpfungsmaßnahme eingeführte Zuzahlungspflicht für Versicherte bei Medikamenten, Kuraufenthalten, Krankenhausaufenthalten etc. entfällt bei Kindern und Jugendlichen und Empfängern von Sozialhilfe, Arbeitslosenhilfe etc. sowie bei Beschäftigten mit geringem Einkommen (Sozialklausel). Außerdem wurde eine teilweise Befreiung von Zuzahlungen (Überforderungsklausel) eingeführt, die den jeweiligen Einkommensverhältnissen der Versicherten Rechnung trägt.

Die grundsätzlichen Umverteilungsrichtungen durch die gesetzlichen Krankenversicherung sind die folgenden: (1) Es findet eine Umverteilung von Versicherten mit relativ hohen Einkommen zu Versicherten mit relativ niedrigen Einkommen statt. So bezahlen beispielsweise bei gleichen Erwartungsschäden Besserverdienende einen höheren monatlichen Beitrag als Geringverdiener. (2) Das System belastet Junge zugunsten von Alten. Junge Menschen verursachen dem Versicherungsgeber im Durchschnitt geringere Ausgaben als ältere Menschen. Bei gleichem Einkommen profitieren deshalb alte Menschen auf Kosten der Jungen vom System. (3) Begünstigt werden Familien gegenüber Alleinstehenden und Familien mit vielen Kindern gegenüber Familien mit wenigen Kindern. Die Sozialversicherung leistet einen wesentlichen Beitrag zur Familienförderung. (4) Daneben findet eine Umverteilung von kranken zu gesunden Versicherten statt, weil sich die Versicherungsprämie nicht an den Erwartungsschäden, sondern am Bruttoarbeitsentgelt ausrichtet.

Bei den vier dargestellten Umverteilungseffekten zeigt sich der Solidargedanke, der unserem gesetzlichen Sozialversicherungssystem zugrunde liegt.

Unabhängig davon, ob ein bestimmter Einkommens- oder Gesundheitszustand absichtlich herbeigeführt wurde oder unbeabsichtigt in Kauf genommen werden muss, stehen die „gute Risiken" den „schlechten Risiken" solidarisch bei.

2.4 Die gesetzliche Pflegeversicherung

Auch die gesetzliche Pflegeversicherung ist als selbstverwaltete Körperschaft des öffentlichen Rechts organisiert. Träger der Pflegeversicherung sind die Pflegekassen, die unter dem Dach der gesetzlichen Krankenkassen verwaltet werden und die pflegebedingten Verwaltungskosten den Krankenkassen erstatten. Der Beitragssatz beträgt 1,7 % des Bruttoeinkommens und wird – außer im Freistaat Sachsen – paritätisch von Arbeitnehmern und – gebern finanziert. Für die Beiträge gelten die gleichen Geringfügigkeits- und Beitragsbemessungsgrenzen wie bei der gesetzlichen Krankenversicherung. Allerdings kann nicht von einer vollständig paritätischen Finanzierung gesprochen werden, da die hälftige Beteiligung der Arbeitgeber nur durch Streichen eines gesetzlichen Feiertags, dem Buß- und Bettag, zustande kam. In Sachsen wurde der gesetzliche Feiertag beibehalten, dort bezahlen dafür die Arbeitgeber 0,5 %-Punkte des Beitrags (knapp 30 %) zur Pflegeversicherung und die Arbeitnehmer 1,2 % (etwas über 70 %).

Der Versichertenkreis umfasst nahezu die gesamte Bevölkerung: Arbeitnehmer, Arbeitslose, Vorruhestandsbezieher, Rentner, Behinderte, Studenten sowie die beitragsfrei mitversicherten Familienmitglieder. Privat Krankenversicherte (Selbständige, Beamte sowie Personen, deren Einkommen die Beitragsbemessungsgrenze übersteigt) müssen einer privaten Pflegeversicherung beitreten. Die **Aufgaben** der Pflegeversicherung lassen sich wie folgt zusammenfassen: Prävention und Rehabilitation zur Vermeidung von Pflegebedürftigkeit haben absoluten Vorrang vor der häuslichen Pflege, die ihrerseits Vorrang vor stationärer Pflege hat. Alle Pflegebedürftigen werden in drei Pflegestufen eingeteilt: Pflegestufe I: Erheblich Pflegebedürftige mit einmaligem täglichen Hilfebedarf, Pflegestufe II: Schwerpflegebedürftige mit dreimaligem täglichen Hilfebedarf und Pflegestufe III: Schwerstpflegebedürftige mit ununterbrochenem Pflegebedarf. Die Überprüfung der pflegebedürftigen Antragsteller auf Leistungen der Pflegeversicherung werden vom medizinischen Dienst der Krankenkassen nach eingehender Prüfung der Pflegebedürftigkeit vorgenommen.

Die Leistungen der Pflegeversicherung unterscheiden sich nach Maßgabe der Inanspruchnahme ambulanter, teilstationärer oder vollstationärer Pflege. Bei ambulanter Pflege wird ein Pflegegeld in Höhe 205/410/665 € monatlich (je nach Pflegestufe) oder Pflegesachleistungen (Grundpflege und hauswirtschaftliche Versorgung) in Höhe von 384/921/1.432 € monatlich ausbezahlt. In besonderen Härtefällen erhöht sich der Betrag auf 1.918 € monatlich. Eine Kombination aus Geld- und Sachleistungen ist möglich. Bei teilstationärer Pflege richten sich die Sachleistungen an denen der ambulanten Pflege aus: 384/921/1.432 € monatlich. Im Falle der vollstationären Pflege werden Sachleistungen in Höhe von 1.023/1.279/1.432 € monatlich gewährt. Grundsätzlich werden die Leistungen der Pflegeversicherung an die allgemeine Kostenentwicklung angepasst, allerdings nicht automatisch, sondern von Fall zu Fall. Verzögerungen können dann zur Reduzierung der der realen Leistungen bei allgemeinen Preissteigerungen führen.[15]

Die Dominanz der Verteilungszielsetzung wird auch im Rahmen der Pflegeversicherung deutlich. Die beitragsfreie Mitversicherung von Familienangehörigen sowie die Orientierung der Pflegeleistungen an einer Mindestsicherung der Pflegebedürftigen (Mindestsätze) sichern nicht nur deren Existenzgrundlage, sondern auch die der Unterhaltspflichtigen. Die Pflegekosten sind vielfach höher als die Leistungen der Pflegeversicherung. Die Leistungsempfänger müssen das Defizit selbst finanzieren, wenn sie über genügend eigene Mittel verfügen, also zu den höheren Einkommensschichten gehören. Reichen diese Mittel nicht aus, sind die Angehörigen zuschusspflichtig (**Subsidiaritätsprinzip**). Bei Familien mit fehlenden Einkommen und Vermögen übernimmt die Sozialhilfe die Restfinanzierung. Auch in dieser Weise übt das System eine Umverteilungswirkung zugunsten von Beziehern relativ niedriger Einkommen aus.

Die gesetzliche Pflegeversicherung hat sich im großen und ganzen bewährt. Allerdings muss mit der zunehmenden Verschiebung der Altersstruktur der Bevölkerung befürchtet werden, dass auch in diesem Bereich das heute gültige Beitrags-/Leistungspaket nicht aufrecht erhalten werden kann. Der Gesetzgeber hat dann – analog zur GRV – prinzipiell zwei Möglichkeiten: Entweder werden Leistungen bei konstantem Beitragssatz eingeschränkt

---

[15] Dieses Gestaltungsmerkmal steht in Widerspruch zur dynamischen Rente im GRV-System.

oder die Beitragssätze werden bei konstantem Leistungsniveau angehoben. In beiden Fällen werden in erster Linie intertemporale Gerechtigkeitsaspekte tangiert.

Obwohl die Pflegeversicherung das „jüngste Mitglied der Familie in unserem gesetzlichen Sozialversicherungssystem" ist, wurde sie zum Anlass genommen, die Behandlung von Kindern bei der Beitragsberechnung verfassungsrechtlich prüfen zu lassen. Das Bundesverfassungsgericht hat am 3. April 2001 (BVerfGE 103, 197 ff.) ein Urteil gefällt, das auch Auswirkungen auf die anderen Sozialversicherungszweige haben kann. Der Leitsatz des Urteils lautet: „Es ist mit Art. 3 Abs. 1 GG in Verbindung mit Art. 6 Abs. 1 GG (...) nicht zu vereinbaren, dass Mitglieder der sozialen Pflegeversicherung, die Kinder betreuen und erziehen und damit neben dem Geldbeitrag einen generativen Beitrag zur Funktionsfähigkeit eines umlagefinanzierten Sozialversicherungssystems leisten, mit einem gleich hohen Pflegeversicherungsbeitrag wie Mitglieder ohne Kinder belastet werden." Das oberste deutsche Gericht unterscheidet in der Begründung erstmals zwei Beitragsarten in einem umlagefinanzierten System: Zum einen werden „normale" Beitragslasten in Form von Finanzkapital entrichtet, zum anderen erbringen kinderreiche Familien eine Leistung in Form von Humankapital, die die Aufrechterhaltung des Systems in der Zukunft sichert. Kinder sind zukünftige Beitragszahler, welche die Beitragslast der im Alter möglicherweise pflegebedürftig gewordenen Anspruchsberechtigten überhaupt erst aufbringen können. Kinder verursachen somit auch in der Terminologie des höchsten deutschen Gerichtes positive Verbundeffekte, gerade in einem umlagefinanzierten System (vgl. Kap. VII). Ohne eine ununterbrochene Generationenfolge kann ein umlagefinanziertes System nicht aufrecht erhalten werden, weil die (monetären) Beitragslasten trotz Wirtschaftswachstum irgendwann prohibitiv werden. Das wäre sowohl ineffizient – völlig leistungsfeindlich – als auch ungerecht, weil berechtigten Ansprüchen keine tatsächlichen Leistungen gegenüber stünden.

2.5 Die gesetzliche Unfallversicherung

Die gesetzliche Unfallversicherung unterscheidet sich von den bisherigen Subsystemen des Sozialversicherungssystems fundamental: Es ist die einzige Versicherungsart, die sich ausschließlich durch Arbeitgeberbeiträge finanziert. Die Beiträge der gesetzlichen Unfallversicherung bemessen sich nach dem Geschäftsaufwand des letzten Kalenderjahres. Dadurch wird der grundsätzliche Ausgleich von Einnahmen und Ausgaben sichergestellt. Bemessungsgrundlagen für die Beitragszahlungen sind zum einen die Entgelte der Versicherten sowie unterschiedliche Unfallgefahrenklassen, in die einzelne Unternehmen nach der Zahl und der Schwere der Unfälle in ihren Branchen eingeteilt werden. Prämien werden hier also – zumindest teilweise – nach Risiken erhoben (Äquivalenzprinzip).

Träger der Unfallversicherung sind die Berufsgenossenschaften, wiederum selbstverwaltete Körperschaften öffentlichen Rechts. Der Versichertenkreis umfasst in erster Linie Arbeitnehmer (in einer sehr weiten Abgrenzung). Die Aufgaben der Unfallversicherung umfassen: (a) Verhütung von Arbeitsunfällen und Berufskrankheiten, (b) Sicherstellung erster Hilfe bei Arbeitsunfällen, (c) Wiederherstellung der Erwerbsfähigkeit von Verletzten und Kranken und Förderung der Wiedereingliederung ins Erwerbsleben und (d) Entschädigung der Verletzten, Erkrankten und eventueller Hinterbliebenen durch Geldleistungen. Dabei gilt folgende Hierarchie: Prophylaxe vor Rehabilitation vor Schadenersatz.

Um diesen Aufgaben nachzukommen, bieten die Berufsgenossenschaften folgende **Leistungen** an: (a) Rehabilitation zur Wiederherstellung der Erwerbsfähigkeit, (b) soziale Rehabilitation, (c) Leistungen der Berufshilfe, (d) Entschädigungsleistungen, (e) Leistungen an Hinterbliebene sowie (f) Leistungen zur Vermeidung besonderer sozialer Härten. Dabei erstreckt sich der Versicherungsschutz nicht nur auf Unfälle direkt am Arbeitsplatz, sondern darüber hinaus auch auf Wegeunfälle bei An- und Abreise zum Arbeitsplatz, dem sogenannten „Betriebsweg".

Historisch handelt es sich bei der gesetzlichen Unfallversicherung um eine der ältesten gesetzlichen Zwangsversicherungen. Sie wurde im Jahre 1884 in der Bismarck-Ära nach der gesetzlichen Krankenversicherung als zweites Instrument zur sozialen Sicherung eingeführt und hat sich bis in die Neuzeit mit dem gleichen Konstruktionsprinzip gehalten. Sie weist in erster Linie stark disziplinierende Wirkung für die Arbeitgeber auf, da sie durch den Arbeitsplatzdesign die Anzahl und die Schwere von Arbeitsunfällen zumindest teilweise steuern können. Allerdings wurden auch hier umverteilungsbedingte Regelungen aufgenommen, beispielsweise die Versicherung der Arbeitnehmer auf dem Weg zum und vom Arbeitsplatz. Außerdem sind Schüler und Studenten auf dem Weg zur/von der (Hoch)Schule im Rahmen der gesetzlichen Unfallversicherung versichert. Die Beitragsfreiheit der Arbeitnehmer nimmt finanziellen Druck von ihnen. Außerdem spielt die „Schuldfrage" für die Unfallopfer keine Rolle: Die Unfallversicherung zahlt sowohl bei Verschulden des Arbeitnehmers, des Arbeitgebers sowie beim Verschulden eines Unfalls am Arbeitsplatz durch Dritte.

Zusammenfassung und Übungen

1. Die Sozialpolitik soll den benachteiligten Gruppen in der Gesellschaft ein menschenwürdiges Dasein ermöglichen.
2. Mit Hilfe zweier prinzipieller Politikmaßnahmen versucht der Staat in der Bundesrepublik, diese Aufgabe zu erfüllen: Zum einen werden direkte Transfermaßnahmen zumeist in speziellen Situationen gewährt, zum anderen wird versucht, über das gesetzliche Sozialversicherungssystem Sozialpolitik zu betreiben, aber auch präventiv zu agieren.
3. Das Sozialversicherungssystem lässt sich leicht aus Effizienzsicht kritisieren, weil es in erster Linie als Umverteilungsinstrument konzipiert ist. Im allgemeinen besteht zwischen dem Effizienz- und dem Verteilungsziel ein Konflikt, so dass die Erreichung des einen Ziels notwendigerweise zu Lasten der Erreichung des anderen Ziels geht.
4. Das System der sozialen Sicherung, insbesondere die gesetzliche Sozialversicherung, hat eine regelrechte Aufgabenflut zu bewältigen, die das System unübersichtlich werden lässt. Die Aufgabenüberfrachtung birgt die Gefahr von Ineffizienzen und Ungerechtigkeiten in sich, die neuerlichen Interventionsbedarf auslösen.
5. Unser soziales Sicherungssystem unterscheidet kaum, ob ein Anspruchsberechtigter unabsichtlich oder absichtlich bedürftig geworden ist. Bei Letzteren wäre aus ökonomischer Sicht die Frage der Anreizkompatibilität des sozialen Sicherungssystems zu stellen. Jedoch ist der Nachweis der Freiwilligkeit schwer zu führen, so dass die gängige Praxis durchaus sinnvoll erscheint.
6. Die demographische Entwicklung wirkt sich negativ auf die Funktionsfähigkeit des umlagefinanzierten Sozialversicherungsbereiches in der Bundesrepublik aus. Zur Stabilisierung des Systems sind fundamentale Reformen notwendig. Neben Anpassungen innerhalb der momentan gültigen Systeme, besteht ein erfolgversprechender Reformweg – insbesondere bei der Alters-

versorgung – in der Etablierung einer privaten kapitalgedeckten Säule. Die Einführung der Riester-Rente kann als ein erster Schritt in diese Richtung verstanden werden.

Wiederholungsfragen

1. In welchen Bereichen des gesetzlichen Sozialversicherungssystems sehen Sie das moralische Risiko als Eingriffserfordernis für den Staat?
2. Welche Gründe sprechen für die paritätische Finanzierung der Beitragsleistungen in unser Sozialversicherungssystem? Unterscheiden Sie dabei zwischen Effizienz- und Gerechtigkeitsargumenten.
3. Finden Sie Gründe, warum die Beitragsbemessungsgrenzen bei der Kranken- und Pflegeversicherung 75% derjenigen der Renten- und Arbeitslosenversicherung betragen?
4. Wie kann soziale Gerechtigkeit definiert werden? Fallen Ihnen noch zusätzliche Aspekte ein?
5. Wie bestimmt sich der aktuelle Rentenwert (AR) in einem gesetzlichen Rentenversicherungssystem bei dessen Einführung?
6. Welche verteilungspolitischen Vorstellungen liegen den Maßnahmen der direkten Transferpolitik zugrunde?
7. Unter welchen Bedingungen sollte Ihrer Meinung nach ein Sozialversicherungssystem wie in der Bundesrepublik hauptsächlich (a) umlagefinanziert oder (b) kapitalgedeckt finanziert werden?
8. Mit welchen Maßnahmen versucht die Bundesregierung, Bildungsförderung zu betreiben?
9. Welche Ziele werden im Rahmen unseres Rentenversicherungssystems angestrebt?
10. Welche Gerechtigkeitsvorstellungen liegen den einzelnen Maßnahmen zur sozialen Sicherung in der Bundesrepublik zugrunde?

Aufgaben

1. Welche Auswirkungen auf das Rentenversicherungssystem erwarten Sie von allgemeinem Wirtschaftswachstum in der Bundesrepublik? (Hinweis: Stellen Sie Ihre Überlegungen vor dem Hintergrund der Budgetrestriktion der gesetzlichen Rentenversicherung an.)
Lösungshinweis:
Bei der genaueren Betrachtung der Budgetrestriktion zeigt sich, dass sich das Sozialprodukt auf beiden Seiten herauskürzen lässt: Sozialproduktszuwächse haben keine Auswirkungen auf die Rentenleistungen. Auf der einen Seite steigen zwar die Beitragseinnahmen proportional mit dem Sozialproduktsanstieg an, auf der anderen Seite erhöhen sich aber auch (verzögert) die Leistungen an die Rentner („Dynamische Rente"). Bis auf (geringe) Zins- und Liquiditätseffekte hat ein hohes Sozialproduktswachstum ebenso wenig Auswirkungen auf die Budgetrestriktion der Rentenversicherungsträger wie ein geringes oder gar negatives Wachstum. Ein Effekt könnte sich aber möglicherweise über die Bundeszuschüsse einstellen: Transfers sind in Zeiten „sprudelnder" Staatseinnahmen politisch leichter durchsetzbar als in

„schlechten" Zeiten, so dass es in Boomphasen leichter zu höheren Zahlungen kommt als in der Rezession.

2. Diskutieren Sie, ob die Ausweitung des Versichertenkreises eine sinnvolle Lösung zur Entschärfung der Probleme der gesetzlichen Rentenversicherung in der Bundesrepublik darstellt.
Lösungshinweis:
Jeder Versicherte erwirbt durch seine Beitragsleistungen automatisch einen Anspruch auf Auszahlungen aus dem System. Die Ausweitung der Zahl der Einzahler (Einbeziehung von Selbständigen und bisher nicht pflichtversicherten gutverdienenden Arbeitnehmern) impliziert deshalb zusätzliche Leistungen in der Zukunft. Daher wird sich mittel- bis langfristig an der angespannten Finanzsituation bei der Rentenversicherung nichts ändern, solange sich die Ursache – strukturelle Verschiebungen in der Alterspyramide der Versichertengemeinschaft – nicht ändert. Kurzfristig könnte sich jedoch ein „Strohfeuereffekt" einstellen, wenn die Beitragseinnahmen der Neuversicherten zur Finanzierung der „Altfälle" verwendet werden. Dies setzt voraus, dass nur junge Menschen in die gesetzliche Rentenversicherung eingebunden werden oder dass die Altersstruktur der neuen Mitglieder „rentenversicherungsgünstig" ist, also die Summe der Nettozahlungen ins System über der Summe der Auszahlungen aus dem System liegt.
Wird die Einbeziehung etwa der freien Berufe allerdings wie bei der Einführung eines Umlagesystems so ausgestaltet, dass der neue Versichertenkreis sofort Ansprüche an das System stellen darf – das heißt insbesondere dass alte bisher nicht gesetzlich versicherte Personen einen sofortigen Anspruch auf Rentenleistungen erhalten –, so resultiert in der Regel nicht einmal der oben beschriebene Strohfeuereffekt. Aus diesen Gründen eignet sich die Ausweitung des Versichertenkreises nicht, um das gesetzliche Rentenversicherungssystem nachhaltig zu konsolidieren.

3. Berechnen Sie folgende Sachverhalte: (a) Wie hoch ist die monatliche Rente eines Individuums, das in seinem Erwerbsleben 37,6 Entgeltpunkte erworben hat, eine normale Altersrente im Westteil der Bundesrepublik bezieht und keine Abschläge oder Zuschläge auf diese Monatsrente erhält. (b) Was passiert, wenn dieses Individuum 30 Monate verfrüht in Rente geht? (c) Wie hoch wäre die Monatsrente, wenn Sie davon ausgehen, dass ein Individuum in 45 Beitragsjahren jeweils 2 Entgeltpunkte erworben hat, in den alten Bundesländern lebt und eine normale Altersrente erhält?
Lösung:
(a) MR = 37,6·1·1·25,31406 € = 951,81 €.
(b) MR = 37,6·(1 − 0,09)·1·25,31406 € = 866,15 €
(c) MR = 90·1·1·25,31406 € = 2.278,27 €.

4. Zur Diskussion stehe der aktuelle Rentenwert (Gleichung (XIV.2)): (a) Wie verändert sich der aktuelle Rentenwert, wenn der Altersvorsorgeanteil (private vorgeschriebene Sparformen) im Zeitpunkt (t-1) von 1 % auf 2 % des Bruttojahreseinkommens ansteigt? Gehen Sie davon aus, dass die Verhältnisse ansonsten gleich bleiben. (b) Was passiert bei ansonsten gleichen Verhältnissen, wenn der

Rentenversicherungsbeitrag im Zeitpunkt (t-1) absinkt? (c) Was bewirkt die Absenkung des Basiswertes im rechten Bruch mit Beginn des Jahres 2010?
Lösungshinweis:
(a) Der Zähler des rechten Bruches wird kleiner, der Bruch wird kleiner als eins, der aktuelle Rentenwert sinkt.
(b) Der Zähler des rechten Bruches steigt an, der Bruch wird größer als eins, der aktuelle Rentenwert nimmt zu.
(c) Die Variationen (etwa aus (a) und (b)) weisen dann deutlichere Effekte auf den aktuellen Rentenwert auf. In Fall (a) würde er stärker fallen und in Fall (b) deutlicher ansteigen.

5. Die gesetzliche Arbeitslosenversicherung nimmt auch aus stabilisierungspolitischen Gründen eine wichtige Rolle in der Bundesrepublik ein. Erläutern Sie, warum die gesetzliche Arbeitslosenversicherung auch als automatischer Stabilisator bezeichnet wird.
Lösungshinweis:
Die Arbeitslosenversicherung entfaltet auf zweifache Weise automatische Stabilisierungswirkungen, zum einen über die Beiträge und zum andern über die Zahlung von Arbeitslosengeld. Die Beiträge zur Arbeitslosenversicherung variieren prozyklisch: Je höher der volkswirtschaftliche Beschäftigungsgrad wird, desto höher werden die Beitragseinnahmen der Bundesanstalt. Dies dämpft die zusätzliche Nachfrage und wirkt stabilisierend. Umgekehrtes gilt in der Rezession. Dagegen schwanken die Unterstützungszahlungen der Bundesanstalt für Arbeit antizyklisch: Sie nehmen in der Rezession wegen der Zunahme der Arbeitslosigkeit zu und im Aufschwung wegen deren Rückgang ab.
In Rezessionszeiten entsteht konjunkturelle Arbeitslosigkeit. Die Unterstützungszahlungen nehmen zu. Die Einkommensverluste der Arbeitslosen werden durch die Transfereinkommen teilweise aufgefangen. Die Abschwächung der Konsumnachfrage wird gebremst. Ein zusätzlicher Effekt tritt dadurch auf, dass die beschäftigten Arbeitnehmer im Vergleich zum Trendsozialprodukt durchschnittlich ein geringeres Einkommen erzielen und darauf geringere Beitragszahlungen leisten. Bei der Bundesanstalt für Arbeit entstehen konjunkturelle Budgetdefizite. Diese sollten durch Auflösung von Reserven finanziert werden. Reichen die Reserven nicht aus, muss der Bund die Finanzierung übernehmen. Die Defizite sollten nicht durch Erhöhung der Beitragssätze bzw. Steuern finanziert werden, weil dies den Konjunktureinbruch verschärfen würde.
In der Boomphase erhöhen sich als Folge der ansteigenden Einkommen die Beitragszahlungen. Von den Mehreinkommen müssen zusätzliche Beiträge abgeführt werden. Dies bremst die Zunahme des Konsums. Dieser Mechanismus wirkt schwächer als bei der Einkommensteuer, weil (a) größere Teile der Arbeitsbevölkerung bereits die Beitragsbemessungsgrenze erreicht haben und (b) das Beitragssystem nicht progressiv ausgestaltet ist. Die Bundesanstalt für Arbeit bildet konjunkturelle Budgetüberschüsse. Die Überschüsse dürfen nicht zum Anlass genommen werden, die Beitragssätze zu senken, denn das würde den Boom verschärfen.

Literatur

Breyer, F. und P. Zweifel (1999): Gesundheitsökonomie, 3., überarbeitete Auflage, Berlin u. a. O.: Springer.

Brümmerhoff, D. (2001), Finanzwissenschaft, 3., völlig überarbeitete und stark erweiterte Auflage, München und Wien: Oldenbourg.

Lampert, H. und J. Althammer (2001): Lehrbuch der Sozialpolitik, 6., überarbeitete Auflage, Berlin u. a. O.: Springer.

Sachverständigenrat zur Begutachtung der gesamtwirtschaftlichen Entwicklung (2001): Für Stetigkeit – Gegen Aktionismus, Stuttgart: Schaeffer & Poeschel.

Zweifel P. und R. Eisen (2000): Versicherungsökonomie, Berlin u. a. O.: Springer.

Literaturverzeichnis

Akerlof, G. A. (1970): The market for 'Lemons': Quality Uncertainty and the Market Mechanism, Quarterly Journal of Economics, Vol. 84, S. 488-500.
Andel, N. (1998): Finanzwissenschaft, 4., völlig überarbeitete Auflage, Tübingen: J. C. B. Mohr (Paul Siebeck).
Arnold, V. (1992): Theorie der Kollektivgüter, München: Vahlen.
Baumol, W. J. und W. E. Oates (1971): The Use of Standards and Prices for protection of the Environment, Swedish Journal of Economics, Vol. 73, S. 42-54.
Bayer, S. (2000): Intergenerationelle Diskontierung am Beispiel des Klimaschutzes, Marburg: Metropolis.
Bayer, S. und D. Cansier (1999): Kyoto-Mechanismen und globaler Klimaschutz: Die Rolle handelbarer Emissionsrechte, Hamburger Jahrbuch für Wirtschafts- und Gesellschaftspolitik, 44. Jahrgang, S. 255-273.
Bentham, J. (1789): The Principles of Morals and Legislation, auszugsweise in deutscher Übersetzung abgedruckt in: Höffe, O. (Hrsg.) (1992): Einführung in die utilitaristische Ethik: Klassische und zeitgenössische Texte, 2. überarbeitete und aktualisierte Auflage, Tübingen: Francke, S. 84-97.
Blankart, Ch. B. (2001): Öffentliche Finanzen in der Demokratie, 4., völlig überarbeitete Auflage, München: Vahlen.
Börsch-Supan, Axel (2000): Was lehrt uns die Empirie in Sachen Rentenreform?, Perspektiven der Wirtschaftspolitik, Band 1, Heft 4, S. 431-451.
Braun, E., Heine, F. und Opolka, U. (1984): Politische Philosophie, 7. Auflage, Reinbek bei Hamburg: Rowohlt.
Brennan, G. und J. M. Buchanan (1993): Die Begründung von Regeln. Konstitutionelle Politische Ökonomie, Tübingen: J. C. B. Mohr (Paul Siebeck) (Original: The reasons of rules. Constitutional political economy, Cambridge: Cambridge University Press 1985).
Breyer, F. und P. Zweifel (1999): Gesundheitsökonomie, 3., überarbeitete Auflage, Berlin u. a. O.: Springer.
Brümmerhoff, D. (2001): Finanzwissenschaft, 8., völlig überarbeitete und stark erweiterte Auflage, München und Wien: Oldenbourg.
Buchanan, J. M. (1984): Die Grenzen der Freiheit, Tübingen: J. C. B. Mohr (Paul Siebeck) (Original: The Limits of Liberty, Chicago und London: University of Chicago Press 1975).
Buchanan, J. M. und G. Tullock (1965): The Calculus of Consent, Ann Arbor: University of Michigan Press.
Bundesministerium der Finanzen (BMF) (Hrsg.) (2001): Finanzbericht 2002. Die volkswirtschaftlichen Grundlagen und die wichtigsten finanzwirtschaftlichen Probleme des Bundeshaushaltsplanes für das Haushaltsjahr 2002, Berlin: Bundesanzeiger (erscheint jährlich).

Bundesministerium der Finanzen (BMF) (o. J.): Monatsbericht des BMF (erscheint monatlich, Download: http://www.bundesfinanzministerium.de/Aktuelles/ Monatsbericht-des-BMF-.686.htm).
Cansier, D. (1996): Umweltökonomie, 2., neubearbeitete Stuttgart: Lucius & Lucius.
Cline, W. R. (1992): The Economics of Global Warming, Washington D. C.: Institute for International Economics.
Coase, R. H. (1960): The Problem of Social Cost, Journal of Law and Economics, Vol. 3, S. 1-44.
Cullis, J. G. und Ph. R. Jones (1992): Public Finance and Public Choice. Analytical Perspectives, 2. Auflage, Oxford: Oxford University Press.
Downs, A. (1957): An Economic Theory of Democracy, New York: Harper.
Fritsch, M., Wein, T. und H.-J. Ewers (2001): Marktversagen und Wirtschaftspolitik. Mikroökonomische Grundlagen staatlichen Handelns, 4., verbesserte Auflage, München: Vahlen.
Gandenberger, O. (1981): 1. Theorie der öffentlichen Verschuldung, in: Neumark, F. unter Mitwirkung von N. Andel und H. Haller (Hrsg.): Handbuch der Finanzwissenschaft, 3., gänzlich neubearbeitete Auflage, Band III, Tübingen: J. C. B. Mohr (Paul Siebeck), S. 3-49.
Gaube, Th., Nöhrbaß, K.-H. und R. Schwager (1996): Arbeitsbuch Finanzwissenschaft, Heidelberg: Physica.
Hobbes, Th., Fetscher, I. (Hrsg.) (1999): Leviathan, 9. Auflage, Frankfurt am Main: Suhrkamp (Original: Leviathan, 1651).
Höffe, O. (1992): Einleitung, in: ders. (Hrsg.), Einführung in die utilitaristische Ethik, Tübingen: Francke, S. 7-51.
Höffe, O. (2000): Immanuel Kant, 5., überarbeitete Auflage, München: Beck.
Homburg, S. (2000): Allgemeine Steuerlehre, 2., überarbeitete und erweiterte Auflage, München: Vahlen.
Huber, B. und K. Lichtblau (2000): Ein neuer Finanzausgleich, Reformoption nach dem Verfassungsgerichtsurteil, Köln (Institut der deutschen Wirtschaft).
Joskow, P. L. (2001): California's Electricity Crisis, NBER Working Paper No. 8442.
Kant, I. (1785): Grundlegung zur Metaphysik der Sitten, Akademieausgabe (AA), Bd. IV.
Kant, I. (1788): Kritik der praktischen Vernunft, Akademieausgabe (AA), Bd. V.
Kant, I. (1793): Metaphysik der Sitten, Akademieausgabe (AA), Bd. VI.
Kant, I. (1795): Zum ewigen Frieden, Akademieausgabe (AA), Bd. VIII.
Kersting, W. (2000): Einleitung. Probleme der politischen Philosophie des Sozialstaates, in: ders. (Hrsg.): Politische Philosophie des Sozialstaates, Weilerswist: Velbrück Wissenschaft.
Kirsch, G. (1997): Neue Politische Ökonomie, 4., überarbeitete und erweiterte Auflage, Düsseldorf: Werner.

Kolstad, C. D. (2000): Environmental Economics, New York und Oxford: Oxford University Press.
Lampert, H. und J. Althammer (2001): Lehrbuch der Sozialpolitik, 6., überarbeitete Auflage, Berlin u. a. O.: Springer.
Layard, R. und Glaister, S. (Hrsg.) (1994): Cost-Benefit Analysis, 2. Auflage, Cambridge: Cambridge University Press.
Locke, J., Euchner, W. (Hrsg.) (1989): Zwei Abhandlungen über die Regierung, 4. Auflage, Frankfurt am Main: Suhrkamp (Original: Two Treaties of Government, 1690).
Mankiw, N. G. (2001): Grundzüge der Volkswirtschaftslehre, 2., überarbeitete Auflage, Stuttgart: Schäffer-Poeschel.
Migué, J.-L., and G. Bélanger (1974): Toward a general theory of managerial discretion, Public Choice, Vol. 17, S. 27-43.
Mill, J. S. (1863): Utilitarianism, auszugsweise in deutscher Übersetzung abgedruckt in: Höffe, O. (Hrsg.) (1992): Einführung in die utilitaristische Ethik: Klassische und zeitgenössische Texte, 2., überarbeitete und aktualisierte Auflage, Tübingen: Francke, S. 84-97.
Moene, K. O. (1986): Types of bureaucratic interaction, Journal of Public Economics, Vol. 29, S. 333-345.
Musgrave, R. A., Musgrave, P. B. und L. Kullmer (1994): Die öffentlichen Finanzen in Theorie und Praxis, 1. Band, 6., aktualisierte Auflage, Tübingen: J. C. B. Mohr (Paul Siebeck).
Musgrave, R. A. (1966): Finanztheorie, Tübingen: J. C. B. Mohr (Paul Siebeck).
Myles, G. D. (1995): Public Economics, Cambridge: Cambridge University Press.
Niskanen, W. A. (1971): Bureaucracy and representative government, Chicago: Aldine Atherton.
Nozick, R. (o. J.): Anarchie, Staat, Utopia, München: Management-Buchclub, (Original: Anarchy, State, and Utopia, New York 1974).
Oates, W. E. (1999): An Essay on Fiscal Federalism, Journal of Economic Literature, Vol. 37, S. 1120-1149.
Peffekoven, R. (1994): Reform des Finanzausgleichs – eine vertane Chance, Finanzarchiv N.F., Bd. 51, S. 281-311.
Pigou, A. C. (1960), The Economics of Welfare, London: MacMillan (Neuauflage von Wealth and Welfare (1912)).
Pimpertz, Jochen (2002): Leitlinien zur Reform der gesetzlichen Krankenversicherung. Von der fiskalischen Reaktion zur Ordnungspolitik des Gesundheitswesens, Institut der deutschen Wirtschaft Köln, Beiträge zur Wirtschafts- und Sozialpolitik, Band 271, Köln: Deutscher Instituts-Verlag.
Rawls, J. (1979): Eine Theorie der Gerechtigkeit, Frankfurt am Main: Suhrkamp.
Rosen, H. S. (2002): Public Finance, 6. Auflage, New York: McGraw-Hill Irwin.

Sachverständigenrat zur Begutachtung der gesamtwirtschaftlichen Entwicklung (2001), Für Stetigkeit – Gegen Aktionismus, Stuttgart: Schaeffer & Poeschel.

Samuelson, P. (1955): Diagrammatic Exposition of a Theory of Public Expenditure, Review of Economics and Statistics, Vol. 37, S. 350-356.

Schäfer, H.-B. und C. Ott (2000): Lehrbuch der ökonomischen Analyse des Zivilrechts, 3., überarbeitete und erweiterte Auflage, Berlin u. a. O.: Springer.

Schuy, J. (2001): Haushaltsrecht. Vorschriftensammlung, 18., neubearbeitete Auflage, Heidelberg: C. F. Müller.

Senf, P. (1977): 2. Kurzfristige Haushaltsplanung, in: Neumark, F. unter Mitwirkung von N. Andel und H. Haller (Hrsg.): Handbuch der Finanzwissenschaft, 3., gänzlich neubearbeitete Auflage, Band I, Tübingen: J. C. B. Mohr (Paul Siebeck), S. 371-425.

Siebert, H. (Hrsg.) (1996), Steuerpolitik und Standortwettbewerb, Tübingen: J. C. B. Mohr (Paul Siebeck).

Smith, A. (1776): An Inquiry into the Nature and Causes of the Wealth of Nations. 1. Auflage, London 1776, (Nachdruck: Der Wohlstand der Nationen, München: Deutscher Taschenbuch Verlag 2001).

Stiglitz, J. E. (1988): Economics of the Public Sector, 2. Auflage, New York und London: W. W. Norton & Company.

Stiglitz, J. E. (1988): Economics, 2. Auflage, New York und London: W. W. Norton & Company, deutsch: Volkswirtschaftslehre, 2. Auflage (1. deutschsprachige Auflage), München und Wien: Oldenbourg.

Tiebout, Ch. M. (1956): A Pure Theory of Local Expenditures, Journal of Political Economy, Vol. 64, S. 416-424.

von Hayek, F. A. (1971): Die Verfassung der Freiheit, Tübingen: J. C. B. Mohr (Paul Siebeck).

Wellisch, D. (2000): Theory of Public Finance in a Federal State, Cambridge: Cambridge University Press.

Wellisch, D. (2000): Finanzwissenschaft I. Rechtfertigung der Staatstätigkeit, München: Vahlen.

Wille, E. (1977): 3. Mittel- und langfristige Finanzplanung, in: Neumark, F. unter Mitwirkung von N. Andel und H. Haller (Hrsg.): Handbuch der Finanzwissenschaft, 3., gänzlich neubearbeitete Auflage, Band I, Tübingen: J. C. B. Mohr (Paul Siebeck), S. 427-474.

Windisch, R. (1987): Privatisierung natürlicher Monopole: Theoretische Grundlagen und Kriterien, in: Windisch, R. (Hrsg.): Privatisierung natürlicher Monopole im Bereich von Bahn, Post und Telekommunikation, Tübingen: J. C. B. Mohr (Paul Siebeck), S. 1-146.

Wissenschaftlicher Beirat beim Bundesministerium für Wirtschaft (1998): Grundlegende Reform der gesetzlichen Rentenversicherung (Gutachten des wissenschaftlichen Beirats), Bonn.

Zimmermann, H. (1999): Kommunalfinanzen. Eine Einführung in die finanzwissenschaftliche Analyse der kommunalen Finanzwirtschaft, Baden Baden: Nomos.

Zimmermann, H. und K.-D. Henke (2001), Finanzwissenschaft. Eine Einführung in die Lehre von der öffentlichen Finanzwirtschaft, 8., völlig überarbeitete Auflage, München: Vahlen.

Zweifel, P. und R. Eisen (2000): Versicherungsökonomie, Heidelberg u. a. O.: Springer.

Index

Adverse Selektion 181, 185ff., 190f., 295, 307.
Allmendegüter 112f.
Äquivalenz
- fiskalische 245, 250, 255.
- Prinzip 254.
- versicherungstechnisch 294, 306, 310, 314.
Arbeitslosenversicherung 288, 296f., 305ff., 316, 318.
Arnold 209, 215.
Ausbildung 84ff., 111, 137, 243, 289ff., 301, 305.
Ausgleichsmesszahl 271, 276.
Ausschlussprinzip 109ff.

Ballungskosten 140.
Baumol 147.
Bedarfszuweisungen 280.
Beiträge 19ff., 122, 185, 189, 195, 294ff.
Bélanger 207ff., 215.
Bentham 85ff.
Brennan 77ff.
Buchanan 76ff.
Budgetdefizit 3, 14ff., 41, 45, 50, 64, 318.
Budgetgrundsätze 50ff., 66.
Budgetmaximierung 206f., 212.
Budgetrestriktion, staatliche 13ff.
Budgetüberschuss 14ff., 39, 50, 64, 318.
Bundesergänzungszuweisungen 269, 272ff.
Bürokratietheorien 205ff.

Chancengleichheit 84f., 94, 100, 291, 293, 301.
Clawson-Knetsch-Methode 223, 227, 238.
Clubgüter 113.
Coase-Theorem 152ff., 161.

Darlehen, staatliches 24ff.

Demokratie 49f., 66f., 77ff., 89, 95, 99ff.
- direkte 194ff.
- indirekte 203ff.
Dezentralität 241, 244ff., 254.
Differenzprinzip 95ff.
Diskontierung 217f., 230ff.
- Raten 230ff.
- intergenerationelle 235ff.

Economies of Scale 167, 170, 250.
Edgeworth-Box 90f.
Effizienz 1f., 90ff., 109ff., 119f., 126ff., 136ff., 148ff., 153, 159ff., 173ff., 180f., 188ff., 193ff., 245ff., 263, 275f., 279ff., 288, 306, 315f.
Effizienzthese 153.
Eigentumsrechte (originäres Recht) 11, 78f., 95, 114, 135, 154ff.
Einstimmigkeit 79, 83, 91f., 194f., 211.
Externalität 113, 135ff.
- negative 135ff.
- pekuniäre 137ff.
- positive 113, 135f.
- technologische 135ff.
- räumliche, vgl. Spillover-Effekte.

Familie, Förderung 288ff., 310.
Finanzausgleich 3, 7, 25, 60, 260ff.
- kommunaler 279ff.
- Länder 269ff.
Finanzkraftmesszahl 270ff., 276.
Finanzplanung 49ff.
fiskalisches Residuum 208ff.
Forschung, angewandte 139ff.
Freifahrer 115ff., 123, 129f., 242f., 256.
Freiheitspostulat 80ff.
Funktionalprinzip 24.

Gebühren 10ff., 19ff., 33, 57, 67, 111, 140, 172, 176.
Gefangenendilemma 115ff., 129f., 251, 256.

328 Index

Generationenvertrag 293, 302f.
Gerechtigkeit 2, 8f., 68, 81ff., 93ff.,
 97ff., 130, 158ff., 176, 241ff., 254,
 263, 290, 293, 302, 313, 316.
- Leistungs 85.
- Regel 81ff., 102.
- soziale 93ff., 101ff., 242, 287.
- Tausch 82ff., 99, 103.
Gewerbesteuerumlage 265ff., 282ff.
Gleichheit 75, 84, 94ff., 254, 291,
 294, 301.
Gut
- knappes 112.
- Misch 113ff.
- öffentliches 92, 109ff., 136,
 246ff., 256.
- privates 109ff., 142f.

Haftpflichtversicherung 188ff.
Haushaltskreislauf 58ff.
Haushaltsplan 49ff.
Hobbes 71ff., 85, 94, 103.
Hayek, von 8, 82f., 100.

Immobilienwertmethode 225ff.
Informationsasymmetrie 179ff.
Infrastruktur 17, 46, 49, 224ff., 242,
 253.
Invarianzthese 153, 157.

Kaldor-Hicks-Kriterium 93, 106,
 124f., 130, 133, 195, 198ff.,
 211ff., 217.
Kant 71, 75ff.
Kapitaldeckungsverfahren 296.
Kategorischer Imperativ 76.
Knappheit 1, 16, 81, 109, 112, 193.
Konnexitätsprinzip 260f., 282.
Konsumäquivalent 232ff., 239.
Konsumentenrente 121ff., 218ff.,
 240.
Konsumrivalität 109f.
Konvergenzkriterien (Maastricht)
 55f.
Kooperation 71ff., 103, 115ff.
- gesellschaftliche 71ff., 103.
- Gebietskörperschaften 242ff.

Kostendegression 168ff., 245ff., 255,
 262.
Krankenversicherung 185f., 191, 288,
 296, 307ff.

Länderfinanzausgleich (i.e.S.) 269ff.
Leviathan 71ff.
Lindahl 122.
Lindahl-Steuer 123, 131f.
Locke 71, 74.
Logrolling 202, 212f.
Einkommensdifferentiale 222f.

Maximin-Prinzip, siehe
 Differenzprinzip.
Maximum-Sustainable-Yield 114.
Medianwähler 197ff., 204.
Mehrheitswahl 195ff., 212ff.
Meritorik 179ff., 189f.
Methodologie 3ff.
Migué 207ff., 215.
Mill 85ff.
Ministerialprinzip 25.
Moene 208ff., 215.
Monopol, natürliches 101, 167ff.
Moralisches Risiko 181, 185ff., 309,
 316.

Nash-Gleichgewicht 115f.
Niskanen 206ff., 215.
Nutzen-Kosten-Analyse 49, 62, 217ff.

Oates 147, 254, 258.
Öffentliches Unternehmen 11, 31.
Opportunitätskosten 1, 109ff., 124,
 194, 230ff.

Pareto-Kriterium 90ff., 103ff.
Peak-Load-Pricing 172.
Pflegeversicherung 288ff., 297, 311ff.
Pigou 147.
Pigou-Steuer 147.
Präferenzschema
 - eingipfelig 196f.
 - mehrgipfelig (zweigipfelig) 199.
Preisregulierung 171.
Prinzipal-Agent-Beziehung 181, 204.

Produktion, staatliche 27, 42f., 119ff.
Produzentenrente 121f., 134, 218ff., 238.

Quersubventionierung 176.

Ramsey-Preis 171ff.
Rawls 93ff., 103.
Reisekostenmethode 222ff.
Rentenformel 298ff.
Rentenversicherung 288, 296ff., 316ff.
Ressourcen
- Common-Pool 113f.
- erschöpfbare 114f.
- regenerative 114.
Riester-Rente 292, 299, 304f., 316.
Risiko
- Aversion 96, 182ff.
- Neutralität 163, 182f.
Risk-Pooling 184, 295.

Samuelson-Bedingung 126ff.
Schleier der Unwissens 94ff.
Schlüsselzuweisungen 280ff.
Selbstverwaltungsrecht, kommunales 262.
Smith 80, 85f.,
Sonderabgaben 19, 22, 25, 33f.
Soziale Sicherung 3, 25, 32, 84, 102, 269, 287ff.
Sozialhilfe 12, 25ff., 35, 102, 269, 287ff.
Sozialprodukt 2, 9, 30ff., 38ff., 54, 64, 89, 221, 236, 302, 309, 316ff.
Spillover-Effekte 245, 248f., 254f.
Staatsquote 30ff.
Staatsverbrauch 41ff.
Staatsvertragstheorien 71ff., 93.
Stabilitätspakt 56.
Standard-Preis-Ansatz 147.
Steuern 2f., 7ff., 12ff., 19ff., 39ff., 53ff., 88f., 98ff., 110ff., 123ff., 144ff., 171, 181, 189, 194f., 214, 242ff., 263ff., 289ff.
Steuerwettbewerb 251ff.

Trennsystem 263f., 282.

Umlageverfahren 296, 301ff.
Umsatzsteuervorwegausgleich 268ff., 274ff.
Umweltabgabe 146ff., 152, 160.
Umweltauflage 144, 152.
Umweltverschmutzung 139, 142ff.
Umweltzertifikat 144, 150ff., 160, 163f.
Unfallversicherung 288, 296, 313ff.
Unmöglichkeitstheorem (Arrow) 200.
User-Costs 137.
Utilitarismus 85ff., 94, 99, 104f.

Verbundeffekt 138, 302.
Verbundsystem 263ff., 282.
Vermögensbildung 292f.
Verschuldung 3, 7, 13ff., 29, 54ff., 67ff., 293, 315.

Wahlparadoxon 198, 200f., 211f.
Wettbewerb
- politischer 203, 212.
- ruinöser 245, 251f., 255.
Werte 218ff.
Wirtschaftskreislauf 38ff.
Wohlfahrtsfunktion
- Rawls 96ff.
- soziale (gesellschaftliche) 102ff.
- utilitaristische 99.

Zahlungsbereitschaft
- individuelle 89, 121ff., 130ff., 195, 205ff., 218, 223ff., 237.
- Methode 220, 229ff.
Zeitpräferenz 230ff.
- reine 230.
- wachstumsbedingte 231.
Zentralität 241ff., 255.
Zweckzuweisungen 280.